5-7, rue de l'Ecole-Polytechnique, 75005 Paris

www.editions-harmattan.fr

ISBN : 978-2-343-15841-9
EAN : 9782343158419

Quelle(s) commune(s) pour le XXIe siècle ?

Approche de droit comparé

Collection *Droit des collectivités territoriales*

Fondée et dirigée par
Bernard POUJADE et Xavier CABANNES

Professeurs à l'Université Paris Descartes

Série
Travaux de l'Association française
de droit des collectivités locales

Dernières parutions

Apolline THIRION, *La nouvelle compétence GEMAPI*, 2018.

Jean-Marc BOU, *La dynamique de l'économie mixte dans la région Occitanie*, 2017.

Julie BENETTI (dir.), *Les collectivités territoriales et le principe d'égalité*, 2016.

Mathilde MONTAUBIN, *Le référendum d'indépendance de l'Ecosse*, 2016.

Jean-François BRISSON (dir.), *L'Assemblée délibérante, avenir de la démocratie locale ?*, 2015.

Mélissa GOASDOUE, *Les collectivités territoriales et la spéculation*, 2015.

Sous la direction de
Thierry Di Manno & Alexis Le Quinio

Quelle(s) commune(s) pour le XXIe siècle ?

Approche de droit comparé

L'Harmattan

Actes du colloque organisé sous l'égide du Centre de Droit et de Politique Comparés Jean-Claude Escarras (UMR 7318 DICE) à Draguignan et Toulon les 24 et 25 novembre 2016 avec le soutien de la Communauté d'Agglomération Dracénoise et de la Commune de Draguignan.

Sommaire

Rapport introductif

Michel Verpeaux
Professeur à l'Université Panthéon-Sorbonne, Président de l'AFDCL

Faut-il commencer par des évidences et par des chiffres ? On ne comprendrait pas qu'on ne sacrifiât pas à ce rituel, tant ces évidences et ces chiffres dominent la question communale en France. Et pour correspondre à des évidences, ces chiffres n'en sont pas moins réels. Cette première remarque montre d'emblée les limites de ce rapport introductif qui sera centré sur la France et qui n'aura pas la prétention de vouloir couvrir les deux pays concernés par la comparaison à laquelle nous invite pourtant le programme de ce beau colloque, résolument tourné vers les deux autres pays latins que sont l'Italie et l'Espagne. Choisissant Toulon comme lieu de sa troisième journée d'étude, dans sa nouvelle saison inaugurée en 2014, l'AFDCL avait souhaité que le cru 2016 soit tourné vers la comparaison. Le programme montre que les attentes ne seront pas déçues sur ce point. Ce n'est pas pour autant, cependant, que le rapport introductif peut avoir pour ambition d'introduire toutes les questions traitées au cours de ces deux jours, outre que l'auteur de ce rapport n'a pas la prétention d'être un comparatiste, non par choix ni volonté, mais du fait de son incompétence.

L'autre limite inhérente à tout rapport introductif est celle de ne pas anticiper sur les autres communications. Cette réserve, déjà formulée à Reims lors de la journée d'étude de 2015, explique aussi que le présent rapport se cantonne à un bref rappel du problème communal en France.

Ecrire et penser « problème communal » évoque d'emblée que la question communale en France constitue un problème. Qu'en est-il réellement ?

Contrairement à d'autres pays dont certaines parties peuvent être directement administrées par une division de niveau supérieur comme les Etats-Unis, la totalité du territoire de la République française est découpée en communes, à l'exception de Wallis-et-Futuna, qui est partagé en trois royaumes ou circonscriptions, des Terres australes et antarctiques françaises qui ne comprennent pas de population permanente et qui sont divisées en cinq districts et, de manière plus récente, de Saint-Barthélemy et de Saint-Martin, deux anciennes communes de Guadeloupe érigées en collectivités d'outre-mer et qui exercent l'ensemble des compétences locales, dont celles des anciennes communes éponymes[1]. Où que le regard se porte, l'observateur trouvera donc une commune, collectivité de droit commun présente presque partout en France, que ce soit en métropole ou outre-mer[2].

Le nombre très important de communes en France est devenu un constat, lui aussi banal, surtout en comparaison de la situation existant dans d'autres pays, comparables ou proches. Un certain nombre de pays d'Europe ont pratiqué une politique volontariste de diminution plus ou moins draconienne du nombre de communes, autant dans un but de simplification que dans un but d'adaptation à la fois du territoire et de la fiscalité locale au monde contemporain. Ainsi l'ancienne Allemagne a réduit le nombre de ses communes de 24 400 à 8 400 au cours des années 1970, et l'Allemagne réunifiée n'en compte que 12 291 pour une population un tiers plus élevée et une superficie un tiers plus petite que la France. De même, la fusion de communes en Belgique a réduit leur nombre de 2 359 à 596 en 1975. L'Italie en compte 8 048 pour une population comparable et une superficie d'un peu plus de la moitié de celle de la France, tandis que l'Espagne, autre pays latin, comprend 8125 communes, avec une grande diversité selon les Communautés autonomes. De ce fait, ces deux derniers pays n'ont pas connu de grande réforme communale. La France n'a pas, non plus, initié de réforme d'ampleur, mais pour d'autres raisons[3]. Autre donnée

---

[1] Cette transformation a été rendue possible par la loi organique n° 2007-223 du 21 février 2007 portant dispositions statutaires et institutionnelles relatives à l'outre-mer (voir les articles L.O. 6211-1 et suivants CGCT applicables à la collectivité d'outre-mer de Saint-Barthélemy et L.O. 6311-1 et suivants CGCT applicables à celle de Saint-Martin, au sein de la sixième partie de ce code consacrée aux collectivités d'outre-mer régies par l'article 74 de la Constitution).

[2] A ces exceptions peu nombreuses, il faudrait ajouter l'ilôt de Clipperton, rocher inhabité au large du Mexique et régi en tant que domaine public de l'État. Cette ancienne Ile de la Passion est, depuis février 2007, directement administrée par le haut-commissaire de la Polynésie française sous l'égide du ministre de l'outre-mer (loi n° 2007-224 du 21 février 2007 portant dispositions statutaires et institutionnelles relatives à l'outre-mer).

[3] La population médiane des communes de France métropolitaine est de 432 habitants (à titre de comparaison, la population médiane des communes belges est de 11 265 habitants, des communes italiennes de 2 343 habitants et d'Espagne de 5 505 habitants. La taille moyenne d'une commune de France métropolitaine est de 14,88 km^2. La taille médiane des communes de France métropolitaine n'est que de

bien connue et entorse à la promesse de ne pas traiter de situations relevant des pays comparés, la France représentait, à elle seule, la moitié de la totalité des communes européennes jusqu'à l'adhésion de dix nouveaux membres au 1er janvier 2004, soit pour 16 % de la population et 14 % de la superficie). A l'heure actuelle cette proportion avoisine les 40% des communes de l'Union européenne.

En France, les années 2000 avaient vu le nombre de communes rester stables, car si des fusions avaient eu lieu, des recréations de communes, grâce au phénomène proprement réactionnaire des défusions, s'étaient produites[4]. C'est ainsi qu'au 1er janvier 2015, la France comptait 36 741 communes, soit 36 658 communes dans les 101 départements, dont 36 529 dans les 96 départements de la métropole, 50 communes dans les collectivités d'outre-mer (2 à Saint-Pierre-et-Miquelon et 48 en Polynésie française) et 33 communes de Nouvelle-Calédonie.

Les chiffres n'illustrent pas que le nombre brut de communes en France. La répartition géographique des communes sur l'ensemble du territoire français montre aussi d'assez grandes disparités. Les départements au nord et à l'est de la France comptent plus de communes que ceux situés au sud et à l'ouest du pays. Le morcellement est beaucoup moins grand dans les départements et les collectivités d'outre-mer, qui connaissent, à la différence de la France métropolitaine, plus une sous-municipalisation qu'une sur-municipalisation. De même et pour d'autres raisons, Paris et les départements de la Petite Couronne, du fait de leur faible superficie, comptent beaucoup moins de communes que le reste du territoire français.

L'inégalité la plus grande règne aussi entre les communes. La superficie des communes et leur population peuvent varier considérablement, entre Paris, la commune la plus peuplée avec

---

10,73 km^2, à cause du nombre élevé de communes de faible superficie. En Allemagne, la taille médiane des communes de la plupart des Länder est supérieure à 15 km^2, en Italie elle est de 22 km^2, en Espagne 35 km^2, en Belgique 40 km^2. Dans les départements d'outre-mer, les communes sont généralement plus grandes qu'en France métropolitaine et peuvent regrouper des villages relativement distants.

[4] Ainsi, à titre d'exemple symbolique, le 1er juillet 2014, la France est passée de 36 681 communes à 36 682 à la suite de la défusion de Loisey-Culey, ce qui a amené la recréation des deux communes de Culey et de Loisey, toutes deux situées dans le département de la Meuse. Et pourtant, depuis 1975 pour l'une et 2012 pour l'autre, ces deux communes ne comptaient aucun habitant.

2 249 975 habitants en 2011, et la commune habitée la moins peuplée, alors que Rochefourchat, située dans le département de la Drôme, ne possède qu'un seul habitant en 2013, sans même compter les six communes « villages morts pour la France »[5], totalement dévastées après la bataille de Verdun en 1916 et chacune est administrée par un conseil municipal de trois membres nommés par le préfet de la Meuse[6]. S'il existe encore 3477 communes comptant moins de 100 habitants, seules 901 totalisent plus de 10 000 habitants.

A côté de ce petit tour d'horizon géographique, il ne faut pas résister non plus à faire place à l'histoire. Les communes françaises et d'ailleurs sont anciennes et constituent la forme la plus lointaine de regroupements d'habitants. Le 11 novembre 1789, L'Assemblée constituante décrète qu'« il y aura une municipalité dans chaque ville, bourg, paroisse ou communauté de campagne »[7].

Ces principes furent inscrits, s'agissant des communes, dans la loi, ou décret du 14 décembre 1789, relatif à la constitution des municipalités, qui officialisait ainsi le mouvement d'autonomie communale révolutionnaire né après la prise de la Bastille le 14 juillet 1789. C'est néanmoins dans la loi du 22 décembre 1789 relative à la constitution des assemblées primaires et des assemblées administratives que son article 7 proclame que « Il y aura une municipalité en chaque ville, bourg, paroisse ou communauté de campagne ».

Toutes ces communes furent dotées du même statut, avec un conseil municipal élu par les habitants et un maire. Le terme « commune », au sens de l'administration territoriale actuelle, fut imposé par le décret de la Convention du 10 brumaire an II (31

---

[6] L'inégalité existe aussi entre les communes du point de vue superficie. La commune la plus étendue est Maripasoula en Guyane avec 18 360 km^2. Sur le territoire métropolitain, Arles (758,93 km^2) et les Saintes-Maries-de-la Mer (374,45 km^2), toutes les deux dans les Bouches-du-Rhône sont les deux communes les plus étendues. La plus petite commune est Castelmoron d'Albret en Gironde avec 0,0376 km^2.

[7] Le texte se poursuivait en décrétant « 1° que chaque département sera divisé en districts ; 2° que chaque département ne sera pas nécessairement divisé en neufs districts, conformément au plan du comité ; 3° que chaque département sera nécessairement divisé dans un nombre ternaire [de districts] ; 4° que le nombre des districts ne sera pas nécessairement le même pour tous les départements ; 4° que le nombre des districts pour chaque département sera fixé par l'Assemblée nationale [constituante], après avoir entendu les députés de chaque province, suivant la convenance et le besoin de chaque département ».

octobre 1793) : « La Convention nationale, sur la proposition d'un membre, décrète que toutes les dénominations de ville, bourg ou village sont supprimées et que celle de commune leur est substituée ». La situation communale en France est donc relativement stable en France, depuis l'époque révolutionnaire, et les communes actuelles sont celles créées au moment de la Révolution, en dehors d'une diminution de leur nombre[8].

Le titre du colloque incite néanmoins, malgré cette apparente permanence, à donner à ce rapport introductif une perspective chronologique, ne serait-ce que pour appréhender ce qui est susceptible de changer au XXIe siècle et afin de percevoir la gloire et le déclin des communes, tout en se demandant si ce dernier est irrémédiable.

I- Les communes d'antan [9]

La commune constitue à la fois la collectivité la plus proche des administrés à laquelle ceux-ci semblent attachés, et elle est devenue une collectivité territoriale de droit commun.

A- La cellule de base de l'administration française

Le caractère naturel de la commune en France fut proclamé dans la Constitution française de 1791, dans son Titre II, intitulé « De la division du royaume, et de l'état des citoyens ». Les articles 8 à 10 apportent des informations précieuses sur le droit communal conçu par les constituants. L'article 8 dispose que « Les citoyens français considérés sous le rapport des relations locales qui naissent de leurs réunions dans les villes et dans de certains arrondissements du territoire des campagnes, forment les *Communes*. - Le Pouvoir législatif pourra fixer l'étendue de l'arrondissement de chaque commune ». Le critère choisi n'est alors pas celui du territoire, ni celui

[8] Entre la proclamation de la loi du 14 décembre 1789 et la fin du Consulat, de nombreuses communes-faubourgs et petites communes rurales sont supprimées dans divers départements. Dès 1793, il n'y en a plus que 41 000 ; en 1802-1803, il n'y en a plus que 40 000.

[9] Titre en hommage à la chanson de Georges Brassens, « Les neiges d'antan ».

de la démographie, mais repose sur une identité sociologique[10]. Ce sont les relations locales qui déterminent les communes, dans une dimension que l'on qualifierait, aujourd'hui, de « proximité » et les communes paraissent ainsi préexister à l'Etat. Ces communes « naturelles » permettent aux « citoyens qui composent chaque commune » d'élire à temps, « suivant les formes déterminées par la loi, ceux d'entre eux qui, sous le titre *d'Officiers municipaux*, sont chargés de gérer les affaires particulières de la commune. - Il pourra être délégué aux officiers municipaux quelques fonctions relatives à l'intérêt général de l'Etat » (art. 9). En effet les fonctions exercées par les officiers municipaux sont « tant municipales que… celles qui leur auront été déléguées pour l'intérêt général » (art. 10), préfigurant le double rôle de la commune dans la déconcentration et dans la décentralisation, à travers les fonctions du maire[11].

Par comparaison, la Section II du chapitre IV du titre III de la même Constitution, traite de la seule administration intérieure : « Il y a dans chaque département une administration supérieure, et dans chaque district une administration subordonnée » (art. 1er). Il n'y a nulle trace des communes dans ces dispositions qui décrivent l'administration locale, soumise au pouvoir royal, qui en semblent exclues, puisqu'elles sont conçues comme de simples regroupements d'habitants.

C'est la Constitution de l'an III qui a apporté l'innovation majeure en voulant diminuer considérablement le nombre de communes dans son titre VII intitulé « Corps administratifs et municipaux » reprenant en cela le même titre que la Constitution de 1793 dans ses articles 78 à 84. L'article 174 de la Constitution de l'an III disposait « Il y a dans chaque département une administration centrale, et dans chaque canton une administration municipale au moins ». Cette disposition aurait conduit à diminuer de manière radicale le nombre de communes en France, ou du moins celui des administrations communales. Le titre VII prévoyait, en outre, un régime municipal différent selon la taille des communes en fixant un seuil à cinq mille habitants. C'est ainsi

---

[10] Sur ce sujet, voir la communication de M. Julien Martin au présent colloque « La recherche d'une définition juridique de la commune ».

[11] Voir, au sein de la section III du chapitre II du Titre II du Livre Ier de ladeuxième partie du CGCT, consacrée aux « Attributions » (du maire et des adjoints) la distinction entre la sous-section 2 relative aux « Attributions exercées au nom de la commune » (art. L. 2122-21 et suivants) et la sous-section III « Attributions exercées au nom de l'Etat » (art. L. 2122-27 et suivants).

que l'article 179 disposait : « Il y a dans chaque commune, dont la population est inférieure à cinq mille habitants, un agent municipal et un adjoint », et l'article180 affirmait que « La réunion des agents municipaux de chaque commune forme la municipalité de canton ». Au-delà de cinq mille habitants et jusqu'à cent mille, au contraire, toute commune avait « pour elle seule une administration municipale » (art. 178), redonnant ainsi une identité aux communes à partir d'une certaine taille[12]. Le critère retenu était celui du seul nombre d'habitants et non, par exemple, celui déterminé par le territoire.

Ces municipalités de canton n'eurent pas le temps de voir le jour et elles furent supprimées par la loi du 28 pluviôse an VIII (17 février 1800) qui rétablissait ainsi l'identité communale. Si l'appellation de maire remplace celle d'agent municipal utilisée en l'an III, l'article 15 de la loi prévoit en effet qu'« Il y aura un conseil municipal dans chaque ville, bourg ou autre lieu pour lequel il existe un agent municipal et un adjoint ». Les communes retrouvent leur existence administrative, mais au sein de l'administration napoléonienne, hiérarchisée et sous l'étroite autorité des autorités centralisées, puisque tous les membres des administrations communales sont nommés par des autorités étatiques, par le Premeir Consul, pour les maires et les adjoints les villes de plus de cinq mille habitants (art. 18), tandis que les préfets devaient nommer les maires et les adjoints des autres communes ainsi que les membres des conseils municipaux (art. 20). Les attributions des conseils municipaux sont étroitement limitées[13]. S'il existe des communes partout, leur rôle est étroitement encadré.

---

[12] Le nombre d'officiers municipaux variait de cinq pour les communes, dont la population s'élève de cinq à dix mille habitants à neuf, pour les communes depuis cinquante mille jusqu'à cent mille (art. 182).

[13] Le conseil municipal règle le budget, les règles concernant les pâtures et les récoltes, la répartition des travaux d'entretien de la commune, les propositions d'emprunts et les actions en justice. Le nombre des membres des conseils municipaux variait de dix à trente membres suivant la population de la commune, dix dans les lieux dont la population n'excède pas deux mille cinq cents habitants, vingt, dans ceux où elle n'excède pas cinq mille ; trente, dans ceux où la population est plus nombreuse.

B- La commune, collectivité modèle de droit commun

Afin de respecter l'engagement posé par l'article 69 de la Charte du 14 août 1830, qui avait proclamé qu'une loi pourvoirait dans le plus court délai possible au retour des « institutions départementales et municipales fondées sur un système électif », la loi du 21 mars 1831 rétablit l'élection des conseils municipaux au suffrage censitaire[14], la loi du 18 juillet 1837 sur l'administration communale, reconnaît la capacité civile des communes.

Ce n'est qu'avec la loi du 5 avril 1884, relative à l'organisation municipale, qui a refusé de traiter différemment les petites et les grandes communes en prévoyant un régime uniforme pour toutes, que la commune reçoit la compétence de gérer toutes les compétences locales, selon la formule aussi célèbre que controversée de son article 61 selon lequel « Le conseil municipal règle par ses délibérations les affaires de la commune ». De cette façon, la commune est le seul niveau véritablement décentralisé à la différence du département, marqué par le rôle prégnant du préfet, chargé de la fonction exécutive et par l'absence d'une compétence reconnue dans les mêmes termes par la loi du 10 août 1871 relative aux conseils généraux[15]. En outre, les communes et les départements acquièrent une personnalité de droit public, grâce à la jurisprudence du Conseil d'Etat, notamment dans les décisions Terrier du 6 février 1903 et Thérond du 4 mars 1910.

C'est à partir du XXe siècle que la commune est transformée en collectivité territoriale, mais au même titre que les autres échelons

---

[14] Au total, sur une population totale de 32,6 millions d'habitants en 1831, les électeurs communaux sont 2 à 3 millions. L'assemblée des électeurs communaux élit les conseillers municipaux mais le maire et les adjoints, choisis parmi les conseillers municipaux, restent nommés, par le roi dans les chefs-lieux d'arrondissement et dans toutes les villes de plus de 3 000 habitants, par le préfet dans les autres communes.

[15] L'article 48 de la loi précisait que le conseil général délibère « sur tous les objets d'intérêt départemental dont il est saisi, soit par une proposition du préfet, soit sur l'initiative d'un de ses membres ». Dans sa décision relative à la loi du 16 décembre 2010 de réforme des collectivités territoriales, le Conseil constitutionnel a d'ailleurs jugé que « ces dispositions n'ont eu ni pour objet ni pour effet de créer une « clause générale » rendant le département compétent pour traiter de toute affaire ayant un lien avec son territoire ; que, par suite, elle ne saurait avoir donné naissance à un principe fondamental reconnu par les lois de la République garantissant une telle compétence » (cons. 54 de la décision n° 2010-618 DC du 9 avril 2010).

territoriaux et elle perd ainsi de sa spécificité. L'article 85 de la Constitution de 1946 affirme que « La République française, une et indivisible, reconnaît l'existence de collectivités territoriales. Ces collectivités sont les communes et départements, les territoires d'outre-mer »[16]. La Constitution reconnaissait au législateur le pouvoir de fixer « Le cadre, l'étendue, le regroupement éventuel et l'organisation des communes et départements, territoires d'outre-mer » (art. 86). C'est de manière globale que les principales règles sont prévues pour l'ensemble des collectivités territoriales telles que celles de l'article 87 qui dispose que « Les collectivités territoriales s'administrent librement par des conseils élus au suffrage universel » (al. 1er), alors que l'alinéa 2 du même article renforçait encore l'assimilation entre les communes et les départements, sans même envisager celle des territoires d'outre-mer : « L'exécution des décisions de ces conseils est assurée par leur maire ou leur président ».

Le traitement similaire de toutes les collectivités territoriales s'est poursuivi dans l'article 72 de la Constitution de 1958 : « Les collectivités territoriales de la République sont les communes, les départements, les territoires d'outre-mer ». La révision du 28 mars 2003 n'a pas changé cette logique s'agissant de la qualification des communes en tant que collectivités territoriales, sauf pour ajouter à la liste des collectivités territoriales les régions et les collectivités d'outre-mer régies par l'article 74. Cette rédaction banalise encore plus la place des communes au sein d'un vaste ensemble qui est celui des collectivités territoriales. Pas plus que les régions ne bénéficient d'un traitement constitutionnel particulier, qui pourrait être justifié par leur taille et leur histoire plus récente que celle des autres niveaux territoriaux, les communes ne jouissent d'une reconnaissance spécifique du fait qu'elles sont les communautés humaines de proximité dont l'existence et la reconnaissance peuvent être constatées de manière quasi physique. Une telle différenciation inscrite dans la Constitution rejoindrait alors la distinction opérée par la Constitution de 1791.

Collectivité territoriale au même titre que les autres pouvoirs locaux, la commune a, en même temps, servi de modèle d'organisation pour les

---

[16] Pour l'essentiel, ces dispositions étaient déjà prévues dans le projet du 19 avril 1946, sous l'intitulé du titre VIII « Des collectivités locales » mais dont l'article 114 proclamait que « La République française, une et indivisible, reconnaît l'existence de collectivités territoriales. Ces collectivités sont les communes et départements, les territoires et fédérations d'outre-mer. Elles s'administrent librement, conformément à la loi nationale ».

autres collectivités. Ce phénomène explique que la loi n° 82-213 du 2 mars 1982 n'ait pas apporté d'innovations majeures s'agissant des communes, en dehors de la suppression de la tutelle[17]. Bien au contraire, c'est en reprenant des dispositions applicables jusque-là aux communes que la plupart des innovations apportées par cette loi ont été adoptées[18]. Qu'il s'agisse de la compétence générale reconnue aux départements et aux régions par une formulation identique, ou des règles d'organisation des assemblées locales, ou, depuis 1992, des modalités de démocratie participative[19], c'est un modèle unique d'inspiration communale qui domine le droit local[20].

Ces collectivités de proximité que sont les communes ont aussi servi de fondement et de cadre à toutes les politiques d'intercommunalité, le législateur ne pouvant concevoir l'existence d'un échelon supra-communal qu'à l'échelle intercommunale. Les communes sont conçues comme le socle des intercommunalités, dont le nom dit bien ce qu'elles sont, c'est-à-dire des regroupements de communes. C'est ainsi que la loi du 22 mars 1890 sur les syndicats de communes ajoutait un titre 8 (art. 169 à 180) à la loi précitée du 5 avril 1884. Les syndicats intercommunaux à vocation unique créés par la loi de 1890 n'étaient conçus que comme de simples associations entre des communes qui mettaient en commun des moyens en vue d'assumer ensemble des obligations auxquelles elles ne pouvaient faire face seules[21].

---

[17] Il faut mettre à part les modifications apportées au mode de scrutin par la loi n° 82-974 du 19 novembre 1982 modifiant le code électoral et le code des communes relative à l'élection des conseillers municipaux et aux conditions d'inscription des Français établis hors de France sur les listes électorales.

[18] Sur les institutions communales, voir les communications au présent colloque, de Madame Valerie Collomp, « Quel Maire pour le XXIème siècle ? Un élu reconnu et professionnel de la politique locale » et de M. Alain Boyer « Quel conseil municipal pour le le XXIème siècle ? ».

[19] Depuis la loi n° 92-125 d'orientation du 6 février 1992 relative à l'administration territoriale de la République. Sur ce thème, voir la communication au présent colloque de M. Stéphane Manson, « La commune française du XXIème siècle au défi de la démocratie de participation ».

[20] On peut en prendre un autre exemple avec la codification, débutée par une codification communale, la seule à être utile pendant longtemps, avec le code d'administration communale puis le code des communes, avant de devenir, par la loi du 21 février 1996, le code général des collectivités territoriales.

[21] Cette forme d'intercommunalité primitive ou associative a surtout favorisé le développement de l'électrification et l'installation des réseaux d'eau, mais aussi l'exercice de toutes les compétences qui dépassaient le simple cadre du territoire communal.

Il faut attendre l'ordonnance du 5 janvier 1959 créant les districts urbains introduisant la notion de compétences obligatoires[22], puis la loi du 31 décembre 1966 instituant les communautés urbaines et créant d'autorité des communautés urbaines sans solliciter l'avis ni l'accord des communes [23] pour que soit instaurée une intercommunalité plus ambitieuse. Ces deux textes consacraient la notion d'agglomération, terme de géographie urbaine qui devenait ainsi un concept juridique définissant une nouvelle notion. L'article 1er de l'ordonnance faisait, en effet, référence aux « communes d'une même agglomération », tandis que l'article 2 de la loi de 1966 prévoyait qu'une « communauté urbaine peut être créée dans les agglomérations de plus de 50 000 habitants ». En outre, les nouveaux établissements de coopération intercommunale (EPCI) issus de ces textes exercent des compétences imposées par la loi et disposent du droit de lever l'impôt. La notion de compétence obligatoire pour les districts coïncide avec la disparition de la règle de l'unanimité au profit de la majorité qualifiée pour la création d'un ECPI par l'autre ordonnance du même jour qui autorise la création de syndicats à vocation multiple[24].

Les lois n° 92-125 d'orientation du 6 février 1992 relative à l'administration territoriale de la République et n° 99-586 du 12 juillet

---

[22] Ordonnance n°59-30 du 5 janvier 1959 tendant à instituer des districts urbains dans les grandes agglomérations. Son article 3 disposait que « Les distrcits urbaisn exercent de plein droit et au lieu et place des communes de l'agglomération la gestion.... ».

[23] Loi ° 66-1069 du 31 décembre 1966 relative aux communautés urbaines. Son article 3 disposait qu' »Une communauté urbaine est créée dans les agglomérations de Bordeaux, Lille, Lyon et Strasbourg ».

[24] Ordonnance n°59-29 du 5 janvier 1959 remplacant les articles 141, 142, 143, 145, 147, 149, 150 du code de l'administration communale relatifs aux syndicats de communes (art. 1er). Cette ordonnance a assoupli le régime de création des syndicats intercommunaux à vocation unique (S.I.V.U.), qui était subordonnée à l'accord unanime de toutes les communes concernées, en introduisant la règle de la majorité qualifiée (deux tiers au moins des conseils municipaux représentant plus de la moitié de la population ou l'inverse). Cette règle de la majorité qualifiée fut, par la suite, étendue à la création de syndicats intercommunaux à vocation multiple (loi n° 70-1297 du 31 décembre 1970). La définition de cette majorité qualifiée requise pour la création d'un groupement inaugura une ère nouvelle de l'intercommunalité, dans laquelle l'intérêt communautaire transcende les intérêts particuliers : en donnant à un ensemble de communes la possibilité d'obliger une commune à entrer dans un réseau de liens, de droits et d'obligations solidaires, l'ordonnance de 1959 mit ainsi fin, par une disposition apparemment anodine, à la liberté communale érigée comme dogme intangible en matière d'organisation du territoire.

1999 relative au renforcement et à la simplification de la coopération intercommunale obéissaient à la même logique de dépassement du cadre communal pour créer les différentes communautés, tout en conservant la commune comme critère de fondation des intercommunalités. Les réformes entreprises à compter de 2008 et du Rapport Balladur ont rencontré des difficultés identiques pour dépasser le cadre communal[25]. C'est dans ce sens que s'est inscrite la volonté d'achever et de rationaliser la carte intercommunale, afin que tout le territoire français soit couvert par des intercommunalités comme il l'était, jusque-là, par des communes. Cet objectif a été en partie traduit dans la loi n° 2010-1563 du 16 décembre 2010 de réforme des collectivités territoriales dans un chapitre II dont l'intitulé a été repris du Rapport Balladur : « Achèvement et rationalisation de la carte de l'intercommunalité » (art. 35 et suivants)[26]. L'intercommunalité conserve toute leur place aux communes membres tout en confiant une partie de leurs compétences à un niveau supra-communal. Mais elle peut aussi constituer une étape pour une modification de la place et du statut des communes.

II- Les communes de demain

La commune française est confrontée à des enjeux qui sont susceptibles de remettre en cause leur existence. Elles sont en effet confrontées à des choix qui hésitent entre l'absorption ou la transformation.

A- Les communes, futurs établissements publics

Le Comité pour la réforme des collectivités locales présidé par l'ancien Premier ministre Edouard Balladur avait envisagé la question, récurrente, du nombre de communes et avait proposé plusieurs pistes pour remédier à ce qui était présenté comme un des inconvénients majeurs de l'organisation administrative locale. L'objectif lointain était de faire de l'intercommunalité l'échelon de base de l'administration

---

25 E. BALLADUR, *Il est temps de décider, Rapport au nom du Comité pour la réforme des collectivités locales*, La Documentation française-Fayard, 2009, pp. 68 et s.

26 Ce chapitre était inséré au sein d'un Titre III intitulé « Développement et simplification de l'intercommunalité » (art. 30 et suivants).

locale. Il était ainsi écrit qu'« Il est parfois proposé que les EPCI deviennent des collectivités locales de plein exercice, aux lieux et places des communes »[27]. Dans les anciennes communes devenues membres de ces nouvelles collectivités auraient subsisté un maire et une assemblée délibérante qui pouvaient exercer certaines attributions de la nouvelle commune, comme les crèches, l'action sociale, la délivrance des permis de construire[28]. Prudemment, le législateur ne s'est pas engagé dans cette voie qui souhaitait faire de l'échelon intercommunal l'autre niveau d'administration locale, à côté des régions. Les anciennes communes auraient été assimilées à de « simples » établissements publics aux compétences réduites, ou seraient devenues des arrondissements sur le modèle de la loi PML du 31 décembre 1982[29], c'est-à-dire des lieux d'administration de proximité privés de la personnalité juridique et de l'autonomie. Le Rapport affirmait n'y voir « aucun obstacle de nature constitutionnelle »[30].

Dans cette même perspective, et pour en quelque sorte, montrer la voie, était également prévue, dans le Rapport, la création de métropoles qui devaient devenir de véritables collectivités territoriales d'un genre nouveau, au sens de l'article 72 de la Constitution et susceptibles de remplacer les communes sur les aires métropolitaines et d'absorber les compétences des départements. Le sort des communes membres n'était pas définitivement réglé dans ces propositions, mais deux solutions avaient été envisagées qui avaient d'ailleurs donné naissance à des opinions séparées, soit la transformation des anciennes communes en « villes », nouvelles personnes morales de droit public, soit le maintien du statut de collectivités territoriales pour les communes membres de ces nouvelles métropoles. Cette seconde solution n'aurait pas manqué de poser la question de la tutelle exercée par le niveau métropolitain sur le niveau communal et interdite par l'alinéa 5 de l'article 72 de la Constitution révisée en 2003 selon lequel « Aucune collectivité territoriale ne peut exercer une tutelle sur une autre »[31].

---

[27] E. BALLADUR, op cit. p. 77

[28] *Ibid.*, p. 129

[29] Loi °82-1169 du 31 décembre 1982 relative à l'organisation administrative de Paris, Marseille, Lyon et des établissements publics de coopération intercommunale

[30] E. BALLADUR, op. cit. p. 129

[31] *Ibid.*, p. 133 et 134. Sur cette question, voir les opinions personnelles de MM. Pierre Mauroy et André Vallini, en annexe du Rapport, p. 220. Ces membres souhaitaient, pour les communes anciennes, un statut de « communes intégrées »,

Quelle que soit l'option retenue, le risque d'absorption des communes par des structures plus intégrées était donc réel. Ce danger explique que la loi du 16 décembre 2010 créant les métropoles aient fait de ces dernières de « simples établissements publics ». La rédaction de l'article L. 5217-1, enrichie par la loi n° 2014-58 du 27 janvier 2014 de modernisation de l'action publique territoriale et d'affirmation des métropoles (dite MAPTAM), indique que « La métropole est un établissement public de coopération intercommunale à fiscalité propre regroupant plusieurs communes d'un seul tenant et sans enclave au sein d'un espace de solidarité pour élaborer et conduire ensemble un projet d'aménagement et de développement économique, écologique, éducatif, culturel et social de leur territoire afin d'en améliorer la cohésion et la compétitivité et de concourir à un développement durable et solidaire du territoire régional ». Les métropoles ne sont cependant pas des créations, à proprement parler puisque les décrets de création avaient pour objet de transformer des anciens établissements publics, communautés urbaines ou communautés d'agglomération, en établissements publics d'un nouveau genre[32].

La création de la Métropole de Lyon créée par la loi précitée du 27 janvier 2014 illustre l'ambiguïté du législateur devant l'articulation entre les deux niveaux, communal et intercommunal. Cette métropole possède le statut de collectivité territoriale, certes à statut particulier (art. L. 3611-1 CGCT). La collectivité est créée « en lieu et place de la communauté urbaine de Lyon et, dans les limites territoriales précédemment reconnues à celle-ci, du département du Rhône ». Les dispositions relatives à cette métropole sont néanmoins très peu prolixes quant à l'exercice des compétences par les communes au sein de la métropole ni même quant au statut de ces dernières dans la métropole de Lyon. L'article L. 3633-2 prévoit bien une « Conférence métropolitaine » dont les fonctions sont définies aux articles L. 3633-2 et L. 3633-3. Il s'agit d'une instance de coordination au sein de laquelle il peut être débattu de tous sujets d'intérêt métropolitain ou relatifs à l'harmonisation de l'action de ces collectivités. Cette instance est présidée de droit par le président du

---

bénéficiant dela qualité de collectivités locales et partageant leurs activités avec la métropole.

[32] Sur ce sujet, voir la communication de Bertrand Faure au présent colloque consacrée à l'évolution des compétences communales en France.

conseil de la métropole et comprend les maires des communes. Elle se réunit au moins une fois par an, à l'initiative du président du conseil de la métropole ou à la demande de la moitié des maires, sur un ordre du jour déterminé ». Le pacte de cohérence métropolitain élaboré en son sein peut proposer une stratégie de délégation de compétences de la métropole de Lyon aux communes situées sur son territoire, mais aussi de délégation de certaines compétences des communes à la métropole de Lyon (art. L. 3633-3).

Si le Titre IV du Livre VI consacré à la Métropole de Lyon traite des « Compétences », son chapitre 1er n'envisage que les celles de la Métropole de Lyon et ce titre ne comprend pas de dispositions relatives aux compétences des communes. Il est cependant possible de déduire de la longue liste des compétences conférées à la Métropole de Lyon par l'article L. 3641-1 « en lieu et place des communes situées sur son territoire » que celles des communes sont nécessairement résiduelles. Certes l'article L. 3641-3 précise que « La métropole de Lyon peut déléguer aux communes situées sur son territoire, par convention, la gestion de certaines de ses compétences ».

De même est troublante l'affirmation de l'article L. 3642-1 par selon lequel « Le conseil de la métropole règle par ses délibérations les affaires de la métropole de Lyon ». Cette disposition, caractéristique habituelle d'une compétence générale, ne doit alors se comprendre que par rapport aux compétences effectivement transférées à la métropole de Lyon par la loi, et non pas toutes les affaires d'intérêt local, ce qui aurait contribué à priver les communes de toute compétence.

Le mode de désignation des délégués des communes est également significatif d'une évolution cherchant, sans vraiment y arriver, à dépasser le cadre communal. Dans le droit applicable jusqu'en 2010, la désignation des membres des organes communautaires se faisait sur la base des communes, comme le prévoyait l'article L. 5211-6 CGCT : « L'établissement public de coopération intercommunale est administré par un organe délibérant composé de délégués élus par les conseils municipaux des communes membres ».

La loi n°2010-1563 du 16 décembre 2010 de réforme des collectivités territoriales, à la suite des préconisations du Rapport Balladur allant dans le sens d'un mode de scrutin qui se serait inspiré de celui applicable dans les trois plus grandes villes de France[1], complétée par la loi n° 2013-403 du 17 mai 2013 relative à l'élection des conseillers départementaux, des conseillers municipaux et des conseillers communautaires, et modifiant le calendrier électoral, ouvre une brèche vers la disparition potentielle des communes. Ce n'est cependant pas le schéma PML qui a été retenu par le législateur. Désormais, ce même article L. 5211-6 dispose que « Les métropoles, communautés urbaines, communautés d'agglomération et communautés de communes sont administrées par un organe délibérant composé de délégués des communes membres élus dans le cadre de l'élection municipale au suffrage universel direct pour toutes les communes dont le conseil municipal est élu au scrutin de liste, dans les conditions fixées par la loi ». Le rôle des communes dans la désignation des conseillers communautaires a, en apparence, évolué, au moins pour les communes de mille habitants et plus puisque la loi de 2013 a fixé le seuil d'application du mode de scrutin de listes à partir des communes de cette taille, au lieu des 35 00 habitants applicable jusque-là. Les conseils municipaux sont, selon cette logique, dépossédés de leur pouvoir de désigner leurs représentants au sein des instances communautaires et métropolitaines. En outre, la loi de 2013 fait référence à l'élection de conseillers communautaires et non plus des délégués des communes. Pour être symbolique, la modification de la terminologie est significative d'une volonté de substituer un échelon à un autre[33].

Pour autant, tant que les élections des conseillers communautaires ne se fera pas à l'échelle de l'intercommunalité, ce qui a été tenté au moment de la discussion de la loi NOTRe du 7 août 2015[34], la place des communes dans la désignation de ces conseillers restera très forte. Ce constat illustre, si besoin est, le poids affectif et politique des communes. Ces raisons expliquent pourquoi le Rapport Balladur, suivi sur ce point par la loi du 16 décembre 2010, a voulu permettre la création de communes nouvelles.

[33] Voir les articles L. 273-1 et suivants du code électoral

[34] Loi n° 2015-991 du 7 août 2015 portant nouvelle organisation territoriale de la République

B- Communes nouvelles ou nouvelles communes

Le constat de l'échec de la politique de fusion de communes a été dressé depuis longtemps et le Rapport de la Commission Balladur s'est inscrit dans cette continuité[35]. Afin de relancer une autre solution pour diminuer le nombre de communes, à côté de la politique de l'intercommunalité souhaitée par ailleurs, il a été proposé que soient créées des « communes nouvelles » selon une expression destinée à moins effrayer les élus locaux que la référence aux fusions de communes issues de la loi du 16 juillet 1971[36]. La loi du 16 décembre 2010 précitée est allée dans ce sens (art. L. 2113-1 et suivants CGCT). Si la loi a bien été l'objet d'une saisine, la décision n° 2010-618 DC du 9 décembre 2010 qui en résulte ne mentionne en rien les dispositions relatives aux communes nouvelles, à la fois parce qu'elles n'ont pas fait l'objet de critiques relatives à leur inconstitutionnalité éventuelle et parce que ces dispositions n'ont pas été relevées d'office par le juge constitutionnel. La loi n° 2015-292 du 16 mars 2015 relative à l'amélioration du régime de la commune nouvelle, pour des communes fortes et vivantes, qui a voulu s'inscrire dans la suite de celle de 2010 dont le titre indique quels en sont les enjeux, n'a pas non plus donné lieu à saisine, car elle fut adoptée de manière consensuelle par le Parlement. La création de communes nouvelles ne heurte donc, *a priori,* aucun principe constitutionnel, notamment pas celui de libre administration des collectivités territoriales.

Cette politique semble avoir porté ses fruits, du moins dans les premières années d'application de ces textes. Il n'est pas dans ce propos de retracer les modalités de création de ces communes nouvelles[37]. Sans doute faut-il, malgré tout, se demander si la politique de fusion, car, sans vouloir ignorer la réalité, c'est bien de

[35] Loi n° 71-588 du 16 juillet 1971 sur les fusions et regroupements de communes. Si l'on dénombrait 528 fusions en 1972 (concernant 1 336 communes), la diminution du nombre de fusions annuelles est ensuite très rapide : 193 fusions en 1973 (concernant 466 communes) ; 76 en 1974 (154 communes) ; 9 en 1975 (19 communes) et 9 en 1976 (20 communes). Au total, entre 1971 et 2009, soit sur une durée de près de quarante ans, la loi Marcellin n'a été à l'origine que de 943 fusions de communes avec – compte tenu d'ailleurs des défusions intervenues par la suite – la suppression de seulement 1 100 communes. C'est bien peu au regard de l'objectif initial qui était d'en supprimer 10 000.

[36] E Balladur, op. cit, p. 138

[37] Voir M. VERPEAUX et A. PÉCHEUL, *Les communes nouvelles*, Lexis-Nexis, 2016

fusions qu'il s'agit, aboutit à créer des communes d'un nouveau type ou simplement à créer une commune traditionnelle, mais à une autre échelle de population. En bref, le simple changement quantitatif conduit-il ou non à un changement qualitatif ? Les communes nouvelles sont des collectivités territoriales, comme l'affirme l'alinéa 5 de l'article L. 2113-10 pour distinguer leur statut de celui des communes déléguées. La liste des collectivités territoriales est établie par l'article 72, alinéa 1er de la Constitution et elle ne comprend que deux catégories susceptibles de correspondre aux communes nouvelles : celle des communes et celle des collectivités à statut particulier. L'article 72 permet aussi au législateur de créer « toute autre collectivité territoriale », et cette liberté implique de pouvoir créer « toute catégorie nouvelle » de collectivités territoriales ou toute collectivité nouvelle appartenant à une catégorie existante. Selon une interprétation extensive, les communes nouvelles seraient alors une nouvelle catégorie de collectivités, distincte de celle des communes.

Qu'apporte alors l'adjectif « nouvelles » tel qu'il est associé à ces communes ? Deux interprétations sont possibles. Ce terme peut, tout d'abord, être une qualification purement descriptive et chronologique qui illustre le fait qu'elles sont créées, et non pas données par l'histoire et les réalités locales. Si elles ne sont alors que des communes comme les autres, rien ne doit les distinguer des communes que l'on pourrait qualifier d'historiques, c'est-à-dire celles existant au moment de la publication de la loi précitée du 16 décembre 2010 de réforme des collectivités territoriales. Elles doivent posséder les mêmes organes que les communes, à savoir un maire et un conseil municipal désignés dans des conditions analogues à celles des communes « normales », c'est-à-dire au suffrage universel, direct pour l'un et indirect pour l'autre. Leurs compétences doivent être identiques, et le régime du contrôle de leurs actes dont être similaire à celui de ces communes. C'est ainsi que le législateur de 2010 et de 2015 n'a pas voulu faire échapper totalement les communes nouvelles au régime du droit commun des communes. Pour encourager le mouvement de regroupement communal, l'article L. 2113-1 précise que « La commune nouvelle est soumise aux règles applicables aux communes, sous réserve des dispositions du présent chapitre et des autres dispositions législatives qui lui sont propres ».

De manière plus ambitieuse, l'adjectif « nouvelles » renvoie à une nouvelle conception de la commune destinée à montrer le chemin aux autres communes, encore régies par un droit ancien à tous les sens du terme. Il existe, en effet, une différence entre les communes historiques et les communes nouvelles, qui est l'institution de communes déléguées qui viennent s'ajouter à la nouvelle commune et qui correspondent aux anciennes communes. Les dispositions spécifiques aux « communes nouvelles » tiennent en particulier aux modalités de leur création, au régime transitoire de leurs structures jusqu'au prochain renouvellement des conseils municipaux et au maintien de « communes déléguées ».

Cette voie est-elle tracée, enfin, pour toutes les communes ou est-elle réservée aux petites communes ? Les efforts pour construire une nouvelle intercommunalité, avec le vaste mouvement de recomposition initié en 2010 et renforcé par la loi NOTRe précitée, entraînent dans leur sillage la volonté de redessiner les frontières communales à l'intérieur des nouveaux territoires créés par les intercommunalités élargies au-delà du chiffre fatidique des quinze mille habitants[38]. Selon un auteur, « Il est même possible qu'à l'avenir, les petites communes et plus spécifiquement les communes rurales ou les communes périphériques des aires urbaines s'emparent de plus en plus de ce dispositif, qui s'inscrit dans une logique fonctionnelle de service et qui leur permettra paradoxalement de continuer d'exister dans des ensembles communautaires de plus en vastes »[39]. Après tout, au sein d'une communauté de communes agrandie de plusieurs dizaines de milliers d'habitants, il vaut mieux être représenté par une grande commune que par une petite commune. Cela permet de mieux exister au sein d'une grande communauté, de disposer d'une identité plus visible et de bénéficier d'une représentation plus conséquente. La commune nouvelle sert alors les objectifs d'une intercommunalité repensée et ambitieuse.

---

[38] L'article 33 de la loi modifie ainsi le 1° du III de l'article L. 5210-1-1 CGCT : « La constitution d'établissements publics de coopération intercommunale à fiscalité propre regroupant au moins 15 000 habitants ; toutefois, ce seuil est adapté, sans pouvoir être inférieur à 5 000 habitants pour les établissements publics de coopération intercommunale à fiscalité propre ainsi que pour les projets d'établissement public de coopération intercommunale à fiscalité propre ».

[39] C. Jebeili, La commune nouvelle, un second souffle pour les petites communes : JCP A 23 juin 2014, n° 25, 2195.

Cette contribution a commencé par des chiffres. Terminons-la par d'autres chiffres. Le nombre de communes françaises a, pour la première fois depuis de longues années, diminué de manière significative, du fait de la création de communes nouvelles au cours des années 2015 et 2016, cette dernière année ayant vu la création de 325 communes nouvelles regroupant 1100 communes, et faisant passer le nombre de communes françaises en dessous du seuil fatidique des 36 000 habitants, soit 35 818 exactement. La commune française a de beaux jours devant elle, mais sans doute dans des conditions et des périmètres renouvelés.

Quel Maire pour le XXIe siècle ? Un élu reconnu et professionnel de la politique locale

Valérie Collomp
Maître de conférences à la Faculté de droit de Toulon.

Le maire est le personnage politique le plus populaire des Français.

Juridiquement le maire n'est pourtant qu'un administrateur qui n'est pas chargé de la représentation de la souveraineté nationale au sens de l'article 3 de la constitution[40].

Mais le maire correspond au « système politico-administratif français dont il concrétise la symbiose : principal acteur de la décentralisation territoriale de l'état tout en apparaissant aux yeux de ses concitoyens comme le médiateur et le résistant local face à l'état »[41]. Pour les citoyens, le maire incarne la défense des intérêts communaux, ce qui au-delà des considérations juridiques fait de lui la figure la plus « sympathique »[42] du monde politique.

Dans notre époque troublée où la fracture entre les citoyens et la politique est de plus en plus grande, où la démocratie ne joue plus son rôle, il est fondamental de préserver la reconnaissance dont jouit le maire dans la population. Il est le seul élu à réconcilier les citoyens et la politique, le seul qui permette d'espérer que la commune joue son rôle d'école de la démocratie décrit par Alexis de Tocqueville[43].

Préserver la reconnaissance du maire suppose avant tout que soient maintenus le pouvoir et la proximité nécessaire à la défense des intérêts locaux qui constituent l'essence même, le fondement de

[40] CC n° 2013-676 DC du 09/10/2013, AJDA, 2013, p. 1942. Dans le même sens antérieurement, les élections locales sont soumises aux mêmes règles que les élections politiques uniquement parce qu'elles constituent la première étape des élections sénatoriales : CC n°92-308 DC du 09/04/1992, L. FAVOREU, RFDC, n°10, p. 340

[41] H. PORTELLI « Les fondements administratifs d'un pouvoir politique », Pouvoirs, 2014, n°148, p. 5.

[42] M. AGULHON, *Les métamorphoses de Marianne,* Flammarion, Paris, 2001, p. 169.

[43] A. DE TOCQUEVILLE, *De la démocratie en Amérique,* vol. 1, 1986, vol. 2 1987, Gallimard, Collection Folio Histoire, Paris.

l'image qu'il incarne aux yeux de la population. Or cette image du maire peut être aujourd'hui menacée par les différentes réformes territoriales qui tentent de résoudre le problème de la diversité et de la disparité des communes françaises. Deux types de solution sont proposés : la fusion et la coopération.

- D'un premier côté tout d'abord, les plus petites communes françaises, qui sont aussi les plus nombreuses ne disposent pas des moyens nécessaires pour assumer les fonctions liées à la défense des intérêts locaux.

La solution, reprise[44] pour elles, d'une fusion sous forme de « communes nouvelles » semble à même de préserver l'image et la reconnaissance du maire. La fusion est la procédure par laquelle deux ou plusieurs communes sont réunies pour former une nouvelle commune. Une procédure de fusion autoritaire avait déjà été envisagée par la loi du 05/04/1884, et simplifiée par un décret du 22/01/1959. Mais le nombre de communes françaises ne diminuait pas. Sur plus de 36 mille communes, 90% comptait moins de 2000 habitants dont 23 000 communes moins de 500 habitants. La loi du 16/07/1971 (n°71-588) dite loi Marcellin avait institué par la suite une procédure systématique de fusion à caractère autoritaire dans le cadre de regroupements établis par le préfet. Cette procédure considérée comme celle de la « dernière chance » pour obtenir une diminution du nombre des communes, échoua totalement. Les fusions prononcées en application de la loi de 1971 furent dissoutes et les dispositions imposant la fusion dans le code des communes furent abrogées. L'idée dominante suite à cet échec, a été d'encourager les fusions, mais de laisser les communes libres d'en décider elles -mêmes.

La loi du 16/12/10 (n°2010-1563) consacre la création de « communes nouvelles » et la loi du 16/03/15 (n°2015-292) [45] leur donne un second souffle en renforçant l'identité des communes fusionnées et en établissant plusieurs incitations financières[46] . Dans ce dernier dispositif, les projets de fusion sont portés par les territoires et non imposés par l'état. « La loi offre désormais des perspectives

[44] M. LEROUX, « La relance du processus de fusion entre collectivités territoriales », JCP adm, 2011, p. 24.

[45] Loi relative à l'amélioration du régime de la commune nouvelle pour des communes fortes et vivantes, J.O du 17/03/2015, p. 4921.

[46] M. LEROUX, « La loi du 16/03/2001, un second souffle pour les communes nouvelles », AJDA, 2015, n° 22, p. 1266.

très intéressantes aux communes qui souhaitent se regrouper sur une base volontaire pour unir leurs forces, mutualiser leurs moyens, dans un contexte de fortes contraintes financières et être aussi mieux représentées auprès des autres collectivités... »[47] Pour l'heure bien que les résultats soient encourageants, que le projet ait été soutenu par l'A.M.F.[48], ils restent en deçà de ceux escomptés[49]. La fusion des communes dans les « communes nouvelles » devrait permettre aux maires de se trouver à la tête d'un bassin de population de plus de 1000 habitants leur permettant de pouvoir assurer la préservation des intérêts locaux.

- D'un autre côté, la volonté de regrouper les communes dans les établissements publics de coopération intercommunale est plus menaçante pour le maire. En effet, la tentation est grande de transformer ces établissements publics en véritables collectivités territoriales, ce qui conduirait à terme à la disparition des communes telles que les connait la culture française, donc des maires. Sans que la suppression des communes soit organisée de manière radicale les transferts de leurs compétences vers les EPCI, peuvent rapidement les priver de leur rôle traditionnel de proximité. Nous savons que le gouvernement avait envisagé une telle méthode pour « dévitaliser » le département[50] et que la jurisprudence du Conseil Constitutionnel se révèle peut protectrice des compétences effectives dont doivent jouir les collectivités territoriales en vertu du principe constitutionnel de libre administration[51]. C'est ainsi que les communes pourront être obligatoirement privées de leurs compétences traditionnelles en matière d'eau, d'assainissement... au profit des EPCI à compter du 01/01/2020[52].

---

[47] F. BAROIN, « Réforme territoriale : point de vue de l'AMF », AJCT, 2015, p. 182.
[48] F. BAROIN, *idem*.
[49] Rapport d'information Sénat n°563, 28/04/2016. V. « Les communes nouvelles, histoire d'une révolution silencieuse ou d'un rendez-vous manqué ? ». La Semaine Juridique Administration et Collectivités territoriales, n° 21, 30/05/2016, act 465. Au 01/01/2016, 317 communes nouvelles ont vu le jour pour regrouper 1090 anciennes communes.
[50] E. MARCOVICI, « Acte 3 de la décentralisation : la simplification et la modernisation annoncées seront- elles au rendez-vous ? », La Semaine Juridique Administration et Collectivités Territoriales du 16/11/2015, n°41, p. 2325.
[51] CC n°84-174 du 25/07/1984 rec. p. 48.
[52] Loi du 07/08/2015 n°2015-991, AJDA, n°34-2015 dossier p. 1897. voir. J.-F. LACHAUME, « Des intercommunalités renforcées », AJDA, 2015, n°34, p. 1905.

L'autre remède imaginé à la disparité communale fut en effet dès 1890 (loi du 22/03/1890) la coopération intercommunale qui envisage l'union des communes au sein d'institutions auxquelles des attributions et des ressources sont transférées. Depuis 1890, ce que l'on appelle aujourd'hui intercommunalité fut marquée par une diversification des structures et une grande complexité du régime juridique freinant l'essor du regroupement communal. La loi du 12/07/1999 (n°99-586) dite loi Chevènement s'est alors fixée comme objectif le renforcement et la simplification de la coopération intercommunale en prévoyant trois catégories d'EPCI selon l'importance des communes concernées : les grandes agglomérations devant opter pour la communauté urbaine, les agglomérations moyennes pour la communauté d'agglomération et les espaces ruraux pour la communauté de communes. Le regroupement intercommunal a alors pris son essor, mais la prolifération des EPCI et l'augmentation continue des dépenses locales ont engendré, très rapidement, la nécessité de réduire le nombre des établissements intercommunaux. La loi (n°2015-991) du 07/08/2015 dite loi NOTRe, portant nouvelle organisation de la République, à travers ses dispositions relatives aux schémas départementaux de coopération intercommunale et à la fixation d'un seuil de viabilité de 15 mille habitants, programme une recomposition des périmètres intercommunaux devant se traduire par la fusion de plusieurs EPCI[53]. La loi s'attache également à renforcer l'organisation des grandes métropoles[54] qui constituent la quatrième catégorie d'établissements intercommunaux[55]. Les très grandes agglomérations qui forment un ensemble de plus de 400 000 habitants

---

[53] O. DIDRICHE « Les mises en commun entre communes et EPCI facilitées par la loi NOTRe », AJCT, 2016, p. 153.

[54] Les métropoles ont été créées par la loi n°2014-58 du 16/12/2010 relative à la modernisation de l'action territoriale et l'affirmation des métropoles, JCP A 2014 pp. 2044-2057

Les métropoles ont été reformées par la loi MAPTAM du 27/01/2014. Voir. N. FONT « Reforme territoriale : retour sur 5 ans de réformes de l'intercommunalité », AJCT, 2016, p. 68.

[55] La métropole de Lyon a été créée sans problème puis est sortie de l'intercommunalité pour devenir une collectivité à statut particulier au sens de l'article 72 de la Constitution. La métropole d'Aix-Marseille Provence regroupe presque toutes les communes du département des Bouches-du-Rhône et après de longues tergiversations et voltes faces juridiques, la métropole du grand Paris apparait sous une forme moins intégrée qu'initialement prévue. Voir M. DEGOFFE, « Les nouvelles intercommunalités », RFDA, 2016, p. 481.

dans une aire urbaine coopèrent dans cet établissement public intercommunal[56] .

L'élection au suffrage universel direct des membres des EPCI et notamment de leur président pourrait également constituer une menace directe pour l'image des maires. A l'heure actuelle la loi du 17/05/2013 (n°2013-403) organise dans les communes de 1000 habitants et plus, une élection par un système de fléchage : la liste des candidats à l'assemblée communautaire élue en même temps que le conseil municipal doit figurer de manière distincte sur le même bulletin que la liste des candidats au conseil municipal dont elle est issue (art L273-9-1 du code électoral). Lors des discutions relatives à la loi NOTRe le gouvernement avait pourtant prévu une élection au suffrage universel direct sans fléchage des élus de l'ensemble des EPCI. Mais l'association des Maires de France s'était fermement opposée à ce projet et le sénat l'avait rejeté. « La construction d'une intercommunalité ambitieuse ne nécessite absolument pas la création d'un niveau de collectivité supplémentaire… C'est pourquoi l'AMF rappelle sa ferme opposition au principe d'une élection au suffrage universel direct sans fléchage communal des élus intercommunaux à l'échéance 2020 qui créerait de fait, une nouvelle collectivité territoriale et marginaliserait les maires dans les futures assemblées intercommunales »[57] . L'élection n'est pas spécifique à l'EPCI, qui n'a donc pas de vie véritablement démocratique, et l'homme choisi par la population reste le maire.

Malgré les difficultés institutionnelles soulevées par les communes, on observe toujours un fort attachement des citoyens à cette structure que les élus n'osent certainement pas, remettre en cause. Les débats peuvent, à intervalle régulier, ressurgir sur la question du sort des communes ; il apparaît peu probable que celles-ci soient supprimées en France, avec un transfert autoritaire de leurs compétences à une structure intercommunale. Pour l'instant les EPCI ne menacent donc pas l'existence des communes et l'image de leurs maires.[58] Compte tenu de la résistance des maires et de la population[59], on peut imaginer, avec un

---

[56] En vertu de l'article 70 de la loi NOTRe du 7/07/2015 ce seuil ne sera plus exigé pour les communes qui ont perdu la qualité de chef lieu de région à la condition d'exercer les compétences obligatoires de la communauté urbaine.

[57] F. BAROIN, *op. cit.*, p. 182.

[58] P. BEZES et P. LE LIDEC, « L'hybridation du modèle territorial français », Revue Française d'Administration Publique, vol. 136, n°4, 2011, p. 942.

[59] H. D'HARCOURT, « Le lobby des maires », Pouvoirs, 2014, n°148, p. 71.

optimisme vraisemblable au XXIe siècle, une France qui, à l'exception de quelques grandes municipalités, serait couverte de communes de taille moyenne, collaborant au sein d'EPCI et à la tête desquelles subsisterait le maire. Celui-ci capable d'accomplir ses nouvelles missions continuerait à incarner la défense des intérêts de ses concitoyens et conserverait la reconnaissance qui en découle (I).

Pour ce faire, le maire va devoir, toutefois, s'adapter à de profonds changements dans l'exercice de ses compétences. Il apparaît en effet désormais que l'exercice des fonctions de maire devient de plus en plus complexe et ne peut être efficacement réalisé que par des professionnels de la politique locale. Il s'agit donc d'une évolution profonde qui s'est amorcée dans notre démocratie locale et qui devra se concrétiser au cours du 21éme siècle par la professionnalisation du maire (II).

I- La reconnaissance du maire

Le maire incarne le pouvoir local depuis plus de deux cents ans. Cette image a sans doute son origine à la Révolution où dans chaque village et paroisse[60] , il devient en quelque sorte le successeur laïque du curé[61]. L'organisation uniforme des communes va s'ancrer dans l'histoire ainsi que trois caractéristiques majeures du maire : « son caractère monocéphale, sa nature d'agent déconcentré de l'état… et l'absorption des fonctions administratives exercées par le curé paroissial : état civil, mariage »[62].

Par la suite les fonctions du maire se sont développées et étoffées pour faire de lui un acteur de politiques publiques. « Toutes ces évolutions s'inscrivent dans une histoire longue, celle de la reconnaissance du pouvoir municipal »[63] (A), au cours de laquelle les électeurs ont choisi pour maire celui qui semblait le plus compétent pour exercer ce pouvoir (B). Les fonctions du maire lui ont donné son image, et le choix des électeurs s'est orienté vers ceux capables de l'incarner ; c'est ainsi que s'est enracinée la reconnaissance du maire.

---

[60] Recueil DUVERGIER 1788-1790, pp. 63 et s.

[61] H. PORTELLI, « Les fondements administratifs d'un pouvoir politique », Pouvoirs, 2014, p. 5.

[62] H. PORTELLI, *id.*

[63] E. BELLANGER, « Le Maire au XXème siècle ou l'ascension d'une figure sympathique et intouchable de la République », Pouvoirs, 2014, n°148, p. 16.

A- L'enracinement de la reconnaissance

C'est avec la loi communale du 05/04/1884 que le dédoublement fonctionnel [64] est définitivement consacré au profit des maires[65].Dès lors, le maire joint à ses qualités de représentant de la commune et d'autorité décentralisée, la qualité d'agent de l'état[66]. Donc, tout en gérant les intérêts de la commune, le maire n'oublie pas ses devoirs envers l'état « et lorsqu'il requiert ou commande au nom (de celui-ci) les citoyens obéissent plus facilement à la voix du chef de la communauté »[67]. Tel est l'objectif du dédoublement fonctionnel qui va forger l'image du Maire : pouvoir local de l'état, capable de défendre aussi l'intérêt de la commune.

Cette image ne sera jamais remise en cause. En effet, les libertés reconnues par la suite aux communes pour s'administrer ne feront qu'étendre les compétences que le maire exerce au nom de celles-ci sans revenir sur celles qu'il détient au nom de l'état, même si ces dernières sont aujourd'hui bien secondaires.

A la différence du conseil municipal qui est l'autorité communale disposant d'une compétence générale (et la fameuse clause générale de compétence[68]), le maire en tant qu'exécutif local n'a jamais que des compétences d'attribution[69]. Pourtant c'est le maire, seul, qui incarne le pouvoir municipal. Effectivement, le modèle dessiné par la loi de 1884 a favorisé progressivement le développement d'une sorte de régime présidentiel au niveau de la commune. La maire est l'agent permanent de la commune ; le conseil municipal ne se réunit lui, qu'une fois par trimestre. De plus, du fait de la nature administrative de l'institution communale, le maire est exempté de toute responsabilité politique vis-à-vis de l'assemblée délibérante. « On aboutit ainsi à la situation

---

[64] Pour une première utilisation de l'expression Voir G. SCELLE cité par WALINE in *Traité de Droit Administratif,* Sirey, 1963, p. 840.

[65] Antérieurement V. décret du 14/12/1789, G.D MARILLIA, *Les pouvoirs du Maire,* Berger Levrault, 1997, p. 18.

[66] R. CHAPUS, *Droit Administratif Général,* Montchrestien, 13ème ed., p. 235.

[67] J.-P. BROUANT, *Le Maire au nom de l'état : contribution à l'étude du dédoublement fonctionnel,* ed. SIRP, 2001, p. 27.

[68] P. BOURDON, J.-M. PONTIER, J.-C. RICCI, *Droit des collectivités territoriales,* P.U.F, 2éme ed., 1987, p. 416. Art . L 2121-29 CGCT issu de l'art. 61 de la loi de 1884 : « Le conseil municipal règle par ses délibérations les affaires de la commune ».

[69] J. D. MARILLIA, *op. cit.*, p. 20.

paradoxale d'une assemblée communale qui détient le pouvoir théorique… mais qui ne l'exerce pas en fait »[70]. Cette situation n'a fait que s'accentuer à partir de 1982 avec les lois de décentralisation[71]. Le scrutin municipal de 1982[72], que la loi de 2013[73] a étendu aux communes de mille habitants et plus, garantit à la liste arrivée en tête la majorité des sièges au conseil municipal. L'introduction d'une part de proportionnelle permet la présence minoritaire des autres listes qui assurent l'information et le contrôle démocratique de l'opposition[74]. Le maire élu au scrutin majoritaire par le conseil municipal est donc choisi par ses colistiers, conseillers municipaux majoritaires, qui se sont engagés pendant la campagne électorale à soutenir leur tête de liste. Ce mode de scrutin correspond donc à une désignation quasi directe du maire par la population qui vote pour la tête de liste, et à l'engagement du soutien de sa majorité. On retrouve ainsi les caractéristiques principales de la présidentialisation du régime qui existent sur le plan national depuis 1962, avec l'élection du président de la République au suffrage universel direct dans le cadre d'un scrutin majoritaire à deux tours, et qui transforme l'assemblée délibérante en chambre d'enregistrement. Personnalisant le pouvoir municipal, le maire doit répondre à la satisfaction des besoins de sa population, développer des interventions économiques pour pallier parfois la carence de l'initiative privée en infléchissant même la jurisprudence du juge administratif pour développer le socialisme municipal[75]. Avec les importants transferts de compétences réalisés au profit de la commune par la décentralisation[76], le maire, libéré de la tutelle du préfet, va concentrer entre ses mains l'ensemble des pouvoirs[77] et développer de véritables politiques locales.

---

[70] H. PORTELLI op. cit p.8.

[71] A. MABILEAU « De la monarchie municipale à la Française », Pouvoirs, 1995, n° 73, p. 7.

C. SORBETS, « Est-il légitime de parler de présidentialisme municipal ? », Pouvoirs, 1983, n° 24, p. 105.

Y. MÉNY, « La République des fiefs », Pouvoirs, 1992, n° 60, p. 17.

[72] J. BOULOUIS, « La loi n°82-974 du 19/11/1982 », AJDA, 1983, p. 74.

[73] Loi n°2013-403 du 17 mai 2013 relative à l'élection des conseillers départementaux, des conseillers municipaux et des conseillers communautaires, et modifiant le calendrier électoral, JO du 18 mai 2013, p. 8242

[74] M. VERPEAUX, « Les droits des élus ou le droit des assemblées locales », RFDA, janv/fév 1993, p. 20.

[75] CE 30/05/1930 *Chambre syndicale du commerce en détail de Nevers*, rec p.583.

[76] F. MODERNE (dir.), *les nouvelles compétences locales,* Paris, Economica, 1985.

[77] J.-C. DOUENCE, « L'action économique locale », AJDA, n° spécial décentralisation bilan et perspective, avril 1992.

Le maire va alors se comporter en chef d'entreprise, lancer de vastes projets pour sa commune, tout en concurrençant les autres. Le développement des politiques locales permit ainsi le succès de certaines collectivités, mais également l'échec d'autres[78] et le risque fut grand que « la décentralisation source de liberté pour les collectivités… ne soit aussi source d'inégalités croissantes et d'une France à plusieurs vitesses[79] ». La reprise en main de l'état va se traduire par un redéploiement de son administration[80], le développement d'une solidarité entre collectivités[81] et la résurrection des politiques contractuelles[82]. Le préfet assurant au niveau local la transmission de la volonté étatique, influence les choix locaux, les oriente…, la négociation, la coopération, le travail concerté deviennent désormais la règle[83]. Cette nécessité de concertation dans l'exercice des fonctions de maire va de surcroît s'accroître avec le développement de l'intercommunalité.

L'arsenal législatif qui accompagne l'intercommunalité et qui n'hésite pas à user de procédés plus ou moins coercitifs[84] pour lutter contre la résistance des communes, a conduit à regrouper, à de très rares exceptions près[85], l'ensemble des communes françaises au sein d'une des quatre catégories d'EPCI. Dans le paysage institutionnel local les EPCI cohabitent donc désormais avec les communes ; les principes de spécialité et d'exclusivité amenant chaque personne publique à intervenir dans des domaines propres. L'intercommunalité ne fait disparaître ni la

---

78 Rapport spécial de la Cour des comptes consacré à la gestion de la trésorerie et de la dette des collectivités territoriales, JO 28/11/1991 p.90.

79 C. GREMION, « Décentralisation en X », Rapport DATAR, 1991.

80 Loi du 06/02/1992 n°92-125 relative à l'administration territoriale de la République JO 08/02/1992 p. 2064.

81 Loi du 04/02/1995 n°95-115 loi d'orientation pour l'aménagement et le développement du territoire, JO du 5/02/1995, p. 1973.

82 Y. JÉGOUZO, « La décentralisation et la ville », AJDA, avril 1992, p. 108.

83 *Id.*

84 Le conseil constitutionnel considère que le législateur a pu « dans des buts d'intérêt général d'achèvement et de rationalisation de la carte de l'intercommunalité apporter ces limitations à la libre administration des communes », CC n° 2013-303 QPC du 26/04/2013 *Cne de Puyravault* AJDA, 2013, p. 884. La procédure de rattachement ne doit tout de même pas, par son caractère coercitif, porter « une atteinte manifestement disproportionnée à la libre administration des collectivités territoriales ». CC n° 2014-391 QPC du 25/04/2014 *Cne de Thonon-les-Bains et autres*, AJDA, 2014, p. 887. V. A. GARDERE « Intercommunalité et libre administration des communes : oui au mariage pour tous, non au mariage forcé », AJDA, 2014, p. 18.

85 Comme par exemple les quatre communes insulaires : Bréhat, Sein, Ouessant, Yeux. V. M. DEGOFFE, « Les nouvelles intercommunalités », RFDA, 2016, p. 481.

commune ni le maire qui reste le défenseur des intérêts locaux[86]. Mais ce rôle ne peut plus s'inscrire dans la logique de concurrence qui s'était développée après la décentralisation de 1982. L'intercommunalité permet d'envisager l'émergence d'une politique locale à double visage, communal et communautaire, obligeant le maire à inscrire son action dans une logique d'interdépendance des territoires et des institutions[87].

Pour défendre les intérêts de sa commune, le maire demeure au centre de multiples relations, mais celles-ci changent profondément de nature et modifient la démarche du maire dans la conduite et la définition de ses politiques publiques locales.

- Tout d'abord, les partenaires des maires ne se résument plus aux services de l'état ou à une relation centre -périphérie. En effet, les rapports que le maire entretient avec l'état perdent considérablement de l'importance, pour déterminer son pouvoir et sa capacité d'action. Longtemps le cumul des mandats développait sa faculté à capter des ressources à d'autres échelles et assurait la réussite de ses projets locaux. Aujourd'hui, cette logique devient obsolète, et c'est donc, sans conséquence sur l'efficacité de leurs actions locales, que les maires se trouvent interdits d'exercer un mandat parlementaire[88]. Traduisant ce même changement de rapport entre le centre et la périphérie, les maires perdent leur principale voie d'accès à l'état, qui était le département, avec la réforme de l'administration territoriale de l'état qui vide les préfectures du département au profit de celles des régions[89].

Les partenaires des maires dans leurs politiques publiques sont désormais les structures intercommunales, mais aussi l'Union européenne et surtout les communes des autres pays : les spécialistes

---

[86] P. BEZES et P. Le LIDEC, « L'hybridation du modèle territorial français », Revue Française d'Administration Publique, 2011, vol. 136, n° 4, p. 919.

[87] N. FONT, « Réforme territoriale. Retour sur cinq ans de réformes de l'intercommunalité », AJCT, 2016, p. 68.

[88] Loi organique n°2014-125 du 14 février 2014 interdisant le cumul de fonctions exécutives locales avec le mandat de député ou de sénateur, JO du 16/02/2014, p. 2703.

[89] Sur les différentes reformes de la déconcentration V. H. PAULIAT, « La déconcentration nouvelle est arrivée », JCP Adm., 2015, p. 2179 ; B. NICOLAIEFF, « La nouvelle charte de la déconcentration : une audace contrariée », Pouvoirs locaux, 2015, n° 105, p. 3.

parlent de multi-level[90]. La construction européenne avec la commission des comités des régions n'est plus un processus strictement intergouvernemental, mais une dynamique qui sollicite directement des collectivités territoriales. Certes les régions sont les premières concernées, mais les maires ne sont pas absents, et ils doivent s'imposer dans ce nouvel espace européen de financement des politiques publiques.

- Ensuite, à l'intérieur même de l'espace communal, le contact du maire avec sa population change également. L'action publique se précise, désormais, dans des lieux de concertation, de coopération. C'est auprès des groupes sociaux de sa commune que le maire va maintenant trouver les partenaires de ses politiques publiques. En plus des associations, le maire doit encourager la création « de club de chefs d'entreprises ou d'union de commerçants dans le cadre des politiques de développement économique… Ces nouveaux interlocuteurs seront considérés comme des relais de groupes fonctionnels pour construire des coalitions d'actions publiques »[91], et renforcer la légitimité de la politique publique que le maire entend défendre à d'autres niveaux. Compte tenu de l'évolution du mode de vie, du repli sur soi, de l'augmentation de la taille des communes, c'est également dans ces relais intermédiaires que le maire trouve aujourd'hui le contact et la proximité avec ses électeurs. C'est dans ces lieux que le maire recueille l'expression des besoins populaires de sa commune, nécessaire pour définir ses politiques publiques au plus près des réalités concrètes de ses concitoyens.

C'est dès lors dans des lieux de coopération, au sein de la commune ou avec d'autres institutions locales, et grâce à un travail de concertation « que se joue une partie de l'aptitude des maires à conduire des politiques publiques, à capter des ressources et, in fine, à pouvoir se légitimer par l'action… Mais ces lieux d'actions contraignent les maires à se techniciser pour en maîtriser les interactions. Ils les détournent d'un travail plus classique de proximité auprès des citoyens »[92].

Le travail du maire change donc ; pour continuer à incarner la défense des intérêts locaux, le maire doit posséder de nouvelles

---

[90] G. PINSON, « Le Maire et ses partenaires : du schéma centre-périphérie à la gouvernance multi-niveaux », Pouvoirs, 2014, n° 148, p. 95.
[91] S. CADIOU, « Le Maire et les paris de l'action publique », Pouvoirs, 2014, p. 46.
[92] S. CADIOU, *op. cit.*, p. 51.

compétences, de nouvelles qualités, qui se retrouvent dans le profil sociologique de ceux qui sont désormais choisis par les électeurs. En effet aujourd'hui les maires sont majoritairement dans les grandes et moyennes communes, des hommes plutôt âgés, issus des professions intellectuelles supérieures avec une expérience du monde politique.

B- Le choix de la compétence

Sociologiquement les maires n'ont jamais été véritablement représentatifs de la population. Leur profil a davantage tendance à témoigner de leur capacité à remplir, à un moment donné et à une époque précise, le rôle de défenseur des intérêts locaux, que la population entend leur voir jouer. C'est ainsi qu'ils sont reconnus par leurs électeurs comme capables de devenir maires.

Jusque dans les années 1960/1970, trois grandes catégories socioprofessionnelles se partagent les mandats de maire dans les communes françaises.

- Dans la France rurale, la majorité des maires est issue du monde agricole. Cette place ne s'explique pas forcément par un choix électoral de similitude, mais se justifie davantage par le fait que l'exode rural n'a jamais entraîné la diminution du nombre de maires. « Le nombre de paysans, maires de villages, a progressé pendant environ un siècle et demi, au cours duquel la proportion de paysans dans la population totale de la France n'a cessé de diminuer »[93].

- Les bourgeois engagés dans l'activité économique, les patrons de commerce, d'industrie, accèdent au mandat de maire dans les villes moyennes et grandes. Tout comme les agriculteurs, cette classe sociale fournit à ses membres les qualités présumées, mais nécessaires à la reconnaissance du maire, qui sont à cette époque : l'aisance financière, le clientélisme, la disponibilité. Comme le fait remarquer M. F. Souchon, la fonction de maire demande à celui qui en est investi de se mettre à l'écoute des autres, de les rencontrer[94].

- Enfin, d'autres disposent de cette clientèle ainsi que de l'argent et de disponibilité : ce sont les membres des professions libérales. Le

---

[93] M. AGULHON, L. GIRARD, J.-L. ROBERT, W. SERMAN, *Les Maires en France du consulat à nos jours,* Paris, Publication de la Sorbonne, 1986, p. 41.

[94] M. F. SOUCHON, *Le Maire élu local dans une société en changement,* Paris, éd. Cujas, 1968, p. 66.

médecin, le vétérinaire, le notaire, l'avocat, « connaissent tout le monde » ; ils sont souvent non seulement des professionnels, mais aussi des confidents pouvant écouter, conseiller, qu'il s'agisse d'affaires strictement privées ou intéressant la vie de la collectivité. Ils sont de plus considérés comme les seuls « dépositaires du savoir », leur profession les destine donc au mandat local et on les trouve, durant cette période, représentés en bonne position, dans les mairies de communes moyennes et grandes.

Mais, dès les années 1970, M. F. Souchon relève un changement dans l'origine socioprofessionnelle des maires. « Il y a parmi les maires… deux sortes d'hommes… et ils sont souvent le reflet de la situation de leur village. Il y a des villages qui bougent, il y a des villages qui meurent. Le maire agriculteur, viticulteur… cède-le pas au maire ingénieur[95] ».

Bien évidemment, ce changement va se confirmer et se renforcer avec les lois de décentralisation de 1982 et 1983, qui donnent aux communes les compétences et les libertés nécessaires à leur libre administration, et qui font du maire le manager du développement local. La population attend alors de son maire dynamisme, compétence… « ces leadeurs innovateurs combattent l'immobilisme… ils se veulent réalistes et conscients des problèmes de leur collectivité »[96], qu'il s'agisse de promouvoir l'industrialisation de leur commune ou de développer des investissements socioculturels[97]. Les trois catégories socioprofessionnelles jusqu'alors dominantes, vont enregistrer un net déclin[98] au profit de celles qui fournissent l'image attendue du maire nouveau des années 1980/1990 : les fonctionnaires et les retraités[99]. La proportion croissante de ces deux catégories socioprofessionnelles parmi les maires traduit les nouvelles exigences du mandat local après la décentralisation. Le maire doit être compétent pour exercer ses fonctions. L'électeur choisit donc, de plus en plus, un homme ayant un niveau culturel établi, et témoignant d'une bonne compétence gestionnaire. Les fonctionnaires présentent l'avantage de connaître

---

[95]M. F. SOUCHON, op. cit., p. 77.
[96] Ibid. p. 78.
[97] M. F. SOUCHON-ZAHN, « Les Nouveaux Maires des petites communes », RFSP, 1991, p. 215.
[98] P. SADRAN, « Les élus de l'an VI », AJDA, 1987, p. 153.
[99] P. GARRAUD, *Profession : homme politique: la carrière politique des Maires urbains*, L'harmattan, 1989, p. 45 et s.

l'administration (dans son sens le plus large) et d'être capables de défendre les intérêts de la collectivité. Les retraités ont, pour atout majeur, le temps de s'occuper des affaires locales, qu'ils cumulent, semble-t-il bien souvent, avec une solide expérience acquise dans leur activité professionnelle antérieure. En effet même s'il n'existe pas de données sur les origines professionnelles des retraités, M. Koebel déduit de ses analyses « les retraités sont plutôt… d'anciens cadres supérieurs quand la taille de la commune augmente, ce qui renforce le phénomène de confiscation des postes de pouvoir par les élites sociales locales »[100]. Ainsi les retraités peuvent offrir les connaissances, pour gérer les affaires de la commune, la disponibilité et un relatif dynamisme compte tenu de la longévité dans nos sociétés. Leur nombre a doublé de 1983 à 2008 en passant de 16.6% à 32.2% des maires[101]. P. Garraud pouvait constater en 1989 « sans qu'il soit véritablement possible de parler d'uniformisation de l'origine socioprofessionnelle des élus… il semblerait que le nombre de catégories socioprofessionnelles dans lesquelles se recrutent les maires se soit considérablement restreint en quarante ans[102] ».

Pour encourager la diversité socioprofessionnelle des élus, le loi n°92-108 du 03/02/1992 [103], est alors venue leur accorder, quelle que soit leur activité professionnelle (y compris salarié du secteur privé,) les garanties, les indemnités, le temps…, nécessaires à l'exercice d'un mandat. Mais cette loi complétée en 2002 n'a produit aucun changement notable dans l'origine et la diversité socioprofessionnelle des maires.

En effet de 1983 à 2014, on peut relever que toute taille de communes confondues ce sont les cadres et les professions intellectuelles qui dominent la fonction : 28.5% des maires font partie de cette catégorie (alors que cette dernière ne représente que 15.3% de la population). Mais leur domination est parfaitement proportionnelle à la taille de la commune, jusqu'à atteindre 93% dans les plus grandes

---

[100] M. Koebel, « Le profil social des Maires de France », Pouvoirs, n° 148, 2014, p. 127.

[101] Les collectivités locales en chiffres - 2014 Direction générale des collectivités locales, ministère de l'intérieur, La documentation française, annexe 14. www.collectivites-locales.gouv.fr/collectivites-locales-chiffres-2014

[102] P. Garraud, *op. cit.*, p. 56.

[103] Loi n° 92-108, JO du 05/02/1992 p. 1848. Commentaires : RFDA, nov/dec 1992, p. 957 ; AJDA, 1992, p. 427.Complétée par la loi n°2002-276 du 27/02/2002 relative à la démocratie de proximité.

villes[104]. Toutes les catégories de fonctionnaires sont en hausse ; les dernières élections municipales de 2014, ont montré également une augmentation des salariés du secteur privé. Toutefois on peut toujours constater que plus la commune est grande, plus les maires sont choisis parmi les cadres de ces deux catégories, attestant ainsi encore de l'exigence de compétences requises pour occuper les fonctions de premier magistrat[105]. M. Koebel démontre également que « quelle que soit la taille de la commune les maires dominent socialement leurs adjoints et tous les autres conseillers municipaux »[106] ce qui le conduit à affirmer que l'essentiel des mandats de maires en France « restent accaparé par le pôle le plus élevé de la hiérarchie sociale et professionnelle dont les représentants sont quasi exclusivement des hommes plutôt âgés et encartés » ; les évolutions récentes liées à la loi sur la parité ne faisant pas fondamentalement varier ce profil[107].

Les catégories socioprofessionnelles qui accèdent aux fonctions de maire correspondent donc à celles qui fournissent les personnes considérées par les électeurs, à un moment donné, comme aptes à incarner le pouvoir local. Il est alors vain d'envisager le rapport entre le maire et les citoyens, en termes de représentation de la société locale, c'est-à-dire selon le critère d'une identité entre leur répartition socioprofessionnelle et les mêmes catégories constituant les Français. « A ce titre, ils ont toujours été et restent encore de faux représentants de la société »[108]. Le choix des citoyens est très éloigné de la logique démocratique de G. Sartori, selon laquelle « personne ne nie assurément qu'on tente à se sentir mieux représenté si le représentant est quelqu'un comme soi, qui pense de même, qui agisse de même parce qu'il est intrinsèquement identique »[109]. Les citoyens adoptent au contraire une démarche élitiste, destinée à sélectionner les plus capables, à incarner l'image qu'ils se font du maire. Leur perspective « s'inscrit autour de l'éligibilité c'est-à-dire de leur reconnaissance de

[104] Les collectivités locales en chiffres -2014 Direction générale des collectivités locales, ministère de l'intérieur, La documentation française, p68. www.collectivites-locales.gouv.fr/collectivites-locales-chiffres-2014

[105] M. KIS, « Municipalités : la diversité, absente du scrutin », Le courrier des maires, 2 avril 2014.

[106] M. KOEBEL, *op. cit.*, p. 130.

[107] P. ROGER, « Malgré la parité, à peine 14 % des villes sont dirigées par une femme », lemonde.fr, 21 mars 2014.

[108] A. MABILEAU, « L'élu local : nouveau professionnel de la République », Pouvoirs, 1992, n° 60, p. 73.

[109] G. SARTORI, *Théorie de la démocratie,* Paris, librairie A. Colin, 1973, p. 388.

l'aptitude de certains à administrer leur collectivité en raison de leur statut social ou/et professionnel ; les Britanniques diraient de leur légitimité à gouverner »[110]. Mais, pour que ce choix exprimé démocratiquement permette la désignation de maires, réellement capables d'accomplir leurs fonctions, et correspondant donc à l'image que s'en fait la population, il est indispensable désormais que la loi leur fournisse les moyens nécessaires à leur nouvelle mission. La professionnalisation des maires qui en découle, permet de préserver la reconnaissance dont ils ont toujours joui au sein de la population.

II- La professionnalisation du maire

François Hollande, lors des états généraux de la démocratie locale organisés par le sénat le 05/10/2012, déclarait « nous avons besoin d'acteurs qui soient reconnus (...) et en même temps qui soient responsables (...), la démocratie locale, c'est d'abord une exigence de citoyenneté, mais c'est aussi un levier de la croissance ».

Le maire a toujours été un acteur local, reconnu par les citoyens, car, quelles que soient l'étendue et l'évolution de ses fonctions, il a toujours incarné la défense des intérêts locaux. Mais aujourd'hui les fonctions de maire se complexifient à outrance. C'est la raison pour laquelle les maires sont, désormais, choisis parmi ceux qui exercent les professions intellectuelles supérieures c'est-à-dire ceux sensés posséder les compétences indispensables à la mise en place des nouvelles politiques publiques locales. Mais il ne s'agit alors que d'une aptitude présumée à l'exercice des fonctions de maire, et il est fondamental que la loi leur donne les moyens de développer une aptitude réelle. Ces moyens concernent la disponibilité, les connaissances... et s'inscrivent dans un statut du maire qui, même si le mot n'est pas encore utilisé, démontre la professionnalisation de la fonction (A).

Parallèlement on constate un engagement croissant de la responsabilité pénale des maires. Cette responsabilisation témoigne également de la personnalisation du pouvoir et de la professionnalisation de la fonction de maire, car la population voyant, de plus en plus, en lui un « expert » de la politique municipale, entend juridiquement contester ses défaillances. Toutefois, la culture politico

[110] A. MABILEAU, *op. cit.*, p. 75.

administrative française, relativement hermétique aux changements ne permet pas l'émergence d'un véritable régime de responsabilité spécifique au maire. François Hollande peut souhaiter des acteurs responsables, et « la plaie de l'irresponsabilité » [111] des élus locaux peut depuis longtemps être dénoncée, les maires ne font encore l'objet d'aucun régime spécifique de responsabilité (B).

A- Vers le statut du maire

Quelles que soient l'expérience professionnelle et l'aptitude intellectuelle des nouveaux élus, ils ne possèdent pas forcément les connaissances spécifiques, nécessaires pour suivre l'ensemble de la fabrication des politiques publiques et aller au -delà de la gestion de quelques phases clefs[112]. Or, si le nouveau maire n'a pas un niveau d'expertise suffisant et le temps nécessaire pour se consacrer à ses fonctions, le risque est grand que lui échappent, au profit des techniciens locaux, la définition et le suivi des politiques publiques. Les maires doivent donc devenir de véritables administrateurs ou, à défaut dépendre de manière excessive des techniciens territoriaux. Pourtant, bien qu'annoncé depuis 1982[113], le statut de l'élu local et du maire n'a pas encore été réellement établi, même si les dernières dispositions législatives constituent en ce domaine une avancée importante.

C'est surtout [114] lors de la décentralisation de 1982 que fut entreprise la recherche de solutions globales à cette question difficile du statut des élus locaux. M. Debarge remit le 26/03/1990[115] un rapport qui inspira la loi relative aux conditions d'exercice des mandats locaux (du 03/02/1992[116]). Cette loi s'efforce de donner aux

---

[111] J. E. VIE, *Les sept plaies de la décentralisation*, Paris, Economica, 1986, p. 47 : « La plaie de l'irresponsabilité »
[112] A. C. DOUILLET, C. ROBERT, « Les élus dans la fabrique de l'action publique locale », sciences de la société, vol. 71, 2007, pp. 10-11.
[113] La loi du 02/03/1982 annonce expressément dès son article 1 l'édiction d'une loi prochaine sur la question.
[114]La question s'était posée antérieurement. V. rapport de la commission Guichard « Vivre ensemble », La documentation Française, 1976.
[115] V. « Statut de l'élu : les conclusions du rapport Debarge », Départements et communes, n°63, mai 1990, p. 54.
[116] Loi n° 92-108, J.O. du 05/02/1992 p. 1848.

élus le temps, les moyens et les connaissances nécessaires à l'exercice de leur fonction.

Cette loi a déçu par sa timidité tous ceux qui attendaient un véritable statut de l'élu local. Elle a précisément récusé toutes références explicites à la notion même de statut, car, ainsi que le soulignait le rapporteur du projet de loi à l'Assemblée nationale « le texte n'entend pas instaurer une quelconque professionnalisation des élus locaux… »[117]. Cette loi avait, au contraire, comme objectif de renouer avec une véritable représentation, en donnant à tous les citoyens - candidats les qualités qui sont appréciées par les électeurs pour déterminer leur choix : la disponibilité, les connaissances… Dans la logique de notre culture française, le mandat électif est par nature, tout entier, fondé sur une légitimité de type politique, et cette nature profonde s'oppose « à une assimilation pure et simple à un statut professionnel… »[118]. La loi de 1992, au regard de cette logique apparaît ambiguë : certes elle maintient les principes du bénévolat et de l'amateurisme,[119] mais elle les corrige par des mécanismes d'indemnisation conçus comme de véritables revenus liés à l'exercice d'une fonction, avec de surcroît la possibilité, pour les maires notamment, d'opter pour l'exercice de leur mandat à plein temps en cessant leurs activités professionnelles.

La loi de 1992 n'a pas atteint l'objectif qu'elle s'était fixée d'ouvrir les fonctions électives à l'ensemble des citoyens, car aucun changement ne fut perçu dans l'origine sociologique des élus. En revanche, elle a rapidement témoigné de ses insuffisances quant aux moyens accordés aux élus locaux[120].

François Hollande annonça donc, le 16/01/2013 dans ses vœux au bureau des assemblées « la définition d'un statut de l'élu local » ; la mission installée le 13/03/2013, présidée par P. Doucet et P. Gosselin eut pour ambition de faire en sorte « que le statut de l'élu ne soit plus un serpent de mer de notre débat public »[121]. Pourtant la loi du

---

[117] D. MATHUS, rapport de la Commission des lois. J.O. Débat. A.N n° 2415 du 05/12/1991, p. 50.

[118] Contribution des rapporteurs particuliers de la Commission du LIVRE BLANC « Poursuivre la décentralisation », éd. Pouvoirs locaux, 1994, p. 734.

[119] M. F. SOUCHON-ZAHN, « Les nouveaux Maires des petites communes », R.F.S.P., 1991, p. 210.

[120] Complétée par la loi du 27/02/2002 n°2002-276. V. L. MULLER-QUOY, « L'élu local : nouveau statut, nouveaux droits », AJDA, 2002, p. 283.

[121] Rapport A.N n°1161 du 16/06/2013 p. 8.

31/03/2015 [122] n'a eu encore pour objectif, que faciliter l'exercice par les élus locaux de leurs mandats. Même si elle laisse se profiler en « filigrane »[123] un véritable statut, l'affaire Cahuzac a, semble-t-il, rendu impossible une telle annonce.

La loi du 31/03/2015 contribue à la professionnalisation des titulaires de fonctions exécutives locales[124] : en prenant en compte la réalité de ces fonctions, elle leur applique des dispositions particulières et envisage les exécutifs locaux, dont les maires, comme des professionnels de l'administration locale[125] , alors que les conseillers municipaux des petites communes peuvent rester des amateurs. Ainsi, elle laisse clairement apparaître que les maires doivent exercer leur fonction à plein temps, et elle contribue à leur alignement sur un régime de salariat[126].

Les élus locaux percevaient déjà des indemnités, objet d'une imposition, bénéficiaient d'un régime de retraite et étaient affiliés au régime général de la sécurité sociale pour l'ensemble des risques[127]. La loi de 2015 pour améliorer leur disponibilité, renforce le système de crédit d'heure, d'autorisation d'absence et surtout reporte à l'expiration de deux mandats consécutifs la validité du droit à réintégration professionnelle dans l'entreprise pour les élus qui ont choisi de se consacrer à plein temps à leur mandat et qui ont eu le droit à la suspension de leur activité professionnelle (CGCT art. L1621-2, L2123-11-2)[128]. D'autre part, les maires[129], qui

[122] Loi n°2015-366 du 31/03/2015, J.O. 01/04/2015 p. 5921.

[123] A. HAQUET, « Le statut de l'élu local en filigrane », AJDA, n°21, juin 2015, p. 210.

[124] A. HAQUET, *op. cit.*, p. 1217.

[125] Cette loi définit dans son article 2 ses destinataires : « Les élus locaux sont les membres des conseils élus au suffrage universel pour administrer librement les collectivités territoriales dans les conditions prévues par la loi ». Elle fait ainsi écho à l'article 72 de la constitution et à la jurisprudence du conseil constitutionnel qui distingue la nature du mandat local de celui national qui permet la représentation de la souveraineté nationale : C.C 09/10/2013 n°2013-676 DC, AJDA 2013 p1942

[126] A. HAQUET, « Indemnités et retraite des élus locaux », J-CL. Coll. territoriales, Lexis Nexis, fasc. 552.

[127] R. DOSIÈRE, *Le métier d'élu local*, Paris, seuil, 2014.

[128] De nombreuses garanties ont été accordées à ce titre par les lois : 92-108 du 03/02/1992 et 2002-276 du 27/02/2002. V. L. MULLER- QUOY, « L'élu local : nouveau statut, nouveaux droits », AJDA, 2002, p. 283.

[129] Egalement les adjoints des communes de 10000 habitants au moins, les présidents et vice-présidents du conseil départemental ou régional

choisissent de ne pas cesser leur activité professionnelle ont désormais la qualité de « salariés protégés ».

La loi du 31 mars 2015 ne revient toujours pas sur le principe de la gratuité des fonctions de représentation (art. 74 loi du 05/04/1884. artL2123-17du CGCT), mais le neutralise pour les maires. Dans sa conception initiale, la fonction élective locale ne peut être considérée comme une activité susceptible d'être rémunérée, mais comme un honneur qui consacre la notabilité locale[130]. L'archaïsme de cette conception qui favorise l'accaparement du pouvoir local par les technocrates, l'opacité des sources de revenus des élus… avait déjà été remis en cause en 1983 par le conseil de l'Europe[131]. Plusieurs pays européens ont admis une rémunération des élus locaux qui exercent les fonctions les plus prenantes et notamment des maires[132]. Si la France reprend désormais cette distinction entre les exécutifs locaux et les conseillers dont l'investissement pour la collectivité peut même rester bénévole, ce n'est que dans le cadre d'un régime indemnitaire. La loi de 2015 impose au profit des maires des plus petites communes (moins de 1000 habitants) des indemnités à taux fixes, qui ne sont donc plus délibérées en conseil municipal au risque d'être exagérément réduites. Dans les autres communes, le conseil municipal conserve la possibilité de fixer une indemnité de fonction de maire inférieure au barème (art L 2123-3 CGCT), mais exclusivement à la demande de celui-ci. « Le conseil municipal n'a donc plus à raisonner en partant du principe de gratuité pour se poser la question de savoir s'il peut éventuellement se rapprocher du taux maximal. Le raisonnement est renversé »[133]. Cette garantie de condition de vie décente, en l'absence d'autres revenus, renforce la consécration du métier de maire. Il en va de même de la formation.

---

[130] G. SAUTEL, *Histoire des institutions publiques depuis la Révolution française*, Paris, Dalloz, 1990, n° 69 et s.

[131] Le Conseil de l'Europe avait, dans le cadre de la conférence des pouvoirs locaux et régionaux de l'Europe, adopté en 1983 une résolution qui, tout en approuvant le caractère bénévole des fonctions électives locales, estimait que celui-ci ne devait pas atteindre un degré préjudiciable à l'efficacité de l'administration locale et au bon fonctionnement de la démocratie, et préconisait donc le versement d'indemnités suffisantes. Résolution n° 142, 18éme session 18-20/10/83 doc. CPL C 18. Partie I rapporteur M de la Maissaye

[132] H. HAQUET, « Professionnaliser le statut de l'élu local ? », (Droit comparé) JCP adm., 2009, n° 2117, p. 20.

[133] H. HAQUET, « Le statut de l'élu local en filigrane », *op. cit.*, p. 1213.

Au-delà des responsabilités et charges qui pèsent sur tout élu local, la loi du 31 mars 2015 souhaite répondre à l'extrême complexification de l'environnement normatif, financier et technique dans lequel les maires se trouvent placés. Dans cet objectif, elle impose aux exécutifs locaux (maire des communes de plus de 3500 habitants), une formation obligatoire durant la première année de mandat avec un plancher de dépenses affectées à cette fonction[134].Parallèlement, la loi considère que l'expérience du mandat local permet d'acquérir un titre universitaire (C.educ.,art L335-5) ; ceci semble logique dans la mesure où la législateur organise, mais aussi tire les conséquences des qualifications désormais nécessaires à l'accomplissement du mandat local. « La formation obligatoire et les modalités de définition de la rémunération des titulaires de fonctions exécutives notamment, sont des indices supplémentaires qui attestent de la professionnalisation de cette catégorie d'élus locaux »[135]. Toutefois des efforts doivent encore être réalisés en ce sens, et notamment en matière de responsabilité.

B- Le problème de la responsabilité

Si le maire a toujours incarné la défense des intérêts locaux, c'est avec les lois de décentralisation qu'il reçoit les compétences et la réalité du pouvoir de décision qui feront de lui le dépositaire du pouvoir communal. Mais ce pouvoir considérable, personnel [136] a aussi été un pouvoir contesté. Il est vrai que « la décentralisation a offert de nouvelles possibilités à ceux qui voulaient profiter du système »[137]. Pour éviter que le discrédit n'atteigne également les maires des communes françaises, le législateur s'est attaché à renforcer les contrôles, à encadrer la gestion des élus locaux, à assurer la transparence tant en matière financière[138], qu'en matière de

[134] Le droit à la formation existe depuis la loi 92-108 du 03/02/1992 mais qu'à titre facultatif. V. V. DERBOULLES, « De la libre formation des élus locaux », AJDA, 2000, p. 773.
[135] A. HAQUET, *op. cit.*, p. 1218.
[136] A. MABILEAU, « De la monarchie municipale à la Française », Pouvoirs, n° 73, 1995, p. 7.
[137] H. CRUCIS, « Gestion locale, exécutifs locaux, juridiction financière dans la loi du 29/01/1993 : les contrôles financiers entre prévention et répression », RFDA, nov/dec, 1993, p. 1091.
[138] A. HASTINGS-MARCHADIER, « L'accompagnement financier de la réforme territoriale », AJDA, 2015, n° 34, p. 1917.

politiques publiques, de marchés publics... [139]. Mais ces contrôles voient leur efficacité remise en cause ! « Le contrôle de légalité est devenu une véritable passoire et des interrogations commencent à voir le jour au sujet de l'efficacité du contrôle budgétaire »[140]. Des améliorations doivent être apportées à ces contrôles dont le but est principalement de « constituer une aide pour les collectivités. Le besoin d'une expertise de l'état reste, en effet, fort... l'état doit accompagner les communes dans leur action et non pas chercher à les sanctionner, notamment à travers la personnalité de leur maire »[141]. Une meilleure efficacité de ces contrôles, doit permettre un meilleur accompagnement de la gestion locale, mais elle n'a pas vocation à compenser l'insuffisance de responsabilité des élus locaux vis-à-vis des citoyens. On a d'ailleurs pu constater, qu'alors même que le déclenchement de certains de ces contrôles avait été démocratiquement ouvert aux citoyens, ces derniers n'ont manifesté qu'un désintérêt constant pour ce type de procédures, notamment le déféré préfectoral , et ils ont préféré se tourner vers celles qui permettent la mise en cause directe des personnes physiques. En effet, on peut remarquer « depuis quelques années que les responsables locaux sont directement visés et frappés[142] ». Ce phénomène apparaît logiquement comme la contrepartie de la concentration et de la personnalisation du pouvoir local sur le maire. Or, aucune responsabilité particulière des maires n'est organisée ni vis-à-vis des citoyens ni de leurs représentants c'est-à-dire le conseil municipal[143].

---

[139] J.-B. AUBY, « Les contrôles administratifs, juridiques et financiers », Pouvoirs n° 73, 1995, p. 79 ; M. VERPEAUX, « Les contrôles sur le Maire : mythes et réalités », Pouvoirs, n° 148, 2014, p. 81.

[140] J. MERARD, Rapport d'information fait au nom de la délégation, aux collectivités territoriales et à la décentralisation, du sénat, sur les contrôles de l'état sur les collectivités territoriales, 25/02/2012, cité par M. VERPEAUX, op. cit. p. 92.

[141] M. VERPEAUX, « Les contrôles sur le Maire : mythes et réalités », op. cit., p. 93.

[142] J.-B. AUBY, op. cit., p. 82.

[143] Il n'existe en effet aucune responsabilité politique du maire devant le conseil municipal. Le C.G.C.T (art L.2122-21) prévoit que le Maire responsable de l'administration municipale exerce cette fonction « sous le contrôle du conseil municipal », et que le Maire doit obligatoirement communiquer à l'assemblée un certain nombre de renseignements qui pourront faire l'objet de questions. Il s'agit de l'organisation de la transparence dans la gestion du Maire qui ne peut pas conduire à une remise en cause de celui-ci

La loi du 31 mars 2015 innove, à ce sujet, en imposant aux élus une sorte de déontologie énoncée dans une « charte de l'élu local »[144]. Cette charte annonce les devoirs des élus en usant de formules solennelles : « issu du suffrage universel l'élu local est, et reste responsable de ses actes pour la durée de son mandat devant l'ensemble des citoyens de la collectivité territoriale à qui il rend compte de ses actes et décisions prises dans le cadre de ses fonctions ». Mais cette responsabilité politique vis-à-vis des citoyens bien qu'affirmée n'a toujours pour sanction que la non-réélection. Or, bien souvent, dans la définition des politiques publiques, le maire est loin d'être le seul décideur et il est difficile pour les électeurs de déterminer qui est responsable de quoi. De plus, quand cette identification est possible, le préjudice occasionné par la décision du maire ne trouve pas forcément, suffisamment d'écho dans la population pour entrainer, plusieurs années plus tard, sa non-réélection.

La charte insiste aussi, et surtout, sur les impératifs de lutte contre les conflits d'intérêts et les détournements de pouvoir. Ainsi l'élu local ne doit poursuivre que le seul intérêt général à l'exclusion de tout intérêt qui lui soit personnel ou de tout autre intérêt particulier. L'élu se voit également rappeler qu'il ne peut utiliser les ressources et les moyens mis à sa disposition pour l'exercice de son mandat à d'autre fin que l'intérêt général ; tout comme il doit s'abstenir dans l'exercice de ses fonctions « de prendre des mesures lui accordant un avantage personnel ou professionnel futur après la cessation de son mandat ». Cette charte n'a pas vocation à être directement opposable aux élus locaux, elle énonce des impératifs d'honnêteté et d'exemplarité, qui pour certains trouvent des sanctions administratives ou pénales. C'est sur le terrain de la responsabilité pénale que les électeurs attendent de plus en plus des justifications et des réparations des défaillances de leur maire !

Depuis une vingtaine d'années, nous assistons à une évolution des mentalités et un nouveau comportement des administrés qui saisissent beaucoup plus volontiers le juge pénal, dont l'accès leur est rendu plus facile[145].

---

[144] A. HAQUET, « Le statut de l'élu local en filigrane », AJDA, n° 21, 2015, p. 1216.

[145] Par exemple, les autorisations de plaider. Voir B. POUJADE, « Le régime des autorisations de plaider », BJCL, 2008, p. 238.

La démocratisation du droit résultant, non seulement d'un accès à la justice facilité, mais aussi de la diffusion d'informations juridiques sur internet, donne aux citoyens le sentiment d'être mieux armés pour intenter un recours. Parallèlement, les révélations sur les affaires politiques douteuses, durant la même période, ont renforcé l'exigence d'avoir des élus plus transparents et faisant preuve de pratiques et d'éthique irréprochables. Enfin, nous rappelons que les électeurs ne disposent d'aucune procédure spécifique leur permettant de remettre en cause directement l'élu local durant l'exercice de son mandat. La rencontre de ces trois phénomènes : démocratisation de la justice, moralisation de la vie politique, absence de responsabilité politique directe, se traduit par le besoin d'une punition de l'élu fautif sur le plan pénal. Les citoyens, victimes d'une faute ne cherchent plus uniquement l'indemnisation du préjudice, mais aussi et surtout la désignation d'un responsable et sa condamnation. On comprend que les maires, qui incarnent le pouvoir local, soient tout particulièrement visés par ce type de procédure. Les victimes recherchent alors une punition exemplaire et déshonorante comme le soulignait déjà en 1996 le Conseil d'Etat : « le caractère infamant d'une telle condamnation constitue en lui-même, un mode de satisfaction du désir de justice de la victime[146] ».

Depuis toujours les élus locaux sont susceptibles de tomber sous le coup des incriminations du Code pénal dont la méconnaissance est sanctionnée très sévèrement dans leur cas avec des amandes importantes et des peines d'emprisonnements aggravées. Deux types de fautes peuvent leur être reprochés. L'imprécision législative de la définition de ces fautes entraîne une mise en jeu excessive de la responsabilité pénale des maires, qui, même s'ils ne sont que rarement condamnés, les conduit à accomplir leur mandat dans des conditions d'inquiétudes.

- Les fautes intentionnelles peuvent consister en des abus d'autorité (C. pénal art 432-4et s.) comme les discriminations, les atteintes à la liberté individuelle, les faux et usage de faux, les atteintes à l'inviolabilité du domicile, au secret des correspondances. Mais ce sont indiscutablement les manquements au devoir de probité qui constituent la part la plus considérable du contentieux[147]. On y trouve

---

146 Rapport du Conseil d'Etat sur la responsabilité des agents publics en cas d'infractions non intentionnelles, La documentation française, 1996, p. 34.

147 B. POUJADE, « Les élus locaux et le juge pénal », AJDA, mars 2016, p. 605.

la concussion (C. pénal art 432-10), la corruption passive et le trafic d'influence[148], l'abus de biens sociaux et recel, le détournement de biens publics et recel, la prise illégale d'intérêt, le délit de favoritisme. Par ce dernier délit, issu de la loi n°91-3 du 03 janvier 1991 (C. pénal art 432-14), le législateur vise à sanctionner les atteintes à la liberté d'accès et à l'égalité des candidats dans la procédure d'attribution des marchés publics ou de délégation de services publics. C'est l'atteinte au libre jeu de la concurrence et à l'égalité de traitement qui est réprimée. Mais ce type d'infractions exige en principe un élément intentionnel, or s'agissant des décideurs publics, les juges lui donnent un caractère « quasi-objectif »[149] et sanctionnent à ce titre la méconnaissance des textes ou l'erreur administrative (crim.8 mars 2006 n°05-85.276), s'éloignant ainsi largement de la définition de la faute intentionnelle en droit pénal (élément légal, élément matériel, élément moral).

Parmi ces infractions qui concernent tous les agents publics, la prise illégale d'intérêt a, elle aussi, particulièrement inquiété les élus et notamment les maires. Les articles 432-12 et -13 du Code pénal permettent à l'heure actuelle qu'un élu qui prend un intérêt quelconque dans une entreprise ou dans une opération, dont il a au moment de l'acte en tout ou partie la charge, puisse être puni de cinq ans d'emprisonnement et de 500 000 euros d'amende. « L'intérêt quelconque » est laissé à l'appréciation du juge. Ainsi peu importe que l'élu ait ou non cherché à s'enrichir personnellement. Une sanction pour prise illégale d'intérêt peut être prononcée malgré l'absence d'enrichissement personnel des élus, notamment en cas de subventions accordées par des élus à des associations qu'ils président (Crim.22/10/2008, n°08-82.068, AJDA 2008 p 2144). Pour lever cette insécurité juridique, lors de la discussion de la loi NOTRe, le sénat soutenu par l'AMF [150], avait proposé de préciser la définition de l'infraction en exigeant pour sa constitution « un intérêt personnel distinct de l'intérêt général ». Mais ce fut sans succès et le texte est demeuré inchangé. En tout état de cause les parlementaires sont peu

---

[148] C. pénal art 432-11 :fait pour un élu de solliciter ou d'agréer, sans droit… des offres, des promesses, des dons, des présents ou des avantages pour lui-même ou pour autrui

[149] B. POUJADE, *op. cit.*, p. 606.

[150] S. DYENS, « La loi du 31 mars 2015 » AJCT, 2015, p 337. ; Voir rapp.de la mission d'information sur « Le statut de l'élu », pp. 84 et s., cité par A. HAQUET, « Le statu de l'élu local », *op. cit.*, p. 1215.

favorables à un adoucissement du droit pénal à l'égard des élus. L'époque est plutôt au renforcement des sanctions. La loi du 11 octobre 2013 n°2013-907 a même étendu aux exécutifs locaux, donc aux maires, l'incrimination de pantouflage (et non plus aux seuls agents publics), et aggravé la sanction jusqu'à trois ans d'emprisonnement.

- Depuis 1994 le Code pénal prévoit, en outre, et par exception « qu'il peut exister des délits en cas d'imprudence, de négligence ou de mise en danger délibérée de la vie d'autrui ».

A ce titre les préfets, mais surtout les maires ont vu leur responsabilité pénale renforcée dans de nombreux domaines d'exercice de leurs compétences : gestion des activités et équipements sportifs (instabilité des cages de but…), activités de restauration (intoxication alimentaire), gestion et entretien des bâtiments publics (défauts d'entretien, chauffage…), délivrance des documents d'urbanisme, environnement (pollution, catastrophes naturelles…). Le code général des collectivités territoriales prévoit, en effet, que le maire concourt par son pouvoir de police à l'exercice des missions de sécurité publique. Dans ce but, le maire a une obligation d'agir, pas seulement après l'accident pour remédier aux conséquences de l'événement, mais aussi de façon préventive. Pour ne pas tomber sous le coup d'une incrimination pénale pour faute non intentionnelle, le maire doit donc prendre toutes les mesures d'interdiction nécessaires pour éviter qu'un accident, qu'une catastrophe ne surviennent. Dès lors qu'il existe un risque, le maire a donc, pour assurer la sécurité publique, l'obligation d'agir de manière préventive. Le problème se pose alors pour le maire de ne pas paralyser, par excès de prudence, les initiatives locales. La multiplication de mises en cause pour fautes non intentionnelles provoqua de vives réactions chez les maires. Le législateur tenta d'adoucir le système avec une loi du 10/07/2000 (n°2000-647) dite loi Fauchon, qui prévoit que lorsque l'autorité publique a contribué à créer la situation qui a permis la réalisation du dommage, ou qu'elle n'a pas pris les mesures permettant de l'éviter, sa responsabilité pénale ne peut être engagée qu'en cas de faute caractérisée. Le problème est que la faute caractérisée est laissée encore à l'appréciation du juge. Ainsi le TGI des Sables-d'Olonne a pu considérer qu'en délivrant des permis de construire dans une zone soupçonnée à risque d'inondations, mais sur laquelle il n'existait aucune interdiction de principe, le maire de la Faute-sur-Mer avait commis une faute caractérisée susceptible d'engager sa responsabilité pénale[151].

S'il est vrai que la responsabilité pénale des maires est moins souvent engagée qu'on pourrait le croire, et que c'est même souvent une prime à la réélection, elle mérite d'être précisée. Les maires doivent connaître la latitude dont ils disposent entre le risque et l'imprudence dans la définition de leurs politiques publiques et plus particulièrement de leurs projets urbanistiques.

On peut donc penser au vu de l'évolution de notre société, du comportement des électeurs, et des réponses législatives qui y sont apportées, que la fonction de maire sera au XXI° siècle, un métier dans l'exercice duquel la menace d'une sanction pénale doit peser. C'est ainsi qu'il conservera la reconnaissance dont il a toujours joui dans la population. Par le jeu de la démocratie représentative, les électeurs manifestent le souhait de choisir un maire, non pas qui leur ressemble socio professionnellement, mais quelqu'un capable de défendre leurs intérêts locaux tout en restant un citoyen comme les autres soumis aux mêmes règles de droit et également justiciable pour ses infractions devant les mêmes juridictions. C'est sur ce plan que se situe désormais la ressemblance entre l'électeur et l'élu dont la fonction ne doit plus s'accomplir derrière les remparts du politique et de la personne morale.

[151] V. obs. de M. C. DE-MONTECLER, AJDA, 2014, p. 2447.

La recherche d'une définition juridique de la commune

Julien Martin
Professeur à l'Université de Bordeaux

La commune fait partie de ces phénomènes tellement évidents qu'on finit par négliger de les définir. À cet égard, la formule de Royer Collard, lors de son discours à la Chambre du 13 avril 1818, est bien connue : « *La commune comme la famille est avant l'État ; la loi politique la trouve et ne la crée pas.* »[152] Et de poursuivre : « *Partout où il y a un certain nombre d'habitations voisines, il y a des intérêts communs de sûreté, de commodité, de salubrité, surtout de propriété* ». Quelque temps après, et de la part de la doctrine cette fois, le baron de Gérando devait opérer le même rapprochement en relevant que les communes « *ont une existence propre, naturelle ; elles sont à l'Etat ce que les familles sont à elles-mêmes* »[153]. Cette assimilation est révélatrice, car il est aussi difficile de définir la famille que la commune en droit français.

Le point de départ d'une démarche définitoire est simple : il n'existe pas à proprement parler de « définition » de la commune dans les différents textes encadrant ou ayant encadré la commune[154].

La mise en place de ces institutions s'est opérée sans réflexion particulière sur leur essence. Au terme de l'article 1er de la loi du 14 décembre 1789 *relative à l'organisation des communes du royaume de France*, les « *municipalités actuellement subsistantes en chaque ville, bourg, paroisse ou communauté* », ont été abolies. Puis la loi du 22 décembre 1789 *sur l'organisation départementale*, a symétriquement instauré : « *une municipalité en chaque ville, bourg, paroisse ou communauté de campagne.* » Les municipalités trouvent alors simplement une base territoriale fixe, mais pas de définition.

[152] cité in F. BURDEAU, *Liberté Libertés Locales Chéries*, Paris, Éd. Cujas, 1983, p. 88.
[153] J.-M. DE GÉRANDO, *Institutes du droit administratif français, ou Élémens du code administratif*, Tome 2, Paris, Nève, 1829-1836, n° DXXIII.
[154] H. ROUSSILLON, *Les structures territoriales des communes : réformes et perspectives d'avenir*, Paris, LGDJ, 1972, p. 215.

L'urgence commandait en effet de mettre en place rapidement une administration uniforme sur l'ensemble du territoire.

Contrairement à certaines présentations, l'article 8 de la Constitution des 3-14 septembre 1791 ne « définit » pas non plus réellement la commune. Il énonce simplement que : « *Les citoyens français considérés sous le rapport des relations locales qui naissent de leurs réunions dans les villes et dans de certains arrondissements du territoire des campagnes, forment les Communes.* », et ajoute que : « *Le Pouvoir législatif pourra fixer l'étendue de l'arrondissement de chaque commune.* ». L'article 2 du décret de la Convention nationale du 10 juin 1793, sur le mode de partage des biens communaux, énonce de manière comparable qu' : « *une commune est une société de citoyens unis par des relations locales* ». On peut malgré tout en déduire trois éléments, que l'on peut considérer comme constitutifs d'une commune : l'existence d'une population, entretenant des relations particulières, dans deux types de territoires particuliers : les « *villes* », et les « *arrondissements du territoire des campagnes* ». C'est donc sur cette base que la doctrine a pu réfléchir à la notion.

Si l'on constate une tentative de la part de la plupart des auteurs au 19e siècle, celle-ci disparaît totalement au siècle suivant.

Dans la première moitié du dix-neuvième siècle, les auteurs ne définissent pas réellement la commune, mais partent d'un certain nombre de constats largement partagés.

La commune se forme par une réunion de personnes associées par la communauté des droits et des intérêts, par le voisinage des habitations et des propriétés dans une ville, un bourg, un village, dans l'enceinte du territoire qui lui est assigné[155]. Apparaît ainsi un ensemble de citoyens unis par des « *relations locales* » pour le Baron de Gérando[156], ou de familles, réunis dans un même endroit et unis par les ou « *de voisinage* » et ayant des intérêts communs pour Louis de Cormenin[157]. Jean-Marie de Gérando insiste également sur le fait que les communes auraient une existence propre, et préexisteraient à l'Etat[158]. Théophile Ducrocq fera de même à la fin du dix-neuvième

---

[155] J.-M. DE GÉRANDO, *préc.*, Tome 2, art. DXXIV.
[156] *Ibid.*, p. 357, art. 2557.
[157] L.-M. de LAHAYE CORMENIN, *Droit administratif, Tome 1*, Paris, Pagnerre, G. Thorel, 1840, 5e éd., p. 364. *Ibid.* L. BÉQUET, *Répertoire du droit administratif*, Tome 5, Paris, P. Dupont, 1886, « Commune », p. 414, n° 1.
[158] J.-M. DE GÉRANDO, *préc.*, n° DXXIII.

siècle dans une subdivision explicitement intitulée « Définition et caractères distinctifs de la commune », en présentant la commune comme une association d'individus naturellement unis, par les intérêts communs qui naissent de leur rapprochement sur un même point du territoire[159]. Comme de Gérando, il insiste sur le fait que la commune est préexistante à la loi, qui ne l'a pas créée, mais seulement « *reconnue, consacrée et réglementée* ».

Aux débuts de la troisième République, Léon Aucoc considère de même que c'est la nature même des choses qui pousserait les hommes à s'agglomérer ainsi. Il se concentrera toutefois sur le fait que la commune est « *la dernière unité administrative du pays* », la « *circonscription élémentaire* »[160]. L'étudiant dans son rapport à l'Etat il ajoute que la commune s'en distingue en ce qu'elle ne dispose pas de la souveraineté, et n'exerce pas les compétences régaliennes que sont la défense, la justice, le droit de battre monnaie et de lever des impôts[161].

Dans son *Dictionnaire général d'administration*, dont la seconde édition paraît à la même époque, Alfred Blanche essaiera d'opérer la synthèse des éléments précédents, conformément à la discipline de l'exercice auquel il s'est astreint. Il s'appuiera tout d'abord explicitement sur la définition donnée par Louis de Cormenin, à savoir une « *agrégation de familles unies par des intérêts, des biens et des droits communs à tous leurs membres* », pour identifier la commune comme « personne civile ». Puis il reprendra l'idée que la commune représente l'unité « *en quelque sorte élémentaire* » dans la division territoriale de la France, dont le canton, l'arrondissement et le département sont les « *multiples* ». Mais il accentue la dépendance de la commune par rapport à l'Etat en rappelant qu'elle tient son existence, comme partie intégrante de l'Etat, en même temps que ses droits propres comme être moral et collectif, de l'institution

---

[159] Th. DUCROCQ, *Cours de droit administratif et de législation française des finances, avec introduction de droit constitutionnel et les principes du droit public. Tome 1 Introduction de droit constitutionnel. Organisation administrative*, Paris, A. Fontemoing, 1897, p. 296, n° 255.

[160] L. AUCOC, *Conférences sur l'administration et le droit administratif. De l'autorité judiciaire et de la juridiction administrative / faites à l'École des Ponts et Chaussées*, Paris, Dunod, 1878-1882, 2e éd., p. 167, n° 102.

[161] *Ibid.*, p. 169, n° 103.

municipale qui lui a été conférée en vertu de la loi[162]. Il présente enfin la commune comme une « *agrégation d'habitants* », une « *agglomération de citoyens unis par des relations de voisinage* », expressions qui viennent compléter celle empruntée à Louis de Cormenin.

Les dictionnaires de cette époque sont en revanche peu prompts à définir la commune, et ont une vocation plutôt encyclopédique. Pour preuve, la deuxième édition du *Dictionnaire de l'administration française* de Maurice Block, dont le troisième tome paraît en 1885, ne contient qu'une entrée intitulée « organisation communale »[163]. On peut y constater la persistance et la force de la définition de Louis de Cormenin, puisque la commune y est présentée (plus que définie), comme une « *agrégation de familles unies par des relations de voisinage, par des alliances, par des besoins et des intérêts communs* ». Il ajoute que la commune forme tout à la fois : une des « *divisions administratives* » du pays, une « *sorte de société politique qui a son gouvernement, sa police, sa législation* », et une personne civile.

Ces idées sont encore présentes dans les années 1930, lorsqu'Henry Berthélemy présente la commune comme « *l'association des habitants d'une agglomération* » en vue de s'administrer eux-mêmes, de se défendre, de pourvoir à la satisfaction « *des besoins matériels et moraux que fait naître le voisinage* », tout en insistant sur le fait que cette association est la première qui se constitue aussitôt que les hommes se civilisent, et qu'elle est ainsi un groupement naturel[164]. Mais Maurice Hauriou ne définit pas la commune lorsqu'il évoque son organisation dans la dernière édition de son précis de droit administratif[165]. Roger Bonnard se contente de prendre acte des

---

[162] A. BLANCHE, *Dictionnaire général d'administration : contenant la définition de tous les mots de la langue administrative*, Paris, P. Dupont, 1884, « Commune », p. 418.
[163] M. BLOCK, *Dictionnaire de l'administration française*, Tome 3, Paris, Berger-Levrault, 1885, p. 1357, n° 1.
[164] H. BERTHÉLEMY, *Traité élémentaire de droit administratif*, Paris, 1930, 12e éd., p. 214.
[165] M. HAURIOU, *Précis de droit administratif et de droit public*, Paris, Sirey, 1933, 12e éd., pp. 221 et s.

circonscriptions administratives issues des lois révolutionnaires, et présente bien évidemment les institutions communales[166].

Aujourd'hui, les auteurs étudiants la commune ne la définissent pas plus. Il en va ainsi aussi bien des manuels de droit administratif général[167], que de ceux de droit des collectivités territoriales[168].

Certains s'y risquent pourtant. Ainsi, par exemple, le Thémis de MM. Bourdon Pontier et Ricci ouvre-t-il le chapitre spécifiquement consacré à la commune par ces observations : « *La commune est la plus ancienne des collectivités territoriales. Elle représente une communauté humaine dont la réalité s'est toujours imposée au pouvoir central à travers les âges. La faculté, pour les habitants d'un même terroir, de se grouper afin d'administrer leurs biens communs et de défendre leurs intérêts collectifs, est un droit qui apparaît comme naturel.* »[169].

Dans son ouvrage sur la commune, Jean-Claude Douence remarquait qu'il existe un « pouvoir municipal » distinct et originaire, puisque non délégué par l'Etat (art. 49 de la loi du 22 décembre 1789). Il ajoute que l'idée selon laquelle la commune est une institution de droit naturel, que la loi reconnaît et organise, mais ne constitue pas, ne pourra jamais être systématisée sur le plan juridique, mais demeurera à l'état latent jusqu'à nos jours[170]. Dans une démarche comparable, et sans la définir réellement, Jean-François Lachaume évoque deux éléments déterminants à cet égard, en soulignant que la commune

---

166 R. BONNARD, *Précis de droit administratif*, 4e éd., Paris, LGDJ, 1943, resp. pp. 306 et s., et pp. 367 et s..

167 R. CHAPUS, *Droit administratif général*, Tome I, 15e éd., Paris, Montchrestien, 2001, pp. 245 et s. ; Y. GAUDEMET, *Traité de droit* administratif, Paris, LGDJ, 16e éd., 2001, T. 1, pp. 17 et s. ; Y. JÉGOUZO M. VERPEAUX « Les collectivités territoriales », in P. GONOD, F. MELLERAY, P. YOLKA, *Traité de droit administratif*, T. 1, Paris, Dalloz, 2011, « Titre II. Les sources du droit administratif », p. 284 ; G. VEDEL, P. DELVOLVÉ, *Droit administratif*, Paris, PUF, Thémis, tome 2, 12e éd., 1992, pp. 491 et s. ; J. WALINE, *Droit administratif*, Paris, Dalloz, coll. Précis, 2016, 26e éd., pp. 125 et s..

168 J. FERSTENBERT, F. PRIET, P. QUILICHINI, *Droit des collectivités territoriales*, Paris, Dalloz, coll. Hypercours, 2016, 2e éd., pp. 130 et s., n° 193 ; M. VERPEAUX, *Les collectivités territoriales en France*, Paris, Dalloz, Connaissance du droit, 3éd, 2006, pp. 6-7 ; B. FAURE, *Droit des collectivités territoriales*, Paris, Dalloz, coll. Précis, 4e éd., 2016, qui n'étudie pas chaque catégorie de collectivité territoriale en tant que telle.

169 J. BOURDON, J.-M. PONTIER, J.-C. RICCI, *Droit des collectivités territoriales*, Paris, PUF, Thémis, 2e éd., 1998, p. 375.

170 J.-C. DOUENCE, *La commune*, Paris, Dalloz, Connaissance du droit, 1994, n° 8.

appartient à la catégorie des collectivités territoriales, et en ouvrant son propos par le constat que la commune est « *la cellule de base* », celle qui « *sur un territoire donné, regroupe directement et au premier degré les administrés, et qui se situe, par là même, la plus proche d'eux* »[171].

À l'époque contemporaine, la principale démarche de définition de la commune revient au professeur Henry Roussillon dans sa thèse de doctorat consacrée aux structures territoriales des communes[172]. Pour lui, il n'existe aucune définition de la « ville »[173] ; le droit est insuffisant et il faut recourir à une méthode sociologique et historique[174]. Au titre des éléments sociologiques, il compte la population, le territoire, et « *un système d'autoadministration* ». Toutefois, il entreprend de démontrer que seules les zones urbanisées, les « villes » étaient susceptibles d'être qualifiées de communes sous l'ancien régime, à la différence des territoires ruraux[175].

La variabilité terminologique est, enfin, un élément de difficulté supplémentaire. Dans son ouvrage consacré au *Droit de la ville*, Jean-Bernard Auby se pose nécessairement cette question à titre introductif : « *Qu'est-ce que la Ville pour le Droit ?* »[176]. Il part pourtant du constat qu'il n'existe pas de définition juridique universelle, ou de définition nationale de ce qu'est la Ville. Il n'existerait que des définitions officielles à finalité principalement statistique. Il l'illustre avec les aires urbaines retenues par l'INSEE (sur la base des déplacements pendulaires domicile travail), des unités urbaines (ensembles de communes comportant au moins une zone bâtie de 2.000 habitants, dans laquelle les constructions sont éloignées de 200 mètres), des pôles urbains, etc. Il relève également que, dans la plupart des comparaisons internationales, l'urbain s'identifie avec le seuil de 5 000 habitants agglomérés.

Deux constats s'infèrent des différents éléments rappelés jusqu'à présent : le législateur n'a pas défini la commune lorsqu'il a créé cette

---

[171] J.-F. LACHAUME, *La commune*, Paris, L.G.D.J, Politiques locales, 2007, 3e éd., pp. 1 et 2.

[172] H. ROUSSILLON, *Les structures territoriales des communes : réformes et perspectives d'avenir*, 1972, pp. 211 et s..

[173] H. ROUSSILLON, *préc.*, p. 363.

[174] H. ROUSSILLON, *préc.*, p. 227.

[175] H. ROUSSILLON, *préc.*, pp. 239-248.

[176] J.-B. AUBY, *Droit de la ville - Du fonctionnement juridique des villes au droit de la ville*, Paris, LexisNexis 2013, p. 3.

nouvelle institution, et la doctrine a essayé un temps, sans être complètement d'accord sur la question, de proposer une définition. De cette rencontre, deux intuitions peuvent être dégagées avant d'être vérifiées. Il n'existe tout d'abord pas de définition reposant sur des caractéristiques qui appartiendraient aux seules communes (**I**) : en effet, les premières tentatives se sont le plus souvent contentées de se fonder sur la définition de collectivités territoriales, ne pouvant compter sur des critères de type démographique ou géographique susceptibles d'en constituer des critères rationnels. Il ne restait donc à disposition que des critères de type relationnel (**II**), encore qu'il faille distinguer. D'un côté, définition et identification ou délimitation par l'Etat ont souvent été confondues. De l'autre, seul le rapport de la commune à l'Etat et aux autres collectivités territoriales semble prompt à fonder l'identité propre de celle-ci, même s'il ne fait pas consensus.

I- L'absence d'approche essentielle

Nombre des éléments auxquels recourent les auteurs servent en fait à rappeler que la commune est une collectivité territoriale (**A**). Elément certes fondamental, il ne constitue que le point de départ du raisonnement. Il faut ensuite distinguer la commune des autres collectivités territoriales. Et dans ce cadre, il apparaît que les critères les plus intuitifs, ceux géographiques et démographiques, sont inopérants (**B**).

A- L'insuffisance de la définition de collectivité territoriale

Beaucoup des auteurs du 19e siècle définissant la commune s'appuient en réalité sur la définition de collectivité territoriale. Indéniablement utile, celle-ci n'est toutefois que le point de départ de la définition de la commune. En effet, si la commune est bien une collectivité territoriale, il faut ensuite en rechercher les traits distinctifs qui la différencient des autres collectivités territoriales.

À l'époque contemporaine, les auteurs s'aventurent beaucoup plus facilement à définir la collectivité territoriale qu'à rechercher la définition de la commune.

Pour les professeurs Gohin, Degoffe, Maitrot de la Motte et Dubreuil, les collectivités territoriales sont des personnes morales, dotées d'institutions, d'un territoire et d'une population, et ayant une vocation générale leur permettant de traiter de toutes les affaires qui concernent le territoire et la population de la personne morale concernée[177]. Ils ajoutent que, à la différence de l'Etat, elles n'ont pas la possibilité de définir elles-mêmes leurs affaires, faute d'être titulaires de la souveraineté.

Bertrand Faure remarque quant à lui qu'on semblait pouvoir faire reposer, depuis le XIXe siècle, la définition de la collectivité territoriale sur quatre critères cumulatifs : la personnalité morale de droit public, des affaires propres, un pouvoir général de décision et un contrôle de l'État[178]. L'absence de tutelle permettait de la distinguer de l'État, et la compétence de décision générale de l'établissement public. Revenant sur la personnalité morale de droit public, il rappelle que cet élément dénote l'intervention du pouvoir d'État et l'impossibilité pour la collectivité territoriale ne peut revendiquer une quelconque souveraineté.

On retrouve ces deux séries d'éléments dans la définition de la commune donnée par les auteurs du 19e et du début du 20e siècle.

Dans leurs écrits respectifs, et sur l'espace d'un siècle, de Gérando, de Cormenin et Ducrocq se fondent bien, certes implicitement, sur l'existence d'un territoire, et d'une population identifiée dans son rapport au territoire au moyen des « *relations locales* » pour le premier[179], et des relations de « *de voisinage* » pour le deuxième[180].

Aux débuts de la troisième République, Léon Aucoc ajoute que la commune se distingue de l'Etat en ce qu'elle ne dispose pas de la souveraineté, et n'exerce pas les compétences régaliennes[181]. D'autres auteurs, comme Alfred Blanche prennent en compte la dépendance de la commune par rapport à l'Etat en rappelant qu'elle tient son existence et ses droits de la loi[182], même si Théophile Ducrocq insiste

---

177 O. GOHIN, M. DEGOFFE, A. MAITROT DE LA MOTTE, C.-A. DUBREUIL, *Droit des collectivités territoriales*, éd. Cujas, 2e éd., 2015, p. 16.
178 B. FAURE, *préc.*, p. 8, n° 9.
179 J.-M. DE GÉRANDO, *préc.*, p. 357, art. 2557.
180 L.-M. DE LAHAYE CORMENIN, *préc.*, p. 364. *Idem* A. BLANCHE, *préc.*, p. 418 ; L. BÉQUET, *préc.*, p. 414, n° 1. M. BLOCK, *préc.* , p. 1357, n° 1.
181 L. AUCOC, *préc.*, p. 169, n° 103.
182 A. BLANCHE, *préc.*, p. 418.

par ailleurs sur le fait que la commune n'a pas été créée, mais « *reconnue, consacrée et réglementée* » par l'Etat[183].

Maurice Block semble être le seul à mettre explicitement en avant les institutions de la commune dans sa définition, en évoquant une « *sorte de société politique* »[184]. Cette idée se retrouve implicitement sous la plume de Berthélémy lorsqu'il présente la commune comme l'association des habitants d'une agglomération « *en vue de s'administrer eux-mêmes* »[185].

L'argument pourrait toutefois porter en ce que la commune, pour des raisons différentes à des époques elles-mêmes distinctes, incarne presque à elle-seule la catégorie de collectivité territoriale.

Tout d'abord et pendant longtemps, le département n'a pas été considéré comme une collectivité territoriale, mais comme une simple circonscription administrative de l'Etat. Ce faisant, la commune était bien la seule catégorie de collectivité territoriale à une époque où de surcroît la région n'existait pas.

Aujourd'hui, comme l'a fait remarquer Bertrand Faure, la loi du 7 août 2015 *portant nouvelle organisation territoriale de la République* a mis fin à l'exigence d'une compétence générale pour reconnaître une collectivité territoriale, puisque seules les communes répondraient désormais à cette définition, à la différence des départements, en l'absence de compétence générale[186].

La commune est alors la seule à répondre encore complètement à la définition de collectivité territoriale. Et même, ne peut-on pas dire que la notion même de collectivité territoriale a été extrapolée à partir du seul cas communal ?

La véritable question reste toutefois d'identifier les spécificités propres de la commune - son territoire, sa population, ses institutions – au sein de cette définition, qui permettent distinguer la commune des autres collectivités territoriales.

---

183 Th. DUCROCQ, *préc.*, p. 296, n° 255.
184 M. BLOCK, *préc.*, p. 1357, n° 1.
185 H. BERTHÉLEMY, *Traité élémentaire de droit administratif*, 1930, 12e éd., p. 214.
186 B. FAURE, *préc.*, p. 8, n° 9.

B- L'inutilité des critères géographiques et démographiques

La prise en compte des critères géographique, ou démographique obéit à une logique intrinsèquement relationnelle : il s'agit de rechercher les caractéristiques de cette collectivité locale particulière qu'est la commune.

La prise en compte du critère géographique est concevable puisqu'il a été retenu pour le département. Envisagé en temps pour les communes, il n'a jamais été consacré.

L'article 1er de la loi du 22 décembre 1789 *relative à la constitution des assemblées primaires et des assemblées administratives* indiquait que le nombre de départements sera compris entre soixante-quinze et quatre-vingt-cinq. Le projet de Sieyès et Thouret entendait aboutir à la création de quatre-vingts départements formant autant que possible un carré de « 18 lieues de côté ». La liste des 83 départements est adoptée par les décrets des 26 février et 4 mars 1790 et répond à cette aspiration, sans y satisfaire complètement. La Constitution de 1793 (5 fructidor an III) détermine et nomme les départements. Elle en fixe les limites maxima (100 myriamètres carrés), que, dans cette mesure, une loi peut changer. On ne trouvera rien de tel pour les communes.

L'article 7 de la loi du 22 décembre 1789 se contente d'énoncer qu' : « *Il y aura une municipalité en chaque ville, bourg, paroisse ou communauté de campagne.* » Les auteurs du répertoire Béquet y faisaient état du fait que les municipalités auraient ainsi « *une base territoriale fixée* »[187]. Il ne faut toutefois pas se méprendre sur la portée de cette remarque. Elle ne signifie pas en effet que la définition de la commune reçoit un critère géographique strict, mais que les communes sont déjà identifiées, à la différence des départements dont la délimitation résultera d'une loi ultérieure, puisqu'ils n'existent pas encore.

Le rapport du nouveau comité de constitution relatif à l'établissement des assemblées administratives et des municipalités[188], présenté par Thouret le 29 septembre 1789, et le discours d'ouverture des débats qu'il prononce le 3 novembre 1789[189], permettent de comprendre les intentions des auteurs du projet. Celui-ci ne contenait

[187] L. BÉQUET, *préc.*, « Commune », p. 423, n° 48.
[188] Archives, t. IX, pp. 202-210
[189] Archives parlementaires, t. X, p. 654

que deux articles sur le sujet ; l'article 2 disposait que chaque département sera partagé en neuf divisions de 36 lieues carrées de superficie, c'est-à-dire de six sur six de côté, autant qu'il sera possible, et que ces divisions porteront le nom de communes, ce qui aboutissait à créer 720 communes. Les villes et les paroisses de campagne auraient eu chacune une agence sous le titre de bureau municipal qui veillerait à leurs intérêts locaux et correspondraient pour leurs besoins avec le conseil de la municipalité commune[190]. Sieyès avait proposé la création de communes en carrés de 5km de côté. Il avait également été proposé de distinguer les petites et grandes communes.

Les tentatives de prendre en compte un seuil de population ont également fait long feu. Pourtant, la tentation est ancienne, puisqu'elle avait été envisagée dès l'ancien régime.

Au seuil de la révolution, la fixation d'un seuil de population en deçà duquel il ne serait pas possible de reconnaître une commune a été sérieusement proposée. En 1788, Condorcet, qui fera par ailleurs partie du comité de constitution, proposait de diviser l'administration en trois groupes : les communautés, les districts, et les provinces ; la communauté devrait correspondre à une ville, ou à plusieurs villages, afin de permettre aux communautés de campagne de rivaliser avec les villes et de résister aux seigneurs. Ces communautés ne devraient pas contenir moins de 4 000 à 5 000 personnes, et pas plus de 10 000 à 12 000 personnes ; leur étendue devrait permettre que : « *dans l'espace d'un jour les citoyens les plus éloignés du centre puissent se rendre dans le chef-lieu, y traiter d'affaires pendant plusieurs heures et retourner chez eux ; ainsi trois lieues de distances paraissent en devoir former les limites* »[191]. Henry Roussillon relevait à cet égard la « *très grande imprécision* » subsistant puisque la détermination démographique des communes aboutirait à trois mille ou quatre mille communes, alors que celle géographique conduirait à un nombre inférieur, de l'ordre de 700.

La fixation d'un tel seuil a ainsi été écartée lorsque la modification de la loi de 1789 a été envisagée, aussi bien que lorsque des institutions complémentaires ont été mises en place ultérieurement, même si elles ont été rapidement abandonnées. Les auteurs du répertoire Béquet font état de débats ultérieurs, ayant proposé de retenir des critères démographiques pour identifier une commune. Ainsi, Guy Jean-Baptiste Target, député du

---

[190] Archives parlementaires, t. IX, p. 208

[191] CONDORCET, *Œuvres d'économie politique et de politique*, t. 2, p. 144.

tiers état, devait proposer de fixer à cinquante feux le cadre le plus étroit d'une administration municipale, et l'abbé Maury, député de Picardie, proposait de retenir le seuil de 250 habitants[192]. La Constitution du 5 Fructidor an III mit en place les municipalités dites de canton sous le directoire. Les communes comprenant une population de moins de 5 000 habitants étaient regroupées dans ces municipalités de canton. Seules les communes de plus de 5 000 habitants disposaient de leur propre organe délibérant. Il existait également organisation particulière pour les communes de plus de 100 000 habitants. La loi du 28 pluviôse an VIII mis fin à cette expérience. Il ne faut toutefois pas se méprendre sur l'architecture ainsi mise en place. En effet, l'article 179 dispose qu'il y a un agent municipal et un adjoint « *dans chaque commune, dont la population est inférieure à cinq mille habitants* ». Et c'est la réunion des agents municipaux de chaque commune qui formait la municipalité de canton.

Un projet de loi proposé en 1832 au Conseil d'Etat identifiait une ville, pour l'application de l'article 663 du Code civil relatif à la hauteur des murs mitoyens, d'après la population agglomérée, fixée au chiffre de 2000 âmes et au-dessus[193]. Le Conseil d'Etat repoussa le projet au motif que : « *pour ces communes, la qualification de ville, bourg et village, n'est point uniquement réglée sur la population, abstraction faite de toutes autres circonstances locales* » ; ainsi « *le projet enlèverait le titre de ville à plusieurs communes qui n'en seraient peut-être pas privées sans inconvénient et sans regret, tandis qu'en le conférant à certaines agglomérations de cultivateurs, il y porterait peut-être le trouble en y rendant exigible l'application de l'article 663 du Code civil relatif à la hauteur des murs mitoyens* »

Bien que le professeur Roussillon critique la prise en compte d'un tel critère comme « instable »[194], et nécessairement arbitraire[195], il n'en reste pas moins que cela pourrait représenter un critère dans le cadre d'une démarche de recherche de définition, aussi critiquable soit-il, dès lors qu'il rend compte du phénomène juridique. Il se montre également très critique face à l'éventualité qu'il puisse exister plusieurs seuils de population.

---

192 *Moniteur universel*, t. III, p. 74.
193 *Revue générale d'administration,* 1880.
194 H. ROUSSILLON, *préc.*, p. 358.
195 H. ROUSSILLON, *préc.*, p. 359.

Les deux critères ne sont pas sans lien. En effet, une fois déterminé le seuil de population en deçà duquel il ne pourrait y avoir de communes, il faudrait nécessairement procéder au découpage des zones ainsi identifiées, sans pouvoir forcément respecter l'équivalence de superficie de chacune des entités ainsi créées. De plus, ceci ne concernerait que les zones rurales, les villes d'une certaine importance étant au-dessus de ce seuil[196].

Pour conclure sur ce point, il est possible de se demander si la notion d'affaires communales ne pourrait pas permettre de distinguer la commune des autres collectivités territoriales. Ce dernier élément pose toutefois une difficulté particulière : l'identification d'affaires communales est-elle un élément de définition de la commune (comme il en va de même des départements ou des régions), ou bien une des caractéristiques de son régime ?

La réponse n'est pas évidente, même s'il semble possible d'accorder une préférence à la seconde branche de l'alternative. Inclure les affaires communales dans la définition de la commune présente un aspect séduisant. Si l'on postule qu'il existe des affaires par essence communales, on peut également considérer que les institutions communales, spécifiques à ce niveau d'administration, participent de la définition de la commune, en formant un ensemble.

Il est également possible de raisonner différemment : les compétences de la commune, comme ses organes, sont des éléments de son régime juridique. Et c'est parce que l'on a affaire à une commune que celle-ci peut mettre en œuvre ces compétences, de manière exclusive et en ayant la possibilité d'empêcher une autre collectivité de le faire. Tout autre raisonnement serait tautologique. Dans sa thèse, Henry Roussillon nie que l'on puisse distinguer la commune des autres collectivités territoriales au moyen de la notion d'affaires « communales », que seule la collectivité idoine serait à même de gérer, car il n'existe pas d'affaires spécifiquement communales[197].

Cette deuxième voie semble plus rigoureuse, même s'il n'est pas possible d'exclure complètement la première : certaines compétences semblent historiquement autant que logiquement mieux gérées au niveau communal. Ceci participe sans doute plus de la légitimité que de la définition de l'institution communale.

---

[196] H. ROUSSILLON, *préc.*, pp. 360-361.
[197] H. ROUSSILLON, *préc.* pp. 219-220.

II- Une approche fondamentalement relationnelle

La commune est certes une collectivité territoriale, mais rien ne semble permettre de la distinguer des autres collectivités. Une approche existentialiste émerge donc des définitions rappelées en introduction : la commune préexisterait à l'Etat, qui se contente de la reconnaître. Il s'agit toutefois, dans ce cas de figure, d'identification, et non de définition (**A**). Il ne reste donc que la possibilité de constater que la commune est le plus petit niveau d'administration publique (**B**).

A- L'inopérance de son identification par l'Etat

Plusieurs auteurs du 19e siècle (de Gérando[198], Ducrocq[199]) ont privilégié l'identification à la définition. Pour Théophile Ducrocq, la loi, n'aurait pas créée la commune, mais l'aurait seulement « *reconnue, consacrée et réglementée* ». Certains auteurs contemporains, comme Jean-Claude Douence, insistent sur cette idée que l'existence des communes a précédé l'Etat, qui ne leur a pas attribué la personnalité morale, mais a reconnu, sinon même simplement constaté, leur existence. Ce constat peut avoir été opéré à deux moments : au stade de leur création, et, depuis lors, à n'importe quel moment.

Selon l'article 1er de la loi du 14 décembre 1789 *relative à l'organisation des communes du royaume de France*, les municipalités actuellement subsistantes en chaque ville, bourg, paroisse ou communauté, sont supprimées et abolies. Puis la loi du 22 décembre 1789 *sur l'organisation départementale*, a institué les départements, et instauré : « *une municipalité en chaque ville, bourg, paroisse ou communauté de campagne.* ». Quelques jours auparavant, la loi des 2-3 décembre 1789 avait maintenu les « *officiers municipaux actuellement en exercice dans toutes les villes et communautés du royaume* » en place[200].

Ces expressions laissent à penser qu'il existait plusieurs phénomènes sous l'ancien régime, correspondant à ces différentes dénominations, desquels il est possible d'induire une définition de la

---

[198] J.-M. DE GÉRANDO, *préc.*, n° DXXIII.
[199] Th. DUCROCQ, *préc.*, p. 296, n° 255.
[200] DUVERGIER, coll. des lois, t. I, p. 60.

ville, ou qu'il est, à tout le moins, envisageable de regrouper pour saisir le périmètre de la notion.

Les textes de l'ancien régime visaient en effet les « *villes et communautés* », et, très ponctuellement, le « *bourg* ». Quant aux habitants des campagnes, ils étaient regroupés sous la formule officielle de « *paroisse* », dont ils dépendaient canoniquement[201]. Quant au « village », c'était le caractère groupé de l'habitat qui en faisait l'unité, autant que la nécessité de gérer certains biens ou services en commun. Ultérieurement, la paroisse put assurer cette fonction, offrant ainsi un cadre unitaire aux hameaux dispersés. Le terme de communauté apparaît, lui, au XIIIe siècle pour désigner ces regroupements[202]. M. Boulet-Sautel remarquait d'ailleurs que, bien souvent, les territoires du village et de la paroisse se confondaient, même si, dans certaines provinces, la distinction entre la communauté et la paroisse, qui conserve son caractère religieux, se maintenait[203]. L'objectif des textes révolutionnaires était d'ailleurs de détruire la paroisse en tant qu'unité administrative[204].

Il apparaît ainsi que la ville s'oppose à la paroisse, circonscription religieuse désignant les communautés d'habitants des campagnes. La paroisse est assimilée au village, absent des textes, et qui semble correspondre à une communauté d'habitants plus importante qu'un bourg. Quant aux communautés, si elles sont de campagne dans les textes, celles d'habitants correspondent aussi bien aux villes qu'aux campagnes.

Pour revenir à la loi du 14 décembre 1789, les institutions sont les seules à être explicitement liées à la notion de « commune » : il existe ainsi un « *procureur de la commune* » dans chaque municipalité[205], et un « *conseil général de la commune* », composé des notables élus par les citoyens actifs de chaque communauté, et les membres du corps municipal[206].

---

201 M. BOULET-SAUTEL, « Villes et communautés sous l'Ancien Régime », in L. FOUGÈRE, F. MONNIER, J.-P. MACHELON, *Les communes et le pouvoir de 1789 à nos jours*, Paris, PUF, 2002, p. 2.
202 M. BOULET-SAUTEL, *préc.*, p. 26.
203 M. BOULET-SAUTEL, *préc.*, p. 27.
204 P. de LA CHAPELLE, « Le passage de la paroisse à la commune pendant les guerres de Vendée », in L. FOUGÈRE, F. MONNIER, J.-P. MACHELON, *préc.*, p. 123.
205 Art. 26.
206 Art. 30 et 31.

Hélas, on pourrait croire à la lecture du texte que, loin de disparaître, les « villes » ou les « communautés » subsistent, et cohabitent avec les communes. En effet les citoyens actifs se réunissent en une seule assemblée dans les « *communautés* », correspondant aux collectivités de moins de 4,000 habitants, alors qu'il s'agirait de « *communes* » au-delà[207], et qu'il y aurait un substitut du procureur de la commune dans « *les villes au-dessus de 10,000 âmes* »[208].

Mais la distinction apparente de ces catégories se brouille à d'autres moments puisque le texte parle également des « *villes au-dessus de 4,000 âmes* », dans lesquelles les comptes de l'administration municipale en recette et dépense, seront imprimés chaque année, alors qu'il s'agirait de « communes » au-delà de ce seuil à l'issue des dispositions précédemment énoncées. Parallèlement, on rencontre des « *communautés au-dessous de 4,000 âmes* », dans lesquels l'assemblée ne peut se réunir de nouveau après l'élection que si elle est requise par le sixième des citoyens actifs[209], or, une telle précision serait inutile si, par définition, une communauté comportait nécessairement moins de 4000 habitants. L'étude des fonctions du pouvoir municipal achève de convaincre de l'absence de rigueur terminologique du texte puisqu'il a pour tâche de régir les biens et revenus communs des « *villes, bourgs, paroisses et communautés* », de diriger et faire exécuter les travaux publics qui sont à la charge de la « *communauté* », et d'administrer les établissements qui appartiennent à la « *commune* »[210].

Pas plus que la commune n'est définie, les villes, bourgs, paroisses et communautés qu'elle est censée remplacer ne sont clairement identifiées.

La loi du 22 décembre 1789 *sur l'organisation départementale*, institue les départements, mais ne les définit pas plus. Les municipalités, au contraire, bien qu'elle ne leur consacrât qu'un seul article, y trouvent une base territoriale fixe : « *Il y aura une municipalité en chaque ville, bourg, paroisse ou communauté de campagne.* » L'urgence commandait de mettre en place rapidement une administration uniforme sur l'ensemble du territoire. Ils ne

[207] Art. 6.
[208] Art. 27.
[209] Art. 58 et 24, respectivement.
[210] Art. 50.

faisaient en cela que suivre l'exemple de Turgot qui, en 1776, avait lui-même accepté, comme un point de départ nécessaire, les unités municipales créées par le temps, et respecté, à la base, le fait historique accompli. Il convenait donc de les identifier individuellement.

Deux types d'actes peuvent servir de fondement à cette « identification » : ceux fixant la liste des communes et ceux en déterminant les limites.

Il est possible de trouver la trace de cette démarche d'identification, sinon de recensement, dans certains actes : ceux fixant les ressorts de chaque juridiction, et ceux opérant le recensement de la population.

Les noms de chaque commune auraient ainsi été légalement fixés par un décret du 9 fructidor An IX, et correspondraient aux noms portés aux tableaux définissant les ressorts des justices de paix[211]. Cette démarche d'identification peut encore être mise en œuvre aujourd'hui. En effet, le ressort des tribunaux d'instance et de grande instance sont fixés par référence aux cantons[212]. Et les récents décrets de 2014 comprennent effectivement, pour chaque département, la liste des cantons, et pour chaque canton, la liste des communes.

On trouve en revanche dans le répertoire Béquet, l'idée que ce sont les noms portés aux tableaux des recensements de population authentifiés par décret[213]. Francis-Paul et Jean Bénoit s'y opposent en considérant que l'objet de ces décrets ne concerne pas le nom des communes, mais leur population[214]. Pour eux, que ces décrets fassent foi du nom des communes conduirait d'ailleurs à rendre possible des modifications de nom sans que soit respectée la procédure prévue à cet effet.

Leur argument est toutefois extensible : ce n'est pas aux actes fixant le ressort des juridictions de reconnaître l'existence, tout autant que de discuter le nom, des collectivités territoriales.

Il ne faut pas non plus confondre définition et délimitation, car la délimitation postule l'existence, et l'existence, la reconnaissance.

---

[211] Rec. Duvergier, vol. 13, p. 5 et s., 13 et s., 16 et s.

[212] Décret n° 2016-1186 du 30 août 2016 *modifiant le ressort de certaines juridictions à la suite de la création de communes nouvelles* (JORF n°0203 du 1 septembre 2016).

[213] L. BÉQUET, *préc.*, « Commune », p. 471, n° 395.

[214] F.-P. et J. BÉNOIT, « Chapitre 1 (folio n°132) - La collectivité communale », Encyclopédie Dalloz Collectivités locales, 2011 actualisation 2013, n° 6.

La reconnaissance de la commune s'est faite en plusieurs temps. Il s'est d'abord agi de supprimer les municipalités de chaque ville, bourg, paroisse ou communauté, avec la loi du 14 décembre 1789 *relative à l'organisation des communes du royaume de France*. Puis la loi du 22 décembre 1789 *sur l'organisation départementale*, institue les départements, instaure : « *une municipalité en chaque ville, bourg, paroisse ou communauté de campagne.* ». Enfin, l'article 2 du décret du 26 février 1790, délimite les communes en prévoyant que : « *dans toutes les démarcations fixées entre les départements et les districts, les villes, etc., porteraient le territoire soumis à l'action directe de leurs municipalités et que les communautés de campagne comprendraient de même tout le territoire, les hameaux, toutes les maisons isolées dont les habitants étaient cotés au rôle d'impositions du chef-lieu.* ». Le principe était ainsi posé, encore convenait-il de le mettre en œuvre.

L'article 8 de la Constitution, 3-14 septembre 1791 accorde à cette fin au pouvoir législatif la compétence de fixer l'étendue de l'arrondissement de chaque commune. Ceci fût fait à l'occasion de l'établissement du cadastre, qui n'avait pas une fin d'administration publique, mais uniquement fiscale, afin d'établir l'assiette de la cotisation foncière instaurée en 1791. L'arpentage devait être précédé, de la délimitation des communes, selon une ordonnance royale du 3 octobre 1821. Ces opérations sont réalisées par le géomètre en chef et donnent lieu à un procès-verbal signé par celui-ci, le maire, et les communes limitrophes ; en cas de conflit et si les communes appartiennent au même département, le préfet sur avis du sous-préfet ou du directeur des contributions directes fixe la limite, à défaut, chaque administration se prononce et la décision revient au ministre de l'Intérieur-chef de l'administration départementale et communale, qui statue par décret.

Mais il ne s'agit pas de définition : ce processus aboutit simplement à identifier, à individualiser, chaque unité appartenant à cette catégorie qu'est la « commune », et qui doit recevoir une définition générale et abstraite. Tout juste peut-on concéder que le territoire est un élément de définition, mais commun à toutes les catégories de collectivités territoriales.

Certes, comme le relevait Alfred Blanche, la commune tient son existence en même temps que ses droits propres de l'institution municipale qui lui a été conférée en vertu de la loi[215]. Mais il en va ainsi de la commune comme des autres collectivités territoriales.

B- L'efficience de ses relations avec les autres collectivités

Fondamentalement, la commune se distingue des autres collectivités territoriales en ce qu'elle constitue la plus petite catégorie de collectivité territoriale. Pour autant, il ne faut pas hypertrophier cet aspect, en considérant que les autres collectivités se sont construites à partir de cette catégorie.

La prise en compte de l'aspect essentiel de cette catégorie a été rarement mis en avant, et même critiqué.

Aux débuts de la troisième République, Léon Aucoc se concentrera sur le fait que la commune est « *la dernière unité administrative du pays* », la « *circonscription élémentaire* »[216]. Dans son *Dictionnaire général d'administration*, dont la seconde édition paraît à la même époque, Alfred Blanche reprendra l'idée que la commune représente l'unité « *en quelque sorte élémentaire* » dans la division territoriale de la France, dont le canton, l'arrondissement et le département sont les « *multiples* »[217]. Si l'on nous autorise à nous y référer, le *Vocabulaire juridique*, de Gérard Cornu définit la Commune comme la « *dernière subdivision administrative du territoire ayant le double caractère de circonscription de l'administration d'Etat et de collectivité locale.* ».

Henry Roussillon considère que ce caractère aurait pu demeurer « secondaire » et a fait l'objet d'une « absolutisation »[218]. Mais pour étayer sa critique, il avance pour l'essentiel que la commune n'est pas l'unité de base dans d'autres pays. Il ajoute que cela aboutirait à qualifier de communale une entité ayant la taille d'un département ou d'une région.

Pour autant, les autres catégories de collectivités territoriales ne se sont pas définies par rapport à elle, malgré quelques affirmations en ce sens.

L'étude d'impact de ce qui deviendra la loi n° 2015-29 du 16 janvier 2015 *relative à la délimitation des régions, aux élections*

---

[215] A. BLANCHE, *préc.*, « Commune », p. 418.
[216] L. AUCOC, *préc.*, p. 167, n° 102.
[217] A. BLANCHE, *préc.*, « Commune », p. 418.
[218] H. ROUSSILLON, *préc.*, pp. 222 et s.

régionales et départementales et modifiant le calendrier électoral partait du constat que « *seules les communes disposent d'un territoire géographiquement borné à l'aide de levées topographiques réalisées au début du XIXe siècle. Les autres unités administratives que sont les départements et les régions se sont constituées à partir de l'unité fondamentale que constitue la commune. Le département est ainsi un regroupement de communes, de même que la région est un regroupement de départements.* » Si la seconde affirmation est historiquement et juridiquement vraie, la première ne l'est pas.

Historiquement, comme cela a déjà été démontré, les départements ne se sont pas construits à partir des communes existantes. Toutefois, outre le processus de création dont ils sont issus, on peut souligner l'existence de dispositions transitoires. Il est possible de considérer que, à l'origine, les limites des départements ont évolué pour tenir compte de la délimitation des communes. L'article 2 du décret du 4 mars 1790 a prévu la modification des limites territoriales des départements pour tenir compte de celles des communes en prévoyant que : « *dans les démarcations fixées entre les départements et les districts..., les villes emporteraient le territoire soumis à l'administration directe de leurs municipalités, et que les communautés de campagnes comprendraient en même temps tout le territoire, tous les hameaux, toutes les maisons isolées, dont les habitants étaient cotisés sur le rôle d'imposition du chef-lieu.* ».

Le décret n° 58-171 du 7 janvier 1959 *portant harmonisation des circonscriptions administratives de la France métropolitaine en vue de la mise en œuvre des programmes d'action régionale* prévoit que, pour la mise en œuvre des programmes d'action régionale et d'aménagement du territoire, les « départements » de la France métropolitaine peuvent être groupés en circonscriptions qui seront définies par décret pris en conseil des ministres sur le rapport des ministres de l'Intérieur, de finances et des affaires économiques et de la construction[219]. Le décret n° 60-516 du 2 juin 1960 *portant harmonisation des circonscriptions administratives* complète le dispositif en disposant que les limites territoriales à l'intérieur desquelles s'exercent la compétence et les missions des services dont le ressort comprend « plusieurs départements » sont harmonisées avec les circonscriptions d'action régionale définies conformément à l'annexe I du présent décret (art. 1er). Les instruments intervenus par

---

[219] JORF du 11 janvier 1959, p. 761, art. 1er.

la suite s'appuient sur cet état des choses. L'article 1er de la loi n°72-619 du 5 juillet 1972 *portant création et organisation des régions* crée, dans chaque circonscription d'action régionale, un établissement public qui prend le nom de "région". La loi n° 82-213 du 2 mars 1982 *relative aux droits et libertés des communes, des départements et des régions* reconnaît à la région un statut de collectivité territoriale. Elle modifie en conséquence la loi de 1972, mais n'apporte aucune précision quant au périmètre qu'elle proroge donc tacitement. La loi n° 86-16 du 6 janvier 1986 *relative à l'organisation des régions et portant modification de dispositions relatives au fonctionnement des conseils généraux* vient préciser la loi de 1982 relativement au périmètre des régions en modifiant l'article 1er de la loi de 1972 qui dispose dès-lors que : « *Il est créé, dans les limites territoriales précédemment reconnues aux établissements publics régionaux, des collectivités territoriales qui prennent la dénomination de "régions"* ». L'actuel article L. 4111-1 du code général des collectivités territoriales énumère les anciennes régions regroupées, et se réapproprie leur circonscription.

Ainsi, sans confondre une nouvelle fois délimitation et définition, la commune constitue la plus petite unité parmi les personnes morales de droit public dites territoriales. Sans nécessairement imposer ses limites aux entités de rang supérieur, elle est nécessairement d'une étendue moindre que le département, la région ou l'Etat. Ce caractère est commun à l'ensemble des entités de la catégorie, et tout à fait distinct tout à la fois de l'identification, notamment par le nom, de chacune de ces entités, et de leur délimitation géographique. Peu satisfaisante, cette définition apparaît toutefois comme la seule possible, faute pour le pouvoir législatif d'avoir voulu procéder à une définition sur des bases géographiques ou démographiques, pour des raisons essentiellement historiques et politiques.

La notion de commune en Amérique latine

Alexis Le Quinio
Maître de conférences HDR en droit public à Sciences Po Lyon

L'Amérique latine connaît un développement amoindri en matière de démocratie locale, elle n'y connaît « pas de tradition et [...] l'expérience historique, théorique, politique et technique relative aux gouvernements locaux est faible »[220]. Ce constat découle de la très forte centralisation du pouvoir dans ces Etats, y compris ceux ayant retenu une organisation fédérale.

Si dans la doctrine latino-américaine la décentralisation est généralement associée à la démocratisation, cela provient essentiellement du fait que le centralisme ibéro-américain s'est concrétisé différemment par rapport au modèle européen. En effet, il ne bénéficiait pas du contenu démocratique et égalitaire qui a entraîné la fin des régimes féodaux lors de l'établissement des Etats-nations[221]. Le fait de mettre les municipalités au cœur de l'action étatique en les définissant comme les nouveaux espaces territoriaux[222] de gestion du développement constituait une tentative de réarticulation des relations entre l'Etat et la société civile, par le renforcement des compétences et de l'autonomie de ces échelons intermédiaires[223].

La division territoriale se concrétise sur le sous-continent essentiellement autour du niveau régional et du niveau municipal. Ce dernier niveau est toutefois privilégié, y compris dans le cadre du processus de démocratisation. En effet, à l'exception de la Bolivie, de

---

[220] CASTELLS M., BORJA J., BELIL M., *Manual de gestión municipal democrática*, Barcelone, Madrid, *IEAL*, 1987, pp. 48-49.

[221] MOLINA MARTINEZ M., *El Municipio en América. Aproximación a su desarrollo histórico*, Unión Iberoamicana de Municipalistas, Granada, 1996, p.161.

[222] La tradition juridique latino-américaine a toujours accordée une place privilégiée aux municipalités. Au Chili, la première loi sur les communes date de 1891 et était très en avance pour son époque, même si elle n'a pas été appliquée.

[223] Le principe de l'autonomie des gouvernements locaux est présent dans l'ensemble des constitutions et législations des pays étudiés à l'exception du Costa-Rica, de Cuba et de l'Uruguay.

la Colombie et du Pérou, où les exécutifs régionaux sont élus, les régions s'apparentent davantage à des entités déconcentrées, la décentralisation demeurant très largement l'apanage des municipalités[224]. La décentralisation est essentiellement focalisée sur les communes du fait que la région est encore considérée comme un trait d'union, un relais, avec le niveau national. Les administrations qui ressortirent de ce niveau intermédiaire ont généralement à leur tête un fonctionnaire nommé et dépendent largement du pouvoir central[225].

L'organisation communale est, en Amérique latine, foisonnante et en plein développement. Comme le montre le premier rapport mondial de Cités et Gouverements Locaux Unis intitulé *la décentralisation et la démocratie locale dans le monde*, les municipalités connaissent une réelle hétérogénéité dans cette aire géographique. Néanmoins, la majorité d'entre elles sont confrontées à des difficultés communes. En effet, au-delà des traditionnelles difficultés financières, les communes de cette zone doivent également faire face à de réels problèmes en matière de ressources techniques ou même humaines qui les empêchent d'exercer véritablement les compétences qui leur sont dévolues.

Malgré ces difficultés, il convient de mettre en avant un phénomène propre à ces pays qui réside dans l'augmentation sensible du nombre de communes depuis quelques décennies. Ainsi, à titre d'exemple, plus du tiers des communes du Brésil et plus de la moitié de celles de Bolivie n'existaient pas au début des années quatre-vingt-dix[226].

Il convient toutefois de noter que le maillage territorial est tout à fait différent de celui que nous connaissons en France. A la fin du siècle dernier, le nombre de communes était inférieur pour l'ensemble du continent (moins de 16 000) à celui de l'Hexagone avec, à titre

---

[224] La Constitution chilienne assume cette dichotomie dans son article 110 qui distingue les régions et les provinces qui sont présentées comme une division du gouvernement et de l'administration de l'Etat tandis qu'elle renvoie aux municipalités pour la mise en œuvre de l'administration locale.

[225] Ce constat est aujourd'hui remis partiellement en cause, un nombre croissant d'Etats latino-américains tend à mettre en place l'élection populaire au niveau intermédiaire.

[226] *La décentralisation et la démocratie locale dans le monde*. Premier rapport mondial de Cités et Gouverements Locaux Unis, 2008, p. 85.

d'exemple, seulement 1017 communes de moins de 1000 habitants[227]. Les municipalités latino-américaines sont essentiellement rurales, seules 71 d'entre elles dépassant les 500 000 habitants[228].

Une telle présentation ne doit pas laisser à penser que la commune est un phénomène récent en Amérique latine. En effet, si évidemment, des villes existaient antérieurement, le terme de municipalité n'apparaît dans les textes qu'en 1821 au Pérou, dans l'*Estatuto Provisorio* établi par José de San Marin et la même année en Argentine avec la suppression des *cabildos* (qui correspondaient à des organes de gouvernement d'un certain nombre de cités durant l'époque coloniale) au profit d'une loi sur les municipalités[229]. Néanmoins, si ces textes mentionnaient le terme de « commune », ils se gardaient bien d'en définir le contenu. C'est l'une des principales difficultés avec la notion de commune, son sens paraît si évident qu'il n'est point besoin de la définir. Si un tel constat n'est pas propre à cette notion, il n'en est pas moins insatisfaisant.

Il apparaît, en effet, que les constituants et législateurs n'ont pas défini la commune de manière réellement spécifique, et que, le plus souvent, ils ne l'ont fait que de manière sommaire. Si la doctrine a proposé des définitions, elles sont pour le moins variables en fonction des époques et des idéologies. Néanmoins, malgré cette hétérogénéité et cette complexité l'étude de ces tentatives de définitions conduit à s'interroger sur la manière dont peut être conçue la notion de commune au sein de cette aire géographique et permet de montrer que la conception de la notion de commune repose sur deux approches principales (I). Le deuxième aspect important est que malgré cette diversité notionnelle, il est possible d'identifier des éléments constitutifs communs et des fonctions communes dans les systèmes juridiques des Etats de la région (II) qui permettent de caractériser des éléments d'identification du phénomène communal.

---

[227] J. E. SIERRA, *Información Municipal : Datos Estadísicos, Problemas y Desafíos*, 1997, cité *in* C. VICTORY, « Gobiernos municipales y desarollo local en Iberoamérica, Afers Internacionals, n° 47, 1999, pp. 15-49.

[228] C. VICTORY, « Gobiernos municipales y desarollo local en Iberoamérica, Afers Internacionals, n° 47, 1999, p. 15.

[229] La loi du 24 décembre 1821 disposait dans son article premier : « Les *cabildos* sont supprimés jusqu'à ce que la représentation estime approprié d'établir la loi générale relative aux municipalités ».

I- La notion de commune, entre approche naturaliste et légaliste

Le modèle espagnol a servi de base à la mise en place des gouvernements locaux qui sont régis dans la majorité des cas par un maire (*el alcalde*) auquel sont dévolus des fonctions représentatives et exécutives et un organe collégial : le conseil municipal.

La commune, considérée en tant qu'élément de base politico-administratif[230] apparaît comme un fond commun des Etats dans l'histoire des peuples d'Amérique latine[231].

Afin d'appréhender les différentes conceptions du terme de commune, les dictionnaires juridiques peuvent offrir, *a priori*, une clef de compréhension de la notion dans une aire géographique déterminée.

Si des éléments convergents peuvent être identifiés, force est de constater que ces définitions varient sensiblement. Ainsi, la commune peut être définie comme « la ville qui avec ses quartiers respectifs forme un district politique. Elle est régie par les lois du Gouvernement central et également par les actes approuvés par son assemblée municipale et son maire »[232]. Elle peut également être définie comme « la première ou la plus petite des corporations de droit public, intégrée par les autorités et les habitants d'un territoire déterminé, presque toujours constitué par une population et un certain périmètre rural, avec des ensembles peuplés et des maisons dispersées »[233].

Certaines définitions sont plus sommaires et insistent sur le caractère basique de la commune. Dans ces cas, elle est définie comme « l'organisation politique autonome de la communauté établie dans un district »[234] ou comme la « cellule administrativo-politique de

---

[230] L'article 311 de la Constitution de Colombie et l'article 233 de la Constitution du Panama mentionnent la commune comme l' « entité fondamentale de la division politico-administrative », tandis que l'article 176 de la Constitution du Nicaragua retient la formule « d'unité de base de la division politico-administrative »

[231] P. ARAUZ ROBLETO, *Derecho municipal*, éd. El Amanecer, Manágua, 1995, p. 29.

[232] I. RIVERA GARCÍA, *Diccionario de terminos juridicos*, 12ème éd., Oxford, *Equity Publishing Corporation*, 1994, p. 176.

[233] G. CABANELLAS DE TORRES, *Diccionario jurídico elemental*, Editorial Heliasta SRL, 2006, p. 260.

[234] H. ARAÚZ, *Diccionario jurídico temático*, Panama, Universal Books, 2009, p. 29.

l'Etat »[235]. D'autres définitions sont davantage centrées sur la dimension politique et sur les finalités locales. La commune est dès lors appréhendée comme « la société politique autonome subordonnée à l'ordre juridique constitutionnel de l'Etat, dont la finalité est le bien-être local »[236] ou comme « une société politique, administrative et juridiquement organisée, avec une population localisée dans un espace déterminé et régie par des normes conçues pour consolider des finalités communes »[237]. L'ancrage local est un élément déterminant de ces définitions que l'on retrouve également sous la plume d'Adriano Carmona Romay lorsqu'il présente la commune comme « en raison de son gouvernement et de son administration, [...] l'organisation polutico-administrative de la société locale »[238].

D'autres auteurs, enfin, définissent la commune de manière plus globale, à travers sa caractéristique fondamentale et ses composantes. C'est le cas de Pedro Flores Polo qui la définit comme « une personne de droit public, constituée par une communauté humaine, au sein d'un territoire ou d'une circonscription déterminée, bénéficiant de l'autonomie administrative et économique et qui dépend du Gouvernement central »[239] ou de Fernando Carrión Mena qui la définit comme « une société politique nécessaire, organisée et totale, établie dans un territoire déterminé, dotée de l'autonomie et de la personnalité juridique, mais subordonnée à l'ordre juridique constitutionnel de l'Etat »[240].

La commune est ainsi appréhendée essentiellement, en Amérique latine, comme « l'organisation politico-administrative qui sert de base à la division territoriale et à l'organisation politique de l'Etat »[241]. En

---

[235] D. R. SALAZAR, *Diccionario de Derecho Politico y Constitucional*, Ed. Libreria del Profesional, Bogotá, 1987, p. 129.

[236] M. SÁNCHEZ ZURATY, *Diccionario Básico de Derecho. Con conceptos de Derecho Universal y referencias a los Códigos y Leyes de la Republica del Ecuador*, Ambato, C.C.E. Casa de Cultura Ecuatoriana "Benjamín Carrión", 1987, p. 412.

[237] CORPORACIÓN DE ESTUDIOS Y PUBLICACIONES, *Diccionario Constitucional*, Quito, Corporación de Estudios y Publicaciones, 2008, p. 207.

[238] A. G. CARMONA ROMAY, « Ofensa y defensa de la Escuela Sociológica del Municipio », in *Revista de la Facultad de Derecho de la Universidad del Zulia*, Maracaibo, n° 4, enero-abril, 1962, p. 58.

[239] P. FLORES POLO, *Diccionario jurídico fundamental*, Lima, éd. Justo Valenzuela, 1988, p. 365.

[240] F. CARRIÓN MENA, *Lexico Politico Ecuatoriano*, ILDIS, Quito, 1994, p. 273.

[241] INSTITUTO DE INVESTIGACIONES JURÍDICAS, *Diccionario jurídico Mexicano*, 7ème éd., Ed. Porrua, Mexico, 1993, p. 2166.

effet, la majorité des textes constitutionnels des pays de cette zone consacre la garantie institutionnelle de l'autonomie locale[242] en insistant sur le rôle des communes au sein du système politique national. Cette autonomie est également affirmée dans les Codes municipaux de la région à travers la capacité pour les communes de se gérer librement.

Des Codes municipaux ont ainsi été adoptés par l'ensemble des Etats de la région, soit au niveau des Etats fédérés pour les Etats fédéraux[243] (Argentine, Brésil, Mexique), soit au niveau de l'Etat central dans les Etats unitaires. Si certaines de ces législations sont anciennes[244], la plupart d'entre elles datent des années 1980-90[245].

A partir de ces définitions synthétiques, il est possible de dégager deux approches principales de la notion de commune.

Dans une première approche, la commune peut, en effet, être appréhendée dans une perspective « naturaliste » comme une personne sociale, issue d'un mécanisme naturel et qui est nécessaire à la constitution de toute communauté humaine[246].

Ainsi comprise, la commune dériverait donc de l'existence d'un noyau primaire de personnes vivant au sein d'un même territoire et qui ont des besoins économiques et sociaux similaires. Elle constituerait dès lors la conséquence logique d'un principe de solidarité entre des individus qui cherchent, en commun, à satisfaire

---

[242] Art. 123 C. Argentine, art. 118 C. Chili, art. 1 & 287 C. Colombie, art. 102 C. Cuba, art. 239 C. Equateur, art. 166 C. Haïti, art. 253 C. Guatemala, art. 233 C. Panama, art. 166 C. Paraguay, art. 194 C. Pérou, art. 199 C. République dominicaine, art. 262 C. Uruguay.

[243] A l'exception du Vénézuela qui a adopté au niveau fédéral la Ley Orgánica de Régimen Municipal 4.109 de 15 junio de 1989.

[244] Ley sobre Organización Municipal 3455 de 21 de diciembre de 1952 en République Dominicaine ou Ley Orgánica Municipal de 28 de octubre de 1935 en Uruguay.

[245] A titre d'exemples, au Chili, la Ley Orgánica Constitucional de Municipalidades 18.695 de 31 de marzo de 1988, reformada en marzo de 1992 por la Ley 19.310 ; au Salvador le Código Municipal 274 de 31 de enero de 1986 ; au Nicaragua la Ley de Municipios 40 de 17 de agosto de 1988 ou au Pérou avec la Ley Orgánica de Municipalidades 23.853 de 28 de mayo 1984, etc.

[246] La première définition de la commune en tant qu'organisation naturelle d'un regroupement d'individus en Amérique latine est attribuée à Lisandro DE LA TORRE, dans sa thèse de doctorat intitulée *El régimen municipal* (Buenos Aires, 1889).

leurs besoins naturels de sécurité et de bien-être[247]. Elle répondrait ainsi à un besoin de l'homme, considéré comme fondamental, celui de vivre en communauté au sein d'une société établie au niveau d'une localité et qui serait le résultat d'une « nécessité humaine dont l'apparition coïnciderait avec l'origine de la civilisation »[248]. La commune naîtrait donc de manière quasi spontanée et l'Etat ne ferait qu'entériner cet état de fait[249]. Selon cette thèse, qui peut également être qualifiée de sociologique, la commune est une création naturelle antérieure à l'Etat.

Dans une deuxième approche, la commune peut également être conçue, de manière plus classique, dans une optique normative, comme une entité territoriale issue d'une création législative. Dans cette perspective, la loi intervient pour régir une réalité sociale. Selon cette thèse juridique, la commune est une création de l'Etat. Ainsi, avant que l'Etat ne consacre leur existence, il n'existait que des rassemblements d'individus regroupés au sein d'un territoire. C'est la loi qui vient déterminer les éléments constitutifs de la commune. Cette thèse correspond à l'approche légaliste. Elle découle de deux écoles principales, la première étant celle de l'individualisme libéral issu de la Révolution française de 1789[250], la seconde découlant d'une approche administrative[251] qui identifie la commune comme l'unité infra-étatique de base subordonnée à l'Etat et aux législations qu'il adopte.

Ces deux approches constituent le cœur du débat relatif à la nature de la commune. Néanmoins, d'autres conceptions ont pu être identifiées, mais elles étaient susceptibles de se rattacher à l'une ou l'autre des deux principales.

Ainsi, Adolfo Posada propose de regrouper la définition de la commune autour de trois conceptions : sociologique, politique et juridique. Ces conceptions diffèrent selon que l'on considère la

---

[247] P. BELDA, « Commune », *in* V. AUBELLE, C. COURTECUISSE, N. KADA, R. PASQUIER (dir.), *Dictionnaire encyclopédique de la décentralisation*, Paris, Berger-Levrault, 2017, p. 221.
[248] P. ARAUZ ROBLETO, *Derecho municipal*, éd. El Amanecer, Manágua, 1995, p. 7.
[249] P. FLORES POLO, *Diccionario jurídico fundamental*, Lima, éd. Justo Valenzuela, 1988, p. 365.
[250] R. M. ZUCCHERINO, *Teoría y Práctica del Derecho Municipal*, Buenos Aires, éd. Depalma, 1986, p. 9.
[251] R. BIELSA, *Principios de régimen municipal*, 1930, Buenos Aires, Lajouane y Cía, 1930.

commune en tant qu'élément de base naturel de la vie humaine, en tant qu'organisme, élément d'une structure plus large et chargé par cette dernière de certaines fonctions pour l'accomplissement des services publics ou en tant qu'élément identifié par le droit positif de différents pays de manière distincte[252]. Néanmoins, la conception politique qu'il développe s'apparente en fait à l'identification de la commune en tant qu'entité infra-étatique dans ses rapports relationnels entre l'Etat et les autres entités infra-étatiques, ce qui peut être rattaché sans difficulté à la définition légaliste.

Une autre approche a pu être développée, qualifiée d'éclectique, et qui viendrait compléter les deux principales qui sont les plus classiquement évoquées afin d'assurer une forme de synthèse entre elles. Selon la thèse éclectique, la commune est définie d'après une argumentation théorique et empirique et repose, au même titre que l'Etat, sur trois éléments constitutifs : un territoire, une population et un gouvernement. Dans cette optique, la dimension sociétale demeure prépondérante, la commune existant par la société, avec la société et au bénéfice de la société. Néanmoins, dans le cadre de cette définition, la reconnaissance juridique de la commune intervient par l'intermédiaire de ses éléments constitutifs qui vont être déterminés par la loi. Il s'agit davantage d'une approche indirecte qui découle de la synthèse des deux principales.

D'autres classifications ont pu être proposées, mais elles reposaient sur des présupposés idéologiques particuliers et recoupaient largement cette dichotomie. Ce fut le cas notamment avec la classification du Professeur cubain Adriano G. Carmona Romay qui regroupait sept tendances autour de ces deux grandes catégories. Ainsi, il incluait les tendances jusnaturalise, sociale-catholique, de l'économie municipaliste et du corporatisme dans la thèse sociologique et les tendances de l'individualisme libéral, de l'individualisme interventionniste et la tendance administrativiste au sein de la thèse légaliste[253].

---

[252] A. POSADA, *El régimen municipal de la ciudad moderna y bosquejo en España, Francia, Inglaterra, Estados alemanes y Estados Unidos*, 3ème éd., Madrid, éd. Victoriano Suarez, 1927, pp. 52-54.

[253] A. G. CARMONA ROMAY, « Ofensa y defensa de la Escuela Sociológica del Municipio », in *Revista de la Facultad de Derecho de la Universidad del Zulia*, Maracaibo, n° 4, enero-abril, 1962, pp. 47-59.

Il est évidemment possible de proposer une définition qui offre une synthèse des différentes approches à l'image de celle du Professeur Daniel Hugo Martins qui définissait la commune comme « l'institution politico-administrative territoriale, fondée sur le voisinage, organisée juridiquement au sein de l'Etat afin de satisfaire les nécessités de la vie de la communauté locale, en coordination avec les autres territoires et services étatiques »[254]. Néanmoins, force est de constater qu'une telle définition n'épuise pas la réflexion doctrinale. Aucune définition ne s'est imposée et chaque auteur propose la sienne en se positionnant par rapport aux deux grandes conceptions de la commune.

Cette variété dans les définitions doctrinales découle du fait que les textes ne donnent pas de définition définitive de la notion de commune et s'en tiennent essentiellement à une mention comme élément de base de l'Etat ou comme plus petite collectivité de l'Etat en lien avec les autres autorités. En effet, dans les textes de la région, la commune est généralement identifiée à travers ses éléments constitutifs et ses missions.

II- L'identification de la commune à travers ses éléments constitutifs

En principe, la législation impose, dans les pays d'Amérique latine, le respect cumulatif de plusieurs conditions afin de permettre la création d'une commune. Au même titre qu'ailleurs, ces conditions concernent l'existence d'un territoire, d'une population suffisante qui y réside et de capacités économiques, sociales et politiques susceptibles de servir de socle à la mise en œuvre d'une telle institution.

Ainsi, à l'image du droit espagnol, qui a servi de source d'inspiration sur le continent[255], la commune est définie de manière générique et ses éléments constitutifs sont précisés dans les normes en vigueur.

---

[254] D. H. MARTINS, *El municipio contemporáneo*, Montevideo, Fundación de Cultura Universitaria, 1978, p. 56.

[255] D. R. SALAZAR, *Diccionario de Derecho Politico y Constitucional*, Ed. Libreria del Profesional, Bogotá, 1987, p. 129.

En Espagne, la commune est définie de manière politique, à l'image de la loi 7/85 du 2 avril 1985 relative à la régulation des bases du régime local qui la présente dans son article 11 comme « l'entité locale de base de l'organisation territoriale de l'Etat ».

La loi relative au régime local précise que la commune repose sur un certain nombre d'éléments qui sont :

- le territoire (art. 12 à 18 de la loi) qui constitue le périmètre géographique sur lequel l'assemblée délibérante locale va exercer ses pouvoirs, l'ensemble des territoires communaux constituant le territoire national.

- la population qui regroupe les personnes résidant sur le territoire de la commune (les résidents étant les personnes inscrites dans le registre local). Cette exigence d'inscription montrant une modification de la dichotomie traditionnelle entre population de droit et de fait vers la dichotomie entre résidents et passants.

- une organisation municipale : l'article 137 de la Constitution rappelle que les municipalités sont une composante de l'organisation territoriale de l'Etat. Cette entité de base (qui bénéficie de l'autonomie) permet la participation des citoyens aux affaires publiques locales.

Sous l'influence du modèle espagnol, la majorité des régimes municipaux de l'aire latino-américaine prévoient des critères d'identification des éléments constitutifs d'une commune.

Le premier élément commun aux Etats latino-américains est **l'élément humain** qui est fixé par la réunion d'un groupe particulier de personnes, composé d'un nombre minimum d'individus, une communauté d'êtres libres et rationnels configurée avec une identité unique et dotée de son propre destin individuel. Dans le même temps, sans perdre sa qualité unique de personnes, ce groupe de personnes bénéficie d'un sentiment d'appartenance collective qui est généré et renforcé par les relations de voisinage, qui régulent les comportements communs sans affecter l'individualité. La population constitue l'élément substantiel découlant de l'approche sociologique de la notion de commune. Cette base sociale d'habitants est constitutive de la réalité locale et permet d'établir la variété des structures susceptibles d'être rencontrées dans un régime municipal déterminé. Dans un souci d'organisation territoriale et d'efficacité, une majorité de pays ont été amenés à déterminer des seuils de création ou de suppression voire d'association de communes. Ce seuil minimal n'est pas facile à déterminer et dépend largement du contexte national. Il doit tenir compte de critères démographiques et géographiques dans la mise en œuvre d'une structure adminstrative pérenne.

Ainsi, en Argentine, la loi organique sur les municipalités distingue deux catégories de communes, celles de plus de 200 000 habitants dites de première catégorie et de celles de deuxième catégorie dont la population est supérieure à 10 000 habitants et inférieure à 200 000 habitants. Dès qu'un centre urbain atteint une population de 10 000 habitants, l'exécutif doit créer une municipalité responsable[256]. Dans cette perspective, la création et le statut d'une commune dépendent donc des chiffres du recensement national. Dès lors que le franchissement du seuil fixé par la loi organique est constaté, le pouvoir exécutif doit procéder immédiatement à l'organisation d'élections afin de constituer un conseil municipal.

Evidemment, dans un souci de cohérence territoriale, les seuils sont variables selon les pays en fonction de la superficie et de la densité de population du territoire[257]. Ainsi, l'Etat du Véracruz au Mexique, qui est le troisième plus vaste pays d'Amérique latine après le Brésil et l'Argentine, prévoit un seuil de 25 000 habitants pour la création d'une nouvelle commune[258]. Sachant que dans le système fédéral mexicain, la création, la suppression ou la fusion de communes est une compétence des Gouvernements des Etats fédérés.

Dans l'hypothèse où une commune ne remplirait plus les critères exigés par la loi, tant au niveau de la population, des ressources financières, des infrastructures urbaines ou des réserves foncières, elle peut être supprimée par l'exécutif de l'Etat fédéral et ses habitants seront rattachés à une ou plusieurs autres communes. En outre, dès lors que plusieurs communes ne sont plus à même de remplir leur mission et d'assurer la mise en œuvre des services publics municipaux, elles peuvent, sur le fondement de la loi organique relatif au régime municipal, demander à fusionner.

Si la population est toujours utilisée comme un élément de détermination de la sphère locale, d'autres indicateurs peuvent être utilisés, comme le niveau de ressources financières, la dimension

---

[256] Ley organica de las municipalidades, n° 2.756, y su reforma introducida por leyes, n° 12.065 y 12.423.

[257] F. ALBI, *Derecho municipal comparado del mundo hispanico,* Madrid, Aguilar, 1955, p. 44.

[258] Ley organica del municipio libre du 5 janvier 2001, art. 6.

sociale ou une perspective fonctionnelle. Dans ce dernier cas, l'échelon communal doit être mis en corrélation avec les échelons provincial, régional ou national[259].

Le deuxième élément d'identification est **l'élément physique** par l'inclusion dans une zone géographique terrestre au sein de laquelle se trouve la collectivité, et dont la surface définit également la géographie de l'entité territoriale particulière. Cet espace géographique sert de périmètre pour la population et la vie collective. C'est un lieu où les activités et les relations personnelles se développent. Cet élément physique, le territoire, constitue l'assise physique de la commune au sein de laquelle elle va exercer ses compétences. Ce critère ne va pas sans poser de difficultés dans l'aire latino-américaine. En effet, au-delà du fait qu'il pourrait sembler limiter l'appréhension de la commune à une simple division administrative de l'Etat, sa pertinence peut être remise en cause au regard de la répartition de la population dans certains pays de cette zone. Ainsi, en Uruguay, le nombre relativement faible de communes au regard de la superficie de l'Etat les identifierait davantage à des départements selon une grille de lecture « classique ». Le même constat peut être fait en Argentine, pays cinq fois plus grand que la France et qui compte moins de deux mille communes… Une telle extension territoriale pour une entité communale ne peut aller sans difficulté dans l'exercice de ses compétences, notamment en matière de services publics, et dans l'attribution des moyens pour les exercer.

Le troisième élément est **l'élément formel** qui indique que les deux précédents doivent être formellement établis selon les lois. Cela est essentiel pour parvenir à préserver l'ordre, l'unité et l'équilibre social au sein de la communauté. Cet élément renvoie également à la notion de pouvoir tel qu'il peut être reconnu aux communes pour mener à bien leurs missions.

En outre, au-delà de ces critères classiques inspirés de la définition de l'Etat, les régimes municipaux latino-américains prévoient des critères capacitaires pour l'identification et la création de communes[260]. Ces impératifs supplémentaires s'expliquent notamment dans une perspective finaliste qui tient compte des difficultés

---

[259] L. MORELL OCAÑA, *Estructuras locales y ordenación del espacio*, Madrid, Instituto de Estudios de Adminicistración Local, 1972, pp. 55-56.

[260] Voir par exemple, au Pérou, la *Ley Orgánica de Municipalidades Publica* n° 27972 del 27 de mayo del 2003.

démocratiques et économiques que peuvent connaître les Etats de cette région. Ces conditions capacitaires correspondent à la possibilité pour les communes d'accomplir un certain nombre d'obligations en matière de services publics et qui nécessitent donc de pouvoir justifier d'un minimum de population, de superficie et, par voie de conséquence, de moyens financiers suffisants.

C'est le cas par exemple à l'article 6 de la *ley orgánica del municipio libre* de l'Etat de VeraCruz-Llave du 10 août 2015 qui prévoit, pour la création d'une nouvelle commune, les conditions suivantes : une population supérieure à 25 000 habitants, des ressources financières suffisantes pour couvrir les dépenses nécessaires à l'administration locale pour fournir des services municipaux, des locaux appropriés pour l'installation des bureaux publics, des infrastructures urbaines et des moyens de communication permettant les échanges avec les populations environnantes et des réserves foncières pour répondre aux besoins de la population. Le critère humain est bien pris en compte, mais il est conçu dans une perspective finaliste.

Antonio Bellver Cano a classé les finalités communales autour de six catégories[261] : les finalités conservatoires (la commune doit conserver une organisation propre afin d'assurer les autres finalités), les finalités relatives aux personnes, les finalités relatives aux biens, les finalités en termes de territoire, celles relatives au respect de l'Etat central et celles relatives au respect des autres entités infra-étatiques. Cette classification regroupe les différentes catégories de compétences susceptibles d'être dévolues aux communes. En pratique les textes s'avèrent plus précis dans la détermination de ces fonctions qui sont susceptibles de varier selon le type de commune. Ainsi, l'article 141 de la loi municipale péruvienne[262] prévoit que les communes en zones rurales (définies comme les communes où la population urbaine est inférieure à 50%) ont, en plus des compétences traditionnelles dévolues aux communes, des missions spécifiques en matière de développement durable et de protection de l'eau, de la flore, de la faune ou de la biodiversité.

---

[261] A. BELLVER CANO, *Teoria del municipio : aportacion al estudio del municipio como persona estatal, seguida de una sintesis de sus momentos historicos y de algunas consideraciones sobre la ideologia y contenido del nuevo estatuto municipal*, Arjona, éd. Juan Montilla, 1924, pp. 63-79.

[262] *Ley orgánica de municipalidades* n° 27972 del 27 de mayo del 2003.

Cette idée est reprise par la Charte ibéroaméricaine sur l'autonomie municipale[263] qui mentionne notamment comme caractéristiques de la municipalité la capacité pour les habitants d'élire les autorités compétentes, la consécration de compétences propres, des capacités financières suffisantes et un pouvoir d'autorganisation. Ces différentes compétences reconnues aux communes doivent leur permettre d'assurer un certain nombre de missions telles que le développement économique, la protection de l'environnement ou la gestion des services publics. Ces compétences doivent être garanties par des procédures de participation populaire ou des mécanismes de protection juridictionnelle de l'autonomie locale.

Le cas du Nicaragua constitue un exemple intéressant de par son caractère syncrétique concernant les modalités de création et de suppression d'une commune. En effet, la loi organique municipale de 2010[264] dispose qu'une commune doit, dans un périmètre délimité, regrouper une population d'au moins 10 000 habitants.

Le périmètre communal doit répondre à des limites naturelles (rivières, lacs, collines, etc.) ou à des limites artificielles telles que des routes ou des chemins vicinaux et doit être identifié par des ingénieurs ou des géographes agréés[265]. En outre, la création d'une commune doit répondre à un certain nombre de critères économiques. En effet, la commune doit pouvoir justifier d'une capacité financière suffisante pour couvrir ses coûts de fonctionnement et la gestion des services publics essentiels[266] et disposer des infrastructures nécessaires pour leur mise en œuvre (écoles, poste de police, bureau d'état civil, organismes chargés de la distribution d'eau et d'électricité)[267].

Sachant que la loi municipale précise que le premier critère, tenant à la population, peut faire l'objet d'une dérogation dans le souci d'une meilleure administration territoriale en fonction des dimensions territoriales ou du relief. Si les critères sont posés précisément, il est donc possible d'y déroger pour les besoins de la cohérence territoriale.

La création communale dépend largement, en Amérique latine, du recensement de la population. Dès lors que les seuils légalement

[263] *Carta de Autonomía Municipal Iberoamericana aprobada por la Organización Iberoamericana de Cooperación Intermunicipal en Caracas* le 22 novembre 1990.
[264] *Ley organica municipal* n° 3.966/2010.
[265] *Ibid.*, art. 2 b & c.
[266] *Ibid.* n° 3.966/2010, art. 2 d.
[267] *Ibid.* n° 3.966/2010, art. 2. i.

prévus sont atteints, les pouvoirs publics sont tenus d'en tirer les conséquences et d'adapter la carte communale. Néanmoins, ils ne peuvent le faire que sous la réserve que ces créations communales puissent être pérennes et bénéficient de moyens logistiques, financiers et humains leur permettant d'accomplir leurs missions.

L'étude du droit positif et de la doctrine latino-américaine a permis de circonscrire la définition de la commune autour d'une pluralité de conceptions. Celles-ci avaient déjà été identifiées par Fernando Albi, dans son ouvrage *Derecho municipal comparado del mundo hispanico* paru en 1955 dans lequel il identifiait quatre tendances dominantes : le modèle historique (ou anglo-germanique), le modèle légal (ou français), le modèle jusnaturaliste et le modèle fondé sur la capacité économique. Le premier modèle pouvant être assimilé au troisième puisqu'il y identifiait un phénomène spontané d'apparition des communes indépendamment de toute caractéristique préétablie et sans caractère commun.

A ces variétés de définitions doctrinales correspond une grande tendance dans le droit positif. En effet, la commune y est généralement définie comme la plus petite entité au sein des personnes publiques territoriales qui ne peut être identifiée qu'à travers la convergence de plusieurs éléments qui sont sa population, son territoire et ses capacités.

Quel conseil municipal pour le XXIe siècle ?

Alain Boyer
Maître de conférences HDR à la Faculté de droit de Toulon

Quel conseil municipal pour le XXIe siècle ? Une telle interrogation peut paraître totalement saugrenue dans une époque caractérisée par la mondialisation des échanges et par des tentatives d'organiser la vie politique à l'échelle des continents voire même à l'échelle universelle. En effet, le conseil municipal est perçu comme une institution que l'on rattache volontiers dans l'imaginaire collectif français au village, à la petite ville, à la province[268]. D'ailleurs Paris n'est pas doté d'un conseil municipal. Paris est doté d'un conseil de Paris.

D'autre part, il est très difficile, voire même impossible de s'interroger sur le conseil municipal sans s'interroger sur ce qu'est la commune en droit public français.

Or, sans être nécessairement un juriste naturaliste, force est de constater que l'Etat a moins créé les communes qu'il n'a fait que constater leur existence. La création des communes n'est pas liée à une volonté politique de découpage du territoire national dictée par des considérations rationnelles. Le processus de création des communes n'a rien à voir avec celui qui a présidé au découpage du territoire en départements et en régions.

Cette différence de considération entre les communes et les autres collectivités territoriales a été une nouvelle fois illustrée récemment. L'Etat a autoritairement imposé un redécoupage régional censé permettre l'émergence de régions de dimension européenne. En revanche, l'Etat n'envisage pas d'imposer par le haut un redécoupage communal. L'Etat a entrepris une politique de regroupement communal qui se veut non autoritaire et incitative.

Cette spécificité communale prend sa source dès avant la Révolution française dans un mémoire de Turgot sur les Municipalités

---

[268] En 1993, Eric Rohmer dans un film intitulé « L'arbre, le maire et la médiathèque » illustre cette vision provinciale à travers une lutte politique opposant un maire qui souhaite construire une médiathèque et un opposant qui se bat pour sauvegarder un vieil arbre que le projet menacerait.

publiés en 1775. Commentant ce texte Gérard Sautel relève « sur ces bases se trouve établie une administration locale dont il est bon de le remarquer – tous les degrés sont désignés par le terme de « municipalités ». Car ce terme, emprunté à l'antiquité romaine, suggère simplement une participation des citoyens à la chose publique, laquelle doit être vraie à tous les niveaux. »[269]

Ainsi Turgot utilise le terme de municipalité pour désigner un organe local permettant la participation des citoyens à la chose publique.

Dans les textes subséquents, le terme municipal va être réservé à la plus petite communauté locale. A partir de la Révolution, il est acquis que les termes de conseil municipal et de municipalité sont réservés à la commune. Or, la terminologie n'est jamais neutre. La raison ou l'une des raisons de l'attachement des citoyens français à la commune se trouve peut-être pour partie dans la participation à la vie publique que leur offre la commune à travers le conseil municipal.

I- Un conseil municipal élu

L'élection du conseil municipal répond à une exigence constitutionnelle qui est remplie depuis la création de la commune sous la Révolution.

A- Le principe de l'élection

L'article 72 de la Constitution prévoit que les collectivités territoriales s'administrent par des conseils élus[270]. Cette disposition impose donc le recours à l'élection en vue de la désignation des membres du conseil municipal. Il n'existe aucune disposition constitutionnelle semblable à propos de l'exécutif territorial. Le principe de l'élection du maire n'est fondé que sur la loi ordinaire.

[269] G. SAUTEL, *Histoire des institutions publiques depuis la Révolution française*, 5ème éd. Paris, Dalloz, Précis Dalloz, 1982.

[270] L'article 72 alinéa 3 de la Constitution dispose que « Dans les conditions prévues par la loi, ces collectivités s'administrent librement par des conseils élus et disposent d'un pouvoir réglementaire pour l'exercice de leurs compétences. »

Il s'agit là d'une différence de statut qui est révélatrice de la conception des collectivités territoriales françaises. L'intérêt local s'exprime d'abord et à titre principal par l'organe délibérant c'est-à-dire, pour la commune, le conseil municipal. La procédure du référendum local est parfaitement révélatrice de cette place éminente du conseil municipal dans la définition de l'intérêt local. En effet, la loi organique mettant en œuvre le référendum local prévu par l'article 72-1 de la Constitution[271] issu de la révision constitutionnelle de 2003 confie à l'organe délibérant de la collectivité territoriale la faculté de soumettre à référendum[272] un projet d'acte relevant de la compétence du conseil municipal[273] ou de celle du maire[274].

Le droit public français fait ainsi du conseil municipal à la fois l'organe et le lieu d'expression de l'intérêt communal. Organe et lieu d'expression de l'intérêt communal c'est-à-dire de l'intérêt collectif des habitants de la commune, le conseil municipal a toujours été élu. Le principe de l'élection du conseil municipal a été posé dès l'origine des communes actuelles par la loi du 14 décembre 1789. Le passage d'un suffrage restreint au suffrage universel se fera sous la Seconde République par un décret du 3 juillet 1848.

Le recours à l'élection pour la désignation du conseil municipal souligne que, dès l'origine de la commune actuelle, le législateur considère que le conseil municipal doit exprimer l'intérêt local. Cette permanence de la conception du conseil municipal tranche avec celle que connaît le maire. Agent de la commune et agent de l'Etat dans la commune, le maire a tantôt été élu par le conseil municipal tantôt

---

[271] L'article 72-1 alinéa 3 de la Constitution énonce que : « Dans les conditions prévues par la loi organique, les projets de délibération ou d'acte relevant de la compétence d'une collectivité territoriale peuvent, à son initiative, être soumis, par la voie du référendum, à la décision des électeurs de cette collectivité. »

[272] P. DELVOLVÉ, « Le référendum local », RFDA, 2004, p. 7 ; J.-P. DUPRAT, « La prudente avancée du référendum local dans la loi organique du 1er août 2003 », AJDA, 2003, p. 1862 ; M. VERPEAUX, « Référendum local, consultations locales et référendum », AJDA, 2003, p. 540 et « La loi organique relative au référendum local », JCP Adm. 2004 p. 217.

[273] L'article LO 1112-1 du CGCT prévoit que « L'assemblée délibérante d'une collectivité territoriale peut soumettre à référendum local tout projet de délibération tendant à régler une affaire de la compétence de cette collectivité. »

[274] L'article LO 1112-2 du CGCT dispose que : « L'exécutif d'une collectivité territoriale peut seul proposer à l'assemblée délibérante de cette collectivité de soumettre à référendum local tout projet d'acte relevant des attributions qu'il exerce au nom de la collectivité, à l'exception des projets d'acte individuel. »

nommé par l'Etat. Il faudra attendre la loi du 28 mars 1882 pour que soit établie de façon définitive la règle selon laquelle le maire et les adjoints sont élus par le conseil municipal. Ainsi, les conseillers municipaux de la même manière que les députés sont élus depuis la Révolution française. Cette permanence d'un mode de désignation par voie d'élection a des conséquences sur l'imaginaire politique du pays : les conseillers municipaux comme les députés d'ailleurs sont bien souvent considérés comme des vecteurs essentiels d'expression de la démocratie en France.

B- La pluralité des modes de scrutin.

Les modalités de désignation des membres du conseil municipal ont varié dans le temps.

Dans un premier temps, le législateur a souhaité organiser des élections tendant à désigner des administrateurs. Dans cette conception, le pouvoir politique est concentré dans les mains du Parlement national. Tout autre organe n'exerce qu'un pouvoir de nature administrative. A vrai dire, rien n'interdit d'avoir des élections politiques en vue de désigner des personnes n'exerçant que des compétences de nature administrative. En fait, cette conception selon laquelle les élections locales sont de simples élections administratives est très fortement marquée par l'idéologie jacobine qui a très profondément marquée la conception que l'on peut avoir en France des relations entre l'Etat et les collectivités territoriales.

Cette conception est celle retenue par la loi municipale du 5 avril 1884 qui établit un mode de scrutin de liste majoritaire avec panachage. En droit positif, le mode de scrutin pour l'élection des conseillers municipaux dépend du nombre d'habitants de la commune. Les principes de la loi de 1884 continuent à s'appliquer aux communes de moins de 1000 habitants dans lesquelles le scrutin est **majoritaire, plurinominal, à deux tours.** Les candidats se présentent sur une liste, mais les électeurs peuvent modifier les listes, panacher, ajouter ou supprimer des candidats sans que le vote soit nul. Les listes incomplètes et les candidatures individuelles sont autorisées.

Une autre conception du scrutin municipal est apparue sous la Vème République dans laquelle, le législateur admet que les élections municipales constituent une compétition politique et organise un mode de scrutin permettant la représentation d'une minorité politique au sein du conseil municipal. Cette nouvelle conception est exprimée par la loi du 19 novembre 1982 modifiée qui introduit, pour les communes de plus de 1 000 habitants, un scrutin de liste proportionnel, à deux tours avec prime majoritaire accordée à la liste arrivée en tête.

La pluralité des modes d'élection n'est pas uniquement fondée sur le critère du nombre d'habitant. Un second critère tiré de la circonscription électorale permet de diversifier les conditions d'élection des conseillers municipaux.

Ainsi, les trois villes les plus peuplées connaissent ce mode de scrutin[275]. L'élection se fait par secteurs constitués chacun d'un arrondissement à Paris et à Lyon, et de deux à Marseille. On ne peut pas être candidat dans plusieurs secteurs. L'élection des conseillers municipaux et conseillers d'arrondissement se fait en même temps et selon les mêmes règles, sur la même liste. C'est donc un dispositif à double étage.

C- Quel mode de scrutin pour le 21e siècle ?

La pluralité des modes de scrutin répond à la nécessité de prendre en compte des réalités sociologiques très différentes selon la taille de la commune. Dès lors que se maintiendra une grande diversité communale, on ne voit pas très bien comment on pourra reprendre la voie de l'uniformité.

En revanche, si la procédure des communes nouvelles est un succès et aboutit à la disparition des communes de 1000 habitants, on assistera par contrecoup à une unification du régime électoral des communes.

La volonté du législateur de faire en sorte que le mode de scrutin permette de désigner un conseil municipal qui réponde à la fois à l'exigence politique de la représentativité et à l'exigence administrative de la cohérence est légitime. Cependant, il convient de ne pas verser dans l'écueil du changement pour le changement. Le législateur n'a pas pour l'heure cédé à cette tentation en matière électorale. La stabilité du mode de scrutin n'interdit pas de s'interroger sur ces effets et sur les possibilités de les corriger. On

[275] Article 271 et s. du code électoral.

peut certes regretter que 81 % des conseillers municipaux élus en 2014 aient plus de 40 ans ou encore que les retraités représentent 25% des conseillers municipaux. La loi définissant le mode de scrutin ne peut pas grand-chose pour modifier cette situation sauf à étendre ce qui a été fait en matière de parité entre les sexes à d'autres données telles que l'âge ou la catégorie socioprofessionnelle.

La meilleure réponse à cet état de fait se trouve dans la nécessité d'améliorer le statut du conseiller municipal. Le législateur a apporté une réponse en 2015[276]. On pourra vérifier l'impact de ce dispositif sur la composition des conseils municipaux que lors de leur renouvellement en 2020.

A côté de l'élection, l'existence d'attributions effectives est le second élément caractérisant en droit positif un conseil municipal régulièrement institué.

II- Le conseil municipal du XXIe siècle devra disposer d'attributions effectives.

A- Les attributions du conseil municipal.

L'article 72 de la Constitution de 1958 prévoit que les collectivités territoriales s'administrent librement par des conseils élus dans les conditions prévues par la loi.

Interprétant cette disposition constitutionnelle, le Conseil constitutionnel a jugé que ce texte signifiait que le législateur devait doter le conseil élu des collectivités territoriales d'attributions effectives. Cet apport du Conseil constitutionnel a été réalisé à propos de la Nouvelle-Calédonie[277] alors territoires d'outre-mer et concerne toutes les catégories de collectivités territoriales et donc les communes.

---

[276] LOI n° 2015-366 du 31 mars 2015 visant à faciliter l'exercice, par les élus locaux, de leur mandat.

[277] CC 85-196 DC du 8 août 1985 rec. p.63 ; P. AVRIL, J. GICQUEL, « Chronique constitutionnelle française », Pouvoirs, n° 36, 1986, p. 179 ; R. ETIEN, La Revue Administrative, 1985, p. 572 ; L. FAVOREU, RDP, 1986, n° 2, p. 395 ; B. GENEVOIS, AIJC, 1985, p. 423 ; L. HAMON, AJDA, 1985, p. 605 ; F. LUCHAIRE, Dalloz, 1986, p. 45.

Il est relativement délicat de définir ce que signifie la notion d'attributions effectives.

La décision 2016-565 QPC du 16 septembre 2016[278] est la contribution la plus récente du Conseil constitutionnel à la définition des pouvoirs du législateur national dans la détermination des attributions d'une catégorie de collectivités territoriales. Il ressort de cette décision d'une part que les articles 72 et 34 de la constitution impliquent que toute collectivité territoriale doit disposer d'une assemblée élue dotée d'attributions effectives, qu'il est loisible au législateur d'énumérer limitativement, d'autre part que l'article 72 alinéa 3 n'implique pas par lui-même que les collectivités territoriales doivent pouvoir intervenir dans les domaines pour lesquels aucune autre personne publique ne dispose d'une compétence attribuée par la loi. Cette décision s'inscrit dans un mouvement plus large de banalisation de la distinction que la doctrine avait pu penser opérer entre les établissements publics et les collectivités territoriales.

Le pouvoir ainsi reconnu au législateur national dans la définition des attributions d'une collectivité territoriale est très large. Le législateur peut attribuer aux collectivités territoriales une compétence tant réglementaire, que de gestion administrative ou encore d'organisation de service public. La Constitution telle qu'interprétée par le juge constitutionnel lui fixe une limite minimale constituée par l'attribution de compétences effectives à une assemblée élue. Il existe également une limite maximale qui est le respect des compétences des autorités nationales. Cette limite est particulièrement marquée dans le domaine réglementaire pour lequel le législateur ne peut pas attribuer une compétence réglementaire exclusive aux autorités locales[279].

La loi prévoit que le conseil municipal règle par ses délibérations les affaires de la commune. Cette règle posée dès 1884 exprime ce que

---

[278] CC 2016-5605 QPC du 16 septembre 2016 JORF n°0218 du 18 septembre 2016 n°37 ; P. BOURDON, « Chronique de droit administratif- Janvier 2017 », LPA, 21 mars 2017, n° 57, p. 13 ; B. FAURE, « La fin d'une catégorie juridique : la collectivité territoriale ? », AJDA, 2016, n° 43, p. 2438 ; B. PLESSIS, « Clause minimum de compétence », Droit Administratif, décembre 2016, n° 12, p. 1 ; M. VERPEAUX, « Suppression de la compétence générale des départements : la fin du Vendée globe ? », La Semaine Juridique, Edition générale, 24 octobre 2016, n° 43-44, p. 1971 ; A. DURANTHON « A propos d'un cheval de Troie : le Conseil constitutionnel et la suppression de la clause de compétence générale », Constitutions, 2016-4, p. 677.

[279] L. FAVOREU, *alii*, *Droit constitutionnel*, Paris, Dalloz, Précis, 1998, p. 771.

la doctrine qualifie de clause générale de compétence. Elle signifie que le conseil municipal est compétent dès lors qu'un intérêt public communal est en jeu et sous réserve des pouvoirs propres que la loi confie au maire. Juridiquement, on doit conclure que le conseil municipal dispose d'attributions effectives dans la mesure où il dispose d'un pouvoir de décision dans les affaires d'intérêt communal. Pourtant, la notion d'affaire communale a considérablement évolué depuis la fin du XIXe siècle. Les affaires communales ne se limitent plus à la gestion de quelques services publics communaux et des biens communaux. De nombreuses politiques publiques sont dévolues aux communes qui rencontrent quelquefois de grandes difficultés à les conduire en raison de la faiblesse de leur moyen ou de la nécessité de coordonner les actions à une échelle plus vaste que le strict territoire communal.

La recherche de l'efficacité dans la conduite des politiques publiques a conduit le législateur à mettre en place des mécanismes permettant de confier à des EPCI des compétences toujours plus nombreuses. Pourtant, force est de constater que si certaines attributions dévolues aux EPCI se rattachent à des politiques publiques qui se sont développées au cours du XXe siècle et que le législateur a décidé de décentraliser (les politiques d'aménagement de l'espace, d'urbanisme, d'habitat, d'environnement) d'autres correspondent à des compétences traditionnelles des communes (eau, assainissement).

En touchant au cœur des attributions traditionnelles des communes, le regroupement au sein des EPCI soulève la question de savoir si les conseils municipaux continuent à bénéficier d'attributions effectives. En l'état, et à notre connaissance, le Conseil constitutionnel n'a pas encore clairement tranché la question de savoir si les transferts de compétences des communes au bénéfice des EPCI conduisaient à mettre en cause la règle constitutionnelle de libre administration par un conseil élu doté d'attributions effectives. Il faut toutefois prendre conscience que le législateur est déjà allé très loin dans le transfert de compétences.

B- Les conditions d'exercice des attributions.

L'exigence constitutionnelle selon laquelle le conseil municipal doit disposer d'attributions effectives est tournée vers le législateur en ce sens que le législateur a l'obligation de confier certaines attributions au conseil municipal.

Cependant, il ne suffit pas d'attribuer des compétences effectives au conseil municipal, encore faut-il que les élus municipaux disposent de conditions matérielles leur permettant de remplir effectivement le mandat pour lequel ils ont été élus.

Les conditions d'exercice des attributions des mandats municipaux permettent de rendre concrètement effectives les attributions municipales. Le droit à l'information et le droit à la formation sont deux éléments essentiels pour permettre aux conseillers municipaux de remplir effectivement les missions qui leur sont attribués par la loi.

Le droit à l'information des conseillers municipaux a d'abord été consacré par le juge administratif[280] avant d'être repris par le législateur en distinguant d'une part l'information liée à la prise d'une délibération et d'autre part l'information liée à l'activité de contrôle de l'exécutif municipal.

Le droit à l'information des conseillers municipaux est organisé par les articles L2121-12 et L2121-13 du CGCT. Ce droit à l'information des élus est étroitement lié à la délibération c'est-à-dire que les conseillers municipaux ont le droit d'être informés des affaires sur lesquelles le conseil municipal est appelé à délibérer.

A côté de ce droit à l'information lié aux délibérations, les conseillers municipaux ont droit à la communication obligatoire de certaines informations dans l'exercice de leur fonction de contrôle (par ex. : les comptes certifiés de certains organismes ; le rapport sur le service public de l'eau potable).

Ce droit à l'information des conseillers municipaux est asymétrique. En effet, l'organe qui dispose de l'information la plus complète est le maire qui est placé à la tête des services municipaux. Cette asymétrie dans l'accès à l'information conduit nécessairement à un certain déséquilibre entre la majorité et l'opposition au sein du conseil municipal.

D'autre part, il ne suffit pas d'avoir accès à une information pour en comprendre toutes les données et toutes les implications. Cet élément est de plus en plus prégnant au fur et à mesure que les affaires communales se complexifient. Certes, les élus ont un droit à la

---

[280] CE Ass., 9 novembre 1973, Commune de Pointe-à-Pitre, req. n° 80724 ; CE, 29 juin 1990, Commune de Guitrancourt, req. n°68743.

formation qui leur permet de mieux comprendre les différents problèmes qu'ils peuvent être amenés à connaître.

Il n'en demeure pas moins vrai qu'il y a là encore un déséquilibre entre le maire et sa majorité qui pourront s'appuyer sur les services municipaux pour être éclairé sur des points obscurs et le conseiller municipal de base qui ne disposera que de sa bonne volonté.

Le droit à l'information des conseillers municipaux est sans aucun doute un enjeu important du XXIe siècle si l'on souhaite faire en sorte que le conseil municipal demeure un lieu vivant de la démocratie locale et non un organe d'enregistrement de décisions imposées par la technostructure.

En l'état, l'asymétrie dans l'information que l'on a précédemment soulevée est partiellement compensée par la faculté du conseil municipal de former des commissions ad hoc en vue d'étudier une question particulière. Ces commissions permettent d'améliorer l'information du conseil municipal à travers le rapport qui sera fait devant l'organe délibérant sur la question étudiée.

Cette asymétrie dans l'accès à l'information peut être compensée par la formation des élus. La formation des élus est en droit positif un droit consacré et garanti par la loi[281]. On doit observer que la première loi en la matière est relativement tardive, elle a été adoptée en 1992.

Les élus municipaux ont droit à 20 heures de formation par an cumulable sur toute la durée du mandat. Les conseillers municipaux salariés disposent pour participer aux formations d'un droit à congé de 18 jours sur toute la durée du mandat.

Le droit à la formation des élus est un élément très important afin de leur permettre de prendre des décisions en conscience sans être placé sous la dépendance des experts ou des fonctionnaires territoriaux.

Droit à l'information et droit à la formation concourent faire en sorte que les conseillers municipaux puissent remplir efficacement des attributions que détient le conseil municipal. Cependant, ce conseil municipal est de plus en plus concurrencé dans la définition de l'intérêt local par la multiplication d'établissement public de coopération intercommunale.

---

[281] Art. 2123-12 du CGCT.

III- Un conseil municipal concurrencé dans la définition de l'intérêt local.

Pendant longtemps, le conseil municipal a bénéficié d'un monopole dans la définition de l'intérêt local. Le développement de l'intercommunalité a radicalement modifié la donne. Désormais, l'intérêt local peut être défini par un organe intercommunal.

L'intercommunalité apparaît sous la IIIe République avec l'institution, par la loi du 22 mars 1890, des syndicats intercommunaux. Ce mouvement est complété par un décret du 20 mai 1955 qui crée les syndicats mixtes qui permettent d'associer au sein d'une même structure des collectivités territoriales appartenant à différentes catégories (communes, départements).

Mais, le véritable essor de l'intercommunalité se produit sous la Vème République. Deux périodes sont identifiables.

La première qui se situe au début de la Vème République est dans le droit fil de la conception antérieure de l'intercommunalité. Il s'agit de mettre en place des structures communes de gestion de service public. Elle s'en distingue, car on abandonne la règle de l'unanimité au profit d'une règle de majorité qualifiée. Deux ordonnances du 5 janvier 1959 instituent les syndicats intercommunaux à vocation unique, les syndicats intercommunaux à vocation multiple et les districts urbains. Il est à noter que ces ordonnances ont été adoptées sur le fondement de l'article 92 de la Constitution c'est-à-dire, durant la période transitoire, sur le fondement d'une habilitation constitutionnelle qui donnait compétence au gouvernement de prendre par ordonnances ayant force de loi toute mesure législative nécessaire à la mise en place des institutions, au régime électoral des Assemblées, à la vie de la Nation, à la protection des citoyens, à la sauvegarde des libertés.

La seconde période est celle de la prise en compte du fait urbain. Il ne s'agit plus de créer une structure intercommunale spécialisée dans la gestion d'un ou plusieurs services publics. Il s'agit de créer des structures permettant de réaliser des politiques intégrées. Ce mouvement débute avec la création des communautés urbaines par la loi du 31 décembre 1966 et se poursuit avec la loi du 12 juillet 1999 qui consacre à côté de la communauté urbaine, la communauté d'agglomération, la communauté de communes et s'est temporairement achevé avec la loi du 27 janvier 2014 qui crée les métropoles.

Outre le fait que ces nouvelles structures intercommunales ne sont pas créées pour gérer un ou plusieurs services publics, mais pour développer des politiques intégrées, ces nouvelles structures disposent d'une fiscalité propre et d'un organe délibérant élu au suffrage universel direct.

Dans ces conditions, le regroupement communal au sein d'EPCI soulève la question du maintien des communes actuelles, mais surtout pose un problème de nature constitutionnelle qui tient dans la question de savoir dans quelle mesure l'intercommunalité ne porte pas atteinte à l'exigence constitutionnelle de libre administration des communes par un conseil municipal doté de compétences effectives dans la mesure où les communes se trouvent de plus en plus déchargées de compétences au profit d'organes intercommunaux. La solution sera peut-être de transformer les EPCI à fiscalité propre en commune nouvelle afin de garantir le maintien du conseil municipal dans une forme renouvelée.

L'assemblée délibérante communale espagnole : un rouage central de la démocratie locale

Dimitri Löhrer
Maître de conférences à l'Université de Pau et des pays de l'Adour (IE2IA)

Sur le plan de la division verticale du pouvoir, l'Espagne présente une organisation territoriale sensiblement différente de celle que nous connaissons en France. L'affirmation peut, certes, sembler surprenante dès lors que, dans son principe, et ainsi que le prévoit la Constitution du 27 décembre 1976, l'Etat espagnol se constitue à l'origine sous la forme d'un Etat unitaire[282]. Plus précisément, le constituant espagnol de 1978, faute de consensus sur ce point, a fait le choix remarquable de ne pas choisir en ne définissant pas la forme territoriale de l'Etat[283]. Le titre VIII de la Constitution s'en tient en effet à la transformation de l'Etat unitaire et centralisé hérité de la dictature franquiste en un Etat décentralisé. Mais, et c'est là d'une différence fondamentale avec notre modèle d'organisation territoriale, *« il ne s'agit pas [...] de n'importe quelle décentralisation : pas de décentralisation administrative, mais une véritable décentralisation politique fondée sur la reconnaissance de l'autonomie politique des nationalités et des régions qui pourront se constituer en communautés autonomes »*[284], lesquelles, en pratique, se sont effectivement constituées comme telles pour donner naissance à ce que l'on a aujourd'hui coutume d'appeler « l'Etat des autonomies »[285]. Aussi a-t-on généralement pour habitude d'assimiler l'Espagne au modèle de l'Etat régional. C'est-à-dire un

[282] H. ALCARAZ, « Propos introductifs », *in* O. LECUCQ et H. ALCARAZ (dir.), *Collectivités territoriales et intégration des étranges. Perspectives de droit comparé*, Paris, L'Harmattan, 2013, p. 17.

[283] En ce sens, v. J.L. REQUEJO PAGÈS, « L'évolution générale de l'Etat des autonomies », *in* P. BON, *Trente ans d'application de la Constitution espagnole*, Paris, Dalloz, 2009, p. 196.

[284] H. ALCARAZ, « Propos introductifs », *op. cit.*, p. 18.

[285] Pour une étude approfondie de ces questions, v. L.M. DÍEZ-PICAZO, « L'autonomie des nationalités et des régions en Espagne », *Constitutions*, avril-juin 2014, p. 143.

modèle d'organisation territoriale préservant la structure de l'Etat unitaire, mais où les entités régionales et locales qui le composent se voient reconnaître une réelle autonomie politique et, notamment, un pouvoir normatif autonome. L'Etat espagnol, aux termes de l'article 137 de la Constitution, *« distribue [ainsi] son territoire entre les communes, les provinces et les communautés autonomes qui se constituent. Toutes ces entités jouiss[ant] de l'autonomie pour gérer leurs intérêts propres ».*

S'agissant des communes, *« entité de base de l'organisation territoriale de l'Etat »*[286] qui nous intéresse dans le cadre de ces journées d'étude[287], cette autonomie est explicitement rappelée par l'article 140 du texte constitutionnel, lequel dispose, entre autres choses, que *« la Constitution garantit l'autonomie des communes. Celles-ci jouiront d'une pleine personnalité juridique »*[288]. A ce jour, l'Espagne compte un peu plus de 8000 communes dont le régime juridique est fixé par loi de régulation des bases du régime local (LRBRL)[289]. Cette dernière définit et précise les fonctions des différentes entités locales, en tête desquelles la municipalité et la province, et indique que la commune constitue le premier échelon de participation des citoyens aux affaires publiques (article 1-1), qu'elle dispose de la *« personnalité juridique, d'une pleine capacité pour la réalisation de ses actions »* (article 11-1) et que ses éléments constitutifs sont *« son territoire, sa population et son organisation »* (article 11-2).

Cette approche générale de la notion de commune appelle deux séries de précisions.

Le territoire et la population, en premier lieu, permettent de distinguer, à l'identique de la France, trois catégories de communes : les micro-communes, les communes de grande population et les

---

[286] Art. 1er de la loi 7/1985 du 2 avril 1985 de régulation des bases du régime local, *B.O.E.* du 3 avril 1985.

[287] Les provinces, au nombre de 50, constituent les entités intermédiaires et les Communautés autonomes, au nombre de 17, les entités régionales.

[288] Le principe d'autonomie ne saurait évidemment signifier que les municipalités échappent au contrôle de légalité. Seraient, en revanche, inconstitutionnels *« les contrôles génériques et indéterminés qui placeraient les entités locales dans une position de subordination et de dépendance quasi hiérarchique vis-à-vis de l'administration étatique ou autonomique »* (STC 4/1981 du 2 février 1981, *B.O.E.* du 24 février 1981, FJ 3).

[289] Loi 7/1985 du 2 avril 1985, *op. cit.*

communes situées entre ces deux premières catégories[290]. Etant entendu que les communes de grande population sont définies par la loi du 2 avril 1985 comme étant : les communes de plus de 250 000 habitants, les communes capitales de provinces de plus de 175 000 habitants, les communes capitales de communauté autonome ou sièges des institutions autonomiques, les communes de plus de 75 000 habitants qui présentent des spécificités économiques, sociales, historiques ou culturelles. Cette précision se révèle indispensable dès lors que la loi du 16 décembre 2003[291], portant modification de la LRBRL, assujettie cette catégorie de municipalités à un régime juridique spécifique sensiblement différent du régime général applicable aux autres communes, notamment du point de vue de l'organisation et des prérogatives de l'assemblée délibérante. Aussi feront-elles, parfois, l'objet d'un examen particulier dans le cadre de cette étude. Outre ces trois catégories de communes, à noter également l'existence depuis 1992 de deux communes autonomes : Ceuta et Melilla. Situées sur la côte nord de l'Afrique, ces deux communes à statut spécial présentent une organisation se rapprochant de celle d'une communauté autonome, mais ne disposent pas, à l'inverse d'une communauté autonome, d'une assemblée législative propre. Il s'agit donc bien de communes, susceptibles de devenir des communautés autonomes si leurs mairies respectives le décident[292].

L'organisation des communes espagnoles, en second lieu, est susceptible de différer sensiblement d'une commune à l'autre[293]. Certes, il existe des constantes, c'est-à-dire des organes de gouvernance communs à l'ensemble des communes. Il s'agit principalement du Maire, des adjoints au maire, de la commission spéciale des comptes et de l'assemblée délibérante – ou Conseil municipal –, sur laquelle on reviendra plus en détail dans la suite de nos propos. En revanche, d'autres organes se révèlent spécifiques à certaines communes, soit en raison de la taille de la commune, soit parce que les lois des communautés autonomes ou un règlement

290 J. PUECH, *Une démocratie locale émancipée : des élus disponibles, légitimes et respectés*, rapport d'information fait au nom de l'observatoire de la décentralisation sur l'émancipation de la démocratie locale, Sénat, 7 novembre 2007, p. 184.

291 Loi 57/2003 du 16 décembre 2003 de modernisation du gouvernement local, *B.O.E.* du 17 décembre 2003.

292 J. PUECH, *Une démocratie locale émancipée : des élus disponibles, légitimes et respectés*, *op. cit.*, p. 185.

293 Art. 20 de la loi 7/1985 du 2 avril 1985, *op. cit.*

organique de la commune pris en conformité avec les dispositions de la loi de 1985 ou des lois de la communauté autonome dont dépend la commune en prévoient l'existence au titre d'organes complémentaires. Dans le premier cas, il s'agira, par exemple, de la commission du gouvernement local[294] et de la commission spéciale des suggestions et des plaintes dont les existences respectives ne sont automatiques que pour les communes de plus de 5000 habitants s'agissant de la première et pour les communes de grande population s'agissant de la seconde. En ce qui concerne les autres communes, de tels organes ne peuvent être mis en place que si un règlement organique ou une décision du conseil municipal le prévoit. Dans le second cas, il s'agira, entre autres, des conseils sectoriels, des organes déconcentrés et décentralisés pour la gestion des services, ainsi que des districts municipaux.

En toute hypothèse, et ce quelque soit le modèle organisationnel considéré, chaque commune dispose, sur son territoire et selon les termes fixés par la législation de l'Etat et celle des communautés autonomes, d'un domaine matériel de compétences particulièrement large. Sans prétendre à l'exhaustivité, l'article 24 bis de la loi du 27 décembre 2013[295] prévoit en effet que la municipalité exerce des compétences qui lui sont propres dans des matières aussi diverses que l'urbanisme, l'environnement, la prise en charge des personnes en situation d'exclusion sociale ou confrontées à un tel risque, la police locale et l'ordre public, l'éducation, la promotion du sport et de la culture, ou encore l'assainissement et l'acheminement de l'eau dans les foyers. En revanche, les obligations de service public auxquelles doivent satisfaire les communes au titre de ces compétences varient selon la taille de la commune envisagée. Hormis des obligations identiques à l'ensemble des municipalités telles que la présence d'un cimetière, d'un système de collecte des déchets ménagers, ou encore d'éclairages publics, l'obligation, par exemple, de prévoir l'existence d'un parc public et d'une bibliothèque publique est spécifique aux communes de plus de 5000 habitants, celle de mettre en place une protection civile et des installations sportives à l'usage du public aux

[294] La commission du gouvernement local (*Junta de Gobierno local*) est l'organe exécutif principal composé de conseillers municipaux désignés par le maire. Leurs fonctions consistent principalement à assister le maire dans l'exercice de ses fonctions exécutives.

[295] Loi 27/2013 du 27 décembre 2013 de rationalisation et de durabilité de l'administration locale, *B.O.E.* du 30 décembre 2013.

communes de plus de 20 000 habitants, celle d'aménager des transports publics urbains aux communes de plus de 50 000 habitants.

Etant entendu, et il s'agit là du cœur de notre étude, que l'assemblée délibérante communale joue un rôle majeur dans l'adoption des décisions prises dans le cadre de ces compétences communales et, plus largement, dans la gestion politique et administrative de la commune. En témoigne, au premier chef, l'article 140 de la Constitution espagnole qui prévoit que la direction et l'administration des communes incombent à leurs conseils municipaux respectifs, composés du maire et des conseillers municipaux. Ces derniers sont élus le 4ème dimanche de mai au suffrage universel pour une durée de quatre ans selon un mode de scrutin qui diffère en fonction de la taille de la commune. Tandis que le système en place est celui de la liste ouverte dans les communes de 100 à 250 habitants, les conseillers sont élus sur une liste fermée lorsque la commune compte plus de 250 habitants. De même, le nombre de conseillers varie en fonction de la population de la commune. Il oscille entre 3 dans celles de moins de 100 habitants et 57 pour la ville la plus peuplée, à savoir Madrid. A noter, par ailleurs, que les communes de moins de 100 habitants ou celles qui ont traditionnellement fonctionné ainsi peuvent opter pour un système de conseil ouvert. Dans ce cas de figure, il n'existe pas de conseil municipal élu, mais une assemblée délibérante de l'ensemble des citoyens de la commune qui prennent des décisions au moyen d'un scrutin ouvert. S'agissant du Maire, celui-ci est élu au suffrage direct majoritaire dans le cadre de la circonscription dans les communes de moins de 100 habitants, parmi les conseillers municipaux à la majorité absolue et à défaut avec le plus grand nombre de suffrages obtenus dans les communes de 100 à 250 habitants, par les conseilles municipaux parmi les têtes de liste à la majorité absolue et à défaut avec le plus grand nombre de votes obtenus dans les communes de plus de 250 habitants.

Sous couvert de ces précisions, et afin de poursuivre l'analyse plus avant, on soulignera avec Héctor García Morago que l'institution du Conseil municipal espagnol est loin d'avoir été conçue de façon irréfléchie. La place centrale réservée aux entités locales en Espagne a effectivement conduit le législateur à dessiner une structure fortement démocratique dont les règles qui régissent à son fonctionnement ont été pensées dans la perspective de satisfaire aux valeurs et aux principes les plus élevés qu'entend défendre l'ordonnancement juridique espagnol[296]. On songera, en tout premier lieu, à l'article 1-1 de la Constitution espagnole, aux termes duquel *« l'Espagne constitue un État de droit, social et démocratique, qui défend comme valeurs suprêmes de son ordre juridique la liberté, la justice, l'égalité et le pluralisme politique »*, mais également à son article 23-1 qui consacre le droit pour les citoyens de participer aux affaires publiques[297]. En cela, l'assemblée délibérante communale constitue, de par son implantation locale, la première des instances démocratiques sur le plan géographique et, ce faisant, celle qui se veut la plus proche des citoyens. Peut-être faut-il voir là une des raisons pour lesquelles les municipalités jouissent à ce jour d'une opinion globalement positive auprès des citoyens espagnols, ainsi qu'en témoigne une enquête réalisée en 2015 par Metroscopia[298], principal institut de sondages d'opinion en Espagne. Selon les résultats de cette enquête, l'action des municipalités récolterait l'approbation de 48 % de la population espagnole contre 46 % en sa défaveur. Le pourcentage d'opinions favorables peut certes sembler relativement bas. De tels résultats n'en demeurent pas moins historiques puisqu'il s'agit de la première fois que les politiques mises en œuvre à l'échelon municipal obtiennent un solde positif[299]. Surtout, la municipalité est la seule institution politique à bénéficier d'une opinion favorable majoritaire, loin devant les Communautés autonomes (39 % d'opinions favorables contre 54 % d'opinions défavorables), les Cortès générales (38 % d'opinions favorables contre 58 % d'opinions défavorables) et le gouvernement national (34 % d'opinions favorables contre 64 % d'opinions défavorables).

Sans nul doute la réalisation de cette enquête d'opinion au lendemain des élections municipales de 2015 peut expliquer ce niveau de confiance accru envers les municipalités alors composées de représentants fraîchement élus[300]. Et ce à plus forte raison que ces élections ont consacré un renouveau attendu de la classe politique à

---

[296] H. GARCÍA MORAGO, « El régimen de sesiones del Pleno municipal », *QDL*, junio 2003, n° 2, p. 112.
[297] *« Les citoyens ont le droit de participer aux affaires publiques directement ou par l'intermédiaire de représentants, librement élus lors d'élections périodiques au suffrage universel ».*
[298] J.P. FERRÁNDIZ, « Una sociedad menos enfadada », *Metroscopia*, 1er sept. 2015, [en ligne]. Disponible sur [http://metroscopia.org/una-sociedad-menos-enfadada/].
[299] *Ibid.*
[300] *Ibid.*

l'échelle locale avec les succès électoraux de *Podemos*[301]. Mais en dehors de ces seules données conjoncturelles, on ne saurait nier l'influence jouée par la présence, au sein des organes de gouvernance locaux, d'une institution de représentation élue démocratiquement, dont les fonctions et les modalités d'organisation sont relativement proches de celles d'un parlement national, entretenant des liens de proximité avec le corps électoral et, plus encore, associant celui-ci à la prise de décision. En effet, ne serait-ce que parce que les citoyens ont, en règle générale, une perception plus positive des administrations publiques qui œuvrent à l'échelon local[302], l'assemblée délibérante communale, forte au surplus de sa légitimité démocratique[303] et des valeurs constitutionnelles qu'elle représente, est ontologiquement prédisposée à inspirer confiance. L'affirmation est d'autant plus vraie en Espagne étant donné le degré élevé de décentralisation et l'engagement, voire la vocation, dont font preuve les élus municipaux alors même que leur mandat local ne débouche que très rarement sur un mandat national[304].

---

[301] La stratégie de *Podemos* à l'occasion des élections municipales de 2015, consistant à ne pas présenter ses propres listes mais à participer ou à soutenir des listes locales rassemblant des petits partis et des citoyens, s'est effectivement révélée payante. L'une de ces listes est arrivée en tête à Barcelone et, dans plusieurs autres grandes villes, ces listes sont arrivées en seconde ou en troisième position, certes derrière le PP, mais en parvenant à passer des accords avec d'autres partis de gauche afin de composer des majorités au sein des conseils municipaux et, ainsi, obtenir le mandat de maire. Ce fut le cas à Madrid, à Valence, à Saragosse, à La Corogne, à Cadix et à Saint-Jacques-de-Compostelle.

[302] En ce sens, v. C. RAMÍO, « La percepción de los españoles de la administración pública », *in Congreso internacional sobre gestión de recursos humanos en la administración pública*, Vitoria-Gasteiz, juin 2007, p. 7, [en ligne]. Disponible sur [www.vitoria-gasteiz.org].

[303] Cette légitimité démocratique est d'autant plus prononcée que ne sont pas seulement électeurs les citoyens espagnols. Le sont également les ressortissants des Etats membres de l'Union européenne (directive européenne 94/80/CE) ainsi que les citoyens boliviens, cap-verdiens, chiliens, colombiens, équatoriens, islandais, norvégiens, néo-zélandais, paraguayens et péruviens en vertu d'accords de réciprocités.

[304] *« L'un des effets du système autonomique est que certaines personnalités politiques de premier plan sont des élus régionaux et locaux, qui n'ont pas d'ambition pour des postes au niveau national »* (J. PUECH, *Une démocratie locale émancipée : des élus disponibles, légitimes et respectés*, *op. cit.*, p. 185).

Quoi qu'il en soit, et c'est peut être là le principal intérêt de notre étude, il n'est pas inconnu que la perception que se font les citoyens de l'efficacité de leurs institutions est une condition réciproque de cette dernière. Ainsi que le souligne Carles Ramío, si les institutions publiques perdent le soutien du corps social, elles perdent, dans le même temps, une part importante de leurs externalités positives en ce qu'elles ne sont plus en mesure de générer des stimuli de sécurité institutionnelle et juridique dans leur environnement et, ce faisant, de pourvoir à un développement économique et humain suffisant[305]. S'ensuit inexorablement l'instauration d'un cercle vicieux dans lequel la confiance des citoyens auprès des institutions ne cesse de se dégrader. Or, à l'heure où la crise de la démocratie représentative est devenue un sujet d'analyse récurrent au sein des champs juridique et sociologique, il va sans dire qu'un tel constat invite à analyser plus en détail l'institution du conseil municipal espagnol. En ce sens que l'image globalement positive dont jouit une telle institution, contrairement aux autres institutions publiques, laisse à penser qu'une des solutions à cette sortie de crise se trouve peut être à l'échelon local. Plus largement, il semble envisageable d'avancer l'idée selon laquelle la crise de la démocratie représentative ne résulte peut-être pas tant d'un dysfonctionnement de nos régimes parlementaires que de la difficulté, pour ne pas dire de l'incapacité, des représentants politiques nationaux à établir des liens de proximité avec les citoyens et à les associer à la prise de décision[306]. Car, à la vérité, l'exemple de l'assemblée délibérante communale espagnole offre l'illustration topique d'une institution fonctionnant sur un mode quasi parlementaire et qui, pour autant, jouit d'une bonne presse auprès de la population. Rarement l'objet d'analyses juridiques de ce côté des Pyrénées, l'assemblée délibérante communale espagnole présente donc, à ce jour, un intérêt tout particulier à être davantage connu. A plus forte raison que son étude est susceptible d'offrir, *mutatis mutandis*, un regard renouvelé sur notre propre conception de la

[305] *Ibid*, p. 2.

[306] Il nous semble en effet que la démocratie participative n'est pas exclusive de la démocratie représentative. Elle s'inscrit, au contraire, en soutien de cette dernière en ce qu'elle permet une association des citoyens à la prise de décision, lesquels se sentent, par conséquent, davantage pris en considération et, dans le même temps, mieux représentés. Elle se présente, en somme, comme un gage de légitimation supplémentaire de la représentation et, partant, d'effectivité de cette dernière.

démocratie locale, laquelle souffre de carences certaines[307]. Compte tenu de l'ampleur du sujet, une présentation exhaustive de l'institution apparaît néanmoins difficilement envisageable. Outre la question déjà évoquée des modalités d'élection des conseillers municipaux, un tel exercice impliquerait d'étudier, *a minima*, des problématiques aussi diverses et variées que l'organisation de l'assemblée délibérante communale, sa dissolution et sa réélection, le statut des conseillers municipaux, les réunions de l'assemblée et le régime des délibérations, les fonctions et les attributions de l'institution. Or, sans minimiser l'intérêt de ces différentes problématiques[308], celles des fonctions, de l'organisation et des attributions semblent les plus à même de révéler, au sens heuristique du terme, la qualité de rouage central de la démocratie locale que revêt l'assemblée délibérante communale espagnole. Car, il ne fait guère de doute que cette institution, eu égard d'une part à sa double fonction de délibération normative et de contrôle, d'autre part à son organisation et à ses attributions, se présente comme un organe au service (I) et adapté à la représentation du corps électoral (II).

I- Un organe de délibération et de contrôle au service de la représentation du corps électoral

Premier échelon territorial dans lequel les citoyens s'organisent en vue de la réalisation de leurs intérêts communs, la commune garantit principalement la concrétisation de cet objectif démocratique par le biais du conseil municipal. Ainsi que le prévoit l'article 122 de la LRBRL, *« l'assemblée délibérante communale, composée du maire et des conseilles municipaux, est l'organe de représentation politique maximum de citoyens au sein du gouvernement municipal »*. Combinant des modalités d'intervention purement administratives avec des moyens d'action proches de ceux d'un parlement national[309],

---

307 Voir, sur ce point, la contribution de Stéphane Manson.

308 Pour des études exhaustives de l'assemblée délibérante communale espagnole, le lecteur pourra utilement se référer à : D. LOPERENA ROTA, « El Pleno del Ayuntamiento », *Documentación administrativa*, 1991, n° 228, p. 81 ; O. SALAZAR BENÍTEZ, *El sistema de gobierno municipal*, Madrid, Centro de estudios políticos y constitucionales, Cuadernos y Debates n° 173, 2007, pp. 133-266.

309 En ce sens, v. D. LOPERENA ROTA, « El Pleno del Ayuntamiento », *op. cit.*, p. 85 ; L. PAREJO ALFONSO, *La potestad normativa local*, Barcelone, Marcial Pons, 1998, pp. 67-82.

cet organe de gouvernance, au titre de cette dimension représentative, se présente en effet tout à la fois comme un organe de délibération poursuivant une fonction normative (A) et un organe de contrôle politique de l'action des organes exécutifs municipaux (B). En cela, il se veut un rouage essentiel de la démocratie locale.

A- Une fonction de délibération normative

Portant sur des matières particulièrement vastes, la fonction de délibération normative du conseil municipal espagnol consiste, pour l'essentiel, à adopter, après discussion, les règlements et les ordonnances[310] dans les domaines qui relèvent du champ de compétence de la commune en vue de satisfaire aux obligations de service public, précédemment évoquées, qui incombent à cette dernière. Etant entendu que, d'un point de vue légal, les règlements intéressent, en principe, l'organisation et le fonctionnement interne de l'institution, tandis que les ordonnances renvoient aux actes de régulation de l'activité des administrés[311]. En toute hypothèse, ces deux catégories d'actes ont une valeur juridique identique et, s'agissant des ordonnances, une distinction est classiquement opérée entre les ordonnances intervenant en matière d'imposition et les ordonnances adoptées dans les autres matières et répondant à l'appellation d'ordonnances locales.

Trouvant à s'exercer à l'occasion des sessions du conseil municipal[312], une telle fonction, explicitement prévue par l'article 22-

---

[310] Cette compétence réglementaire des municipalités est expressément consacrée par l'article 4 de la loi du 2 avril 1985 et se trouve précisée par l'article 55 du royal décret du 18 avril 1986 aux termes duquel les *« entités locales, dans leur domaine de compétence, peuvent adopter des ordonnances et des règlements »* (Royal décret loi 781/1986 du 18 avril 1986 approuvant le texte refondu des dispositions légales en vigueur en matière de régime local, *B.O.E.* du 22 avril 1986).

[311] F. GARRIDO FALLA, *Tratato de derecho administrativo*, vol. I, 1994, 12ème éd., Tecnos, pp. 251-252.

[312] Susceptibles d'être définies comme la procédure par laquelle l'institution se réunie de façon démocratique devant les habitants en vue d'agir collégialement sur le terrain juridique (en ce sens, v. D. LOPERENA ROTA, « El Pleno del Ayuntamiento », *op. cit.*, p. 103), les sessions du conseil municipal espagnol peuvent être de trois types. Les sessions ordinaires, tout d'abord, dont la périodicité est préétablie avec toutefois un minimum légal exigé de une par mois dans les communes de plus de 20000 habitants, de une tous les deux mois pour les communes comptant entre 5001 et 20000 habitants et de une tous les trois mois dans

d) de la loi du 2 avril 1985, se révèle particulièrement respectueuse des grands principes démocratiques du point de vue de sa mise en œuvre[313]. Deux facteurs abondent en ce sens.

En premier lieu, l'exigence d'un nombre minimum de conseillers présents pour que l'assemblée puisse valablement siéger. Fixé à un tiers du nombre total des conseillers légalement élus, ce quorum, ni trop haut ni trop bas, favorise une juste conciliation entre deux exigences potentiellement antinomiques : éviter les risques de blocages institutionnels tout en préservant le principe de pluralisme politique et la qualité d'organe de représentation et de délibération de l'institution.

En second lieu, et surtout, le déroulement de la procédure d'adoption et de modification des actes réglementaires municipaux[314]. Soucieuse de respecter les principes de contradiction, de publicité et de pluralisme politique, cette procédure, qui se compose de quatre phases[315], garantit, au surplus, l'effectivité des prescriptions de l'article 23-1 de la Constitution relatif, on le rappelle, au droit pour les citoyens de participer aux affaires publiques. L'affirmation se vérifie dès l'approbation initiale par l'assemblée délibérante des ordonnances et des règlements. A l'occasion de ce premier stade de la procédure, les citoyens sont déjà invités à participer au processus normatif par le biais du dispositif de l'« initiative populaire » prévu par l'article 70.bis-2 de la LRBRL. Introduit par la réforme de modernisation du gouvernement local du 16 décembre 2003, ce dispositif permet aux habitants d'une commune qui jouissent du droit de suffrage dans le cadre des élections municipales de soumettre à la discussion et au vote

---

les communes de moins de 5000 habitants (article 46.2 de la LRBRL). Les sessions extraordinaires, ensuite, qui ont lieu lorsque le président ou un quart, au moins, du nombre légal des membres du conseil en sollicitent la tenue. Les sessions extraordinaires de caractère urgent, enfin, convoquées par le Maire lorsque l'urgence de la question traitée ne permet pas de convoquer la session extraordinaire avec un minimum de deux jours ouvrables (sur ces questions, v. O. SALAZAR BENÍTEZ, *El sistema de gobierno municipal*, *op. cit.*, pp. 254 et ss.).

313 *Ibid*, pp. 218-219.

314 Cette procédure d'adoption est prévue par l'article 49 de la LRBRL s'agissant des ordonnances. Elle est étendue à l'ensemble des actes réglementaires locaux par l'article 55 du royal décret loi 781/1986 précité.

315 Il s'agit, chronologiquement, de l'approbation initiale par le conseil municipal, de la consultation du public, de l'approbation définitive et de la publication de l'acte réglementaire (pour une étude détaillée de cette procédure, v. not. O. SALAZAR BENÍTEZ, *El sistema de gobierno municipal*, *op. cit.*, pp. 218-227).

du conseil municipal des projets d'actes réglementaires dans les matières qui relèvent du domaine de compétence de la commune. La recevabilité du projet étant conditionnée par la réunion d'un pourcentage minimum de signatures des habitants de la commune (20 % dans les communes de moins de 5000 habitants, 15 % dans celles de 5001 à 20 000 habitants et 10 % dans celles de plus de 20 001 habitants). Les habitants des communes espagnoles jouissent ainsi de l'initiative normative, plus précisément de l'initiative de l'initiative, au côté du maire et du conseil municipal.

Leur participation à la procédure d'adoption des actes réglementaires locaux ne s'arrête toutefois pas là. Ils sont également appelés à intervenir une fois la phase d'approbation initiale par l'assemblée délibérante achevée. A cette première étape fait effectivement suite un processus d'information publique des destinataires des ordonnances et des règlements initialement approuvés afin que ces derniers puissent présenter, durant un délai minimum de trente jours, des réclamations et des suggestions. A charge pour l'assemblée de les réceptionner, de les discuter et d'apporter d'éventuelles modifications aux actes réglementaires avant de procéder à leur approbation définitive[316]. Bien entendu, d'aucuns soulignent qu'une consultation *ex ante*, c'est-à-dire avant que le projet soit initialement approuvé, serait plus cohérente[317]. La procédure actuellement existante n'en consacre pas moins une véritable faculté pour les citoyens de participer aux affaires publiques, de nature à conférer un gage de légitimité supplémentaire aux décisions adoptées par l'assemblée délibérante qui ne peuvent s'en trouver que mieux acceptées. A plus forte raison que les sessions consacrées à l'adoption initiale et à l'adoption définitive des règlements et des ordonnances, à l'instar d'ailleurs de l'ensemble des sessions du conseil municipal, sont ouvertes au public[318]. L'assistance n'est certes pas autorisée à intervenir au cours des sessions, ni à manifester des signes d'approbation ou de désaccord. Reste que l'ouverture au public se

[316] Décision du Tribunal suprême du 23 juillet 1997.

[317] En ce sens, v. par ex. R. JIMÉNEZ ASENSIO, « Potestad normativa municipal y convivencia ciudadana », *Fundación Democracia y Gobierno Local e Institut de Dret Públic*, 2005, p. 44.

[318] A l'exception, toutefois, des débats et des votes portant sur des questions susceptibles d'affecter les droits fondamentaux des citoyens garantis par l'article 18.1 de la Constitution (droit à l'honneur, droit à l'intimité personnelle et familiale, droit à l'image).

présente comme un gage de transparence salutaire. En particulier lorsqu'il s'agit pour l'assemblée communale de se prononcer, d'une part sur les projets d'actes réglementaires qui trouvent leur origine dans une « initiative populaire », d'autre part sur les observations et les suggestions formulées par les destinataires des ordonnances et des règlements préalablement à leur adoption définitive. Adoption ne pouvant évidemment se faire qu'à la majorité ; majorité simple, c'est-à-dire par une majorité de votes positifs supérieure au total des votes négatifs, en règle générale, plus rarement à la majorité absolue, entendue comme l'exigence d'une majorité de votes positifs supérieure au nombre légal de conseillers municipaux.

Ainsi conçue dans une perspective de représentation, voire d'association, du corps électoral, la fonction de délibération normative du conseil municipal espagnol ne saurait, contrairement à certaines compétences de l'institution, être déléguée dans son exercice à d'autres organes de gouvernance de la commune[319]. Dans le cas contraire, la procédure d'élaboration des actes réglementaires municipaux perdrait d'emblée de son caractère démocratique. C'est d'ailleurs la raison pour laquelle le Tribunal suprême, dans sa décision du 11 juin 1997, n'a pas manqué de rappeler que l'adoption des résolutions portant création d'une norme juridique est une compétence exclusive de l'assemblée délibérante communale. Il en va de même de sa fonction de contrôle des organes exécutifs locaux.

B- Une fonction de contrôle des organes exécutifs municipaux

Peut-être plus encore que la fonction de délibération normative, la fonction de contrôle de l'action des organes exécutifs municipaux assumée par l'assemblée délibérante communale constitue une des pierres angulaires de la démocratie locale espagnole. Elle permet au conseil municipal d'exiger de l'exécutif de rendre compte de ses actions et d'assurer l'application efficace des politiques mises en œuvre. De façon plus spécifique, elle permet de garantir, à l'échelon local, la transparence des actions de l'exécutif, de le responsabiliser et de soutenir l'Etat de droit en dénonçant les éventuels abus de pouvoir,

[319] Sur cette question, v. J. AGUDO GONZÁLEZ, « La potestad normativa local », *Revista de Estudios Locales*, 2001, n° 44, p. 21.

les comportements arbitraires et illégaux et, *in fine*, les potentielles atteintes aux droits et libertés des citoyens.

Prévue par l'article 22.2.a) de la loi du 2 avril 1985, cette fonction de contrôle s'exerce vis-à-vis du maire, de la commission du gouvernement local et des conseillers délégués. A l'identique de la fonction de délibération normative, elle trouve à s'appliquer à l'occasion des sessions ordinaires et extraordinaires du conseil municipal. A cet égard, le Tribunal suprême a eu l'occasion d'affirmer que l'omission du président de convoquer la session ordinaire du conseil municipal porte atteinte au droit de participation consacré par l'article 23 de la Constitution et, ce faisant, à l'exercice de la fonction de contrôle et de surveillance des organes de gouvernance municipaux[320]. C'est dire l'importance accordée par le droit positif espagnol à l'activité de contrôle de l'assemblée délibérante communale.

Susceptible de prendre différentes formes, cette activité est rendue possible par la mise à disposition du conseil municipal de diverses prérogatives consacrées par l'article 97 du règlement sur l'organisation, le fonctionnement et le régime juridique des entités locales[321]. Parmi ces prérogatives, on songera notamment : au vote particulier et à l'amendement qui prennent la forme d'une proposition de modification d'un avis ou d'une proposition présentés par un conseiller[322] ; à la suggestion qui est une proposition d'agir dans un sens déterminé adressé, sous forme orale ou écrite, par un conseiller municipal à l'un des organes de gouvernance en vue qu'elle soit débattue à l'occasion de la session suivante ; aux questions orales et écrites posées aux organes de gouvernance lors des réunions de l'assemblée délibérante et dont l'utilisation se révèle globalement similaire au mécanisme des questions parlementaires.

A noter, par ailleurs, que la fonction de contrôle assumée par l'assemblée délibérante communale se poursuit lorsque celle-ci procède à l'adoption annuelle du budget de la municipalité pour

---

320 Décision du Tribunal suprême du 21 mai 1993.

321 Royal décret 2568/1986 du 28 novembre 1986 approuvant le règlement relatif à l'organisation, au fonctionnement et au régime juridique des entités locales, *B.O.E.* du 22 décembre 1986.

322 La distinction entre le vote particulier et l'amendement repose sur le fait que dans la première hypothèse le conseiller à l'origine de l'avis ou de la proposition appartient à la commission d'information tandis que dans la seconde hypothèse il n'appartient pas à ladite commission.

l'exercice budgétaire de l'année à venir. Au titre de cette compétence, le conseil municipal est effectivement conduit à exercer une surveillance étroite de l'activité politique de l'exécutif municipal, ne serait-ce qu'en ce qu'elle le conduit à vérifier que ce dernier s'est conformé au précédent exercice budgétaire et à déterminer les obligations qu'il devra remplir à l'occasion de l'exercice à venir.

Cela étant, la forme la plus poussée de l'activité de contrôle de l'assemblée délibérante réside indiscutablement dans l'engagement de la responsabilité politique du maire. Organisée par l'article 22-3 de la LRBRL, la mise en jeu de cette responsabilité peut se faire, de façon somme toute très classique, par le biais de deux dispositifs : la motion de censure et la question de confiance.

S'agissant, en premier lieu, de la motion de censure, celle-ci doit être proposée par écrit à la majorité absolue du nombre légal de conseillers municipaux et prévoir, parmi ces derniers, un candidat aux fonctions de maire[323]. A l'occasion de la session prévue à cet effet, l'assemblée délibérante donne lecture de la motion, offre la parole au maire, au candidat aux fonctions de maire et aux porte-parole des groupes municipaux, puis soumet la motion de censure aux votes. Si la motion recueille un vote favorable de la majorité absolue du nombre de conseillers qui composent légalement l'assemblée délibérante, alors le maire est destitué et le conseiller candidat proclamé maire.

S'agissant, en second lieu, de la question de confiance, celle-ci est présentée par le maire devant l'assemblée délibérante au sujet de l'approbation ou de la modification d'un acte juridique portant sur des sujets tels que le budget annuel, le règlement organique, ou encore les ordonnances fiscales. Le maire ne peut présenter plus d'une question de confiance par an et plus de deux questions de confiance au cours de la durée totale de son mandat. Pour qu'une question de confiance soit posée, il est, par ailleurs, nécessaire que le projet sur lequel elle porte ait été préalablement débattu au sein de l'assemblée délibérante et qu'il n'ait pas obtenu la majorité nécessaire à son approbation. Dans l'hypothèse où la question de confiance n'obtient pas le nombre nécessaire de vote favorable pour l'adoption du projet, le maire est destitué, mais demeure dans ses fonctions jusqu'à l'élection de son successeur. L'élection de ce dernier doit avoir lieu dans le cadre d'une

[323] Etant entendu qu'un conseiller ne peut signer qu'une seule motion de censure durant l'exercice de son mandat.

session plénière se réunissant le dixième jour ouvrable suivant la destitution du maire.

Organe de délibération normative et de contrôle au service de la représentation du corps électoral, le conseil municipal espagnol se présente, au regard de cette double activité, comme un organe central de la démocratie locale. Or, son organisation et ses attributions se révèlent adaptées à la mise en œuvre de cette fonction de représentation du corps électoral.

II- Une organisation et des attributions adaptées à la représentation du corps électoral.

Soucieux de garantir l'effectivité des valeurs constitutionnelles de l'Etat de droit et de la démocratie à l'échelon local, le législateur espagnol ne s'est pas contenté de mettre en place, au sein des organes de gouvernance municipaux, une structure au service de la représentation du corps électoral. Il a plus largement conçu celle-ci de façon à ce qu'elle soit concrètement en mesure de satisfaire à une telle exigence de représentation. A tel point d'ailleurs que, dans le souci de prendre en considération les spécificités locales, le législateur est intervenu en 2003 afin d'introduire au sein de la LRBRL un titre X nouveau aménageant un régime particulier pour l'assemblée délibérante des communes de grande population. De cette volonté de concevoir une structure adaptée à la représentation des citoyens, il s'ensuit que l'assemblée délibérante communale espagnole présente une organisation de type parlementaire (A) et des attributions venant s'inscrire en soutien de ses fonctions de délibération normative et de contrôle (B).

A- Une organisation de type parlementaire.

D'un point de vue organisationnel, l'assemblée délibérante communale présente une nature quasi parlementaire[324] ce qui révèle, à n'en pas douter, la volonté du législateur de dessiner une structure emprunte d'un fonctionnement démocratique adapté à ses fonctions de

[324] Sur ce point, v. O. SALAZAR BENÍTEZ, *El sistema de gobierno municipal*, *op. cit.*, p. 175.

délibération normative et de contrôle et, par là même, de représentation du corps électoral. Cette dimension parlementaire, qui transparaît notamment au regard de l'organisation du travail du conseil municipal sous forme de session, n'a cessé d'être renforcée au fur et à mesure des réformes successives de la LRBRL, à tel point que certains auteurs n'hésitent pas à parler de parlementarisation croissante de l'institution[325], mouvement de parlementarisation qui se manifeste à plusieurs égards.

En témoigne, en premier lieu, l'institutionnalisation des groupes politiques au sein de l'assemblée délibérante par la loi du 21 avril 1999[326]. Cette réforme législative a effectivement introduit un article 73.3 nouveau au sein de la loi du 2 avril 1985 aux termes duquel *« les membres des assemblées délibérantes locales se constitueront en groupes politiques »* en vue d'exercer conjointement les droits et les devoirs attachés à leur fonction. Certes, on admettra avec Enrique Belda que dans la mesure où la méconnaissance de cette prescription n'est assortie d'aucune sanction, l'appartenance des conseillers municipaux à un groupe ne devient obligatoire qu'à partir du moment où la législation de la communauté autonome ou le règlement interne de l'assemblée délibérante en dispose ainsi[327]. Il n'en demeure pas moins que la seule consécration législative des groupes politiques à l'échelon local renvoie de l'assemblée délibérante communale l'image d'une structure proche de celle d'un parlement national. Car, il n'est pas sans savoir que l'une des caractéristiques du parlementarisme moderne réside dans la substitution progressive des groupes politiques à la représentation individuelle[328] dans une perspective de gain d'efficacité du travail parlementaire et, ce faisant, de meilleure représentation du corps électoral. A plus forte raison

---

[325] *Ibid*, pp. 174 et ss.

[326] Loi 11/1999 du 21 avril 1999 portant modification de la loi 7/1985, du 2 avril, de régulation des bases du régime local et autres mesures pour le développement du gouvernement local en matière de trafic, de circulation des véhicules à moteur, de sécurité routière et en matière d'eau, *B.O.E.* du 22 avril 1999.

[327] E. Belda, *Los representantes locales en España*, Madrid, CEPC, 2000, p. 444.

[328] Pour une approche générale de la question, v. D. Connil, *Les groupes parlementaires en France*, Paris, L.G.D.J., 2016 ; J.L. García Guerrero, *Democracia representativa de partidos y grupos parlamentarios*, Congreso de los Diputados, Madrid, 1996 ; L. Rebollo Delgado, « Los grupos parlamentarios en el derecho comparado : su configuración y su participación en la actividad palamentaria », *Cuadernos constitucionales de la Cátedra Fadrique Furió i Ceriol*, 1998, n° 24, p. 71.

lorsque les groupes de l'opposition, ainsi que le prévoit le droit local espagnol, se voient reconnaître depuis 1999 un véritable statut[329].

En atteste, en second lieu, l'article 20.1.c de la LRBRL, tel que modifié par la loi du 21 avril 1999 précitée. Cette disposition prévoit en effet l'existence au sein de l'assemblée délibérante communale d'organes revêtant une double fonction, d'une part d'étude, d'information et de consultation sur des questions devant être soumises à la décision de l'assemblée, d'autre part de suivi et de contrôle de l'activité du maire, de la commission du gouvernement local et des conseillers à la tête de délégations. Ces organes sont obligatoires dans les communes de plus de 5000 habitants, mais peuvent également être mis en place dans les communes de petite taille lorsque le règlement organique le prévoit ou avec l'accord du conseil municipal. Similaires au modèle des commissions des assemblées législatives nationales, ils se révèlent, eu égard à leur rôle d'information et de surveillance, de précieux outils de soutien de l'assemblée délibérante communale dans le cadre de ses fonctions de délibération normative et de contrôle de l'action des organes de l'exécutif. Ici également, la présence, en leur sein, de conseillers issus de l'ensemble des groupes politiques siégeant au conseil municipal[330] laisse entrevoir un organe quasi-parlementaire dans l'assemblée délibérante.

Et l'affirmation est d'autant plus avérée s'agissant des communes de grande population où la réforme législative du 16 décembre 2003 est venue accentuer, un peu plus encore, le mouvement de parlementarisation de l'assemblée délibérante communale[331]. Trois facteurs permettent d'illustrer le propos.

Le fait, tout d'abord, que l'assemblée communale soit habilitée, au titre de l'article 122.3 de la LRBRL, à se doter de son propre

[329] Sur ce point, v. *infra*, p. 14.

[330] L'article 20.1.c) de la LRBRL reconnaît en effet le droit pour tous les groupes politiques d'être représentés au sein des commissions par le biais de conseillers nommés proportionnellement à la répartition des sièges au sein de l'assemblée délibérante.

[331] Par communes de grande population, il faut entendre, on le rappelle, les communes de plus de 250 000 habitants, les communes capitales de provinces de plus de 175 000 habitants, les communes capitales de communauté autonome ou sièges des institutions autonomiques, les communes de plus de 75 000 habitants qui présentent des spécificités économiques, sociales, historiques ou culturelles.

règlement en vue de fixer les règles gouvernant à son fonctionnement interne.

La faculté donnée au maire, ensuite, de déléguer la présidence de l'assemblée délibérante à l'un des conseillers. Bien qu'elle soit laissée à la libre appréciation du maire du point de vue de sa mise en œuvre, une telle faculté révèle une volonté de séparation entre l'organe de contrôle et l'organe contrôlé similaire à ce qui existe dans le cadre d'un régime parlementaire.

La possibilité pour l'assemblée délibérante, enfin, de mettre en place, au côté des commissions d'information et de contrôle déjà évoquées, des commissions en charge de la suppléer dans l'exercice de ses prérogatives (art. 124.4.c de la LRBRL). Offrant la possibilité au conseil municipal de déléguer certaines compétences qui sont les siennes[332], l'existence de ces commissions n'était à l'origine prévue que pour les villes de Madrid et de Barcelone (Sixième disposition additionnelle de la LRBRL). Elle a finalement été étendue à l'ensemble des villes de grande population par la loi du 16 décembre 2003.

Forte d'une organisation de type parlementaire, l'assemblée délibérante communale compte également sur des attributions adaptées à ses fonctions normatives et de contrôle et, partant, à la représentation du corps électoral.

B- Des attributions en soutien des fonctions normatives et de contrôle.

De plusieurs ordres, bon nombre des attributions institutionnelles mises à la disposition de l'assemblée délibérante communale n'intéressent pas directement son rôle d'organe de représentation des citoyens. Il en va notamment ainsi de ses compétences en matière d'action administrative et judiciaire, d'opérations de crédit, de passation des contrats et de délivrance des concessions, ou encore d'acquisition et de cession de biens. A cet endroit, il convient de souligner la faculté qui est la sienne de déléguer l'exercice de telles compétences à la commission du gouvernement local et au maire afin

---

[332] Ne peuvent être déléguées les attributions prévues par les paragraphes 2 et 3 de l'article 47 de la loi de régulations des bases du régime local et celles prévues par le paragraphe 3 de l'article 22 de cette même loi.

de se concentrer sur ses activités de délibération normative et de contrôle[333] qui ne peuvent être déléguées, et, ce faisant, assurer plus efficacement sa fonction de représentation du corps électoral.

A l'inverse, certaines des attributions de l'assemblée délibérante communale se révèlent déterminantes du point de vue de la mise en œuvre de cette fonction de représentation dans la mesure où elles s'inscrivent en soutien de ses activités de délibération normative et de contrôle.

S'agissant de son activité de délibération normative, c'est par exemple le cas de la possibilité donnée aux conseillers municipaux, par l'article 71 de la LRBRL, d'autoriser à la majorité absolue le maire de soumettre à la consultation populaire les questions relevant de la compétence de la commune et qui présentent une importance particulière pour les intérêts des citoyens. Par le biais d'une telle prérogative, qui exclue les questions relatives aux finances publiques locales, l'assemblée délibérante dispose de l'opportunité de pondérer le choix des politiques mises en œuvre au titre de ses compétences communales au moyen d'une participation directe des citoyens à la prise de décision. Il s'agit, en somme, de compléter ou de corriger partiellement le processus décisionnaire habituel dans le but de garantir une meilleure représentativité[334].

De même, le droit à l'information dont jouissent les conseillers communaux se révèle déterminant du point de vue de l'effectivité de leur activité de contrôle des organes de l'exécutif municipaux[335]. Un tel droit, ainsi que l'a rappelé le Tribunal constitutionnel à plusieurs reprises, fait partie intégrante des prérogatives des représentants dans l'exercice de leurs fonctions[336]. Il se présente, selon les termes mêmes de la jurisprudence du Tribunal suprême, comme le préalable nécessaire au fonctionnement démocratique des assemblées délibérantes communales et à l'effectivité du droit fondamental des

---

[333] Cette faculté est prévue par l'article 22.4 de la LRBRL.

[334] Sur ce point, v. J. BARATA I MIR, *Los actos de gobierno en el ámbito municipal*, Madrid, Tecnos, 1999, p. 195.

[335] Pour une approche approfondie de cette question, v. entre autres : S. FERNÁNDEZ RAMOS, *Los consejales y el acceso a la información. El derecho de los conselajes de acceso a la documentación local*, Comares, Granada, 2001 ; O. SALAZAR BENÍTEZ, *El sistema de gobierno municipal*, *op. cit.*, pp. 227-240.

[336] En ce sens, v. : STC 161/88 du 20 septembre 1988, *B.O.E.* du 14 octobre 1988 ; STC 181/89 du 3 novembre 1989, *B.O.E.* du 4 décembre 1989 ; STC 15/92 du 10 février 1992, *B.O.E.* du 3 mars 1992.

citoyens de participer aux affaires publiques. Au Tribunal d'ajouter que l'accès du conseil municipal à une information adéquate est indispensable en vue du correct accomplissement de ses fonctions de délibération, de votation, de contrôle et de surveillance[337]. C'est dans cette perspective que l'article 77 de la LRBRL reconnaît aux conseillers municipaux le droit d'obtenir les données et les informations détenues par les services de la municipalité en vue d'exercer leurs fonctions. Etant entendu que le droit ainsi consacré se trouve précisé par les articles 15 et 14.1 du règlement sur l'organisation, le fonctionnement et le régime juridique des entités locales qui opère une distinction entre les documents en libre accès et les documents nécessitant une sollicitation préalable du maire[338].

De façon plus spécifique, se doit d'être mentionnée la reconnaissance par la loi du 21 avril 1999, de façon certes disparate, mais explicite, d'un authentique *« statut de l'opposition »*[339], se traduisant notamment par la mise en place de dispositifs venant renforcer les moyens d'accès des groupes minoritaires à l'information ainsi que leur association aux fonctions de délibération normative et de contrôle. La reconnaissance d'un tel statut permet notamment aux groupes politiques minoritaires de bénéficier de droits équivalents à ceux de la majorité et, ainsi, jouer pleinement leur rôle de contrôle de l'action de l'exécutif. Parmi ces droits, on songera, entre autres, à la faculté de s'auto-organiser, au droit de se voir allouer un financement en vue de leur fonctionnement (art. 73.3 LRBRL), à la possibilité de désigner des représentants dans les commissions d'information et de contrôle, dans la commission spéciale des comptes et dans les organes complémentaires, au droit de soumettre en urgence à l'assemblée délibérante une question non inscrite à l'ordre du jour, en particulier une motion de censure et, plus largement, de recourir aux différents dispositifs de contrôle de l'action de l'exécutif (art. 91.4, 97.6 et 7 du règlement précité sur l'organisation, le fonctionnement et le régime juridique des entités locales).

Au terme de cette présentation générale de l'assemblée délibérante communale espagnole, il semble possible d'affirmer que le constituant

---

[337] Décision du Tribunal suprême du 9 décembre 1995.

[338] Royal décret 2568/1986 du 28 novembre 1986, *op. cit.*

[339] J.M. RODRÍGUEZ ALVAREZ, *La reforma del régimen local de 1999*, Bayer, Barcelone, 1999, p. 73.

et le législateur ont entendu dessiner une structure quasi parlementaire dont les fonctions, l'organisation et les attributions en font un organe au service et adapté à la représentation du corps électoral. En cela, l'assemblée délibérante communale peut être considérée comme un rouage central de la démocratie locale espagnole. A plus forte raison que cette institution, étroitement lié à la conception espagnole de la division verticale du pouvoir, laquelle entend reproduire le système national de représentation parlementaire au niveau des différents échelons territoriaux, se révèle globalement appréciée des citoyens. Contrairement aux autres institutions politiques espagnoles, dont les Cortès générales, l'assemblée délibérante communale récolte en effet la confiance de l'opinion publique. Or, un tel constat invite indéniablement à nuancer la crise de la démocratie représentative et, peut-être plus encore, les facteurs qui en sont à l'origine. En ce sens que, en Espagne, une telle crise demeure somme toute très relative à l'échelon local et ce alors même que l'assemblée délibérante communale présente un mode de fonctionnement globalement similaire à celui d'un parlement national. Aussi peut-on légitimement avancer l'idée selon laquelle la crise de la démocratie représentative résulterait peut être davantage de la distance entre le corps électoral et ses représentants nationaux ainsi que de la relative incapacité de ces derniers à associer les citoyens à la prise de décision que d'un dysfonctionnement strictement institutionnel de nos systèmes de représentation parlementaire.

La commune française du XXIe siècle au défi de la démocratie de participation

Stéphane Manson
Professeur à l'Université de Versailles Saint-Quentin-en-Yvelines, ancien élu local

Aux antipodes du lyrisme unanime dont elle est fréquemment l'objet, la démocratie locale de participation[340] suscite, pour le juriste qui se risque à y consacrer quelques réflexions, un embarras profond. En effet, l'étude de ce concept ouvre immédiatement sur une difficulté, puis sur un paradoxe.

La difficulté est redoutable, car elle est à « double détente ». En supposant qu'il ait préalablement résolu la question de l'appréhension de la démocratie par le droit[341], et plus encore par le droit administratif, applicable - en France- à la sphère locale[342], le juriste se heurtera, dans un second temps, à la triple indétermination du concept de démocratie participative.

Tout d'abord, l'indétermination concerne les techniques de la démocratie locale participative. Certes, le concept peut être approché par son aspect procédural, comme la juxtaposition de techniques permettant aux citoyens, voire aux habitants, de participer -en dehors des processus électoraux - à l'élaboration des décisions publiques qui

---

[340] Dont on bornera ici le périmètre à la commune.

[341] V. D. ROUSSEAU : « La démocratie continue, un contresens qui fait sens » *in* A. Viala (dir.) : *La démocratie, mais qu'en disent les juristes ? Forces et faiblesses de la rationalité juridique,* LGDJ, Coll. « Les grands colloques », 2014, p. 7.

[342] Parmi une abondante littérature, V. not. A. MESTRE : « La démocratie administrative » *in* Mélanges offerts à P. Couzinet. Université des sciences sociales de Toulouse. 1974. p. 561 ; J-B. AUBY : « Droit administratif et démocratie », Dr. Adm. n° 2, Févr., 2006, Etude 3 ; J. CAILLOSSE : *Les mises en scène juridiques de la décentralisation,* LGDJ, Coll. « Droit et société », 2009, p. 177 ; J. CHEVALLIER : « De l'administration démocratique à la démocratie administrative », RFAP, 2011/1, n° 137-138. p. 217, et B. FAURE : « Les deux conceptions de la démocratie administrative », RFDA, 2013, p. 709.

les concernent. Toutefois, lesdites techniques sont hétérogènes et se montrent rétives à la synthèse. Elles s'apparentent à des processus (consultation des électeurs, référendum, droit de pétition, budgets participatifs) aussi bien qu'à des institutions (conseil de quartier, commissions consultatives, comité consultatif des services publics locaux, jurys de citoyens) qui sont parfois envisagés par le droit ou sont spontanément issus de la pratique et de l'expérience.

Ensuite, l'indétermination est relative aux participants[343] : au-delà de « l'habitant moyen », dont le portrait-robot est toujours sujet à discussion, une question fondamentale surgit : qui est, ou qui doit-être le participant de la démocratie locale participative ? L'électeur, le citoyen, l'administré, le contribuable, l'usager des services locaux, l'habitant de la commune, du quartier, le citoyen organisé et/ou impliqué dans la vie locale, un échantillon représentatif des habitants ?

Enfin, l'indétermination se rapporte à l'intensité et aux effets attendus de la démocratie locale de participation. Le concept semble postuler l'information ainsi que la participation du peuple à l'administration de la commune. Mais s'agit-il pour les citoyens d'une invitation à informer l'autorité publique, à être consultés, à intégrer un processus de conciliation, de codécision voire de délégation de décision [344] ?

L'indétermination est si prononcée qu'elle verse dans la confusion avec des concepts apparemment proches, mais tout aussi fuyants. Ainsi, la démocratie participative n'est pas assimilable à la démocratie délibérative, même si les deux concepts sont partiellement imbriqués l'un dans l'autre[345]. Elle ne se confond pas non plus avec la gouvernance[346], la démocratie de proximité[347] (même si, ici encore, les

---

[343] M-H. BACQUÉ, H. REY, Y. SINTOMER : *Gestion de proximité et démocratie participative. Une perspective comparative.* La découverte. Coll « Recherches ». 2006. Introduction.

[344] V. l'échelle de participation, établie par S. ARNSTEIN : « *A ladder of citizen participation* ». Journal of the american institute of planners, vol. 35, n° 4, 1969, p. 216.

[345] V. J-B. AUBY : « Quelques observations sur l'administration délibérative », EDCE n° 62. *Consulter autrement, participer efficacement.* La Documentation française. 2011. p. 185 et J. CHEVALLIER : « Délibération et participation », *op. cit.* p. 195.

[346] P. ROSANVALLON : *Le bon gouvernement.* Seuil. Coll. « Les livres du nouveau monde ». 2015. p. 183.

[347] V. G. J. GUGLIELMI et J. MARTIN (dir) : *La démocratie de proximité. Bilan et perspective de la loi du 27 février 2002 dix ans après.* Berger-Levrault. 2013.

concepts s'entrecroisent), l'*empowerment*[348] ou encore la « régulation intelligente »[349].

Ce rapide tour d'horizon est dominé par un épais brouillard conceptuel. Les idées et concepts qui gravitent autour de la démocratie locale de participation sont impressionnistes, voire peut-être « mous » ; ils ne cessent de se dérober à l'analyse. Ils figurent un « conglomérat conceptuel »[350], voire « de grands principes qui se retournent comme un gant »[351] et consacrent, par cette débauche d'épithètes, de superlatifs et de néologismes, un nuisible « gaspillage conceptuel de la démocratie »[352].

A défaut de définition, l'analyse n'a donc d'autre choix que d'amorcer un repli vers une simple « approche » de la démocratie locale participative[353]. L'appréhension dualiste de la démocratie de participation, considérée en opposition par rapport à la démocratie de représentation est trompeuse. Elle laisse entendre que la première serait l'exacte symétrie de la seconde, voire une alternative à celle-ci. Or, de toute évidence, tel n'est pas le cas. La conception procédurale de la démocratie participative est, en revanche, source d'une plus grande clarté. Elle s'apparente à l'idée plus générale selon laquelle la légitimité d'une décision ne dépend plus seulement de la nature de l'autorité qui la prend, mais aussi de la manière dont elle est prise et de la procédure dans laquelle elle s'inscrit[354]. Dans cette perspective, la démocratie locale participative est constituée par un ensemble de correctifs apportés au système représentatif, par l'association des populations aux procédures décisionnelles. Elle est aussi, plus

---

[348] M-H. BACQUÉ, C. BIEWENER : *L'empowerment, une pratique émancipatrice ?* La Découverte. Poche. Coll. « Sciences humaines et sociales ». 2015.
[349] P. BON : « L'association du public aux décisions prises par l'administration ». RFDA 2016. p. 27.
[350] L. BLONDIAUX : *Le nouvel esprit de la démocratie.* Seuil. Coll. « La République des idées ». 2008. p 37.
[351] B. FAURE, *loc. cit.*
[352] B. FAURE : « L'apport des conseils de quartier à la démocratie municipale » *in* G.J. GUGLIELMI et J. MARTIN (dir), *op. cit. p . 69.*
[353] Des tentatives de conceptualisation existent. Elles proviennent initialement de la doctrine politiste et sociologique anglo-américaine : C. PATEMAN : *Participation and democratic theory.* Cambridge University Press. 1970 ; C.B. MACPHERSON : *Progrès et limites de la démocratie libérale.* La Découverte. 1985.
[354] B. MANIN : « Volonté générale ou délibération : esquisse d'une théorie de la délibération politique ». Le débat n° 33. Janvier 1985. p. 72.

largement, un processus d'implication et d'intéressement des citoyens aux affaires communales[355].

Outre la difficulté redoutable qui vient d'être évoquée, l'étude de la démocratie communale de participation doit également faire face à un paradoxe.

D'un côté, l'euphorie, la profusion, le consensus, l'enchantement sont perceptibles au premier coup d'œil. Ces sentiments enflammés ressortirent de l'ordre du discours[356] ; du discours politique évidemment, dans lequel l'encensement de la démocratie participative compose le refrain obligé de toute campagne municipale ; dans lequel, après les élections, se dessine la figure du maire (et de son adjoint délégué à « la démocratie locale ») réceptif à « l'expertise citoyenne », en phase avec « le terrain », à « l'écoute » des habitants. Le discours doctrinal n'est pas en reste. Il apparaît aujourd'hui luxuriant – et souvent très exalté – dans la littérature politiste, sociologique, historique ou philosophique. Le discours de l'ordre juridique met une ultime touche à ce tableau jubilatoire. Annoncés dès l'article premier de la loi n° 82-213 du 2 mars 1982[357], les dispositifs juridiques de démocratie participative spécifiquement applicable aux collectivités territoriales se sont essentiellement déployées entre 1992 et 2003. Ils forment aujourd'hui un ensemble d'une forte densité, complété depuis par des mécanismes plus spécifiques, issus du droit de l'environnement, du droit de l'urbanisme et de l'aménagement ou de la politique de la ville. Ce véritable arsenal vient – nous dit-on-consacrer ou compléter des pratiques inventives, nées spontanément dans l'espace communal, présenté comme la « cellule de base » de la démocratie. L'enchantement est alors à son comble.

D'un autre côté, le discours détonne avec la relative inertie, voire les blocages qui caractérisent – non pas toutes –, mais de trop nombreuses pratiques participatives institutionnalisées par le droit. Même si la synthèse est nécessairement délicate, voire aventureuse, au regard de l'infinie complexité du paysage communal français, l'observation des usages du droit tend, malgré tout, à montrer que les

---

[355] V. P. ROSANVALLON, *Le Monde* du 4 mai 2009.

[356] V. AUDE ZARADNY : « La démocratie de proximité, un concept politique » *in* G. GUGLIELMI et J. MARTIN (dir), *op. cit.* p. 57.

[357] « (…) Des lois détermineront (…) le développement de la participation des citoyens à la vie locale ».

pratiques de démocratie locale participative sont aujourd'hui totalement marginales.

Si l'on souhaite, dans un registre prospectif autant que prescriptif – puisque la projection vers ce qu'il reste du XXIe siècle y invite-, que la commune française relève avec succès le défi de la démocratie de participation, alors il convient sans doute de renverser le paradoxe et de le prendre à rebours : pour mieux réactiver les pratiques (II) il est probablement nécessaire de désenchanter le concept (I).

I- Désenchanter le concept

La participation enchante parce qu'elle n'est pas qu'une mécanique assemblée par le droit. Elle est aussi une construction imaginaire qui conduit le concept à une surdétermination de ses virtualités et qui assigne aux dispositifs juridiques sensés le servir des finalités idéales, parfaitement chimériques.

Un regard réaliste conduit à l'effondrement du mythe sur ses deux piliers : la participation produit avant tout de la frustration (A). De surcroît, loin de se poser en alternative à la représentation, elle en est, au contraire, consubstantiellement inséparable (B).

A- La participation, du mythe à la réalité

Le mythe participatif mobilise un récit (1) sévèrement démenti par une analyse lucide (2).

1- Le mythe participatif

La prospérité du concept de participation est redevable du décor mythique dans lequel il s'est construit. Il existe en effet un véritable mythe participatif, entendu comme la figuration d'un modèle parfait, mis en lumière par un récit enchanté.

Le décor, au sein duquel se déroule la mise en scène de la participation, mobilise – pour résumer – trois éléments, assez hétéroclites au demeurant.

D'une part, il sollicite l'idéalisation du local[358] ; une idéalisation de l'Athènes du siècle de Périclès, des Cités-Etats italiennes du Moyen-Âge[359], de la communauté d'habitants, de l'*universitas,* du canton suisse ou bien encore, celle de l'esprit communal de la Nouvelle-Angleterre puis de l'Amérique du XIXe siècle, tel que Tocqueville le dépeint en 1835[360]. Chacune de ces images montre la commune telle une légende, comme lieu idéal d'épanouissement de la participation de chacun aux affaires de tous, comme lieu naturel de construction et d'apprentissage de la citoyenneté. Des circuits décisionnels très courts, des enjeux collectifs immédiatement compréhensibles (ancrés dans le concret de la quotidienneté), ainsi que l'interconnaissance sociale favorisée par la proximité alimentent, depuis, le fantasme d'un tropisme communal pour la participation, et plus largement, pour la démocratie[361]. La démocratie directe, généralement présentée comme étalon de la *véritable* démocratie[362], serait ici en son royaume. Le peuple – local – réuni dans sa quasi-totalité, au même instant, en une unique assemblée, pourrait alors délibérer autant que décider pour le bien de la Cité. Ce tableau idéal de l'Agora locale trouve d'ailleurs, dans l'histoire moderne, quelques illustrations topiques, notamment avec la transposition en Nouvelle Angleterre – au XVIIe siècle- du *folkmoot* anglais, sur le fondement duquel seront institués, au siècle suivant, les *town meetings*[363], assemblées populaires communales. La Commune de Paris figure, elle aussi, au nombre des souvenirs les plus illustres de l'imagerie démocratique et participative. Les pratiques actuelles de la *landsgemeinde* dans deux cantons suisses (Glaris et Appenzell), ou bien encore les mécanismes de démocratie semi-directe aujourd'hui en vigueur dans certains Etats fédérés des Etats-Unis d'Amérique, contribuent à renforcer ce tropisme communal mythique.

---

[358] V. not. P. ROSANVALLON : *La légitimité démocratique. Impartialité, réflexivité, proximité.* Seuil. 2008. p. 343 s.

[359] V. P. BOUCHERON : *Conjurer la peur. Sienne 1338. Essai sur la force politique des images.* Seuil. 2013.

[360] A. de TOCQUEVILLE : *De la démocratie en Amérique.* Partie 1. 1835. Chap.V.

[361] V. M. PAOLETTI : *La démocratie locale et le référendum.* L'Harmattan. Coll. « Logiques juridiques ». 1997.

[362] V. D. ROUSSEAU : *Radicaliser la démocratie. Propositions pour une refondation.* Seuil. 2015. p. 34 s. V. également J-M. DENQUIN : « Démocratie participative et démocratie semi-directe ». Les cahiers du Conseil constitutionnel n° 23. 2008. p. 95.

[363] Pour l'exemple du Vermont, v. F.M. BRYAN : *Real democracy : the New England town meeting and how it works.* The University of Chicago press. 2004.

D'autre part, le mythe participatif se nourrit également de fortes réminiscences autogestionnaires. La généalogie des théories de l'autogestion apparaît des plus complexes[364]. Deux points communs les unissent. D'une part, ces théories plongent leurs racines dans les réflexions relatives au mouvement ouvrier. D'autre part, des travaux de Marx aux théories associationnistes de Proudhon, des thèses anarcho-syndicalistes au titisme yougoslave, ces approches théoriques manifestent une absolue défiance à l'égard de toute forme de délégation ou d'élection (« *élection piège à con* »). Dès la fin des années 1960, la gauche française non communiste s'empare de la thématique autogestionnaire, considérant qu'un groupe humain disponible et homogène, de dimension limitée, est très probablement en capacité de s'autogérer[365]. Dès 1972, le programme politique du Parti socialiste (« Changer la vie ») inclut un chapitre substantiel dédié à l'autogestion, dont la mise en œuvre expérimentale a déjà - marginalement - commencé à la faveur des mouvements de « luttes urbaines » de la fin des années 1960. L'opposition aux opérations de rénovation urbaine par les « groupes d'action municipale » ou les « ateliers publics d'urbanisme » circonscrit clairement l'utopie autogestionnaire dans les limites de la commune et du quartier. Le programme politique qui annonce le succès du Parti socialiste aux élections municipales de 1977 (« Citoyen dans sa commune ») en renvoie d'ailleurs un écho très explicite. Il y est prévu que les projets de conseils de quartier, de collectifs d'usagers, de conseils de jeunes et de résidents étrangers participeront à (re)politiser l'espace public local et à opposer au pouvoir dominant une forme de contre-pouvoir des populations dominées[366]. Au-delà de quelques expériences emblématiques, cette relecture du socialisme municipal tend à une forme d'épuisement à compter du début des années 1980, notamment parce que le présupposé d'une population mobilisée, impliquée, responsable et réactive est déjà démenti par les faits. La conséquence est double. D'une part, l'autogestion fait un retour vers le monde du travail, où elle dessine l'une des figures possibles de la démocratie

---

[364] M. HATZFELD : « De l'autogestion à la démocratie participative » *in* M-H. BACQUÉ et Y. SINTOMER (dir.) : *La démocratie participative, histoire et généalogie.* La découverte. Coll. « recherches ». 2011. p. 51.
[365] V. P. ROSANVALLON : *Le bon gouvernement. op. cit.* p. 200, et du même auteur : *L'âge de l'autogestion.* Poche. Coll. « Points. Politique ». 1976.
[366] R. LEFEBVRE : « Retour sur les années 1970. Le Parti socialiste, l'autogestion et la démocratie locale » *in* M-H. BACQUÉ et Y. SINTOMER (dir.), *op. cit.* p. 65.

sociale[367]. D'autre part, la théorie autogestionnaire quitte progressivement le champ de la démocratie locale, en léguant toutefois une part importante de son héritage à la thématique participative, qui lui succède. Témoigne notamment de cette filiation, l'évocation récurrente, dans le discours participatif, du modèle de Porto Alegre, comme « Terre promise » de la démocratie de participation.

Au-delà de l'idéalisation du local et de l'héritage autogestionnaire, le mythe participatif est enfin conforté par un présupposé déjà évoqué : une demande, voire une très forte attente sociale de participation. La seule référence à l'histoire du référendum communal, qui - en France- est celle de sa prohibition par l'Etat[368], laisse supposer l'existence d'une irrépressible propension des populations locales à la participation aux affaires locales. La même signification est fréquemment conférée à la volonté de « faire de la politique autrement » voire à « la fatigue démocratique » qui conduisent certains citoyens à s'organiser en mouvements revendicatifs ou en partis politiques spontanés[369] : l'apparition des « Indignés » de la *Puerta del Sol*, des « *Aganaktismeni* » de la Place *Syntagma*, des « Nuit debout » de la Place de la République, ou encore des « Mouvements pirates » suédois et islandais incarnerait, parmi tant d'autres, les symptômes de cette exigence populaire.

2- La frustration participative

Le mythe participatif n'est pas dépourvu d'utilité. Il dit beaucoup, en contrechamp, du système représentatif – qui est lui aussi une construction de l'esprit -, de ses insuffisances et peut-être, de son obsolescence. La mise en rapport de ces deux conceptions, dans lesquelles le peuple est tantôt objet, tantôt sujet, est virtuellement fertile.

---

367 Les théories économiques de la participation des travailleurs à l'entreprise, portées par le christianisme social et les gaullistes de gauche, n'ont pas été sans influence sur l'émergence des thématiques participatives dans la sphère locale (V. not. le rapport d'O. GUICHARD, *Vivre ensemble,* 1976).

368 V. CE, 7 avril 1905, *Commune d'Aigre,* D. 1907. III. 15 et CE, 15 janvier 1909, *Commune de Brugens*, D. 1910. III. 97.

369 E. LEWIS et R. SLITINE : *Le coup d'Etat citoyen.* La découverte. 2016.

Toutefois, le mythe ne peut-être considéré au-delà de ce qu'il est. La surdétermination du concept de participation nuit à sa crédibilité autant qu'à sa « faisabilité », au point que lorsqu'il est immergé dans réalité, il devient nécessairement source d'une profonde frustration, tant pour les habitants que pour les élus. Trois arguments – qui sonnent ici comme autant de déconvenues - y participent.

Tout d'abord, le tropisme local pour la participation ou la démocratie apparaît fragile. Le regroupement d'un nombre limité d'habitants sur un territoire restreint conduit aussi à l'émergence de communautés d'égoïsmes et au confinement des intérêts : la « proximité » comme la « démocratie de quartier » esquissent aussi une réclusion. L'échelon local, et plus particulièrement la commune ou le quartier, sont encore – et par excellence – le lieu d'accomplissement des bonheurs privés[370]. Par ailleurs, les dimensions restreintes du local, voire du micro-local, soumettent à la participation des questions fréquemment dépourvues d'enjeu (implantation de mobilier urbain, organisation de la fête de quartier, etc.). Dans le même temps, elles proscrivent toute « montée » en généralité et en abstraction, et appellent alors des débats dépolitisés, sans péril pour les élus eux-mêmes[371]. Tout laisse donc à penser que la participation se déploie là où la politique ne se fait pas[372].

Ensuite, la réalité d'une demande sociale de participation apparaît plus que douteuse. Les faits sont têtus. Ils ne laissent pas de décevoir, même les plus optimistes. Les divers processus de participation n'impliquent généralement qu'un nombre très restreint de participants[373] ; les institutions participatives (type conseil de quartier) sont fréquemment touchées par un absentéisme très élevé[374]. En outre, aucune corrélation n'est démontrée entre la dynamique des pratiques participatives et le taux de participation électorale[375]. Si une demande

---

[370] B. FAURE : « Les deux conceptions de la démocratie administrative ». RFDA 2013. p. 709.

[371] L. BLONDIAUX : « L'idée de démocratie participative : enjeux, impensés et questions récurrentes » in M-H. BACQUÉ, H. REY, Y. SINTOMER (dir): *Gestion de proximité et démocratie participative. Une perspective comparative.* La découverte. Coll. « Recherches ». 2006. p. 119.

[372] L'intercommunalité est encore rétive à la démocratie de participation.

[373] V. par ex. les votations organisées du 10 au 15 octobre 2016 par la Ville de Grenoble, qui ont suscitées moins de 10% de participation.

[374] M.H. BACQUÉ, H. REY, Y. SINTOMER (dir), *op. cit.*

[375] H. REY : « Participation électorale et démocratie participative » *in* M-H. BACQUÉ, H. REY, Y. SINTOMER (dir), *op. cit.* p. 217.

existe, elle n'émane pas du corps social dans son ensemble. Elle provient très distinctement de mouvements militants, de citoyens mobilisés[376]. La démocratie participative n'est donc aucunement synonyme de « participation de tous ». Plus encore, il est aujourd'hui couramment admis qu'il est nécessaire de susciter cette demande par le « *community organizing* », qui consiste à identifier, à convaincre puis à former des individus susceptibles de s'engager dans un processus participatif[377]. Du côté de la doctrine, maints auteurs font de la participation un idéal prescriptif. Les uns et les autres ont, sans nul doute, leur part de responsabilité dans la fabrication de cette très hypothétique demande sociale de participation[378].

Sans qu'il soit lié à cette « demande » largement fictive, un impératif participatif est, en revanche, clairement identifiable[379]. A ce titre, la mise en place de processus de participation du public, de débat collectif autour de la conception des décisions administratives, y compris locales, s'impose aujourd'hui en une figure imposée. La démocratie locale de participation n'est plus un mythe ; elle devient un dogme. L'impératif participatif est d'ordre politique, comme le montrent jusqu'à la caricature, les exemples du barrage de Sivens ou de l'aéroport de Notre-Dame-des-Landes. Ainsi, « la participation est devenue une véritable contrainte axiologique, dont dépend la légitimité du pouvoir local »[380]. L'impératif participatif est aussi d'ordre juridique ; il est l'une des implications, voire l'une des composantes du principe de libre administration : « Le droit des habitants de la commune à être informés des affaires de celle-ci et à être consultés sur les décisions qui les concernent, indissociable de la libre administration des collectivités territoriales, est un principe essentiel de la démocratie locale (…) »[381].

---

[376] L. BLONDIAUX : *Le nouvel esprit de la démocratie. op. cit.* p.31.

[377] Premier Ministre. Centre d'analyse stratégique. Note d'analyse n° 278, sept. 2012.

[378] C. BLATRIX : « Des sciences de la participation : paysage délibératif et marché des biens savants en France ». Quaderni n° 79, 2012, p. 58.

[379] V. R. LEFEBVRE : « Quelles problématiques démocratiques dans le projet de réforme territoriale ? » *in* J-C. NEMERY (dir) : *Quelle nouvelle réforme pour les collectivités territoriales françaises ?* L'Harmattan 2010 p. 195.

[380] J. CHEVALLIER : synthèse *in* CURAPP/CRAPS : *La démocratie locale : Représentation, participation, espace public.* PUF. 1999. p. 409.

[381] CGCT. art. L 2141-1.

Enfin, et peut-être surtout, la démocratie locale de participation ne constitue pas une alternative à la représentation ; elle n'est évidemment pas en mesure de promettre l'« autogouvernement local ». Deux raisons l'expliquent. La première est d'ordre politique. Elle pose (en résumé) que tout système démocratique exige une distance entre gouvernants et gouvernés, une distinction entre la généralité et les particularités, qui – seule - permet d'instaurer un rapport de responsabilité[382]. La seconde raison ressortit de l'ordre constitutionnel : en prévoyant que les collectivités territoriales s'administrent librement par des conseils élus, l'article 72 al. 3 de notre Constitution transpose, au champ de l'administration locale, l'idéologie de la démocratie représentative, dans laquelle les élus disposent du monopole de décision. Dans de telles conditions, les citoyens, ou *a fortiori* les habitants, ne peuvent espérer devenir - par la participation - leurs propres administrateurs. Plus prosaïquement, la démocratie de participation poursuit d'autres finalités, liées à des objectifs de gestion publique (améliorer l'efficacité de l'administration locale par la prévention des résistances et des conflits), sociaux (donner la parole aux « sans voix ») et politiques (apprentissage du sens civique, légitimation des élus en place)[383].

C'est bien la signification du verbe « participer » : prendre part à quelque chose, s'associer. La démocratie locale de participation ne s'analyse donc pas en une alternative à la représentation. En dépendance à l'égard de la représentation, la participation recouvre un ensemble de dispositifs d'articulation des relations entre les élus et les habitants.

B- La participation aux prises avec la représentation

La participation est indissociable de la représentation. Elle en constitue une forme d'auxiliaire, d'un double point de vue au moins.

[382] V. P. ROSANVALLON : *Le bon gouvernement, op. cit.* p. 197.
[383] M-H. BACQUÉ, H. REY, Y. SINTOMER (dir), *op. cit.* Introduction.

1- La participation est un don de la représentation

Le constat est aujourd'hui un lieu commun : les dispositifs de démocratie locale de participation sont, pour la plupart d'entre eux, en situation de dépendance absolue à l'égard des élus. Cette dépendance est remarquable à trois égards. D'une part, les élus locaux disposent de l'initiative du déclenchement de la plupart de ces processus. D'autre part, les lois qui régissent la matière confèrent à ces mêmes élus une très large latitude quant à l'organisation des procédures applicables, ou bien – à l'opposé- posent des conditions si drastiques qu'elles en neutralisent *a priori* la mise en oeuvre. Enfin, les élus ne peuvent jamais être contraints par ces mécanismes sans l'avoir eux-mêmes choisi. Cette maîtrise quasi-absolue (exercée en pratique par le maire, pour la commune) n'étonne pas lorsque l'on sait que l'appareil législatif applicable est l'œuvre d'un Parlement composé à 80% de députés et sénateurs cumulant leur mandant national avec un mandat local (50% d'entre eux cumulent avec une fonction exécutive locale). Ainsi qu'en rendent compte les débats parlementaires, parfois édifiants sur le sujet[384], la loi applicable est, pour l'essentiel, l'œuvre des grands élus locaux.

A ce tableau législatif, il faut ajouter que la démocratie locale de participation est encore fréquemment perçue par les élus comme une figure imposée, un passage obligé, en même temps qu'un risque politique.

Les ingrédients sont donc réunis pour la mise en place, par les élus (en réalité par le maire), d'une stricte hégémonie sur les dispositifs participatifs.

L'inventaire précis de ces verrouillages, explicites ou insidieux, apparaît des plus complexes au regard de la très grande diversité des pratiques. Il n'en demeure pas moins que les observations et autres enquêtes conduites « sur le terrain » aboutissent aux mêmes conclusions.

Nul n'est besoin de revenir longuement sur le blocage – emblématique- des votations d'initiative locale comme sur leur mésusage par les élus. La consultation des électeurs (CGCT. art. L 1112-15 s.) et le referendum local (art. 72-1 al. 2 de la Constitution et CGCT. art. LO 1112-6 s.) sont régis par des conditions si drastiques, que leur

[384] V. spéc. les débats au Sénat qui ont précédé la loi n° 2002-276 du 27 février 2002 *relative à la démocratie de proximité.*

mise en œuvre apparaît *a priori* compromise. Les chiffres disponibles[385] sont d'ailleurs affligeants : la moyenne annuelle s'établit autour de 10 à 15 consultations (CGCT art. L 1112-15) et de 5 à 9 referendums (art. 72-1 al. 2 de la Constitution) ; chiffres qu'il convient, bien entendu, de mettre en perspective avec les 35 816 communes françaises. Il faut ajouter que de nombreuses délibérations visant à l'organisation de ce type de votations sont censurées par la juridiction administrative, au motif que leur objet déborde la sphère des affaires locales. Lorsqu'elle ne concerne pas un objet d'importance mineure, la votation locale constitue souvent un instrument – illégal et impuissant – de réaction contre l'Etat[386].

Le droit de pétition (art. 72-1 al. 1 de la Constitution) n'est pas, lui non plus, appelé à connaître une plus grande fortune. Dépourvu du caractère novateur qu'on lui attribue parfois[387], il ne confère - sous certaines conditions - aux citoyens que le droit de solliciter l'inscription d'une question à l'ordre du jour de l'assemblée locale. Aucun droit à l'inscription, ni même à la délibération n'est attribué.

Les diverses institutions permanentes de la démocratie locale apparaissent fréquemment placées, quant à elles, sous l'étroite dépendance des élus majoritaires. Le maire, *via* son conseil municipal, ne se prive pas de faire usage, en ce domaine, de la très vaste latitude organisationnelle que lui offre la loi. La composition des conseils de quartier (CGCT art. L 2143-1), des commissions extra-municipales (CGCT art. L 2143-2) et des comités consultatifs des services publics locaux (CGCT art. L 1413-1) porte très souvent l'empreinte de sa volonté.

2- La participation se déploie dans le champ clos de la représentation

Le lien d'étroite dépendance entre représentation et participation est encore illustré par une double observation :

D'une part, l'impératif participatif se nourrit d'une crise de la représentation. Dans cette perspective, l'idée de participation prospère sur le reproche classiquement adressé aux élus, y compris locaux, de « mal »

---

385 V. les chiffres de la DGCL.

386 V. not. TA Cergy. Ord. 13 janv. 2006, *Préfet de Seine-Saint-Denis c/ Commune de Saint-Denis*. AJDA 2006 p 873, note M. VERPEAUX.

387 E. FOREY : « Le droit de pétition aux assemblées locales ». RDP 2005 p. 151.

représenter les électeurs et les habitants. Il est vrai que la conception française de la représentation s'épuise dans l'élection et qu'elle postule la transcendance de l'abstraction et de l'égalité politique sur les réalités sociales. Dans cette perspective, l'élu veut *pour* les représentés, sans nécessairement vouloir *comme* eux[388]. Le droit positif se conforme à cette conception, qu'il applique d'ailleurs aux assemblées locales[389]. Elue sur des bases essentiellement démographiques, l'assemblée locale représente le territoire et la population locale. Le conseil municipal représente donc non seulement les électeurs, mais aussi les abstentionnistes, les habitants, les étrangers, les enfants, etc.

Une « crise » de la représentation est toutefois concevable dès lors qu'une autre fonction est attribuée au concept de représentation ; dès lors qu'il ne s'agit plus pour les représentants de « tenir lieu » ou de « suppléer » comme dans la conception classique, mais qu'il est question pour eux de « ressembler à » ou de « porter la parole de »[390]. D'un tel point de vue, la conception classique de la représentation paraît alors confiner les élus dans le microcosme de l'aristocratie représentative, invariablement dénoncée en France depuis 1789[391] (ce qui montre d'ailleurs que « la crise » de la représentation n'est pas récente, et qu'elle a bien vocation à la pérennité, car elle est inhérente au concept lui-même[392]). La mécanique participative permettrait donc de corriger ce déséquilibre en même temps qu'elle éviterait de comprimer le temps de la démocratie au seul moment électoral. En tout état de cause, ces réflexions et autres conceptions confirment le lien indéfectible entre représentation et participation.

D'autre part, et plus encore, la participation vise également à la constitution d'une « bonne représentation »[393], d'une « représentativité », c'est-à-dire d'une représentation permettant d'établir une parfaite homologie entre le corps social, dans sa diversité, et une représentation

---

[388] V. P. BRUNET : *Vouloir pour la nation. Le concept de représentation dans la théorie de l'Etat.* LGDJ. Bruylant. 2004.

[389] Cons. const. déc. n° 85-196 DC du 8 août 1985 : le Congrès de Nouvelle-Calédonie est représentatif des habitants et du territoire car élu « sur des bases essentiellement démographiques ».

[390] J-M. DENQUIN : « Pour en finir avec la crise de la représentation ». *Jus Politicum* n° 4, 2010.

[391] P. ROSANVALLON : *Le bon gouvernement. op. cit.* p. 19.

[392] V. B. DAUGERON : *La notion d'élection en droit constitutionnel.* Dalloz. Coll. « Nouvelle bibliothèque des thèses » 2011.

[393] J-M. DENQUIN : « Démocratie participative et démocratie semi-directe », préc.

miroir qui endosse alors les attributs du porte-parole ; qui ne veut plus *pour,* mais veut *comme.* Bien des dispositifs l'illustrent : les commissions extra-municipales de résidents étrangers ; les « conseils municipaux » de jeunes, d'aînés ou de sages ; les commissions réunissant les représentants associatifs ; les conseils de quartier composés – partiellement au moins – par le tirage au sort ; les jurys de citoyens, etc.

Cette « tendance lourde », qui conduit la participation vers une forme de représentation, appelle deux observations importantes.

En premier lieu, elle montre encore que la participation évolue, sous toutes ses dimensions, dans le champ clos et indépassable de la représentation. Dans la mesure où la participation est dans l'incapacité d'impliquer l'ensemble des populations, elle entre inévitablement dans une démarche de sélectivité et s'adresse finalement à des « représentants »[394]. Que la démocratie de participation cherche à recréer une forme de représentation dit beaucoup, encore une fois, de la symbiose qui accouple les deux concepts, les deux techniques.

En second lieu, elle témoigne -de plusieurs points de vue- d'une logique infernale, voire d'une forme d'aporie, en ce qu'elle établit un postulat de solidarité et de confiance sur le fondement d'une ressemblance : « pourquoi un individu qui me ressemble est-il nécessairement qualifié pour me représenter ? »[395]. Par ailleurs, elle pose la question vertigineuse du critère d'appréciation de cette ressemblance : le vertige est profond, car l'identité est un composé, un complexe, surtout pas un élément simple ; si bien que chaque individu est toujours pluri-déterminé dans ses appartenances. Enfin, elle se fourvoie dans une imposante contradiction lorsqu'elle cherche à faire participer « l'habitant ordinaire » et qu'elle vise, dans le même temps, à instaurer une « représentation représentative » des non-représentés[396].

II- Réactiver les pratiques

Dès lors que la participation est prise pour ce qu'elle est, la réactivation des pratiques participatives devient plus sérieusement envisageable, notamment par la contrainte légale et par la créativité

[394] J. CHEVALLIER : « Délibération et participation » *in Consulter autrement, participer efficacement.* EDCE n° 62. La Documentation française. 2011. p. 195.
[395] J-M. DENQUIN, *Jus Politicum* préc.
[396] *idem.*

locale (A). En complément, une autre voie peut, au-delà, être explorée : celle de l'appropriation démocratique (B).

A- Régénérer la participation entre contrainte et liberté

Les pratiques participatives peuvent être réactivées par deux modalités cumulatives : celle de la contrainte et celle de la liberté.

1- La contrainte par la loi

Il existe dans notre ordre juridique, en dehors du cadre de la libre administration des collectivités territoriales, d'autres dispositifs de participation des populations locales. Développés et maîtrisés par l'Etat, ces mécanismes ne sont donc pas immédiatement afférents à la démocratie locale. Ils matérialisent sans doute une forme de participation thématique et territoriale[397].

Mais le plus remarquable n'est pas là. Le constat est politiquement incorrect, mais il se fonde sur une observation lucide. Soustraits, pour une large part, à l'initiative des élus locaux, ces dispositifs ouvrent - quant à eux - sur des pratiques réellement effectives. Le contraste est ici saisissant : la participation « territoriale » produit une dynamique sans commune mesure avec l'apathie des dispositifs d'initiative locale. L'injonction participative est ici bien réelle, mais elle émane clairement de l'Etat. En outre, elle se manifeste par une échelle de contrainte nuancée, et laisse parfois les collectivités territoriales libres d'organiser ses modalités de mise en œuvre.

L'injonction se dévoile tout d'abord par la procédure applicable à certaines votations locales d'ordre institutionnel[398]. Ainsi en est-il de la consultation obligatoire des électeurs lorsque la demande de création d'une commune nouvelle n'est pas soutenue par l'ensemble des conseils municipaux des communes concernées (CGCT art. L 2113-3). Il en va de même de la consultation possible des électeurs au

---

[397] V. P. COMBEAU : « Décentralisation et démocratie » *in* J-F. BRISSON (dir) : *L'assemblée délibérante, avenir de la démocratie locale ?* L'Harmattan, coll. « Droit des collectivités territoriales ». 2016. p. 11.

[398] Ne sont ici retenues que les votations qui concernent, directement ou indirectement, les communes.

titre de l'article 72-1 al. 3 de la Constitution, pour la création ou la modification d'une collectivité territoriale à statut particulier[399].

L'injonction participative se manifeste ensuite dans des domaines plus spécifiques, sous forme thématique. Dans ces diverses hypothèses, les dispositifs participatifs doivent intervenir au moment où les grandes options du projet ou de la décision ne sont pas encore arrêtées. En outre, le législateur délégué a récemment déterminé un socle commun de principes généraux qui attribuent au public le droit d'accéder aux informations pertinentes permettant une participation effective, de disposer de délais raisonnables pour formuler des observations et d'être informé de la manière dont il en a été tenu compte[400]. Trois grands domaines sont concernés.

-La participation environnementale tout d'abord.

Le droit d'accès aux informations et le droit, pour le public, de participer à l'élaboration des décisions publiques ayant une incidence sur l'environnement composent aujourd'hui une exigence constitutionnelle issue de l'article 7 de la Charte constitutionnelle de l'environnement du 1er mars 2005. Tel qu'il est mis en œuvre par le Code de l'environnement, notamment depuis l'ordonnance n° 2016-1060 du 3 août 2016, le principe de participation s'applique à l'élaboration des plans, programmes et projets ayant une incidence sur l'environnement (Code env. art. L 120-1 s) ainsi qu'aux décisions ayant le même effet (Code env. art. L 123-1-A). L'obligation pour l'autorité publique responsable d'organiser des débats publics, concertations préalables et autres enquêtes publiques n'épargne évidemment pas les collectivités territoriales, qui sont ici contraintes par la loi à une obligation d'effectivité des dispositifs de participation.

Topiquement illustrative des avancées récentes de la participation territoriale échappant à l'initiative locale, l'ordonnance n° 2016-488 du 21 avril 2016 *relative à la consultation locale sur les projets susceptibles d'avoir une incidence sur l'environnement* (Code env. art. L 123-20 s) permet à l'Etat (décret du premier ministre) de consulter pour avis les électeurs d'une aire territoriale déterminée, à propos d'un projet d'infrastructure qui relève de la compétence de l'Etat comme de celle des collectivités territoriales. Le mécanisme ne porte pas atteinte

[399] Dans l'absolu, ce dispositif pourra concerner la réforme du statut de Paris.
[400] V. CRPA. art. L131-1 ; Code env. art. L120-1 et Code urb. art. L 103-4 s.

au principe de libre administration des collectivités territoriales au regard de sa portée simplement consultative[401]. Utilisé pour la première fois le 26 juin 2016, il a permis, sur l'initiative de l'Etat (décret du 23 avril 2016), aux électeurs du Département de Loire-Atlantique d'approuver le projet de création de l'aéroport de Notre-Dame-des-Landes.

-La participation urbanistique ensuite.

La loi n° 85-729 du 18 juillet 1985 ouvre à la concertation obligatoire avec le public l'élaboration ou la modification des documents d'urbanisme, la création des zones d'aménagement concerté, les projets de renouvellement urbain et – plus largement – la conception des projets d'aménagement ayant pour effet de modifier substantiellement le cadre de vie. Le dispositif, aujourd'hui prévu par les articles L 103-2 et suivants du Code de l'urbanisme, a ceci de particulier qu'il laisse à l'organe délibérant des collectivités territoriales (pour ce que les concernes), voire parfois au seul président de cet organe, le soin de déterminer les objectifs et modalités de la concertation. Il est en outre utilisable, dans la mesure où l'autorité compétente le souhaite, au-delà des hypothèses prévues par l'article L 103-2 (V. Code urb. art. L 300-2).

-La participation par la politique de la ville enfin.

Initiée par la loi n° 91-662 du 13 juillet 1991 *d'orientation pour la ville*, la concertation avec les habitants vient d'être relancée par l'article 7 de la loi n° 2014-173 du 24 février 2014 *de programmation pour la ville et la cohésion urbaine*. Un « conseil citoyen » est institué dans chaque quartier prioritaire (50% de ses membres sont tirés au sort parmi les habitants du quartier) en vue d'être associé à l'élaboration, puis à l'évaluation du contrat de ville conclu entre la commune, l'EPCI et l'Etat notamment. Ici encore, un échantillon (représentatif ?) de la population est appelé à participer dans le cadre d'une politique territoriale de l'Etat, en dehors de toute emprise des autorités communales.

[401] CE, ord. n° 400704 du 22 juin 2016.

2- La créativité locale par l'expérimentation

A l'opposé de la contrainte étatique qui vient d'être évoquée, la réactivation des pratiques participatives emprunte également la voie de l'initiative locale, permise par la compétence générale du conseil municipal et la créativité des habitants. Ces expériences, dont les modalités sont des plus diverses, se multiplient en marge du droit, dans l'ordre du fait.

A titre d'illustration, il en est ainsi de la « démarche globale » initiée à Grenoble par la municipalité issue des élections de 2014, qui a conduit à réunir plus de 900 habitants volontaires pendant deux jours en « assises citoyennes », dans le but de définir les principes et mécanismes participatifs applicables au cours du mandat. Dans le sillage de ces assises, les habitants de 16 ans et plus peuvent - à condition de réunir 2 000 signatures (collectées pendant un délai de 6 mois) - présenter au conseil municipal une proposition qui peut être soumise à votation populaire. Le conseil municipal s'engage à adopter la proposition si elle réunit au moins 20 000 votants (score par lequel la liste majoritaire a été élue en 2014) et 50% des suffrages exprimés. C'est dans ce cadre que les Grenoblois se sont prononcés du 10 au 15 octobre 2016, sur une proposition visant à abroger une série de délibérations récentes du conseil municipal relatives aux tarifs de stationnement. Le « oui » l'emporte à 70%, mais conformément aux règles fixées, la votation est dépourvue de tout effet puisque seuls 6678 votants ont finalement pris part au scrutin (soit moins de 10% de participation). La même commune a également mis en place sept « conseils citoyens indépendants » composés de membres tirés au sort sur les listes électorales ainsi que sur le fondement d'un vivier de volontaires.

La Ville de Limoges a, quant à elle, mis en place en 2015 une commission éthique et transparence, conformément aux recommandations de la charte de l'association « Anticor ». La commission est chargée de veiller à la prévention des conflits d'intérêts et à la transparence financière. Elle est composée de 9 élus municipaux (au *prorata* de leur représentation au conseil municipal) et de 9 citoyens cooptés par les élus eux-mêmes.

Des expériences d'une forte densité sont également tentées par la Commune de Saillans (Département de la Drôme, 1250 habitants) dans laquelle un groupe permanent de 250 habitants volontaires débattent avec les élus en amont de chaque projet de délibération.

Enfin, la pratique du budget participatif ne cesse de se répandre à l'échelon communal, depuis qu'en 1988, Olivio Dutra maire de Porto Alegre – commune brésilienne de 1,3 million d'habitants – a réactivé le concept[402]. Directement élu par le peuple contre un conseil municipal qui lui était politiquement hostile, M. Dutra a pris appui sur un réseau associatif local très dense et fortement politisé, pour administrer la ville et contraindre politiquement son conseil municipal. Jusqu'en 2004, des assemblées thématiques accessibles à tous les habitants étaient chargées de désigner, pour une année, des représentants habilités à proposer au conseil municipal les priorités budgétaires annuelles. Au plus haut de la pratique, le dispositif mobilise de 10 000 à 15 000 participants, soit environ 1% de la population locale[403]. Il est aujourd'hui en vigueur à Grenoble (qui, en 2016, affecte 800 000 euros de son budget d'investissement), à Montreuil, Nantes, Rennes ou encore à Paris. Dans ce dernier exemple, la commune consacre 500 millions d'euros - en investissement - sur les six années du mandat au financement des projets conçus, proposés et choisis par les habitants eux-mêmes. Ici encore, l'intensité de la participation s'établit autour d'une moyenne de 1% de la population[404].

Ces courtes illustrations donnent un aperçu de la très grande créativité aujourd'hui à l'œuvre dans le champ de la démocratie locale de participation. Elles confirment toutefois le caractère limité de l'engouement participatif des populations locales.

A- Transcender la participation par l'appropriation démocratique

Une meilleure appropriation, par les citoyens, de la démocratie locale, constitue l'une des finalités de la participation. Elle suppose, sous les auspices d'un principe de défiance, la mise en place de

[402] Le budget participatif était à l'origine un mécanisme accessoire au *town meeting* de la Nouvelle-Angleterre. V. L. BLONDIAUX : *Le nouvel esprit de la démocratie,* préc. p. 49

[403] *idem.*

[404] V. les sites internet des communes concernées.

mécanismes permettant aux citoyens d'interférer dans le fonctionnement du système représentatif.

1- La réappropriation par la défiance

Il convient de se résoudre à l'évidence : s'ils veulent parfois se faire entendre, les citoyens ne manifestent pas une volonté farouche de participation. La question cruciale n'est donc pas celle de la participation des habitants à l'élaboration des projets et autres décisions. Cette question est récurrente, obsédante, en même temps qu'elle engage vers des solutions nécessairement limités et sources de frustrations.

Les citoyens souhaitent, plus probablement, que les élus accomplissent avec rigueur et vertu le mandant qui leur a été confié et qu'ils rendent compte régulièrement de l'accomplissement de leur travail ou de leurs difficultés[405]. Le but n'est pas tant de prendre ou d'exercer le pouvoir, que de le surveiller et le contrôler[406]. Le jeu démocratique suppose donc qu'au sein de l'écart qui existe entre gouvernants et gouvernés[407], s'établisse un équilibre entre confiance et défiance, s'organise une forme de « contre-démocratie »[408] permettant une surveillance des élus par le public. Celle-ci correspond d'ailleurs à ce que Bentham désignait comme « l'oeil du peuple »[409], élément fondamental de la modernité politique, qui s'immisce entre élus et citoyens, qui interpose entre deux moments électoraux, « une dimension de continuité compensatrice »[410].

Le sujet fondamental est bien celui du contrôle que les citoyens pourraient être en mesure d'exercer sur leurs élus entre deux élections ; celui de la contradiction que ces mêmes citoyens pourraient opposer à leurs élus, contraignant ces derniers à s'expliquer et à justifier leurs décisions. Pareille question est aujourd'hui au cœur du défi de la démocratie locale, ne serait-ce que parce que le contrôle de

---

[405] L. BLONDIAUX, *op. cit.* p 35.
[406] P. ROSANVALLON : *Le bon gouvernement, op. cit.* p. 29.
[407] D. ROUSSEAU, *op. cit.* p. 40.
[408] P. ROSANVALLON : *La contre-démocratie. La politique à l'âge de la défiance.* Seuil. 2006.
[409] P. ROSANVALLON, : *Le bon gouvernement, op. cit.*
[410] *idem.*

l'action du maire par le conseil municipal, pourtant requis par la loi[411], est en réalité d'une parfaite indigence. Le phénomène majoritaire autant que l'origine et la nature de l'assemblée locale (le conseil municipal est un organe administratif délibérant, pas un organe de contrôle) contribuent à l'expliquer[412].

2- Pour « l'interférence démocratique »

La réappropriation, par les citoyens, de la démocratie locale n'exige pas que l'on s'écarte des prescriptions de l'article 72 de la Constitution. Bien au contraire, il convient de réfléchir et de progresser dans les limites du cadre indépassable de la démocratie de représentation, car c'est au fond le seul lieu véritable et permanent du pouvoir local. Certaines pratiques actuelles, ainsi que plusieurs solutions proposées par le droit comparé, sont susceptibles de conférer aux citoyens une emprise plus immédiate et plus robuste sur le fonctionnement de la démocratie locale, par la création d'une forme d'interférence virtuellement permanente, de « court-circuit » possible dans le fonctionnement de la représentation.

Trois ensembles de solutions peuvent être explorés.

-L'obligation, pour les élus, d'informer et de rendre compte.

L'implication des habitants est largement dépendante des informations qu'ils sont en mesure de mobiliser et de recevoir de la part de leurs élus, et plus largement, de la part l'institution communale elle-même. L'information apparaît en effet comme un prérequis de la participation et de l'appropriation démocratiques.

D'une manière générale, le compte-rendu annuel de mandat en réunion publique, ouvrant sur un possible débat avec la population, est parfois pratiqué par certains maires. Il pourrait être généralisé par la loi.

Par ailleurs, un droit à l'information des habitants est consacré par le code général des collectivités territoriales en des termes généraux,

---

411 CGCT. art. L 2122-21 : « le maire exécute les décisions du conseil municipal sous le contrôle de ce dernier ».

412 Qu'il soit permis de renvoyer sur ce point à S. MANSON : *L'opposition dans les assemblées locales.* LGDJ. Coll. « Systèmes ». 2012 et, du même auteur, « L'assemblée locale est-elle *vraiment* délibérante ? » *in* J-F. BRISSON (dir) : *L'assemblée délibérante, avenir de la démocratie locale ? op. cit.* p. 127.

aux côtés du droit à être consulté[413]. Il convient d'y ajouter le droit d'accès aux documents administratifs de la commune, libéralement interprété par le juge administratif[414], ainsi que le principe de publicité des séances du conseil municipal[415]. Ce dispositif est formellement impressionnant. Il est toutefois insuffisant dans la mesure où son fonctionnement exige un investissement important de la part des demandeurs. Il interdit en outre aux citoyens d'obtenir une information... dont ils ignorent parfois l'existence ; M. de Lapalisse l'aurait admis volontiers, il est difficilement concevable de solliciter la communication d'une information... relative à ce que l'on ignore encore.

La logique - inversée - de l'obligation d'informer, qui contraint les élus à diffuser l'information sans sollicitation préalable, est donc de nature à compléter très heureusement le droit à l'information. Elle implique notamment la diffusion d'informations par le maire, auprès des membres du conseil municipal, relatives aux affaires budgétaires, aux contrats publics, ainsi qu'aux services publics communaux. Cette information, rendue publique, peut évidemment être relayée auprès des habitants.

L'obligation d'informer fait également l'objet d'une attention particulière du législateur avec l'instauration, par la loi n° 2016-1321 du 7 octobre 2016 *pour une République numérique*, d'une obligation générale de diffusion et de mise à disposition des informations collectées ou produites par les autorités publiques. Le déploiement de l'*open data* fait évoluer le droit à solliciter l'information vers une véritable « offre d'information » et constitue, virtuellement au moins, un atout considérable pour l'appropriation de la démocratie locale par les habitants[416]. Les collectivités territoriales d'au moins 3 500 habitants sont elles aussi concernées[417]. Mieux encore, nombre de collectivités territoriales ont même été pionnières en ce domaine au début des années 2010, en diffusant spontanément, sur des sites internet dédiés, une partie de leurs informations publiques (parfois

[413] CGCT. art. L 2141-1 : « Le droit des habitants de la commune à être informés des affaires de celle-ci et à être consultés sur les décisions qui les concernent (...) est un principe essentiel de la démocratie locale (...) ».
[414] CGCT. art. L 2131-1 et L 2131-26. V. CE, sect. 11 janv. 1978, *Commune de Muret,* AJDA 1978 p 219.
[415] CGCT. art. L 2121-18.
[416] CRPA. art. L 312-1-1.
[417] CRPA. art. L 300-2.

relatives aux affaires budgétaires et financières, aux subventions versées aux associations, au montant des indemnités versées aux élus, aux notes de frais générés par ces derniers, etc.). Le dispositif se heurte toutefois à d'importantes limites, ne serait-ce que parce que les données diffusées ne sont pas, la plupart du temps, immédiatement exploitables. Un traitement préalable de ces données brutes par des « communautés numériques » ou par la presse locale, long et coûteux en temps comme en compétence technique, est souvent nécessaire[418].

-Le droit de pétition des citoyens.

Ce mécanisme existe évidemment, sans même que le droit n'en réalise l'institutionnalisation : il est toujours loisible aux habitants de présenter une demande à leurs élus[419]. Toutefois, tel qu'il est aujourd'hui conçu, ce droit de pétition est trop étroit : il permet simplement aux habitants de solliciter l'inscription d'une question à l'ordre du jour de l'assemblée locale[420]. Le droit pourrait leur permettre d'*obtenir* l'inscription de cette question à l'ordre du jour, moyennant le respect de certaines conditions préalables (nombre requis de signatures)[421]. Par ailleurs, les habitants pourraient être en mesure de s'adresser au conseil municipal au cours d'une séquence, formellement réglementée, de questions orales ou écrites[422].

-Les procédures de révocation des élus.

Ces mécanismes à haute teneur démocratique ont une portée radicale. Ils rappellent les élus à une exigence de responsabilité permanente, y compris entre deux moments électoraux. Ils ont suscité de multiples débats dans la vie politique de la Grèce antique, à l'occasion des discussions de la Constitution américaine, pendant la Révolution française, ou encore, à l'occasion de la Commune de Paris[423]. A l'échelon local, ces procédures prennent parfois la forme de la révocation d'initiative populaire. Au-delà de l'exemple suisse, le *recall* américain en constitue probablement l'exemple le plus connu[424]. Aujourd'hui, 19 Etats fédérés en prévoient l'existence, tant à

---

[418] V. S. MANSON : « La mise à disposition de leurs données publiques par les collectivités territoriales ». AJDA 2016. p. 97.
[419] E. FOREY, *loc. cit.*
[420] Article 72-1 al. 1 de la Constitution.
[421] V. le système du *burgerantrag* allemand.
[422] V. en Allemagne l'institution du *Einwohnerfragestunde*
[423] V. P. ROSANVALLON : *Le bon gouvernement. op. cit.* p. 170.
[424] *Idem.*

l'égard des élus nationaux que des élus locaux. Dans 7 d'entre eux, la loi requiert des motifs spécifiques pour sa mise en œuvre (manquement au code éthique des élus, détournement de fonds publics etc.). De surcroît, le référendum de révocation ne peut évidemment être déclenché qu'au prix d'une pétition rassemblant les signatures d'une proportion significative d'électeurs (de 12% des votants à la dernière élection en Californie à 40% au Kansas). L'occasion du référendum de révocation est également celle de la désignation, par les électeurs, de l'équipe remplaçante. La première mise en œuvre significative de ce procédé a visé, en 1904, l'ensemble du conseil municipal de Los Angeles. Plus récemment en 2003 - mais c'était à l'échelon étatique - la même procédure a contraint Gray Davis, gouverneur de Californie, à céder son siège à Arnold Schwartzenegger[425].

Un mécanisme similaire est également en vigueur dans de nombreuses communes allemandes[426]. Il vise spécifiquement les maires, élus au suffrage universel direct depuis la réunification. Le référendum de révocation peut-être conjointement initié par les électeurs avec le conseil municipal, soit encore à titre exclusif et séparément, par les premiers ou par le second. Lorsqu'il émane d'une initiative populaire, il exige en principe le dépôt d'une motion préalable de destitution réunissant les signatures de 25% des électeurs inscrits ainsi qu'un taux minimum de participation – pour le référendum lui-même- d'environ 30% de ces mêmes inscrits. La vitalité démocratique du système local allemand est particulièrement accusée puisque, dans le même temps, le maire est politiquement responsable devant son conseil municipal et peut donc être destitué par l'assemblée locale.

La perspective d'une transposition pure et simple de ces mécanismes vers la commune française apparaît irréaliste tant elle constituerait une véritable révolution. Pour autant, il ne faut pas se priver d'y réfléchir tant la démocratie locale en France apparaît apathique. A cet égard, un système mixte pourrait être conçu[427] : celui qui permettrait d'associer la motion de défiance des élus et la sanction

[425] V. P. COSSART : « Initiative, référendum, recall : progrès ou recul démocratique (Etats-Unis 1880-1940) » *in* M-H. BACQUÉ, Y. SINTOMER (dir), *op. cit.* p. 174.
[426] V. P. JAN : « La responsabilité politique des exécutifs locaux : nécessité ou absurdité ? » *in* J-F. BRISSON (dir), *op. cit.* p. 249.
[427] *Idem.*

électorale. Ainsi, une majorité qualifiée d'élus du conseil municipal pourrait être en mesure de déclencher un référendum de révocation par les électeurs, quitte à ce que la loi exige un seuil minimum de participation (30% par exemple).

Les analyses et observations qui précèdent conduisent à considérer les ambitions de la démocratie locale participative avec un surcroît de modestie. Sans surprise, elles amènent à conclure que la vitalité, voire la réalité de la participation des habitants et des citoyens à la démocratie communale est en situation d'absolue dépendance à l'égard de la volonté des élus majoritaires. Au-delà des discours, les pratiques communales allument parfois quelques lueurs d'espoir qui brillent çà et là, avec un éclat très inégal.

La consternation l'emporte toutefois à la lecture d'un rapport récent de la délégation sénatoriale aux collectivités territoriales[428] qui fait valoir - en résumé - que les élus locaux ne se sentent pas suffisamment associés à la conception des décisions étatiques qui les concernent, et qui appelle au dépassement de la simple concertation avec l'Etat par une véritable coproduction des politiques publiques... « (...) *Lynx envers nos pareils et taupe envers nous. Nous nous pardonnons tout et rien aux autres hommes. On se voit d'un autre œil qu'on ne voit son prochain* (...).[429] ».

---

[428] F. GROSDIDIER et N. TOCQUEVILLE : *L'association des collectivités territoriales aux décisions de l'Etat qui les concernent : la codécision plutôt que la concertation.* Sénat. Rapport de la délégation aux collectivités territoriales n° 642. 26 mai 2016.
[429] J. de LA FONTAINE : *La besace.*

Participation et référendum populaire dans les communes italiennes

Andrea Morrone & Francesco Conte[430] [431]

I- Introduction et plan de l'étude

Parmi les caractéristiques les plus importantes de la Constitution italienne de 1948, on doit ranger les instruments de participation populaire qu'elle a institués comme moyens de corriger (au sens large de stimuler, proposer, modifier ou contrôler) le processus de décision politique assigné aux organes représentatifs. Pour autant, c'est en vain que l'on chercherait, parmi ces instruments de participation populaire, des formes de consultation directe des citoyens de la part des collectivités locales. En effet, la majeure partie de ce qui est prévu en ce domaine dans la Constitution concerne les processus décisionnels au niveau national et régional[432]. Aucune disposition dans la Constitution ne traite de formes de consultation locale.

---

[430] Andrea MORRONE est professeur de droit constitutionnel à l'*Alma Mater Studiorum* - Université de Bologne. Francesco CONTE est docteur en droit constitutionnel de ce même établissement. La présente étude est le fruit d'une réflexion commune : les paragraphes n° 1, 2 et 3 sont le fruit d'une élaboration conjointe ; les paragraphes n° 4 et 5 sont de Francesco Conte et le n° 6 d'Andrea Morrone.

[431] Traduit de l'italien par Thierry DI MANNO, professeur à l'Université de Toulon, directeur du *CDPC JEAN-CLAUDE ESCARRAS*, Université de Toulon, Aix-Marseille Univ, Univ Pau & Pays Adour, CNRS, DICE, Toulon, France.

[432] Il s'agit, en particulier, du référendum abrogatif (art. 75 de la Constitution), du référendum constitutionnel (art. 138 de la Constitution), de l'initiative législative populaire (art. 71 de la Constitution) et du droit de pétition (art. 50 de la Constitution). Parmi ces instruments, c'est sans aucun doute le référendum abrogatif qui a connu le plus grand succès. Malgré quelques vicissitudes, il a, en effet, eu souvent une incidence notable dans la vie publique, en allant jusqu'à jouer, de temps en temps, (même au détriment de sa fonction « nominale ») un rôle de catalyseur, de propulsion, de confirmation ou d'opposition. Les autres instruments mentionnés ont eu, au contraire, une utilisation beaucoup plus circonscrite. Cette situation s'explique, pour le référendum constitutionnel, par des raisons intrinsèques, puisqu'on ne peut y recourir éventuellement que dans le cadre de la procédure de formation des lois constitutionnelles ou de révision de la Constitution. En revanche,

Comme on le verra plus loin dans cette étude, l'expérience participative locale s'est développée ou bien dans la pratique ou bien au moyen de la législation, ce qui n'a pas manqué de soulever des questions théoriques et pratiques de grand intérêt pour le droit constitutionnel, également dans une perspective comparatiste. Après un bref *excursus* historique (paragraphe n° 2), nous analyserons (paragraphe n° 3) les problèmes relatifs au fondement constitutionnel de la participation populaire au niveau communal, la réglementation contenue dans le texte unique sur l'ordonnancement des collectivités locales (paragraphe n° 4), la mise en œuvre concrète réservée dans les statuts et dans les règlements communaux, en particulier, au référendum populaire local (paragraphe n° 5). Pour finir (paragraphe n° 6), on développera quelques brèves considérations de synthèse sur les problèmes que le référendum communal a posés dans le cadre de la thématique générale relative aux deux éléments, plébiscitaire et représentatif, qui caractérisent l'Etat constitutionnel (pas seulement en Italie).

II- La participation populaire dans les communes : bref *excursus* historique

Avant la Constitution, les seules formes de participation populaire au niveau local que l'on connaissait dans l'ordonnancement italien, étaient représentées par les référendums populaires relatifs à la gestion directe de services publics par les communes. La première réglementation remontait à la loi n° 103 de 1903 [433], qui prévoyait, en

---

le faible engouement pour la pétition et l'initiative législative populaire tient, probablement, au fait qu'elles sont pratiquement privées (même à la lumière des règlements parlementaires) d'effets juridiquement significatifs. A côté de ces instruments, la Constitution prévoit des formes de consultation populaire sur les transformations territoriales réservées aux populations intéressées (art. 132, premier et deuxième alinéas, de la Constitution ; art. 133, deuxième alinéa, de la Constitution : ce sont ce que l'on appelle les « référendums territoriaux ») et reconnaît aux Régions la faculté de réglementer, dans leurs propres statuts, le référendum sur les lois et sur les actes administratifs régionaux (art. 123 de la Constitution). A une époque relativement récente, enfin, on a introduit, par la loi constitutionnelle n°1 de 1999, le référendum pour l'approbation des statuts régionaux (art. 123, troisième alinéa, de la Constitution).

[433] Loi relative à la « Gestion directe de services publics par les communes » publiée à la *Gazzetta Ufficiale* du 3 avril 1903. Les modalités du référendum étaient régies

son article 13, l'organisation obligatoire d'une consultation des électeurs de la commune pour l'approbation de toute délibération communale ayant pour objet la municipalisation d'un service. Le recours au référendum avait été ensuite rendu facultatif : par effet de l'article 10 du décret royal n° 3047 du 30 décembre 1923, relié ensuite à l'article 12 du décret royal n° 2578 du 15 octobre 1925, la possibilité de recourir aux référendums communaux dépendait de l'opposition d'un vingtième des électeurs de la Commune, ou bien d'un tiers des conseillers municipaux à la délibération du conseil municipal. Ces dispositions furent considérées, de manière cohérente, comme implicitement abrogées avec l'ordonnancement du Fascisme : l'entrée en vigueur de l'article 343 du décret royal n° 383 du 3 mars 1934 qui dictait une réglementation organique des collectivités locales, excluait, de fait, toute forme de consultation populaire [434].

Le cadre des autonomies locales, délimité par le texte unique de 1934, est resté en vigueur également à l'époque républicaine. Il a fallu, en effet, attendre la loi n° 142 de 1990, prise en application de l'article 128 de la Constitution qui prévoyait une loi générale de la République pour définir l'ordonnancement des collectivités locales, pour qu'elle s'y substitue.

Malgré ce, avant cette importante loi, n'ont précisément pas manqué dans l'expérience juridique certaines formes limitées de participation populaire au niveau communal. Sur le plan normatif, la seule référence se trouvait à l'article 15 de la loi n° 278 du 8 avril 1976 (*Normes sur la décentralisation et sur la participation des citoyens à l'administration de la commune*) qui réglementait deux formes de pétition populaire : la première pouvait être adressée au Conseil municipal par les électeurs de la Commune, mais dans le but exclusif de « promouvoir la décentralisation communale » (et donc pour l'institution de circonscriptions) ; l'autre pétition pouvait, au contraire,

---

par les articles 91 et s. du règlement d'exécution (décret royal n°108 du 10 mars 1904).

[434] « Texte unique de la loi communale et provinciale ». L'article 343 précité disposait, en effet, que « les délibérations des communes, des provinces et des communautés, complétées, le cas échéant, avec les approbations prescrites ou devenues, en tout état de cause, exécutives, sont des actes définitifs », avec la conséquence qu'il en résultait aucune marge pour l'expérience de consultations populaires. Cf., sur ce point, B. CARAVITA, « I referendum locali tra sperimentazione, orientamenti giurisprudenziali e innovazioni legislative », *Politica del Diritto*, 1-1989, pp. 23-45.

être adressée au Conseil de la circonscription et devait être en rapport avec les « affaires relevant de sa compétence ». Dans les deux cas, ces pétitions comportaient des effets obligatoires pour les organes auxquels elles s'adressaient. Le quatrième alinéa de l'article 15 de la loi précitée disposait, en particulier, que « le conseil municipal et le conseil de circonscription (devaient), dans les soixante jours, exprimer leur position sur le contenu de la pétition, selon les modalités prévues par le règlement adopté par le conseil municipal ». Le *ratio* de la loi qui s'évinçait de son intitulé même était de favoriser la « participation des citoyens à l'administration de la commune ». Cette finalité poursuivie par la loi était encore plus explicite dans les travaux parlementaires, lorsqu'on soulignait la nécessité de donner satisfaction à l'exigence diffuse et croissante d'« une liberté active qui consiste dans l'exercice de la participation et du contrôle et dans la mise en œuvre de formes d'auto-gouvernement »[435]. Ce timide dispositif découlait, en fait, du climat favorable de ces années où, après la « révolution culturelle de 1968 », des formules politiques de centre gauche s'étaient consolidées au niveau gouvernemental et favorisaient la mise en œuvre de dispositions constitutionnelles restées jusque-là lettre morte : parmi celles-ci, surtout le statut des travailleurs (loi n° 300 de 1970), les référendums prévus dans la Constitution (loi n° 352 de 1970), l'ordonnancement régional (loi n° 168 de 1968 sur l'élection des premiers conseillers régionaux ; loi n° 281 de 1970 sur les finances régionales et sur l'exercice du pouvoir législatif régional). Dans ces lois, au-delà de la réglementation particulière, il était possible de saisir un fil rouge commun : tenter de mettre en place des instances participatives populaires à tous les niveaux, comme formes de contre-pouvoir, considérées, au moins dans les intentions de la classe politique, comme nécessaires pour rééquilibrer la centralité des institutions de la démocratie représentative (parmi lesquelles surtout le Parlement et les conseils régionaux et locaux) et l'hégémonie indiscutable des partis politiques.

Dans ce cadre, se sont déroulées les premières expériences qui ont vu les communes introduire elles-mêmes certaines formes de participation populaire dans leurs règlements, anticipant, par là même,

[435] Cf. rapport du député Paolo Cabras au cours de la séance de la Chambre des Députés du 5 avril 1976, pour la discussion du projet de loi n° 4387, pp. 27184 et s. Le député Cabras y affirmait également que « le caractère de loi-cadre de ce texte ouvre la perspective d'une mise en œuvre large et d'une expérimentation articulée ». Le texte du rapport peut être trouvé sur le site Internet http://legislature.camera.it.

en partie le contenu de la réforme de l'ordonnancement des collectivités locales de 1990 [436]. Les demandes de participation émanant de la population étaient plus présentes et plus pressantes dans les communes, précisément en raison du fait que, souvent au niveau communal, le lien entre gouvernés et gouvernants est plus intense et plus proche [437].

III- Le problème de la légitimité et du fondement constitutionnel des instruments de participation populaire communale

Dans le silence de la Constitution et en l'absence de la loi générale sur l'ordonnancement des collectivités locales prévue par l'article 128 de la Constitution, la pratique des référendums communaux, qui s'est donc développée dans un contexte de vide normatif, a soulevé d'importants problèmes de légitimité pratiques et théoriques.

Après une première série de décisions défavorables à la reconnaissance des référendums communaux *praeter legem* [438], la jurisprudence administrative s'est orientée vers leur reconnaissance [439], au motif que « l'Administration dispose du pouvoir discrétionnaire le plus ample dans la détermination des éléments à obtenir (et sur la manière de les obtenir) afin d'adopter les mesures appropriées pour

---

[436] Ce sont, par exemple, les cas des Communes de Gênes et de Ravenne. En particulier, la Commune de Gênes a organisé, en concomitance avec cinq référendums nationaux, le 8 novembre 1987, une consultation communale portant sur la question suivante : « Etes-vous favorable à une limitation progressive et graduelle du trafic citadin grâce à une utilisation plus grande des transports publics et au développement raisonné de zones piétonnes ? ». La Commune de Ravenne a également organisé un référendum sur le trafic citadin le 18 juin 1989. D'autres consultations sur le trafic citadin organisées avant la loi n° 142 de 1990 sont rappelées également dans A. D'ANDREA, « Partecipazione e "diritti quotidiani". Le consultazioni locali sul traffico », *Democrazia e diritto*, 1-1990, pp. 91-107.

[437] B. PEZZINI, « Il referendum consultivo nel contesto istituzionale italiano », cit., pp. 444 et s.

[438] Décisions signalées par A. TORRE, « La giurisprudenza dei TAR in materia di referendum comunali », *Rivista ANCI*, n° 10-1988.

[439] Cf. Tribunal administratif régional du Latium, sect. II, 28 mars 1986, n0 824, in *Giustizia civile*, 3-1987, p. 722 et s. ; Tribunal administratif régional de Toscane, 11 juillet 1986, n° 1016, in *Rivista giuridica dell'ambiente*, 1988, p. 686 et s., note N. Cerasa.

répondre aux intérêts publics »[440]. Cette position prise par la jurisprudence administrative avait pour effet de valoriser le rôle de l'administration des collectivités locales et l'étendue du pouvoir discrétionnaire dont ces dernières disposaient dans l'exercice de leur action. Concrètement, elle avait aussi pour conséquence de reconnaître le caractère informel[441] de la procédure d'instruction, puisque les administrations communales se voyaient reconnaître la possibilité d'obtenir directement, en l'occurrence au moyen de consultations populaires, la représentation des intérêts en jeu dans la communauté de référence.

La problématique du fondement constitutionnel du pouvoir de la commune de consulter directement ses habitants a pris une plus

---

[440] Tribunal administratif régional de Toscane, n° 1016 de 1988, cit., point 5 de la motivation. Dans le cas d'espèce, il s'agissait d'un établissement industriel à fort impact sur l'environnement, sis sur la Commune de Massa. Les questions soumises à référendum avaient été formulées par le Conseil municipal de Massa et étaient adressées non seulement aux habitants de la Commune de Massa, mais également aux habitants des communes limitrophes (Carrare et Montignoso, dont les conseils municipaux avaient décidé autant de consultations de contenu identique) qui étaient pareillement concernés par les exhalaisons de cet établissement. Les juges avaient, de toute façon, précisé que « si l'insertion dans la procédure d'une consultation référendaire a pour but de transférer au corps électoral les choix que la loi confie aux organes de l'Administration, une telle insertion ne pourrait échapper à la censure en raison de sa contrariété avec l'organisation des pouvoirs publics ». En d'autres termes, les organes communaux ne peuvent se dépouiller de leurs propres compétences en les transférant au corps électoral. Dans ces conditions, l'expression du corps électoral ne peut que revêtir la valeur d'un avis que les organes de l'Administration peuvent apprécier avec d'autres éléments afin de prendre une mesure dont ils assumeront l'entière responsabilité. En l'espèce, les votants se sont exprimés à 70 % pour la fermeture de cet établissement et l'arrêté du maire avait alors refusé le renouvellement de l'autorisation de l'établissement. Les juges, tout en regardant comme légitime la consultation référendaire, ont, néanmoins, annulé la décision de refus du maire, en tant que ce dernier n'avait pas pris en compte d'autres éléments qui auraient pu démontrer le fonctionnement correct de cette structure. L'établissement industriel fut, en tout état de cause, fermé définitivement peu après, en raison d'une explosion (cf. la note de N. Cerasa sous la décision citée in *Giust. civ.*, cit., p. 704).

[441] B. PEZZINI observe que « la voie par laquelle la jurisprudence administrative parvient à justifier le référendum consultatif communal est celle de la reconnaissance et de la valorisation du principe du caractère informel de la phase d'instruction de la procédure administrative, afin de saisir librement et de représenter les intérêts en jeu, au soutien des choix qui, en tout état de cause, relèvent, de manière exclusive, de l'organe élu de la commune », in « Il referendum consultivo nel contesto istituzionale italiano », cit., p. 444 et s.

grande consistance dans la réflexion de la doctrine [442]. Le débat peut se résumer autour de deux théories essentielles.

Selon une première approche [443], en l'absence d'une base constitutionnelle expresse, ou, à tout le moins, législative [444], on ne peut concevoir un quelconque pouvoir des communes à fixer (et encore moins à réglementer) un référendum, même sur des questions purement d'intérêt local. La thèse la plus restrictive se fondait sur les

---

[442] Les différentes positions prises dans ce débat sont analysées par M. ALÌ, *Studi sui procedimenti amministrativi a partecipazione popolare*, Giuffrè, Milan, 1970, en particulier p. 130 et s. Voir également A. BARDUSCO, « Sui referendum locali », *Amministrare*, n° 1/2, 1989, p. 126 ; B. CARAVITA, « I referendum locali tra sperimentazione, orientamenti giuridici e innovazioni legislative », *Politica del diritto*, 1-1989, p. 23 ; S. BARTOLE, E. BETTINELLI, « Trieste : cronaca e problemi di una consultazione popolare non svolta », *Politica del diritto*, 4-1980, p. 639 ; D. NOCILLA, « Trieste e la "Ragion Politica" », *Diritto e società*, 2-1980, pp. 315-328 ; P. M. VIPIANA, « Referendum consultivi regionali e comunali », *Diritto e società*, 1990, p. 239.

[443] D. Nocilla, « Trieste e la "Ragion Politica", cit. Dans cette étude, l'auteur souligne que « le même article 1er ne prévoit pas que les sujets des différentes communautés (nationale, régionale, provinciale ou communale) soient interrogés en dehors des hypothèses et des formes prévues par la Constitution elle-même : la règle étant que la volonté de la population doit se manifester par ses représentants élus, sauf pour ces instruments de démocratie directe expressément mentionnés dans la Constitution elle-même ». En d'autres termes, seule une loi constitutionnelle pourrait introduire d'autres instruments de participation populaire, comme cela s'est d'ailleurs produit avec la loi constitutionnelle n° 2 du 3 avril 1989, pour le référendum d'« orientation » sur les Communautés européennes (« Etes-vous favorable à la transformation des Communautés européennes en une Union effective, dotée d'un Gouvernement responsable devant le Parlement, en confiant au même Parlement européen le mandat de rédiger un projet de Constitution européenne à soumettre directement à la ratification des organes compétents des Etats membres de la Communauté ? »).

[444] On considère que le texte originaire de l'article 128 de la Constitution (désormais abrogé par la loi constitutionnelle n° 3 du 18 octobre 2001) qui, précisément, constituait le fondement de l'autonomie des collectivités locales, représentait, en même temps, un obstacle formel à une réglementation *praeter legem* d'instruments de participation populaire dans le cadre local, dans la mesure où il circonscrivait l'espace d'action « des provinces et des communes » à l'intérieur de « principes établis par les lois générales de la République qui en déterminent les fonctions ». Aujourd'hui, à la suite de l'abrogation de l'article 128 de la Constitution et des modifications apportées à l'article 114 de la Constitution, les collectivités locales, d'une manière analogue à la Région, sont qualifiées de « collectivités autonomes ayant des statuts, des pouvoirs et des fonctions qui leur sont propres selon les principes établis par la Constitution » (et non plus, donc, par « les lois générales de la République »).

principes généraux de légalité [445] et de typicité du droit public [446] ainsi que sur l'argument *ubi lex voluit dixit* (en contradiction avec le rappel express des autres instruments de participation nationaux et régionaux). En particulier, cette doctrine donnait une interprétation restrictive de la portée de l'article 1er, alinéa 2, de la Constitution, aux termes duquel la souveraineté s'exerce « dans les formes et dans les limites établies par la Constitution ».

D'autres auteurs [447] ont soutenu, au contraire, que, même dans le silence du législateur (et de la Constitution [448]), l'on pouvait parfaitement admettre des arrêtés municipaux portant sur des formes de consultation populaire (mais seulement s'ils avaient pour objet des questions d'intérêt exclusivement communal [449]), en application du

---

[445] Selon une approche intermédiaire, la réglementation du référendum portant sur l'activité de l'administration peut être précisée également dans des lois ordinaires, dans le respect, cependant, des limites découlant de la Constitution. Au soutien de cette thèse, on fait alors valoir que « le modèle de la démocratie représentative pour toutes les entités qui s'y rattachent selon les principes constitutionnels ne peut être vidé de sa substance par l'effet du référendum. Par voie de conséquence, le référendum ne pourrait certainement pas être regardé dans l'ordonnancement (ou, en tout état de cause, entendu dans la pratique) comme un instrument général/obligatoire/contraignant », alors que, en l'absence d'un texte législatif, on pourrait tout à fait admettre les référendums à caractère consultatif, puisque ces derniers « ne pourraient ni exercer d'effets contraignants ni lier l'action [...] de ces entités qui jouissent de l'autonomie politique » (E. CODINI, « Referendum nel diritto amministrativo », *Digesto — Discipline Pubblicistiche*, www.leggiditalia.it).

[446] D. NOCILLA, « Trieste e la "Ragion Politica" », cit., p. 321.

[447] B. CARAVITA, « I referendum locali », cit., p. 24.

[448] Selon B. PEZZINI (« Il referendum consultivo nel contesto istituzionale italiano », *Diritto e società*, 1992, pp. 429-473), une loi constitutionnelle serait nécessaire seulement dans l'hypothèse où « on voudrait agir sur le plan national, c'est-à-dire dans un rapport avec les organes politiques » (p. 436).

[449] B. CARAVITA, « I referendum locali », cit. Selon cet auteur, on pourrait admettre les référendums communaux seulement s'ils portent sur des questions d'intérêt local et s'ils n'excèdent pas les limites géographiques de la commune. Par exemple, on ne pourrait pas concevoir une consultation ayant pour objet la fermeture ou non d'une usine, dans la mesure où « les intérêts en jeu ne sont pas spécifiquement propres aux habitants de la commune considérée, mais touchent des groupes beaucoup plus importants d'habitants » (p. 28). B. Caravita réserve, en tout cas, l'hypothèse où les communes soumettent à référendum l'exercice de leurs propres pouvoirs de proposition ou d'initiative sur la base — par exemple — des statuts régionaux : dans ce cas, l'objet du référendum communal, tout en dépassant le cadre communal, porterait, en réalité, « sur l'opportunité que la commune, en tant que porteur de l'intérêt de la collectivité locale », se fasse promotrice d'initiatives spécifiques (p. 29). En définitive, l'objet du référendum local, pour B. Caravita, pourrait excéder,

principe d'autonomie et du principe de la souveraineté populaire (respectivement art. 5 et art. 1er de la Constitution) [450]. Plus récemment, à propos des nouveaux instruments de « démocratie participative », on a pu également observer [451] qu'on pourrait trouver un autre fondement à la légitimité des tels instruments dans l'article 3, alinéa 2, de la Constitution, dès lors que ces derniers ont pour but de garantir « la participation effective de tous les travailleurs à l'organisation politique, économique et sociale du Pays » [452]. Selon cette dernière thèse, on ne doit pas retenir les instruments de « démocratie directe » prévus par la Constitution comme étant les seules formes possibles de participation populaire, mais on doit les regarder tout au plus comme un modèle auquel on peut se référer.

IV- La participation populaire dans les collectivités locales au regard du texte unique relatif aux collectivités locales

C'est la loi n° 142 du 8 juin 1990 relative à l'ordonnancement des collectivités locales qui donne la première base législative aux instruments de participation. Ce texte législatif consacre un titre entier à cette question (le titre III de la loi), qui s'intitule significativement « Instruments de participation » et qui, en particulier, dans son

---

concrètement, les limites territoriales de la commune, s'il existe un intérêt de la communauté locale (Contra L. VANDELLI, « Consultazioni popolari a livello locale : prospettive e ipotesi », *Regione e governo locale*, n° 3/5, 1986, p. 1 et s. : cet auteur défend, au contraire, une coïncidence entre compétences des communes et rayon d'action des référendums communaux). Dans le cas de Farmoplant (Tribunal administratif régional de Toscane, 11 juillet 1988, n° 1016), les juges ont admis précisément un référendum ayant pour objet la fermeture d'une usine polluante : en l'espèce, la consultation avait concerné en même temps trois communes, sur la base de délibérations prises par les conseils municipaux respectifs.

[450] Cf. S. FOIS, Rapport au colloque sur *Il dettato costituzionale in tema di referendum (Atti del 2° Convegno giuridico promosso dal gruppo parlamentare radicale)*, 1978, p. 11 et s.

[451] U. ALLEGRETTI, « Democrazia partecipativa », in *Enciclopedia del diritto, Annali IV*, Milan, Giuffrè, 2011, pp. 295-335, et spécialement p. 317 et s.

[452] « De sa formulation, certes, le Constituant n'a pas été capable de tirer [...] les concrétisations spécifiques et précises qui auraient été possibles : possibles abstraitement, parce que la phase historique n'avait pas encore abouti dans aucun pays, ni du point de vue théorique, ni du point de vue pratique, à en extraire toutes les virtualités. En en parlant, l'Assemblée constituante a laissé à l'histoire future la tâche d'assimiler ses potentialités et de les traduire en actes », U. ALLEGRETTI, *Ibid.*, p. 318.

article 6, régit ces instruments que l'on peut qualifier précisément d'instruments de « participation populaire » au sens strict. Ces dispositions législatives ont subi, par la suite, quelques modifications significatives [453] avec la loi n° 265 du 3 août 1999 et ont été, enfin, transposées intégralement dans le décret législatif n° 267 du 18 août 2000 (Texte unique des lois sur l'ordonnancement des collectivités locales, en forme abrégée TUCL), dans la Partie I « Organisation institutionnelle » au Titre Ier « Dispositions générales ».

En même temps, le législateur a conféré à la participation populaire le *statut* d'exigence à prévoir dans les statuts des collectivités locales (exigence découlant des « normes fondamentales pour l'organisation de la collectivité », au sens de l'article 4 de la loi n° 142 de 1990 et de l'article 6 du décret législatif n° 267 de 2000). Les instruments de participation populaire ont alors été introduits, à plein titre, dans les statuts des collectivités locales qui, depuis la loi n° 142 de 1990, doivent obligatoirement déterminer « les formes […] de la participation populaire ».

Plus particulièrement, l'article 8 du TUCL prévoit, à l'alinéa premier, l'obligation pour les communes de valoriser « des formes associatives libres » et de promouvoir « des organismes de participation », sans, pour autant, préciser les caractéristiques des unes et des autres.

D'une part, les « formes associatives libres » peuvent être identifiées comme des personnes juridiques de droit privé au sens des articles 14 et s. du Code civil et de l'article 18 de la Constitution, et plus généralement comme des « formations sociales » protégées par l'article 2 de la Constitution. Il s'agit, en tout cas, d'agrégations spontanées, qui viennent d'« en bas », et dont le TUCL se borne à pousser les communes à s'engager à les promouvoir. L'expression utilisée (« les Communes *valorisent*… ») suggère l'exclusion de toute ingérence dans la vie interne des associations de la part des

---

[453] A. Zucchetti observe que « les modifications apportées par la loi n° 265 de 1999 et réinsérées à l'article 8 du texte unique apparaissent bien plus importantes dans la mesure où elles ont pour effet d'étendre notoirement le concept même de participation aussi bien sous le profil *subjectif* (c'est-à-dire *qui* peut participer) que sous le profil *objectif* (*comment* on peut participer) ». Voir A. ZUCCHETTI, « Articolo 8 », in V. ITALIA (sous la dir. de), *Testo unico degli enti locali*, vol. I, Milan, Giuffrè, 2000, p. 86 et s.

administrations [454] qui doivent se limiter à régir les « rapports » avec elles.

Les organismes de participation populaire sont, en revanche, directement institués par les collectivités locales qui peuvent en régir également le fonctionnement et l'organisation interne, en plus de leurs domaines spécifiques d'action qu'elles peuvent déterminer avant tout. Aussi bien les formes associatives libres que les organismes de participation peuvent opérer « également à partir de quartiers ou de hameaux ».

Le troisième alinéa dispose, en outre, que dans les statuts doivent être prévues « des formes de consultation de la population ainsi que des procédures pour l'admission de demandes, de pétitions, de propositions de simples citoyens ou d'associations de citoyens tendant à promouvoir des interventions en faveur d'une meilleure protection d'intérêts collectifs », au-delà des modalités spécifiques pour en garantir « l'examen en temps utile ». Doit être également prévue la faculté (et non l'obligation) de recourir au « référendum » [455], dont l'annonce peut être précédée (mais le choix est laissé aux statuts [456]) par la demande d'un nombre approprié de citoyens.

---

[454] Il s'ensuit que « l'associationnisme doit être valorisé sous toutes les formes ou de quelque manière où il s'exprime ». Cf. G. ROLLA, T. GROPPI, L. LUATTI, *L'Ordinamento dei comuni e delle provincie*, Milan, Giuffrè, 1990-1993, p. 69. Ces auteurs observent, cependant, que, dans la pratique de différentes communes, on trouve la constitution de registres des associations ou bien de tableaux spéciaux où sont inscrites les associations titulaires de droits de participation. Dans certains cas, l'inscription peut être subordonnée à la vérification de l'activité effectivement exercée par l'association. Sur ce point, les auteurs relèvent que « ce choix peut être critiquable, dans la mesure où, selon la loi n° 142 de 1990 [mais les conclusions peuvent être les mêmes pour le décret législatif n° 267 de 2000, en raison de la teneur identique des dispositions *de quibus, n. d. a.*], la valorisation des associations doit être réalisée indépendamment de leur inscription dans un tableau, qui ne peut d'ailleurs être dressé que pour faire connaître les associations elles-mêmes. »

[455] Dans le texte de la loi n° 142 de 1990, les référendums étaient expressément qualifiés de consultatifs. Cette qualification a été retirée par la loi n° 265 de 1999 et est absente dans le TUCL. Une interprétation de cette disposition sous un angle historico-téléologique pousse, donc, à retenir que les collectivités locales peuvent également prévoir des formes de référendum, précisément, différentes des référendums consultatifs.

[456] Bien que le législateur ait attribué aux statuts la faculté de conférer ou non le pouvoir d'initiative aux citoyens, « si on entend éviter les risques inhérents au modèle plébiscitaire (à partir du choix de la question et des délais « par le haut »), la prévision de mécanismes d'activation populaire ne se présente pas comme

Par conséquent, si les « demandes », les « pétitions », les « propositions » et les « formes de consultation populaire » constituent un contenu « nécessaire » des statuts, les « référendums » relèvent, eux, de leur contenu facultatif. Il semble, cependant, opportun de tenter de tracer une ligne de démarcation entre les deux dernières figures (« formes de consultation » et « référendums ») qui doivent être, en tout cas, distinguées dans l'intention du législateur [457], bien que, conceptuellement au moins en partie, elles puissent se confondre. A bien voir, en effet, l'expression « formes de consultation » est si large qu'elle peut englober tout type de référendum.

La distinction entre les « formes de consultation » et les « référendums » pourrait, donc, se concevoir sur le plan procédural ou sur le plan des effets. Ainsi, les « formes de consultation » pourraient être qualifiées, dans un sens restrictif, comme une sorte de « sondages institutionnalisés » [458], privés de formalisme particulier et au moyen desquels les organes politiques peuvent connaître l'orientation des citoyens au sujet d'une décision politico-administrative à adopter [459]. Par contraste, on pourrait souligner que les référendums (même s'ils ne sont pas contraignants) suivent toujours un *iter* préétabli et ajoutent à une efficacité politique des effets juridiques, qui, au contraire, feraient immanquablement défaut dans le cas de consultations informelles [460].

Les seules limites prévues, en général, aussi bien pour les référendums que pour les « consultations » touchent, au contraire, à leur contenu (qui doit se référer à « des matières de compétence exclusivement locale ») et à l'interdiction de les organiser en même

---

indispensable ». Voir, en ce sens, L. VANDELLI, *Ordinamento delle autonomie locali. Commento alla legge 8 giugno 1990, n° 142*, Rimini, Maggioli, 1991, *ivi*, p. 107.

[457] A. ZUCCHETTI, *Articolo 8*, *cit.*, p. 124. En sens analogue, voir également P. V. ULERI, *Le consultazioni popolari a livello comunale in Italia, un problema di legittimazione politica*, in *Regione e governo locale,* 1986, 3-5, ivi, pp. 52 et s.

[458] Cf. B. CARAVITA, *I referendum locali tra sperimentazione, orientamenti giurisprudenziali e innovazioni legislative*, *cit.*, p. 23 et s.

[459] A. ZUCCHETTI, *Articolo 8*, *cit.*, p. 124.

[460] Toutefois, A. ZUCCHETTI, *Articolo 8*, *cit.*, p. 126, relève que, « bien que, d'un point de vue juridique, la consultation soit dépourvue de toute efficacité juridique, on ne peut pas exclure qu'elle ait, en revanche, un poids politique important qui pourrait exercer une incidence sur le contenu même de la décision et qui, partant, en pouvant altérer la structure de la phase décisionnelle, pourrait, dans des circonstances particulières, assumer une efficacité juridique digne d'être notée ».

temps que d'autres opérations de vote [461], afin de garantir la nécessaire sérénité du vote et de « ne pas superposer des significations politiques à des appréciations sur des problèmes déterminés » [462].

Certains des procédés de participation régis par le TUCL ne sont pas expressément réservés aux seuls citoyens et en sont donc potentiellement titulaires également les étrangers (éventuellement) résidents. Parmi ceux-ci, on y range les libres « formes associatives » et les « organismes de participation populaire ». Dans ces cas, la loi n'exige pas le *status* de citoyen et même la référence originelle aux citoyens un temps prévu par la loi n° 142 de 1990 a disparu avec la loi n° 265 de 1999.

Sont, en revanche, réservés aux citoyens les droits potentiellement connexes à l'exercice de la souveraineté populaire, ou bien la faculté de porter « des demandes, pétitions et propositions [...] tendant à promouvoir des interventions en faveur d'une meilleure protection d'intérêts collectifs » et, en même temps, la demande d'un référendum (lorsque les statuts le prévoient) peut provenir également « d'un nombre approprié de citoyens » (au-delà de l'administration communale, comme on pourrait l'entendre).

Plus floue est, en revanche, l'individualisation des sujets appelés à participer aux « formes de consultation de la population », au sens de l'article 8, alinéa 3, du TUCL. En effet, l'expression « population » peut être utilisée dans son sens large d'« ensemble des personnes vivant sur un territoire donné » [463] ou bien dans celui de fraction du « peuple » « constituée des personnes qui composent la communauté territoriale » [464], ce qui exige, dans cette seconde hypothèse, de répondre à la fois à la condition de la citoyenneté et à la condition de

---

[461] Le législateur de 1990 avait introduit une interdiction de portée générale concernant « toutes les opérations de vote ». Par la suite, l'article 3 de la loi n° 265 du 3 août 1999 a restreint le cadre d'application de cette interdiction aux seules consultations électorales locales. La nouvelle formulation a été maintenue en 2000 également par le législateur délégué. L'actuel article 8 du décret législatif n° 267 de 2000 dispose, en effet, que « les consultations et les référendums dont traite le présent article doivent concerner des matières de compétence exclusivement locale et *ne peuvent avoir lieu en même temps que des opérations électorales provinciales, communales et concernant des circonscriptions* (c'est nous qui soulignons).

[462] Ainsi L. VANDELLI, *Ordinamento delle autonomie locali*, *cit.*, *ivi*, p. 109.

[463] Cf. entrée « Popolazione », in *Enciclopedia Treccani*, 2010.

[464] G. VIGNOCCHI, G. GHETTI, *Comuni e province nell'ordinamento italiano*, UTET, Turin, 1980, pp. 53-54.

résidence [465]. La première interprétation qui étend les formes de consultation à tous les habitants du territoire de la commune [466] semble plus convaincante, en l'absence de limitations spécifiques prévues par la loi.

Enfin, le 5e alinéa de l'article 8 du TUCL [467] autorise les collectivités locales à promouvoir des « formes de participation » aussi bien pour les citoyens de l'Union européenne que pour les étrangers « en situation régulière ». En raison de la portée générale de cette disposition, on ne peut pas exclure que les statuts, en plus de réglementer des mécanismes de représentation institutionnelle des citoyens de l'Union européenne et des étrangers en situation régulière (on pense aux différentes commissions instituées comme organes consultatifs auprès des conseils municipaux) [468], puissent étendre à ces catégories de sujets également la possibilité d'accéder aux procédés de participation réservés aux citoyens. Par conséquent, et en dernière analyse, ces droits de participation sont attribués *ex lege* aux citoyens [469], mais les collectivités locales sembleraient disposer de la faculté d'en faire également bénéficier les étrangers en situation régulière.

Sous un profil différent, les titulaires des droits de participation peuvent agir aussi bien comme individus qu'en forme associée. Si, d'un côté, la forme associée est nécessaire *in re ipsa* pour l'exercice des droits qui découlent de l'alinéa 1er de l'article 8 (qui permet une confrontation directe entre associations ou organismes de participation

---

465 G. VIGNOCCHI, G. GHETTI, *Comuni e province*, *cit.*, p. 54 et s.

466 Cf. A ZUCCHETTI, *Articolo 8*, *cit.*, qui range la « consultation de la population » parmi les formes de participation étendues à « toute personne ». Ivi, p. 94.

467 « Les statuts, en s'inspirant des principes de la loi n° 203 du 8 mars 1994 et du décret législatif n° 286 du 25 juillet 1998, promeuvent des formes de participation à la vie publique locale des citoyens de l'Union européenne et des étrangers en situation régulière ».

468 Que les collectivités locales sont tenues, en tout état de cause, de prévoir en vertu de l'article 2 du décret législatif n° 286 du 25 juillet 1998 et de la loi n° 203 du 8 mars 1994 (« Ratification et exécution de la convention sur la participation des étrangers à la vie publique locale, faite à Strasbourg le 5 février 1992, dans ses chapitres A et B seulement »).

469 Mais il appartient, en tout état de cause, aux statuts de définir ultérieurement le « lien » de ceux-ci avec le territoire (s'ils doivent être résidents ou s'il est suffisant qu'ils aient élu domicile), ainsi que l'âge minimum pour l'acquisition de la titularité des droits spécifiques de participation (excepté les cas où le législateur se réfère expressément aux « électeurs », ce qui a pour effet d'exclure les citoyens mineurs).

et l'administration publique), de l'autre, la formulation de demandes, de pétitions ou de propositions peut provenir aussi bien de simples individus que d'organisations de nature associative.

V- La réglementation des référendums dans les statuts des principales communes italiennes : analyse typologique et problèmes constitutionnels d'importance

Parmi les instruments de participation, le référendum local joue un rôle politique fondamental. On trouve différentes typologies de référendums dans les statuts communaux, mais la forme qui prévaut est celle du référendum consultatif[470]qui est repris presque partout (mais on doit garder présent à l'esprit que le *nomen juris* utilisé ne coïncide pas toujours avec les caractéristiques du procédé). Il s'agit de référendums préventifs ou successifs par rapport à l'adoption d'un acte administratif (à contenu normatif ou prescrivant des mesures) avec l'unique finalité de connaître l'orientation de la population concernant ce même acte [471]. Les référendums consultatifs prévus par les statuts communaux sont toujours éventuels et, dans la majeure partie des cas, sont dépourvus d'effets contraignants, hormis la nécessité (exigée dans certains statuts) que le conseil municipal délibère ou, à tout le moins,

---

[470] Ainsi définis par la doctrine par opposition aux référendums « délibératifs ». G. M. SALERNO, in *Referendum* (entrée), cit., par. 5, reconstruit de cette manière la distinction entre ces deux catégories : « Afin de parvenir à la définition la plus globale possible de la nature juridique du référendum, on a suggéré une distinction qui comprend toutes les formes référendaires : il y aurait, d'abord, les référendums dits « délibératifs », où la décision populaire se présente comme la manifestation de volonté du collège électoral ; le référendum se conclurait alors par un acte exprimant la volonté délibérative du peuple quand serait conféré à ce dernier un pouvoir dit « actif » ou bien la fonction d'éliminer la norme (ou la décision) préexistante. Il y aurait, ensuite, les référendums dits « consultatifs » pour lesquels la décision populaire se présente comme la manifestation de l'avis du collège électoral ; le référendum se conclurait alors par un acte exprimant le simple « avis » du peuple quand à ce dernier serait seulement conféré un pouvoir dit « consultatif » ou bien la fonction juridiquement importante de conseiller l'organe public dans le processus décisionnel en cours ».

[471] Même sur des propositions de révision des statuts. En ce sens, voir l'article 110 des Statuts de la Commune d'Ascoli Piceni et l'article 91 des Statuts de la Commune de Naples.

discute des suites du référendum [472]. Par rapport aux autres types, les référendums consultatifs sont soumis, en général, à des conditions moins importantes de recevabilité et de quorum pour leur validité qui, lorsqu'elles sont prévues, les rendent plus accessibles [473]. Cette situation s'explique précisément par l'absence de liens juridiques [474] qui découlent directement de la consultation.

---

[472] Mais la discussion peut être conditionnée par la nécessité d'atteindre un quorum. Par exemple, les Statuts de la Commune de Bolzano prévoient, dans leur article 59, alinéa 1er, que « dans le cas de référendum consultatif, le conseil municipal est tenu de se prononcer au fond dans les 30 (trente) jours qui suivent la proclamation des résultats, aussi bien s'il entend se conformer à ces résultats ou, au contraire, s'en écarter, à condition qu'au moins 40 % des électeurs plus un aient participé à la votation et que le texte soumis à référendum ait été approuvé par la majorité des votants ». Il faut souligner, toutefois, que les Statuts de la Commune de Bolzano prévoient les mêmes quorums de validité et d'approbation aussi bien pour les référendums consultatifs que pour les référendums propositifs et abrogatifs, avec la conséquence qu'un comité citoyen optera difficilement pour un référendum consultatif.

[473] Par exemple, le quorum de validité est fixé pour les référendums consultatifs à 40 % des électeurs des Communes d'Iglesias (art. 15, dernier alinéa, des Statuts d'Iglesias) et de Côme (article 19 des Statuts de Côme). En ce qui concerne la Commune de Ferrare, « il n'est prévu, pour les référendums consultatifs, aucun quorum de participation » (article 36, alinéa 6, des Statuts ; il est, en revanche, prévu un quorum de validité de 40 % pour le référendum abrogatif). Les Statuts de la Commune de Milan, qui réglementent les référendums consultatifs pour la proposition (référendums préventifs, art. 11) ou pour l'abrogation d'actes (référendums successifs, art. 12), prévoient deux quorums de validité différenciés : 30 % pour les premiers, et 40 % pour les seconds, même si, dans aucun des deux cas, le conseil municipal n'est nullement tenu de se conformer au résultat de la consultation.

[474] Dans certains cas, certains Statuts confèrent aux référendums formellement consultatifs des effets « quasi » contraignants. C'est précisément le cas lorsque ces statuts prévoient que le conseil municipal ne peut s'en écarter que par des délibérations collégiales approuvées à une majorité qualifiée. Pour la Commune de Lodi, par exemple, il est prévu que, « si le conseil municipal estime devoir ne pas adhérer à l'avis exprimé par la population relativement à la question objet du référendum, il doit expressément se prononcer à la majorité des trois quarts des élus par une délibération contenant une motivation développée et documentée, qui fait l'objet d'une publicité appropriée » (art. 16, al. 10, des Statuts de Lodi). D'une manière analogue, les Statuts de la Commune de Carrare prévoient que « la mise à l'écart des indications référendaires, découlant aussi bien des référendums consultatifs que propositifs, doit être décidée, par une délibération motivée, par les deux tiers des conseillers municipaux » (art. 65, al. 2, des Statuts). Dans ces cas, la distinction entre les référendums « consultatifs » et les autres types de référendums (abrogatifs, propositifs) tend à devenir plutôt floue. D'ailleurs, la distinction en

La prévalence du référendum consultatif par rapport aux autres types découle principalement de la formulation originaire de la loi n° 142 de 1990, qui permettait expressément seulement cette forme-là. Même si, à partir de 1999, a disparu toute référence spécifique aux référendums consultatifs, la majeure partie des statuts se limite encore aujourd'hui à prévoir uniquement ce type-là de référendum. Ne sont, cependant, pas rares les cas où sont prévus d'autres types de référendum, même dans les dispositions statutaires qui ont précédé la loi n° 265 de 1999.

Différents statuts [475] réglementent également des « référendums abrogatifs », qui consistent à poser des questions portant précisément sur l'abrogation d'un acte juridique en vigueur. Il s'agit, par conséquent, de consultations « successives », dont les effets sont, en principe, juridiquement contraignants [476]. Le modèle de référence, dans l'ordonnancement italien, est celui prévu par l'article 75 de la Constitution qui permet à 500 000 électeurs de demander l'abrogation totale ou partielle d'une loi ou d'un acte ayant force de loi (dans les limites prévues expressément ou celles, beaucoup plus larges, introduites par la Cour constitutionnelle). Dans le cadre régional, aux termes exprès de l'article 123 de la Constitution, les référendums — et donc également les référendums abrogatifs - peuvent concerner, outre les lois, également les « mesures administratives de la Région ».

En l'absence de limitations normatives spécifiques, les référendums abrogatifs dans les collectivités locales pourraient concerner, dans

---

catégories ou en types de référendums a une fonction essentiellement théorique et illustrative qui ne coïncide pas toujours avec la réglementation effective des consultations.

[475] A titre d'exemples, le référendum abrogatif est prévu dans les statuts de Carrare, de Cosenza, d'Enna, de Forli, de Pise, de Rome, de Turin et de Trente.

[476] L'approbation du référendum abrogatif, soumise habituellement à un quorum de validité, entraîne, en principe, la caducité automatique de l'acte soumis à la consultation populaire, même s'il est prévu des effets différés dans le temps afin de permettre au conseil municipal et à l'Exécutif communal de prendre les décisions opportunes au regard des résultats de la consultation. En ce sens, voir, par exemple, les Statuts des Communes d'Ancône (article 19, al. 9), de Carrare (article 65, al. 3), d'Enna (article 91, al. 4). Pour la Commune de Crémone, il est prévu que « l'objet de la consultation référendaire possède, comme le règlement le spécifie, un caractère propositif ou bien révocatoire », ce dernier étant alors assimilable à un référendum abrogatif. Toutefois, il n'est pas prévu de lui conférer des effets contraignants, dans la mesure où, en cas de résultat positif de la consultation, le conseil municipal est tenu de prendre une délibération, par laquelle il déclare vouloir s'y conformer ou, au contraire, s'en écarter » (Statuts de Crémone, art. 23).

l'abstrait, tous les actes des organes exécutifs à contenu normatif ou, en tout état de cause, de portée générale, alors même qu'ils sembleraient *prima facie* incompatibles avec des actes administratifs de gestion ou dotés d'efficacité particulière. Certains statuts attribuent à ces référendums des effets juridiquement non contraignants [477], mais, dans ces cas, ils sont alors assimilables à des référendums consultatifs.

Plus sporadique est la présence de « référendums confirmatifs », c'est-à-dire de consultations populaires destinées à approuver une mesure déjà délibérée par les organes politiques (d'une certaine manière, ce sont des référendums analogues au référendum « constitutionnel » et aux référendums sur les statuts des régions ordinaires prévus par les articles 138 et 123 de la Constitution). Il s'agit donc de consultations *successives* par rapport à une délibération prise par les organes représentatifs, même si elle intervient à un moment antérieur à l'entrée en vigueur de l'acte objet de la délibération elle-même, en la conditionnant [478]. En particulier, dans le cas où le corps électoral n'approuve pas l'acte objet de la consultation, ce dernier ne produira pas d'effets. En ce sens, ces référendums peuvent revêtir généralement des effets contraignants, dans la mesure où ils peuvent constituer un obstacle à l'entrée en vigueur d'un acte spécifique. Il s'agit, en général, de référendums éventuels qui peuvent être promus aussi bien par une fraction du corps électoral que par des organes politiques (ou par une minorité de membres en leur sein),

---

[477] Par exemple, les statuts de la Commune de Cosenza, qui traitent, dans leur article 9, à la fois des « référendums propositifs et abrogatifs », prévoient, au dixième alinéa de cette disposition, la possibilité que le conseil municipal s'écarte des résultats du référendum, bien que cette hypothèse soit liée à de strictes limites. Il est prévu, en effet, que « la décision de ne pas suivre les indications approuvées par les citoyens dans la consultation référendaire doit faire l'objet d'une motivation appropriée et doit être délibérée à la majorité des deux tiers des membres du conseil municipal ». A l'alinéa suivant, toutefois, il est interdit au conseil municipal et à l'équipe municipale de prendre des décisions contraires à la proposition référendaire, dans le cas où elle aurait été approuvée par un vote favorable à la majorité absolue des électeurs inscrits.

[478] Un exemple de ce type peut être trouvé dans le référendum « statutaire » introduit par l'article 17 de la loi régionale du Trentin-Haut Adige n° 11 de 2014, qui a modifié l'article 3 de la loi régionale du Trentin-Haut Adige n° 1 de 1993.

mais ils peuvent également être prévus d'une manière obligatoire afin de parfaire l'acte à confirmer [479].

Plusieurs statuts réglementent également des « référendums propositifs », ce qui constitue un type de référendum qui n'existe pas au niveau de l'Etat [480], alors qu'il est possible d'en repérer quelques exemples dans les statuts de certaines régions. A bien voir, les référendums prévus dans les statuts communaux, quel que soit le nom qui leur est donné, se présentent comme des consultations de nature très hétérogène quant à la procédure, aux effets et à l'objet des consultations elles-mêmes. Ces référendums correspondent, dans la doctrine comparatiste, à l'institution de l'*initiative* [481], souvent regardée comme distincte des référendums au sens strict. Il s'agit, dans tous les cas, de consultations qui précèdent une décision spécifique des organes de l'exécutif, qu'au contraire elles visent à solliciter. Leur

---

479 Sont des référendums confirmatifs « obligatoires » les référendums prévus par la loi régionale de Sicile n° 8 du 24 mars 2014, qui portent sur les délibérations des conseils municipaux pour l'adhésion aux communautés libres, c'est-à-dire aux entités intermédiaires qui se sont substituées en Sicile aux provinces. Au sens de la loi citée, les conseils municipaux peuvent : délibérer sur la constitution d'autres communautés libres que celles prévues par la loi (art. 2, al. 1er) ; adhérer à une communauté libre différente de celle d'appartenance (art. 2, al. 3). Dans les deux cas, il est nécessaire de prévoir une délibération du conseil municipal adoptée à la majorité des deux tiers des membres, dont l'efficacité est « subordonnée à l'issue favorable d'un référendum confirmatif, qui doit se tenir dans les soixante jours à compter de la date d'approbation de la délibération, selon les modalités établies dans les statuts communaux respectifs, et auquel peuvent participer les citoyens inscrits sur les listes électorales de la commune » (art. 2, al. 4). En revanche, il n'est pas exigé une consultation populaire pour la décision du conseil municipal (adoptée toujours à la majorité des deux tiers) de quitter ou d'adhérer à une cité métropolitaine (art. 9).

480 L'unique cas qui pourrait s'en rapprocher fut le référendum introduit par la loi constitutionnelle n° 2 de 1989 sur le mandat populaire donné aux représentants italiens au Parlement européen en vue de l'approbation du Traité de Maastricht. L'introduction de référendums propositifs était prévue dans le projet de loi de révision constitutionnelle « Renzi-Boschi » qui n'a pas été approuvé par le référendum constitutionnel du 4 décembre 2016.

481 Une partie de la doctrine tend à considérer comme distincte l'institution de l'*initiative* (NdT : en français dans le texte) et celle du référendum. Avec la première expression (que l'on peut traduire, non sans ambiguïté, par « initiative populaire »), on se réfère à une procédure au moyen de laquelle une fraction du corps électoral peut soumettre une proposition, même législative, au vote du peuple tout entier, alors qu'avec le référendum, on entend un procédé qui permet au peuple de se prononcer après une décision ou après toute expression de la volonté des organes élus (M. LUCIANI, *Articolo 75*, *cit.*, p. 127).

objet peut consister dans une proposition articulée [482], ou également (c'est le cas de ce que l'on appelle les « référendums-directives » [483]) dans l'expression de simples orientations. Dans le premier cas, certains statuts prévoient que le référendum peut suivre une précédente proposition d'initiative populaire qui n'a pas abouti, afin d'imposer une discussion sur celle-ci. Dans la plupart des cas, ces référendums sont privés d'effets contraignants et se limitent à demander une délibération qui peut toujours s'écarter des résultats de la consultation, même s'il peut être requis dans ce cas une majorité qualifiée [484]. Plus rarement, le résultat favorable du référendum peut entraîner l'obligation pour les organes communaux de prendre les mesures nécessaires pour se conformer au résultat du référendum ou également d'adopter directement la proposition, en assumant, parfois, la dénomination de référendums « approbatifs » [485].

Certains statuts confèrent des effets suspensifs [486] aux consultations référendaires. En effet, ils peuvent prévoir qu'à la suite de la demande de référendum, toute mesure ou discussion à tenir auprès des organes politiques, ayant le même objet, reste suspendue jusqu'au jour de la consultation référendaire [487]. Il s'agit moins d'un type autonome de référendums que d'une caractéristique éventuelle d'une forme déterminée de consultation populaire. La suspension peut, dans certains cas, être empêchée par une délibération du conseil municipal

---

[482] Cf., par exemple, article 42, point 5, des Statuts de Bari : « Les référendums propositifs proposent d'insérer dans l'ordonnancement communal de nouvelles normes statutaires ou réglementaires ou d'adopter des actes administratifs généraux qui n'engendrent pas de nouvelles dépenses ».

[483] Comme, par exemple, dans la Commune d'Arezzo (art. 16 des Statuts d'Arezzo) et dans la Commune de Milan (art. 11 des Statuts de Milan).

[484] Voir, par exemple, l'art. 19 des Statuts d'Ancône, qui dispose que le conseil municipal doit délibérer à la majorité absolue s'il entend s'écarter du résultat du référendum.

[485] Cf. Statuts de la Commune d'Enna (art. 91, alinéas 5 et 6), aux termes desquels « l'approbation du référendum provoque l'adoption de l'acte qui est soumis aux formes de contrôle prévues sur l'acte de l'organe de la collectivité locale ordinairement compétent en la matière ». Seulement dans ces cas, ces référendums rentrent dans la catégorie des référendums « délibératifs » au sens déjà vu *supra*.

[486] G. M. SALERNO parle, dans ces cas, de « référendums suspensifs », cf. *Referendum* (entrée), *cit.*, § 4, : « les référendums sont dits suspensifs lorsque la présentation de la demande de référendum entraîne la suspension de l'entrée en vigueur de l'acte soumis à la consultation populaire ».

[487] En ce sens, voir, par exemple, les cas des Communes d'Andria (art. 14, al. 2, des Statuts), de Bari (art. 64, al. 4, des Statuts) et de Trente (art. 19, al. 6, des Statuts).

pour des motifs tenant à une urgence particulière [488]. Au contraire, dans d'autres cas, les statuts prévoient expressément que la fixation de la date du référendum ne suspend pas l'efficacité des actes qui en forment l'objet [489]. La jurisprudence administrative a pu préciser [490] que, au cas où l'effet suspensif n'est pas prévu par les statuts ou par le règlement communal, les organes communaux peuvent délibérer dans les matières objet du référendum même avant la tenue de la consultation populaire, sauf si « l'organe communal compétent dans la matière en cause décide d'attendre que les citoyens se prononcent ».

De nombreuses communes ont institué des organes qui se sont vus confier la fonction spécifique de veiller à la régularité de la procédure référendaire et à la recevabilité des questions référendaires [491] : il s'agit, en dépit des fonctions décisoires attribuées, d'organes

---

[488] L'article 64, al. 4, des Statuts de la Commune de Bari dispose que « Lorsque le référendum a été fixé, doit être suspendue l'activité délibérative sur le même objet, sauf si, par une délibération approuvée aux deux tiers des voix des conseillers municipaux en charge, le conseil municipal, pour des motifs d'urgence particulière et de nécessité, en décide autrement ». Il ressort clairement de la teneur de cette disposition que la suspension ne concerne pas l'efficacité des actes déjà en vigueur, mais exclusivement les délibérations encore en cours. La *ratio* de la norme réside, par conséquent, dans la fonction du référendum entendu comme instrument effectif de participation. Le référendum s'insère dans un processus décisionnel comme un acte « endoprocédural ». Il apparaît alors comme une sorte d'avis qualifié, même si ses effets ne sont pas contraignants, mais sur le contenu duquel le conseil municipal est « tenu » de délibérer, en adoptant, par voie de conséquence, « les délibérations motivées qui le mettent en application ou, au contraire, qui ne lui donnent pas de suite » (art. 65, al. 4, des Statuts de Bari). Cf. également l'art. 7, al. 7, des Statuts de la Commune de Bologne.

[489] Les Statuts d'Asti, en leur article 37, al. 7, établissent que : « la fixation de la date du référendum ne suspend pas l'efficacité des mesures qui font l'objet de la consultation, sauf si une délibération contraire du Conseil municipal est adoptée à la majorité absolue de ses membres en vue de leur retrait ou de leur modification en conformité avec la question référendaire ; dans ce cas, le conseil municipal se prononce également sur le maintien des effets d'intérêt substantiel à l'accomplissement du référendum en vue de son déroulement ou non ». De manière analogique, les Statuts de Bergame, en leur article 65, dernier alinéa, prévoient que : « la fixation de la date du référendum n'entraîne pas la suspension de l'adoption de délibérations ou de mesures sur la matière objet de la consultation ».

[490] Tribunal administratif régional de Brescia Lombardie, Sect. I, 15 janvier 2008, n° 7 U. s.r.l. C. Com. Lumezzane, *Foro amm.* TAR 2008, I, I, 34.

[491] Les collectivités locales n'auraient eu, en effet, aucun titre pour instituer des organes de nature juridictionnelle au sens technique ni pour confier, en l'absence d'une loi de l'Etat qui l'autoriserait, d'autres fonctions à des organes juridictionnels déjà institués.

administratifs [492] et non pas juridictionnels. En général, ces organes, indépendamment des différents noms qu'ils reçoivent, ont pour mission de vérifier aussi bien la « légitimité » [493] que la « recevabilité » des questions référendaires. En d'autres termes, ils exercent des fonctions analogues à celles qui sont attribuées, en ce qui concerne les référendums nationaux, respectivement à la Cour constitutionnelle et à l'Office central pour le référendum près la Cour de cassation [494], sans, pour autant, offrir les mêmes garanties d'indépendance, puisqu'ils ne sont que des organes de nature administrative et non pas juridictionnelle. Par voie de conséquence, les décisions prises par ces organes peuvent être attaquées devant le juge judiciaire. Sur ce point, nonobstant le fait que la nature administrative de ces organes soit presque unanimement reconnue, la jurisprudence dénie la nature de « mesures administratives » aux décisions qu'ils prennent [495] et reconnaît la compétence juridictionnelle au juge judiciaire, au motif que le comité promoteur

---

[492] On peut rappeler, à ce propos, l'argumentation développée par la Cour constitutionnelle dans son arrêt n° 200 de 2008, au sujet de la nature des « consultes statutaires » régionales. La Cour a, en particulier, estimé conforme à la Constitution l'attribution à la consulte statutaire calabraise de la tâche de décider de la recevabilité du référendum, en étant, cependant, ferme sur la nature administrative de l'organe et de ses décisions, dans la mesure où « la compétence de prendre des actes décisoires n'est pas réservée aux organes juridictionnels ». Sur ce point, voir S. CATALANO, L. PLATANIA, « Autonomie e referendum », in A. MORELLI, L. TRUCCO (a cura di), *Diritti e autonomie territoriali*, Turin, Giappichelli, 2014, pp. 100-113 ; A. RUGGERI, « Il doppio volto della consulta statutaria calabrese », in *Forum di quaderni costituzionali*, 2008 (*www.forumcostituzionale.it*).

[493] Par exemple, les Statuts d'Ascoli (art. 56, al. 4) prévoient expressément que la commission « vérifie que les signatures appartiennent bien aux citoyens inscrits sur les listes électorales de la Commune » et que leur nombre est bien celui exigé par les Statuts. Dans le même sens, les statuts de la Commune de Belluno (art. 78 et 79) et de la Commune de Rome (art. 10) attribuent également expressément aussi bien le contrôle au fond que celui de recevabilité à une commission *ad hoc*.

[494] A cet égard, il est significatif, toujours pour se convaincre des analogies entre la réglementation des référendums nationaux et celles des référendums communaux, qu'une disposition contenue dans les Statuts de la Commune de Ferrare (art. 37) établit que « la réglementation pourra faire référence, en tant qu'elles sont compatibles, aux procédures adoptées pour la tenue des référendums abrogatifs des lois de l'Etat, en les adaptant à la dimension locale de la consultation et les passant au crible en vue de leur simplification et de leur économicité »

[495] Cass. Sec. réunies, 6 juin 1994, n° 5490 ; Cass. Sec. réunies, 3 février 2004, n° 1991. Sur ce point, voir P. WIDMANN, « Ammissibilità dei referendum consultivi comunali : "garanti" e limiti del controllo dell'A.G.O. », in *Il Corriere giuridico*, 2010, fasc. 5, pp. 654-663.

du référendum doit être mis dans « une position de stricte égalité » avec « l'organe de la collectivité territoriale préposé au contrôle de la légitimité de la requête référendaire, puisque l'un et l'autre opèrent comme une garantie du droit fondamental de tenir la consultation et de concrétiser l'ordonnancement » [496]. Il s'agit, par conséquent, d'un contrôle de légitimité par rapport auquel la position du comité promoteur se présente comme un « droit subjectif public » non susceptible d'être dégradé en intérêt légitime. La position de droit subjectif appartenant au comité promoteur ne serait même pas atténuée par la délibération du Conseil municipal qui déciderait l'interruption du processus référendaire [497], en sorte que, même contre les délibérations de cette teneur, la compétence du juge judiciaire demeurerait [498]. La compétence du juge judiciaire découle aussi du fait que le comité promoteur est porteur d'un droit subjectif dans une matière, comme la matière électorale et référendaire, qui échappe aux hypothèses strictement prévues de compétence exclusive du juge administratif [499]. Même dans l'hypothèse où un justiciable différent du comité promoteur, qui estimerait avoir subi un préjudice consécutivement à la décision (de recevabilité) du collège de garantie, souhaiterait ester en justice, la compétence du juge judiciaire ne serait pas remise en cause, puisque le litige porterait toujours sur le droit subjectif du comité promoteur [500].

---

[496] Cass. civ., Sec. réunies, 3 février 2004, n° 1991. Dans un sens analogue, plus récemment, Cass. civ., Sec. réunies, 24 juin 2009, n° 14803, qui a décidé sur le règlement préventif de juridiction dans la controverse entre le comité promoteur « Le métro que je voudrais » et la Commune de Bologne. Le Tribunal administratif régional de Bologne avait déjà décliné sa compétence pour en connaître dans sa décision en date du 24 janvier 2008, n° 95 (in *Foro amministrativo TAR*, 2008, I, I, 81).

[497] Tribunal administratif régional de Gênes Ligurie, Section I, 14 mai 2012, n° 664, *Comité « Per Sestri Levanti » contre Commune de Sestri Levante*.

[498] La thèse n'emporte, cependant, pas du tout la conviction. En effet, contrairement au cas où il existe un conflit entre le collège de garantie et le comité promoteur, ici, il n'est pas possible de nier la nature de mesure administrative (même quand elle est éventuellement illégale) de la délibération du conseil municipal.

[499] Conseil d'Etat, Section V, 18 octobre 2011, n° 5561, *Taranto Futura c. Cgil et Commune de Tarante*, in *Guida al diritto*, 2011, 44, 94.

[500] Conseil d'Etat, Section V, 18 octobre 2011, n° 5559, *T.F. c. Soc. I et al.*, *Foro amministrativo CDS*, 2011, 10, 3138 ; Tribunal administratif régional de Lecce Pouilles, Sect. I, 10 février 2011, n° 281, *Soc. I et al. c. Commune de Tarante*, *Foro amministrativo TAR*, 2011, 2, 619.

En tout état de cause, en dépit de la nette prédominance de cette orientation jurisprudentielle, il ne manque pas de cas où les juges administratifs (parfois sans même aborder la question de la compétence juridictionnelle [501]) se sont prononcés sur des recours introduits par des comités promoteurs contre des décisions de collèges de garantie. Il a pu, en effet, être considéré que « l'hypothèse du référendum abrogatif régional ne peut pas précisément être assimilée à l'hypothèse (…) du référendum consultatif communal » en tant que, « dans le premier cas, il s'agit d'un référendum abrogatif de lois et de mesures régionales (cf. art. 123 de la Constitution) [502], alors que dans le second cas, il s'agit d'appliquer la réglementation issue de l'article 6 de la loi n° 142 du 8 juin 1990 (mais désormais de l'article 8 du décret législatif n° 267 du 18 août 2000), qui permet, comme la réglementation concrète prévue par les statuts communaux, l'implication, par le vote, des populations dans l'adoption des décisions des organes représentatifs locaux en leur permettant de faire connaître leurs orientations relatives à chacune des questions » [503].

VI- Considérations de synthèse : les référendums locaux et le problème ancien de savoir comment concilier démocratie directe et démocratie représentative

Bien que la plupart des communes aient prévu les référendums locaux dans leurs propres statuts et règlements, fort peu de consultations populaires directes ont été concrètement organisées [504]. D'une manière paradoxale, les référendums qui ont effectivement eu

---

[501] Tribunal administratif régional de la Région Frioul Vénétie Julienne, 21 février 2004, n° 49.

[502] En réalité, l'article 123 ne dispose pas expressément que le référendum régional doit être « abrogatif ». Et les statuts régionaux réglementent d'ailleurs différentes formes de référendum.

[503] Tribunal administratif de Lombardie Brescia, 2 juillet 2002, n° 1024. La décision qualifie comme « mesures » les actes attaqués, en retenant, par voie de conséquence, sa propre compétence juridictionnelle.

[504] Il ressort d'une enquête menée sur un échantillon d'une trentaine de communes chefs-lieux qu'aucune consultation référendaire n'a jamais été organisée dans la moitié des cas (il s'agit des Communes d'Aoste, d'Avellino, de Biella, de Cosenza, Enna, Ferrare, Lecco, Lodi - où, en 2000, a été lancée une procédure de recueil de signatures, qui n'a pas abouti, pour l'organisation d'un référendum consultatif relatif à la concession pour la construction d'une mosquée -, Macerata, Olbia, Reggio d'Emilie, Sienne, Trapani, Vercelli et Vérone).

lieu remontent, en grande partie, à la période antérieure à la loi n° 142 de 1990 [505]. La législation et la réglementation communale ont constitué plus un obstacle qu'une possibilité concrète. Dans différentes occasions, en effet, les normes contenues dans les statuts et dans les règlements des communes ont fini par brider les initiatives référendaires en raison de procédures coûteuses, de quorums élevés et de conditions de recevabilité sans doute excessivement contraignantes, bien qu'appliquées à des référendums purement consultatifs [506]. En outre, il n'a pas été rare de voir les administrations communales agir de manière, pour le dire sobrement, « hostile », à l'égard des initiatives référendaires populaires, en rendant difficile la participation effective [507] ou, carrément, en utilisant, de manière tronquée, les règles de procédure pour faire obstacle ou empêcher le déroulement des consultations [508].

En revanche, n'ont pas manqué les initiatives référendaires promues par des intentions ouvertement instrumentales et limitées, ou bien comme forme alternative de lutte politique entre les partis, ou encore parce qu'elles portaient sur des questions de faible intérêt pour la collectivité [509].

Tous ces facteurs ont contribué à affaiblir la crédibilité de l'institution référendaire, en poussant l'attention sur des instruments informels de participation [510] qui, toutefois, ne garantissent pas la même transparence et le poids égal de tous les participants.

---

[505] A titre d'exemples, on peut relever, ces années-là, des référendums communaux à : Bologne (1984), Gênes (1987), Pise (1988), Turin et Ravenne (1989), l'Aquila (1999). Dans tous ces cas, à l'exception de Bologne, il s'agit des seuls référendums communaux qui ont eu lieu jusqu'à aujourd'hui.

[506] Qui plus est, dans certains cas, il est même prévu de diminuer par deux le nombre de bureaux de vote, par rapport aux autres scrutins, ce qui a pour effet de réduire les chances d'atteindre le quorum. Cf., par exemple, l'article 17 du Règlement communal relatif aux référendums de Carrare.

[507] Par exemple, en fixant les référendums dans des périodes de l'année inhabituelles pour des opérations électorales.

[508] Attitude qui s'oppose à « l'engagement des institutions », nécessaire pour le bon fonctionnement des instruments de démocratie participative et qui implique « un devoir de loyauté dans la collaboration ». U. ALLEGRETTI, *Democrazia partecipativa*, cit., p. 328.

[509] A Rimini, le 23 mars 2003 s'est tenu un référendum qui a recueilli autour de 5 % de participation des inscrits : le nombre de votants fut même inférieur au nombre de signatures recueillies pour promouvoir la consultation !

[510] Comme les assemblées civiques qui se convoquent elles-mêmes, les sondages, les instruments de pression, tous ces instruments étant privés de réglementation

Le problème que révèle principalement cet instrument de participation politique du corps électoral, comme l'a montré la longue expérience des référendums abrogatifs nationaux, tient à sa nature ambiguë. Au-delà de la forme juridique et des effets attachés aux référendums prévus par le droit positif, il est plutôt vrai que le référendum constitue un instrument doté d'un surplus [511] de légitimité démocratique par rapport aux canaux traditionnels de décision politique. Permettre la décision directe des citoyens sur chaque question, à laquelle il peut être répondu selon une logique dilemmatique sèche (*aut aut*, à prendre ou à laisser), confère au corps électoral un pouvoir de décision qu'il n'est pas facile de limiter par le droit. L'aspect plébiscitaire des consultations référendaires rend très disponible le résultat du vote. Dans les référendums abrogatifs, cet aspect est crucial : bien que la Constitution, la jurisprudence et la doctrine aient cherché à en limiter les effets sur le plan des sources de production du droit, la pratique a montré que les questions abrogatives expriment un contenu politique qui dépasse tout résultat purement normatif. Le propos, même si à des degrés croissants, vaut également pour les référendums consultatifs, d'orientation ou propositifs : le corps électoral ne se limite pas à se prononcer sur la question posée (en admettant qu'elle soit univoque et claire), mais il exprime une décision qui va bien au-delà de son objet. Dans de nombreux cas, il s'agit d'un jugement sur des choix politiques déterminés, sur des orientations politiques consolidées, même arrêtés par la majorité en place, de nature à provoquer un changement décisif d'orientation de la part des organes de gouvernement. Dans l'histoire de la République italienne, tous les référendums, à quelque niveau que ce soit, ont exercé une fonction d'opposition : il ne s'est pas toujours agi d'exercice naturel de groupes de citoyens organisés (la supposée société civile contre les institutions), mais il s'est plus souvent agi d'instrument de lutte politique utilisé par des partis politiques, aussi bien de l'opposition que de la majorité politique contre lesquels ces référendums étaient dirigés pour des finalités d'équilibre interne aux coalitions de gouvernement.

---

préventive contrairement aux instruments de « participation populaire institutionnelle ». Cf. M. LUCIANI, *Referendum, questioni teoriche*, cit., p. 163, où cet auteur spécifie qu'avec cette expression, on entend « une participation qui est pratiquée par des instruments prévus et régis par le droit et qui produit des effets directs sur les institutions ».

[511] NdT : en français dans le texte.

Tout ceci ne justifie pas, mais aide au moins à comprendre la méfiance que la participation populaire en général et les référendums populaires en particulier suscitent chez les forces politiques établies. Les référendums, malgré leur plus-value politique, restent toujours des décisions dont l'issue échappe au contrôle de leurs promoteurs, qui, après la proclamation des résultats, quels qu'ils soient et, par conséquent, même en cas de vote positif, restent privés de moyens juridiques pour en faire valoir le respect ou le suivi de la part du décideur politique. Le référendum consultatif qui a eu lieu, en 2015, à Bologne contre le financement public des écoles maternelles privées, en est un cas exemplaire : bien que la majorité des participants au vote se soit exprimée en faveur de l'abolition des conventions communales qui assuraient des ressources financières aux écoles organisées et gérées par des personnes privées (conventions considérées comme contraires au principe de laïcité et à la disposition constitutionnelle qui garantit la liberté de créer des écoles, mais « sans charge financière pour l'Etat »), le conseil municipal a estimé ne pas suivre les résultats de la consultation et a cru bon de maintenir - même en en augmentant le montant - le financement des écoles maternelles privées. Ce fut là un énième cas de trahison du vote populaire, dont l'histoire des référendums en Italie abonde : un cas qui a confirmé encore une fois que, entre démocratie directe et démocratie représentative, les protagonistes de cette dernière ont à leur disposition un droit de dernier mot qu'il est difficile de contredire.

En définitive, la participation populaire et les référendums constituent, même au niveau communal, des moyens potentiellement chargés de caractère politique, qui, précisément pour cette raison, se trouvent, toutefois, dans la position incertaine d'être considérée, en même temps, comme une ressource et une menace pour la démocratie. Cette configuration ambiguë, particulièrement forte au plan étatique, n'a pas été atténuée au plan régional, ni même au plan local. C'est précisément, à ce niveau, et spécialement au niveau communal, que l'on a relevé, aussi bien en ce qui concerne les normes en vigueur que la pratique qu'elles ont engendrée, toutes les limites et les contradictions qui avaient déjà été relevées et qui sont bien connues dans l'expérience nationale. Le problème, au fond, n'est pas juridique, mais culturel : il découle d'une idée traditionnelle de la démocratie, qui voit dans les partis politiques, dans les assemblées politiques et dans les gouvernements son cœur battant et dans le peuple, qui s'autodétermine et qui doit être « hétérodirigé » au moyen de consultations référendaires, seulement un succédané de la souveraineté démocratique. Le défi de l'avenir passe, toutefois, par une conception rénovée des rapports entre gouvernants et gouvernés : devant la crise des institutions représentatives, et des partis idéologiques du XXe siècle, devant la centralité progressive et définitive du pouvoir, que les processus de globalisation aggravent, et devant la phase incertaine de l'intégration européenne, c'est précisément la valorisation des formes de participation et de contrôle du peuple qui représente le défi à relever jusqu'au bout et sans préjugés.

L'évolution des compétences des communes françaises

Bertrand Faure
Professeur à l'Université de Nantes

On pourra toujours déplorer que la commune est un des derniers refuges du conservatisme administratif français, que leur nombre et donc leur exiguïté n'est pas à l'échelle du monde moderne, que leur égalité de droit et de contrainte est irréelle au regard de l'opposition entre la ville et la campagne... Il faut néanmoins reconnaître la grande fluidité des compétences communales : la structure de ces compétences a toujours permis leur jeu combiné s'accordant à toutes les exigences de la vie de proximité dont une collectivité doit se charger.

Les besoins collectifs essentiels sont assurés au titre de leurs compétences obligatoires, et la commune est certainement la collectivité la plus assujettie à cette pratique ne pouvant se dispenser d'assurer au profit de ses habitants un minimum d'ordre et d'hygiène (Police, état civil, écoles primaires, cimetières, élimination des déchets ménagers et assainissements, accueil des gens du voyage...).

Mais il ne s'agit que d'un minimum de vie communale qui peut s'élargir par l'exercice de leurs compétences facultatives, prévues spécialement par la loi, mais à titre incitatif (Musées, halles et marchés, bibliothèques, office de l'habitat, du tourisme...).

Toute activité supplémentaire peut être spontanément prise en charge sur le fondement de leur clause générale de compétence. Une jurisprudence innombrable en témoigne (aides sociales à la population, promotion économique ou culturelle de la commune...).

Cette grande fluidité se remarque encore dans le fait que ces catégories de compétences s'interpénètrent : les libres initiatives communales peuvent se déployer à l'intérieur des domaines de compétences obligatoires dans le but d'améliorer la prestation fournie (Cantines scolaires, centres aérés en liaison avec le service public obligatoire de l'enseignement). On n'a donc jamais pu s'arrêter à une présentation analytique, cloisonnée des possibilités d'intervention des communes, celles-ci disposant d'un pouvoir ouvert à tous les aspects de la vie locale.

Dans sa pureté d'origine, ce schéma ne subsiste plus guère qu'en apparence, comme un idéal qui s'est progressivement vidé de son contenu. On pourrait imaginer qu'il puisse dominer encore le droit positif à la faveur d'une politique généralisée de fusions de communes qui aurait réussi, assurant la reproduction de ce système de compétences au niveau supérieur de nouvelles communes plus vastes. Au contraire, le choix français en faveur de regroupements intercommunaux partiels au sein d'établissements publics de superposition ne laisse pas ce système intact. On assiste au démembrement des possibilités d'intervention des communes au profit de ces grandes unités, plus ou moins spécialisées, et plus fonctionnelles que démocratiques. Ce choix ne s'est jamais démenti, le développement et l'approfondissement de l'intercommunalité figurant à l'ordre du jour des gouvernements de manière particulièrement soutenue depuis les années 1990. Et, à mesure qu'on programme l'achèvement de l'intercommunalité, il faut bien reconnaître à la généralité et à la fluidité des compétences communales, ainsi entendue, une portée non plus seulement réduite, mais encore bouleversée qui met en question la vocation classique des communes.

I- Les premiers progrès de l'intercommunalité n'apportèrent à la légitimité communale que des perturbations limitées et strictement consenties. Avec les syndicats intercommunaux et les districts urbains, et ceci jusqu'au début des années 1990, les communes s'attachent à conserver l'essentiel de leurs compétences pour ne transférer à ces groupements que des attributions techniques et parfaitement contrôlables, ce qui reste en accord avec le principe de l'exercice de la démocratie au niveau communal. La règle de l'unanimité des communes s'imposait, au départ, pour la création des syndicats et la définition de leurs compétences (En vertu de la loi du 22 novembre 1890). C'est néanmoins par l'entremise de ces syndicats que les infrastructures de nos grands services publics ont été mises en place (Distribution de l'électricité, du gaz et de l'eau). La délimitation respective des compétences communales et intercommunales n'appelle pas de difficultés particulières. Elle obéit à un principe de spécialisation qui cantonne l'établissement public dans l'exercice de ses missions expressément déléguées. Ce principe n'a d'ailleurs rien de propre au droit communal. Il consiste dans le jeu de l'exception de compétence réservée lié aux règles de répartition des compétences en droit public selon lesquelles chacune d'elle est réservée à son titulaire désigné par le texte qui l'investit en ce sens. Attachant sa sanction au respect de cette règle, le juge administratif avait pu condamner toute évolution vers la reconnaissance des compétences implicites d'un tel établissement public. Ce fût le cas, par exemple, à propos d'un syndicat qui, compétent en matière de distribution de l'eau, ne saurait étendre son activité à l'arrosage des espaces verts (CE 19 octobre 1975, Commune de Thaon-les-Vosges, Rec. p.577).

II.- L'apparition de la communauté urbaine en 1971 ne bouleverse pas le schéma, encore que l'ampleur des compétences transférées de plein droit (11 rubriques englobant à partir de 1983 les compétences que les communes reçoivent de la réforme décentralisatrice, l'urbanisme notamment), ne laisse plus que des possibilités d'intervention résiduelles aux communes, les compétences d'attribution de la communauté urbaine se trouvant extrêmement étendues. C'est d'ailleurs à cette époque qu'on commence à prophétiser "la mort des communes" (H.Roussillon)[512].

Le fractionnement des compétences communales fait également surgir des problèmes d'articulation entre les interventions : qu'on songe au transfert de l'urbanisme et des voies publiques alors que les maires demeurent chargés du domaine, de la police et, à ce titre, de la délivrance des permis de construire. On commence à se demande si la complexité et la rigidité des articulations entre les interventions ne mettent pas en jeu la cohérence et la continuité de la vie administrative.

Malgré tout la commune se distingue toujours de l'EPCI, ses compétences pouvant toujours se définir en creux par rapport à celles de l'établissement de rattachement selon l'idée d'un "fédéralisme administratif" suggérée par A.de Laubadère regardant de tels établissements comme des "pseudos collectivités territoriales", dépourvue de compétence générale et d'une représentation directe. Celle-ci prend les traits d'une personne fédérative[513].

---

[512] H. ROUSSILLON, « La mort des communes », *Mélanges Paul Couzinet*, Université des Sciences Sociales de Toulouse, 1974, p. 671. Dans le même sens plusieurs années après, C. DEBOUY, « La fin programmée des communes », *Mélanges Jean-François Lachaume*, Dalloz, 2007, p. 323.

[513] A. DE LAUBADÈRE, « Vicissitudes actuelles d'une distinction classique: établissement public et collectivité territoriale », *Mélanges Paul Couzinet* préc. p. 411.

III. - C'est avec le tournant de 1992 et le passage d'une "intercommunalité de gestion" à une "intercommunalité de projet" que la simplicité du bloc communal vole en éclats. Outre le renforcement de la solidarité fiscale entre les communes, la loi ATER du 6 février 1992 inaugure un nouveau mode de répartition des compétences adéquat à investir les nouvelles communautés de communes comme des "territoires de projet", c'est-à-dire d'associer dans leur cadre les communes regroupées autour d'un "projet commun de développement et d'aménagement de l'espace". C'est désormais la doctrine officielle, le nouveau droit commun intercommunal ayant vocation à régir toutes les formules qui vont suivre (Communautés d'agglomération et nouvelles communautés urbaines de la loi du 12 juillet 1999, métropoles des lois du 27 février 2014 et 7 août 2015).

Si en pratique il n'y a pas lieu de forcer l'opposition entre les deux types d'intercommunalité, le passage à l'intercommunalité de projet constitue une nouvelle épreuve pour le pouvoir communal, épreuve à laquelle les communes ne succomberont toutefois pas sans résister. Les nouvelles perturbations se signalent à trois égards :

- L'introduction de la notion d'"intérêt communautaire" dans le droit de l'intercommunalité avec la loi du 6 février 1992 ne bouleverse pas les principes de répartition des compétences entre collectivités territoriales et établissements publics. Cette notion ne peut être interprétée comme conférant un pouvoir général de décision de l'établissement public sur toute question en rapport avec son énoncé même. Au contraire, elle joue plutôt comme un critère réducteur dans la détermination des compétences expresses de l'établissement public, seules les activités ou équipements présentant effectivement ce caractère étant soustraits à la compétence communale de principe. Sans doute, cet intérêt communautaire est-il défini, jusque dans ses critères généraux d'identification, par le pouvoir propre de l'établissement, l'accord de la majorité des communes n'étant plus recherché. Mais le problème est que ce que la répartition des compétences entre les deux niveaux perd en rigidité, elle le gagne en complexité interdisant, au final, toute comparaison entre deux EPCI de même statut. La question de la ligne de frontière entre le communal et l'intercommunal ne reçoit plus de réponse générale et pourra même passer, pour tel ou tel équipement donné, pour telle ou telle agglomération, par la distinction entre l'étude de sa réalisation, sa construction et son entretien. On assiste à un phénomène observable de manière plus générale en droit des collectivités territoriales : la disparition des obligations *erga omnes*, laissant place à la grande diversité des situations locales, la loi donnant efficacité à tous les choix reposant sur des considérations d'opportunité. La notion de groupe de compétences pour les communautés de communes et les communautés d'agglomération, impliquant une sélection des compétences au sein du groupe à transférer, appelle les mêmes commentaires.

- Le deuxième problème réside dans la remontée au niveau intercommunal des compétences historiques des communes. Ces compétences essentielles qui avaient nourri le dogme révolutionnaire du pouvoir municipal tournent autour de l'idée de maîtrise par les communes de leur territoire. Il s'agit d'un noyau dur de ce pouvoir municipal, du dernier bastion lorsque les parties avancées ont déjà fait l'objet de dépossession. Lorsque l'impôt direct, la police, l'urbanisme et l'eau deviennent des affaires intercommunales, alors on ne se situe plus tout à fait dans une logique de coordination entre les tâches des communes et des intercommunalités, mais dans une situation d'absorption sans fusion des premières au sein des secondes. L'apparition d'un pouvoir fiscal intercommunal, par superposition d'abord, par spécialisation ensuite par rapport à celui des communes n'a jamais fait vraiment difficulté, fût-il exercé par un établissement public. Encore que l'élection des conseillers communautaires au suffrage universel direct en vertu de la loi du 16 décembre 2010 satisfait mieux aux exigences des la Déclaration des droits de l'homme et du citoyen donnant le droit aux contribuables de suivre l'affectation de leur effort fiscal, l'élection étant précisément le procédé démocratique adéquat à obtenir ce résultat.

S'agissant de la police, de l'urbanisme et de l'eau, la puissance de représentation des communes au Sénat aura donné efficacité en empêcher tout transfert direct et plénier. La police intercommunale ne s'exerce pas de manière générale, mais sur les seuls points rendus accessibles par énumération de la loi (Assainissement, élimination des déchets, accueil des gens du voyage, sécurité des manifestations culturelles et sportives, circulation et stationnement, habitat - article L.5211-9-2 CGCT issu des lois du 27 janvier et 24 mars 2014 -). Ensuite, l'élaboration des plans locaux d'urbanisme par les intercommunalités, qui achève de transférer au niveau intercommunal la compétence réglementaire d'urbanisme, reste subordonnée au consensus des communes membres , la loi ayant entendu leur réserver une minorité de blocage (article 136 loi 24 mars 2014). Enfin, l'eau et l'assainissement deviennent des compétences optionnelles des communautés de communes et des communautés d'agglomération jusqu'en 2020, le transfert devenant impératif ensuite (Loi 7 août 2015).

Mais le législateur aura beau multiplier les chicanes dans le but de ralentir le processus historique de dépossession des communes de leurs compétences, cette vérité s'impose : l'ancrage territorial de l'EPCI ne cesse de s'affirmer en rapport avec la somme de compétences qu'il acquiert et qui se trouvent les plus tournées vers une gestion territoriale : urbanisme, domaine, voirie, police, équipement et aménagement de l'espace, mise en valeur de l'environnement...

- En corrélation avec cette idée, l'intercommunalité de projet se manifeste principalement par une nouvelle définition des compétences intercommunales par blocs en vue de la réalisation de stratégies locales de développement économique et d'aménagement de l'espace. Il s'ensuit une nouvelle interprétation élargie des compétences intercommunales, non plus bornée par leur champ matériel (ramassage des ordures, entretien des espaces verts...), mais finalisée. En fait, le législateur ne se préoccupe plus d'articuler les rôles respectifs des communes et intercommunalités, mais de doter ces dernières de toutes les possibilités d'action en vue de mener à bien leurs projets.

Au surplus, et dans une certaine mesure, l'EPCI choisit ses compétences selon les besoins de ses finalités, de sa politique. L'article L.5211-17 CGCT issu de la loi du 12 juillet 1999 autorise, en ce sens, tout nouveau transfert de compétences non prévu par la loi ou la décision institutive. L'accord de la majorité qualifiée de ses communes membres manifeste que le transfert peut s'avérer autoritaire pour certaines d'entre elles. La définition des compétences communautaires ressortit davantage à une question de procédure à mettre en oeuvre qu'à une question de statut initial. Et ces transformations révèlent que le principe de spécialité des établissements publics n'est plus aussi contraignant à leur égard, leur périmètre d'intervention pouvant être redéfini par eux-mêmes pour les besoins de leur politique.

On voit le juge administratif, dans l'intérêt de ne pas freiner le dynamisme de l'établissement, s'efforcer de reconnaître ses compétences implicites. Voici le cas de l'aménagement, de l'entretien et de la gestion des aires d'accueil des gens du voyage regardé comme s'agrégeant à la compétence obligatoire des communautés d'agglomération au titre de "l'équilibre social de l'habitat" : CAA Douai, 28 décembre 2007, Commune de Pont-de-Metz, AJDA 2008, p.410, concl. Lepers.

Alors comment caractériser la spécialité d'une personne publique lorsque tout ce qui peut être utile à sa mission n'échappe pas à sa décision ? Il s'ensuit que l'articulation des compétences communales et intercommunales semble échapper à toute clé de répartition qui donnerait par avance des solutions claires et générales. La subsidiarité, comme directive de soutien au pouvoir municipal, n'est normalement pas de mise ici dans les rapports entre une collectivité publique et son établissement public de rattachement.

Ce résultat est certainement le prix fort à payer à l'empirisme des politiques de promotion intercommunale qu'aucun juge, qui aurait fermement défendu la cause de la libre administration communale, n'a pu discipliner. Il est possible, encore qu'on manque de jurisprudence, que le principe d'exclusivité des compétences de l'établissement public ne joue plus qu'à la marge (La notion d'intérêt communautaire procède encore de cette idée), laissant voir, le plus souvent, deux niveaux d'administration se concurrencer. La prise en charge des besoins généraux de la population communale n'est, en effet, exclusive ni de l'un ni de l'autre, chacun disposant pratiquement d'une compétence plénière pour agir (Subvention à un colloque universitaire ou à un club de sport accordée par les deux niveaux du bloc intercommunal).

Mais cette présentation semble pouvoir être précisée. Dans la mesure où le niveau intercommunal s'érige en force de programmation du développement du territoire et qu'il tend à concentrer à cet effet les compétences et les ressources, on se trouve dans un processus d'absorption croissant où les communes perdent progressivement leur raison d'être initiale, se transformant en "simples exécutantes" des politiques conçues et décidées au niveau supérieur[514], ce qu'autorise, pour tous les domaines de la vie intercommunale, leur compétence générale résiduelle.

Leurs interventions se cumulent donc, mais de manière différenciée, les communes intervenant au niveau de la mise en oeuvre de politiques globales de développement économique, d'habitat,

---

[514] J.-C. DOUENCE, « La décentralisation à la française », A. HASTINGS MARCHADIER et B. FAURE (dir.), Paris, LGDJ, 2015, p.133 ; voir aussi au sein du même ouvrage, J. FIALAIRE, « Diversité et complexité du rapport communes/EPCI », p.177.

d'aménagement de l'espace. Ainsi, si les réseaux d'équipement, de voirie, ressortissent à la compétence communautaire, l'étude de leur réalisation ou leur entretien peut être rabattu au niveau communal, la situation s'ajustant aux principes de répartition souple d'un fédéralisme administratif où les grands aspects d'une politique relèvent du niveau fédératif, leur mise en oeuvre des niveaux inférieurs. La compatibilité de ce mécanisme aux exigences de la Constitution mériterait toutefois vérification : si son article 72 alinéa 5 autorise un "groupement" de collectivités à organiser "l'action commune" à celles-ci, c'est sous réserve que cette organisation ne se transforme pas en tutelle de la première sur les secondes. Cette impossibilité toutefois, ne vise pas expressément les rapports entre les communes et leurs groupements, ceux-ci imposant généralement leurs règles - mais considérées comme décidées par les communes regroupées elles-mêmes - à la diversité des communes de base.

Le problème de l'unité du bloc communal ne se simplifie donc pas. On a dépassé l'idée où la loi définit et énumère les responsabilités propres aux deux niveaux. On n'a plus ni critère général, ni liste générale, mais une diversité de mode d'attribution des compétences qui s'enchevêtre. Et l'on assiste à ce phénomène constatable de façon générale en droit des collectivités territoriales : plus les compétences sont fragmentées entre les niveaux et plus les procédés de concertation jouent un rôle important que ce soit par voie conventionnelle (contrats de mutualisation de service...) ou par voie institutionnelle (syndicats mixtes de l'article L.5711-1 et s. CGCT...). C'est la contrepartie nécessaire sans laquelle l'unité administrative, le bien commun rationnellement organisé, serait perdu de vue. Or ici la production concertée des grandes politiques publiques à l'initiative de l'Etat laisse moins de place à l'expression des communes, une illustration pouvant être donnée avec la politique de la ville, politique menée au profit des quartiers les plus difficiles dans l'espoir de les réintégrer à l'ensemble de la cité au moyen d'actions sur les services publics, l'habitat, les transports, l'action économique et la prévention de la délinquance. A la recherche d'efficacité, la loi du 24 janvier 2014 investit les EPCI du rôle de "définir les orientations des contrats de ville", "au lieu et place des communes" (art. L.5216-5 CGCT pour les communautés urbaines), les contrats de ville passés avec les communes devant s'inscrire dans le cadre de ses orientations.

D'ailleurs, l'opposition classique communes - intercommunalité n'apparaît plus aussi pertinente si l'on considère le rôle joué par les départements pour soutenir les communes dans l'exercice de leurs compétences (affaire "Département des Landes"[515]), rôle renforcé par la loi du 7 août 2015 habilitant ces derniers à contribuer au financement de projets dont la maîtrise d'ouvrage est assurée par les communes et à aider à l'investissement d'entreprises nécessaire aux besoins de la population en milieu rural (art. L.1110-1 CGCT).

D'un autre côté, les plus vastes intercommunalités en milieu urbain tendent à perdre ce caractère pour se transformer en lieu de convergence où s'absorbent en leur sein les compétences déléguées par l'Etat, les départements et les régions ; compétences qui deviendront les leurs (Pour les métropoles : aides sociales, logement, collèges, tourisme et voierie de la part du département ; lycée et développement économique de la part de la région et habitat, grands équipements et infrastructures, vie universitaire de la part de l'Etat). La métropole manifeste le mieux cette évolution avec l'ambition d'incarner une politique unitaire et complète sur une population concentrée, ce qui fait figure de solution inédite en marge de l'organisation décentralisée traditionnelle constituée en niveaux superposés. Avec davantage d'ambition et d'esprit de cohérence, les membres du rapport Balladur (mars 2009) proposaient d'ériger la métropole en nouvelle catégorie de collectivité territoriale de plein exercice appelée à se substituer aux communes et au département sur son périmètre, ceux-ci disparaissant à son profit.

On parvient à un tel degré d'évolution du sujet qu'il vaudrait mieux l'interroger à l'envers : quelle est la part résiduelle de compétences communales qui se maintient ? Que met-on encore sous l'énoncé du mot de commune ? Pour reprendre cette image d'Hauriou à propos du recours pour excès de pouvoir, la commune ressemble à ces étoiles éteintes depuis longtemps, mais qui, à travers l'univers, continuent de renvoyer leur lumière. Mais on a vu qu'il existe une incroyable complexité du sujet parce que la loi prend des aspects contradictoires : autoritaire pour décider des regroupements, elle maintient ceux-ci dans une position d'inachèvement, les représentants de la cause communale au Sénat s'avérant efficaces à empêcher tout se qui menacerait la commune de disparition immédiate (élection

[515] Pour son épilogue, CC, 8 juillet 2011, n° 2011-146 QPC, AJDA 2011, p. 2067, note M. VERPEAUX, AJCT 2011, n° 561, note J.-D. DREYFUS et CAA Bordeaux, 3 mars 2014, *Fédération professionnelle des entreprises de l'eau c. Département des Landes*, BJCL 2014, p. 261, concl. P.BENTOLILA et obs. B.POUJADE.

communautaires dans le cadre des élection municipales, minorités de blocage des communes, transferts différés de compétences, métropoles régies sous le statut d'établissement public...). La victoire de l'intercommunalité est réelle, mais laborieuse et contredit toute aspiration en faveur d'un droit plus simple, les institutions intercommunales ne se laissant plus guère discerner par les citoyens.

L'évolution des compétences communales en Italie : analogies et discordances par rapport au cadre français

Roberto Louvin
Professeur à l'Université de Calabre

L'obsession légaliste – Autonomie locale et décentralisation : fortes affirmations et lentes applications – Le virage des années '90 : Veloce, Allegro moderato – La constitutionnalisation du principe de subsidiarité : Largo, Grave – Six années dramatiques : Vivace, Prestissimo – Quelles compétences communales aujourd'hui ? – Les facteurs du « rabotage » – Le nouveau « mantra » et sa source d'inspiration - Pour aller où ?

La transformation des compétences communales en Italie au début du XXIe siècle est à mesurer dans la double optique, tracée par la Charte européenne de l'autonomie locale, du *concept* de l'autonomie locale en tant que « droit et capacité effective pour les collectivités locales de régler et de gérer, dans le cadre de la loi, sous leur propre responsabilité et au profit de leurs populations, une part importante des affaires publiques »[516] et de *portée* de cette même autonomie, *c'est-à-dire* de la « latitude pour exercer leur initiative pour toute question qui n'est pas exclue de leur compétence ou attribuée à une autre autorité »[517].

Pour bien situer le lecteur qui ne serait pas trop familier avec le droit administratif italien, il s'agit de rappeler que la vision de l'administration locale qui s'est imposée en Italie au lendemain de la proclamation du Royaume d'Italie en 1861, exprimée notamment par la loi pour l'unification administrative du Royaume d'Italie n. 2248 du 20 mars 1865, n'est pas celle de la mise en valeur des autonomies locales[518], mais plutôt de l'uniformité et du formalisme administratif.

---

[516] Charte européenne de l'autonomie locale, art. 3, al. 1.
[517] *Ivi,* art. 4, al. 2.
[518] Pourtant prônée par des hommes politiques de premier plan, comme le Ministre de l'Intérieur de Cavour, Marco Minghetti, qui proposa un projet ambitieux de

Cette cohérence avec l'idée – mais il faudrait plutôt parler d'un « mythe » - illuministe de la rationalité absolue était censée s'appliquer à un pays récemment unifié et dont une large partie du territoire gardait encore une solide tradition municipaliste.

La structure géométrique et pyramidale de l'administration publique, forgée sur le modèle napoléonien (et filtrée par l'expérience belge), prévoyait un rôle direct restreint des pouvoirs nationaux et des marges relativement larges pour les communes et les provinces[519]. Des compétences vastes, certes, mais soumises en même temps à une tutelle rigoureuse de l'autorité centrale : l'expérience concrète se développa suivant un parcours original. Si l'on évoque parfois, à ce sujet, la ressemblance au modèle du « centralisme à la française », il faut aussi insister sur la très forte influence exercée, dans le contexte italien, par les notables locaux.

I- L'obsession légaliste

La marque de fabrique de la pratique administrative italienne, qui durcira plus tard à l'époque du fascisme ses traits centralistes et prolongera ses effets jusqu'à la fin du XXe siècle, est le souci, la recherche permanente, on pourrait presque dire l'obsession de « garantir la légalité', une préoccupation qui est à l'origine d'une redondance légaliste permanente.

La référence centrale de cette culture des institutions est la notion abstraite d'Etat de droit tracée par Vittorio Emanuele Orlando dans ses *Principii di diritto costituzionale*[520], une notion forgée par la doctrine nationale du droit public, la *Scienza del diritto pubblico*, et rattachée à l'idée d'une personne juridique souveraine qui fait surgir autour d'elle des institutions locales dérivées et dépendantes. La méthodologie de la science du droit public, par sa logique déductive, organise l'administration, de la part des collectivités locales, sur la base d'une conception de pouvoirs étendus ; les pouvoirs locaux disposent

réorganisation et de décentralisation administrative du nouvel Etat italien, un projet qui eut aussi une certaine diffusion et un vaste écho en France: M. MINGHETTI, *De l'organisation administrative du royaume d'Italie*, Paris, Dentu, 1862.

519 G. MELIS, *L'amministrazione*, in R. Romanelli (dir.), *Storia dello Stato italiano*, Rome, Donzelli, p. 189.

520 V.E. ORLANDO, *Principii di diritto costituzionale*, 1889.

cependant de peu de moyens financiers et restent sous la férule de contrôles tatillons, dans une condition évidemment pernicieuse pour l'exercice d'un pouvoir local authentique.

Cependant, une parenthèse s'ouvre à un moment donné, permettant un certain envol de l'administration locale, à l'époque dominée par Giovanni Giolitti, avec l'élargissement des fonctions sociales grâce à la loi sur les municipalisations de 1903. Cette loi s'accompagne aussi d'un premier essor de la culture de l'efficacité administrative. C'est une époque d'expansion des fonctions municipales, notamment dans les services hydriques, du gaz et du transport urbain. C'est à travers cette expérience, comparable en quelque sorte au « socialisme municipal » français, que les administrations locales deviennent l'endroit privilégié de la médiation sociale des intérêts en conflit.

Cet élan n'est pas brisé par le fascisme qui, dans son dessein autoritaire, s'attache plutôt aux organes électifs des communes qu'à leurs compétences réelles et ne soustrait pas concrètement aux collectivités locales leurs possibilités de gestion autonome et directe des services[521]. La tendance autoritaire du régime brutalise quand même la prétendue neutralité absolue des agents de l'administration par rapport à la politique : l'Italie républicaine, plus tard, se limitera à l'apprivoiser en douceur, en sous-main, au travers du régime des partis...

II- Autonomie locale et décentralisation : fortes affirmations et lentes applications

La Constitution de 1948, tout en gardant encore essentiellement en vigueur l'ancienne texture législative[522], jette les bases d'un système

---

[521] G. LOMBARDI, *Lo Stato totalitario tra aspirazioni e realtà*, introduction à A. Aquarone, *L'organizzazione dello stato totalitario*, Torino, Einaudi, 1995, p. XIII, parle à ce propos d'un "*potere più preteso che esercitato*", soulignant que le fascisme, s'étant éloigné rapidement de sa perspective 'révolutionnaire' de ses débuts, aurait simplement greffé sur la souche de l'Etat libéral ses propres modèles institutionnels, en les juxtaposant tout simplement aux structures de l'Etat générées par le Risorgimento.

[522] Notamment le *Testo unico comunale e provinciale*, r.d. n. 148 du 4 février 1915 et le *Testo unico della legge comunale e provinciale*, r.d. n. 383 du 3 mars 1934.

administratif renouvelé, en mettant au centre, par son art. 5, les notions d'autonomie et de décentralisation :

« La République, une et indivisible, reconnaît et favorise les autonomies locales ; elle réalise dans les services qui dépendent de l'État la plus large décentralisation administrative ; elle adapte les principes et les méthodes de sa législation aux exigences de l'autonomie et de la décentralisation ».

La clé du système reste cependant dans les mains de l'Etat, comme en témoigne, dans sa version originaire, l'art. 128 de la Constitution :

« *Les provinces et les communes sont des collectivités autonomes, dans le cadre des principes fixés par les lois fondamentales de l'Etat* (...) ».

C'est donc encore l'Etat qui établit directement les limites de ces fonctions fondamentales, suivant une logique, formalisée par la Charte fondamentale, qui veut que les collectivités régionales et locales ne soient que des répartitions administratives de l'Etat[523].

L'immobilisme législatif et le conservatisme de la bureaucratie empêchent les principes d'autonomie et de décentralisation d'avoir l'application espérée par les pères de la Constitution. La nouvelle géométrie institutionnelle, avec la création des régions à statut spécial d'abord et ordinaires ensuite, reproduisit à son tour, à cette échelle, le modèle ministériel lourd de l'Etat, augmentant les effectifs et amplifiant la lenteur de la fonction publique en conséquence de l'incapacité des structures centrales à réduire leurs effectifs et à mener à bien leurs propos pourtant réitérés de modernisation. L'élan de modernisation des années soixante, avec ses théories de la planification mises en avant par les gouvernements de centre gauche, se heurte finalement à un déficit culturel grave de l'administration, qui continue à se replier sur des logiques formalistes et paperassières.

« Le corps de l'administration de l'Etat reste impénétrable aux procédures et, ce qui plus est, à la "philosophie" de la planification », constate tristement Guido Melis[524]. Cela concerne aussi bien l'apparat central que les pouvoirs locaux, pour lesquels la création des Tribunaux administratifs régionaux, au début des années soixante-dix, et l'explosion du contentieux administratif qui s'ensuit resserrent

---

[523] Le texte originaire de l'art. 114 prévoyait en effet que « La République se répartit en Régions, Provinces et communes ».

[524] G. MELIS, *L'amministrazione*, in R. Romanelli, *cit.*, p. 240.

cruellement l'étau. C'est un cercle vicieux, que Roberto Cavallo Perin décrit bien dans ces lignes : « La loi d'abord en tant qu'instrument de limitation du pouvoir discrétionnaire de toute administration publique, où l'administration exerce une forme d'interprétation (activité vinculée) qui habilite la juridiction administrative à décider du fond de la question, au point même de remplacer l'administration »[525].

L'autonomie politique locale est donc entre le fer (de la loi) et l'enclume (du juge administratif) et ne reprend pas son souffle. Son organisation reste obsolète, sa bureaucratie rigide, inefficace et surtout très coûteuse. Ce problème sera identifié, quelques années plus tard, comme l'une des causes majeures des difficultés de rééquilibrage de la dette publique.

III- Le virage des années '90 : Veloce, Allegro moderato

Les années '90 offrent au système des pouvoirs locaux des chances inattendues, dans une sorte de composition musicale au *tempo* cadencé : à l'euphorie initiale et à la consécration de pouvoirs très étendus fait bientôt suite une régression foudroyante.

L'occasion initiale est liée à la nouvelle législation en matière de collectivités locales, qui démantèle finalement, par la loi 142 de 1990, un carcan législatif vieux de plus d'un demi-siècle. Ce sont là les premiers effets de l'influence de la ratification de la Charte européenne de l'autonomie locale de 1985[526], avec ses règles qui exigent une large indépendance politique, administrative et financière pour les collectivités locales, qui peuvent ainsi fonder juridiquement leurs pratiques administratives sur des bases renouvelées.

Dans l'attente de la constitutionnalisation de ces nouvelles règles, le régime des fonctions communales est fixé par la loi n. 59 du 15 mars 1997 (et par ses décrets d'application, dont en particulier le d.lgs. n. 112 du 31 mars 1998), connue sous le nom de « loi Bassanini » du nom du juriste et ministre de la Fonction publique qui a marqué de son empreinte la période 1996-2001 que l'on appelle du « fédéralisme

[525] R. CAVALLO PERIN, *Procedimento amministrativo e giustizia amministrativa*, in *L. Violante* (dir.) *Storia d'Italia*, Annali XIV, Torino, Einaudi, 1998, p. 266.

[526] La Charte européenne de l'autonomie locale, adoptée par le Congrès des pouvoirs locaux et régionaux du Conseil de l'Europe, a été ratifiée par l'Italie par la l. n. 439 du 30 décembre 1989.

administratif ». Dans cette phase, une large décentralisation est mise en place au moyen de lois ordinaires attribuant aux communes de vastes pouvoirs, sans avoir encore recours à une réforme de la Constitution. Un principe capital est finalement acquis : toutes les compétences administratives ayant trait aux intérêts locaux et au développement des populations locales, ainsi que toute fonction « localisable', sont désormais confiées aux régions et aux communes :

« *Sont attribuées aux régions et aux collectivités locales, dans le respect du principe de subsidiarité (...) toutes les fonctions et les tâches administratives ayant trait au soin des intérêts et à la promotion du développement des communautés respectives, de même que toutes les fonctions et les tâches administratives localisables dans les territoires concernés, exercés par quelconque organe ou administration centrale ou périphérique de l'Etat, ou par le biais d'autres entités ou sujets publics* »[527].

Le mot clé – subsidiarité - vient de faire son entrée en scène.

IV- La constitutionnalisation du principe de subsidiarité : Largo, Grave

Le principe que l'on dit de « subsidiarité » implique une dévolution généralisée des pouvoirs, à l'exception uniquement des fonctions incompatibles avec la dimension de ces collectivités : il s'agit, par conséquent, de

« ... *l'attribution des tâches administratives et des fonctions générales aux communes, aux provinces, régions et aux communautés de montagne, suivant leurs limites territoriales, associatives et d'organisation respectives, à l'exclusion des seules fonctions incompatibles avec leurs dimensions, en confiant la responsabilité publique dans le but également de favoriser l'accomplissement des fonctions et des tâches ayant un relief social de la part des familles, des associations et des communautés à l'autorité territorialement et fonctionnellement la plus proche des citoyens concernés* »[528].

On remarquera ici, au passage, l'interaction étroite de la notion de subsidiarité verticale (qui doit assurer que le pouvoir est exercé au plus près du citoyen, garantissant la proximité territoriale de l'action

[527] Loi n. 59 du 15 mars 1997, art. 1, al. 2.
[528] Loi n. 59 du 15 mars 1997, art. 4, al. 3, lett. a.

publique) et horizontale ou fonctionnelle (concernant, par contre, le rapport entre les pouvoirs publics dans leur ensemble et la société).

Nous sommes ici au cœur de ce que son protagoniste, le Ministre Franco Bassanini, a défini, dans une leçon à l'Institut Aspen de France, « un vaste et tumultueux processus de réforme de l'État et de l'administration publique »[529], suivant la méthode d'une réforme progressive et globale, partagée dans ses grandes lignes par l'ensemble de l'échiquier politique et mis en place en accord avec les administrations régionales et locales, ainsi qu'avec les représentants des travailleurs et des entreprises.

La phase constitutive de cette nouvelle approche s'achève par l'adoption du Code (*Testo unico*) des collectivités locales du 18 août 2000[530], encore en vigueur aujourd'hui. Elle débouche l'année suivante, grâce à la réforme constitutionnelle de 2001[531], sur la constitutionnalisation du principe de subsidiarité, désormais devenu l'élément régulateur par excellence de l'allocation des compétences aux différents niveaux territoriaux. Cette réforme se situe dans le droit fil de la transformation des années '90 que nous venons d'évoquer. Parallèlement à ce qui est arrivé en France, les réformes italiennes ont aussi procédé à partir du niveau législatif, pour n'atteindre que dans un deuxième temps le niveau constitutionnel[532].

Nous sommes face, au passage du cap du millénaire, à une volonté affichée de renforcer les collectivités territoriales, en leur offrant le bouclier du principe de subsidiarité grâce à sa double fonction de principe fondamental d'allocation des compétences aux différents niveaux territoriaux et de critère résiduel d'attribution générale aux régions et aux collectivités locales de toutes les compétences non énumérées. Un outil puissant, au sujet duquel, pourtant, quelques constitutionnalistes particulièrement avisés émettent dès le début des réserves, le taxant déjà fort à propos, au moment de la discussion de

---

529 F. BASSANINI, *La Méthode et l'Architecture des Réformes. La réforme de l'État et de la Fonction Publique en Italie: 1996-2001*, Institut Aspen de France, Chantilly, 3 Juillet 2006.

530 *Testo unico degli enti locali*, d.lgs. n. 267 du 18 août 2000.

531 L. const. n. 3 de 2001, réforme du 5ème Titre de la Constitution italienne.

532 G. PAVANI, *Gli enti territoriali francesi*, in *Municipi d'Occidente, Il governo locale in Europa e nelle Americhe*, Rome, Donzelli, 2006, p. 23.

ces réformes au Parlement, de « nouveau mythe, institutionnel et politique »[533].

Le système des autonomies locales se trouve propulsé au-delà de la décentralisation pure et simple. Il ne s'agit pas uniquement de la mise en exécution la plus complète des principes d'autonomie et de décentralisation énoncés à l'art. 5 de la Constitution : il s'agit de la consécration d'un véritable pluralisme institutionnel qui s'inscrit dans la révolution copernicienne globale du nouvel art. 114 de la Constitution, réformé en 2001, d'après lequel, en abandonnant la qualification des communes comme dernière subdivision administrative de l'Etat, on proclame désormais que : « *La République se compose des communes, des provinces, des villes métropolitaines, des régions et de l'État* »[534].

La valeur symbolique d'avoir mentionné les communes en premières est très forte. On serait presque tentés d'y voir l'accomplissement de la prophétie évangélique « Ainsi les derniers seront les premiers, et les premiers seront les derniers ». La formule se révélera cependant creuse, malgré que ce même article scelle définitivement la nouvelle mécanique institutionnelle, en précisant que : « *Les communes, les provinces, les villes métropolitaines et les régions sont des entités autonomes ayant un statut, des pouvoirs et des fonctions propres, conformément aux principes établis par la Constitution* »[535]

La réserve législative de l'Etat, partagée avec les régions ordinaires, n'est gardée que dans une mesure plus partielle, réservant aux autorités nationales la régulation de "législation électorale, organes directeurs et fonctions fondamentales des communes, des provinces et des villes métropolitaines"[536]. Le principe de subsidiarité semble donc faire des collectivités territoriales le pivot du système administratif italien.

C'est l'apothéose, mais c'est aussi, et surtout, le début du déclin.

Pour bien comprendre, quinze ans après la révolution de la subsidiarité, le parcours du flétrissement progressif de ces *pouvoirs*

---

533 G. FERRARA, *La revisione costituzionale come sfigurazione: sussidiarietà, rappresentanza, legalità e forma di governo nel progetto della Commissione bicamerale*, in Pol. dir., 1998, 93 ss.
534 Constitution, art. 114, 1er al.
535 Constitution, art. 114, al. 2.
536 Constitution, art. 117, al. 2, lettre p).

propres et ces *fonctions fondamentales*, il faut se pencher tout d'abord sur le sens de l'adjectif « propre » : faut-il l'entendre dans le sens de « approprié » ? « adéquat » ? « raisonnable » ? « proportionné » ? Ou c'est plutôt à un pouvoir « exclusif » que la Charte constitutionnelle fait allusion ?

La jurisprudence de la Cour constitutionnelle ne semble pas avoir de doutes à ce sujet. C'est dans leur action concrète de définition et d'allocation des fonctions administratives locales que l'Etat et les régions ont le droit de se réserver l'exercice de pouvoirs différents et ultérieurs par rapport à ceux de coordination et de planification auxquels ils semblaient destinés à devoir se cantonner[537]. Le noyau essentiel de ces pouvoir communaux sera réduit donc bientôt comme une peau de chagrin.

Alors que des fleuves d'encre coulent autour de l'idée nouvelle d'une position paritaire (« *equiordinazione* ») des entités constituantes de la République, sur la façon de reconnaitre au mieux à ces composantes mineures la condition paritaire sur le plan politique et constitutionnel (« *pari dignità politico-costituzionale agli enti locali* »)[538], ainsi que sur la perte apparente de suprématie de la part de l'Etat, la question de la titularité des pouvoirs des collectivités locales reste dans l'ombre, mais c'est bien là que le recul s'avère être le plus sensible.

Les communes ne pourront plus longtemps se bercer dans cette douce illusion. Il est bientôt évident que l'Etat ne se cantonnera pas dans le rôle du législateur général, émanant uniquement de grandes lois de principe et exerçant seulement une fonction générale de coordination, tandis que les collectivités locales développeront une action régulatrice autonome grâce à leurs nouveaux pouvoirs statutaires et réglementaires. Le pouvoir d'auto-organisation des communes, rigoureusement encadré par la loi de l'Etat (et des régions spéciales), finit en effet aussitôt par se réduire à peu de chose[539]. La norme de principe accordant priorité aux statuts et règlements des

[537] C. Const. n. 22 du 10 février 2014.

[538] R. BIFULCO, A. CELOTTO, M. OLIVETTI (dir.), Art. 114, in *Commentario alla Costituzione italiana*, Turin, 2006, vol. 3, p. 2168.

[539] Bien qu'apparemment très différente dans sa formulation législative, la situation s'avère donc très semblable à celle du régime des communes françaises où « la Constitution ne garantit (...) aucune compétence en ce qui concerne leur organisation interne ou la structure de leurs organes » (M. VERPEAUX, A. PÉCHEUL, *Les communes nouvelles*, Paris, Lexis-Nexis, 2016, p. 7).

collectivités locales existe, certes, mais la jurisprudence applique encore, et très rigoureusement, la hiérarchie des sources du droit, réaffirmant constamment la supériorité des lois par rapport aux statuts et règlements communaux et provinciaux[540].

De surcroît, les pouvoirs locaux italiens ne disposent pas de moyens pour un recours direct à la Cour constitutionnelle face aux violations de leur autonomie. Cette garantie existe pourtant en Allemagne, où la Cour constitutionnelle fédérale et les tribunaux constitutionnels des *länder* statuent directement[541] sur les recours constitutionnels des communes et des groupements de communes pour toute violation par une loi du droit d'auto-administration prévu par l'article 28[542]. Le principe de libre administration ne permet pas seulement aux communes et aux groupements de communes d'être garantis dans leur droit de régler, sous leur propre responsabilité, toutes les affaires de la communauté locale, dans le cadre des lois, mais la garantie d'auto-administration englobe aussi, en République fédérale d'Allemagne, les bases de l'autonomie financière, les ressources fiscales assises sur le potentiel économique local et dont les communes peuvent fixer en toute autonomie le taux d'imposition.

La même protection est accordée en Espagne, où le législateur se doit de respecter le noyau essentiel (*núcleo indispensable*) des compétences locales, sous peine d'un recours au Tribunal constitutionnel espagnol de la part des pouvoirs locaux en défense de l'autonomie locale contre ses lois et ses autres actes. En effet : « *Le Tribunal constitutionnel jugera aussi des conflits pour la défense de l'autonomie locale introduits par les communes et les provinces contre l'Etat ou une Communauté autonome* »[543].

---

[540] « En dépit des solides théorisations de la doctrine successive à la réforme du Titre V, les statuts et les règlements des collectivités locales sont généralement reliés aux marges du système des sources du droit tant par la jurisprudence civile que par celle administrative » : C. MAINARDIS, *Le fonti degli enti locali tra dottrina e giurisprudenza* (a quasi un decennio dalla riforma del titolo V), in *Forum di quaderni costituzionali*, 2010. Cfr. Cass. Civ. S.U. 16.6.2005, n. 12868. Sur la position des statuts et règlements communaux dans la hiérarchie des sources normatives : S. MANGIAMELI, *La funzione statutaria e regolamentare delle istituzioni locali*, in A. PIRAINO (dir.), *La funzione normativa di comuni, province e città nel nuovo sistema delle autonomie*, Palermo, 2002, 151 ss.

[541] *Grundgesetz*, art. 93, 4b.

[542] *Grundgesetz*, art. 28, II.

[543] *Ley Orgánica* du Tribunal Constitucionnel n. 2 du 3 octobre 1979, texte consolidé, art. 59.2.

Il s'agit d'une cuirasse fondamentale pour protéger et assurer une allocation correcte des pouvoirs. Une arme de défense que de nombreux juristes considèrent indispensable à titre de garantie d'une application correcte des mécanismes de subsidiarité et d'allocation verticale des pouvoirs[544].

Les communes italiennes, pour leur part, ne disposent pas d'un même pouvoir et ne sont pas autorisées à accéder directement à la Cour constitutionnelle pour invoquer une protection de leur propre marge d'autonomie[545], et n'arrivent par conséquent pas à se protéger sur le plan financier. C'est là une des causes, et non des moindres, de la parabole descendante de leur sphère de compétences tout au long des dix dernières années.

V- Six années dramatiques : Vivace, Prestissimo

La crise financière a sévi en Italie à partir des années 2010-2011 et a été le déclic d'une accélération impressionnante dans la dynamique de recentralisation ou, pour reprendre une définition récente et très appropriée, de réémergence du paradigme hiérarchique[546].

La législation de la crise et les contraintes budgétaires qu'elle a fixées ont frappé un coup très rude à l'autonomie fragile des communes. La manœuvre d'allégement de la fonction publique locale et de limitation de ses pouvoirs et de ses moyens financiers prend la forme d'une percussion impressionnante par trois décrets successifs en l'espace de deux ans[547].

---

[544] D. D'ALESSANDRO, *Sussidiarietà solidarietà e azione amministrativa*, Milan, Giuffrè, 2004, p. 61-62.

[545] Elles peuvent, tout au plus, dans certaines régions comme la Toscane, proposer à travers le Conseil des autonomies locales au Président de la Régions de saisir la Cour constitutionnelle contre des lois de l'État leur causant ce genre de préjudice: cfr. Statut Toscane, art. 66.

[546] F. CORTESE, *Il coordinamento Stato-Regioni e il regionalismo speciale alla prova della finanza pubblica*, in R. TONIATTI, F. GUELLA (dir.), *Il coordinamento dei meccanismi di stabilità finanziaria nelle Regioni a Statuto speciale*, Trento, 2014, p. 123.

[547] Loi n. 122 du 30 juillet 2010, *Conversione in legge, con modificazioni, del decreto-legge 31 maggio 2010, n. 78, recante misure urgenti in materia di stabilizzazione finanziaria e di competitività economica*; loi n. 148 du 14 septembre 2011, *Conversione in legge, con modificazioni, del decreto-legge 13 agosto 2011, n. 138, recante ulteriori misure urgenti per la stabilizzazione*

L'objectif commun de ces trois manœuvres est indiqué dans la stabilisation financière et dans la révision de la dépense publique. C'est l'urgence qui prime sur la rationalité, et l'on a du mal à identifier une logique précise dans ces trois ensembles normatifs qui occupent plusieurs centaines de pages, écrites dans un style tortueux et alambiqué.

L'analyse des ressources disponibles pour chaque niveau d'administration s'avère très utile pour comprendre le potentiel réel d'intervention des institutions locales dans les différents domaines. D'après Luisa Torchia, qui a analysé attentivement les données disponibles[548], les régions disposeraient de ressources supérieures aux communes, les provinces étant les dernières au classement des collectivités locales sur la base des ressources financières disponibles.

Si l'on regarde de près la répartition de la dépense des communes sur la base de leurs fonctions dans la période de la crise, on remarque que leur recul a été très sensible dans les domaines des transports publics et des services (avec une contraction très forte du 11% et du 6,64%). Dans la même période, les dépenses de gestion (administration et contrôle) ont par contre augmenté.

Administration et contrôle	12,8	13,31
Police locale	2,68	2,67
Instruction publique	4,75	4,72
Viabilité et transports	2,74	3,08
Territoire et environnement	2,81	2,78
Secteur social	7,57	7,1
Autres fonctions non fondamentales	3,64	3,31

Le point d'arrivée de cette rafale de réformes, qui a essoufflé, pour ne pas dire terrassé, les pouvoirs locaux, est la loi n. 56 de 2014,

---

finanziaria e per lo sviluppo. Delega al Governo per la riorganizzazione della distribuzione sul territorio degli uffici giudiziari; loi n. 135 du 7 août 2012, *Conversione, con modificazioni, del decreto-legge 6 luglio 2012, n. 95: Disposizioni urgenti per la revisione della spesa pubblica con invarianza dei servizi ai cittadini, nonché misure di rafforzamento patrimoniale delle imprese del settore bancario.*

548 L. TORCHIA, *Il sistema amministrativo italiano*, Bologne, Il Mulino, 2009, p. 234.

connue sous le nom de loi Delrio. Cette loi marque surtout le K.O. des provinces en tant que "enti con funzioni di area vasta", désormais devenues des entités aux pouvoirs résiduels dont l'élection des organes directeurs a lieu au deuxième degré. Leur fonction se résume essentiellement, aujourd'hui, dans la planification territoriale, les services de transport, la gestion du réseau routier et d'une partie des bâtiments scolaire, et dans des compétences assez vagues en matière de « développement stratégique » et de « gestion de services en forme associée »[549].

La philosophie de la loi Delrio conduit à attribuer prioritairement aux communes les fonctions provinciales, à l'exception de certaines compétences qui resteraient confiées aux provinces ou aux régions. En même temps, cette loi prévoit une dynamique de renforcement de l'intercommunalité qui pourrait éventuellement voir les provinces évoluer en une sorte de « maison des communes », c'est à dire des *hubs* de services en tant que point central où convergent les politiques de différents territoires.

Le nouvel astre naissant, sur lequel le gouvernement mise le plus, est cependant celui des villes métropolitaines (déjà prévues la première fois par la loi n. 142 de 1990, mais concrètement constituées seulement à la fin de 2014). Elles sont aussi des « *enti con funzioni di area vasta* », mais leur propulsion, qui comprend aussi des relations institutionnelles larges à leur niveau et avec d'autres espaces métropolitains européens, s'annonce nettement plus importante. Cette vaste opération s'accompagne d'une « normalisation' ultérieure des communes, qui risquent donc de devenir des agences terminales dans la prestation de services, dénuées d'une authentique autonomie politique.

Le contenu de l'Accord souscrit entre le Gouvernement national et les régions lors de la Conférence unifiée du 11 septembre 2014 a mis sur les rails une procédure élaborée pour cette nouvelle répartition à travers l'exercice du pouvoir normatif régional pour la mise en œuvre de cette réorganisation. Cette transformation semble amener à une restriction ultérieure des marges de manœuvre des communes, qui découle à ce point d'une pression concurrente et concentrique sur plusieurs fronts que nous essayons de détailler.

---

[549] L. n. 56 de 2014, al. 85-86.

VI- Quelles compétences communales aujourd'hui ?

Pour reconstruire aujourd'hui de façon précise et détaillée la mosaïque des compétences communales, il faut une patience d'ange.

L'identification par voie législative des « fonctions fondamentales des communes, des provinces et des villes métropolitaines »[550] est réservée à l'Etat, mais dans les régions à Statut spécial elle est du ressort de la région. Voici l'encadrement général fourni par la loi (*testo unico*) sur les collectivités locales :

« Toutes les fonctions administratives concernant la population et le territoire communal appartiennent à la commune, notamment dans les domaines organiques des services à la personne et à la communauté, de l'aménagement et de l'utilisation du territoire et du développement économique, à l'exception de ce qui est expressément réservé par la loi à l'Etat ou à la Région, en vertu de leurs compétences respectives. »[551]

Toutes les fonctions, hormis celles qui sont formellement attribuées à d'autres niveaux de pouvoir, sont donc confiées en principe à la commune. Le terrain d'action privilégié est les services à la personne et à la communauté, l'aménagement et l'utilisation du territoire et le développement économique, mais les connexions entre les différents niveaux de pouvoir sont extrêmement intriquées.

Une tentative de clarification ultérieure de ces fonctions communales a été effectuée, de façon provisoire, en utilisant comme critère d'interprétation une taxonomie budgétaire[552], mais l'initiative a tourné court[553]. Le d.l. n. 78/2010 nous a livré, tout de suite après, une définition plus articulée des « fonctions fondamentales » des communes[554]:

---

[550] Constitution, art. 117, al. 2, lett. p.

[551] D.lgs. n. 267 du 18 août 2000, art. 13.

[552] Par le biais de la législation financière en application de l'art. 119 de la Constitution: loi n. 42 de 2009, art. 21, al. 2.

[553] Cette identification des fonctions communales s'inscrivait dans la logique de la détermination des *fabbisogni standard* des collectivités locales, c'est à dire d'un financement standardisé et normalisé des fonctions locales: les fonctions en question étaient dès lors identifiées sur la base des chapitres de dépense des budgets des collectivités locales: d.P.R. n. 194 du 31 janvier 1996.

[554] Art. 14, al. 27 du d.l. n. 78 de 2010, modifié par l'art. 19 du d.l. n. 95 de 2012, conv. par la loi 7 août 2012, n. 135.

a) organisation générale de l'administration, gestion financière, comptable et de contrôle ;

b) organisation des services publics d'intérêt général dans le territoire communal, y compris les services collectifs de transports communaux ;

c) cadastre, à l'exception des fonctions réservées à l'Etat par les normes en vigueur ;

d) plans d'aménagement et bâtiments dans le territoire communal et participation à la planification territoriale à l'échelle supra-communale ;

e) activités, à l'échelle communale, de planification de la protection civile et de coordination des premiers secours ;

f) organisation et gestion des services de collecte, élimination et valorisation des déchets urbains et perception des impôts y afférents ;

g) projet et gestion du système local des services sociaux locaux et prestations aux citoyens, conformément à l'art. 118, al. 4, de la Constitution ;

h) bâtiments scolaires pour la part non attribuée à la compétence des provinces, organisation et gestion des services scolaires ;

i) police municipale et police administrative locale ;

l) tenue des registres d'état civil et de la population et fonctions en matière de données personnelles et de services électoraux, dans l'exercice des fonctions du ressort de l'Etat ;

l-bis) services en matière de statistique.

La terminologie utilisée, comme on le voit, n'est pas univoque.

Quelle est, au juste, la différence entre « organisation » et « gestion » ? Pourquoi préciser une fonction de « projet » en sus de celle de « gestion » ? Même si le sens général de la disposition encourage à une interprétation extensive, le flottement est évident.

L'attribution de ces compétences n'est que « de principe », puisque de nombreuses limitations législatives et financières l'empêchent dans la réalité de s'étendre au-delà de bornes très strictes. Le renforcement formel des compétences normatives des pouvoirs locaux ne s'est pas traduit dans une possibilité réelle d'accentuer les capacités d'intervention et de mener à bien des politiques autonomes.

Il s'agit à ce point de voir quels facteurs ont contribué au « rabotage » des compétences fondamentales, réduisant progressivement un noyau dur qui paraissait tout compte fait particulièrement consistant et solide.

VII- Les facteurs du « rabotage »

Le premier facteur qui a produit un affaiblissement des pouvoirs locaux est l'effet conjoint de la crise économique et financière et de la volonté de prôner une politique de privatisation de la fonction publique locale de la part de l'Union européenne. Celle-ci, malgré les principes énoncés par ses traités en matière de subsidiarité, a agi vis-à-vis de l'Italie dans une direction totalement contraire, utilisant à cette fin des moyens de pression très musclés.

Preuve en est, par exemple, une lettre de la Banque centrale européenne sur la situation des marchés par rapport à la dette publique italienne, adressée au gouvernement italien dans les derniers jours du Gouvernement Berlusconi. Le lecteur en appréciera le contenu surtout à la lumière de la grave crise financière qui sévissait à ce moment en Italie et à sa nécessité de pouvoir jouir du soutien de la Banque centrale[555]:

« (...) Nous encourageons aussi le gouvernement à prendre immédiatement des mesures pour assurer une vaste réforme de l'administration publique afin d'améliorer l'efficacité administrative et la bienveillance à l'égard des entreprises. Dans les services publics, l'utilisation d'indicateurs de performance devrait être systématique (en particulier dans la santé, l'éducation et le système judiciaire). Il est nécessaire de s'engager fermement en faveur de l'abolition ou de la consolidation de certains niveaux administratifs intermédiaires (comme les provinces). Les actions visant à réaliser des économies d'échelle dans les services publics locaux devraient être renforcées ».

La Banque Centrale Européenne ne s'est point embarrassée de scrupules en « suggérant » expressément la suppression d'un niveau du pouvoir local italien (les provinces) - pourtant prévu

[555] Lettre de Mario Draghi et Jean-Claude Trichet au nom du Conseil de Direction de la Banque centrale européenne du 4 août 2011 enjoignant au gouvernement italien une politique de rigueur.

constitutionnellement ![556] - de même qu'elle imposait sa propre vision politique ouvertement libéraliste : « *Une stratégie de réforme globale, profonde et crédible, incluant la libéralisation totale des services publics locaux et des services professionnels est nécessaire. Cela devrait être appliqué en particulier à l'offre de services locaux, via des privatisations de grande ampleur* »[557].

Le deuxième facteur découle des obligations croissantes d'intercommunalité imposées aux communes. On est en effet passé rapidement de l'opportunité au devoir, mettant fin à la politique purement incitative qui avait donné dans ce domaine des fruits plutôt modestes, à une politique nettement coercitive. Les lois des cinq dernières années ont en effet rendu obligatoire la gestion en forme associée d'une grande quantité de fonctions pour les communes en dessous des 5000 habitants[558], seuil qui a été récemment élevé à 10.000 habitants[559].

Les régions sont devenues la véritable cheville ouvrière de cette opération et sont désormais chargées d'identifier, en accord avec les communes, « la dimension territoriale optimale et homogène » pour gérer « dans une forme obligatoirement associée » leurs fonctions fondamentales, en gardant comme principes directeurs « les principes d'efficacité, d'économie, d'efficience et de réduction des dépenses publiques ». La difficulté, voire l'impossibilité de définir concrètement cette « dimension optimale » n'a pas échappé aux

---

[556] Il est à souligner que, malgré les efforts du Gouvernement et du Parlement, le rejet de la Réforme Renzi-Boschi par les électeurs lors du référendum confirmatif du 4 décembre 2016 a maintenu les provinces en tant que niveau administratif constitutionnellement nécessaire.
[557] Lettre Draghi-Trichet, cit.
[558] Loi 122/2010, art. 14, a. 28. L'article en question prévoit que les communes ayant une population jusqu'à 5.000 habitants (3.000 pour les communes de montagne ou insulaires) exercent leurs fonctions obligatoirement en forme associée, moyennant union de communes ou convention, leurs fonctions fondamentales en matière d'état civil, registres de la population, services électoraux et de statistique. Sur le cadre constitutionnel et législatif en matière d'union et de fusion des communes italiennes: F. POLITI, *Dall'Unione alla fusione dei Comuni: il quadro giuridico*, in *Istituzioni del Federalismo*, n. 1, 2012, pp. 5-35.
[559] L. n. 56 de 2014, art. 1, al. 107.

juristes, qui ont fait appel au génie littéraire de Montesquieu pour représenter l'absurdité de la démarche[560].

La justification principale de cette contrainte à la gestion associée obligatoire (GAO) est de nature financière, même si les résultats sont, pour l'instant, limités : « .... les données font considérer très modeste l'impact de la constitution des Unions de Communes par rapport au niveau de dépense courante des Communes »[561]. Les ondoiements de la législation en matière d'intercommunalité - qui a gardé ouverte l'alternative entre le recours à l'instrument des conventions et l'institution des Unions de Communes - ont à coup sûr pesé lourd sur la réussite de l'opération.[562].

Le troisième élément de criticité de l'autonomie communale actuelle est la concurrence exercée par les pouvoirs régionaux. La tendance au, et la critique du, centralisme régional est, il convient de le rappeler, une donnée qui remonte déjà au début de l'expérience régionale, dans les années '70 : les pouvoirs locaux – communaux et provinciaux – dénoncent en effet depuis des décennies le penchant centralisateur des institutions régionales qui auraient dû garder un rôle de planification et coordination et qui, par contre, se sont très souvent engagées sur le terrain de la gestion administrative directe des fonds disponibles.

L'analyse des données disponibles sur la période 2000-2010 confirme tous les soupçons. Elle met en évidence une augmentation générale des ressources suite à la dévolution de compétences de la part de l'Etat dans la phase du « fédéralisme administratif », mais également que les régions ont gardé pour elles une quote-part

---

[560] F. MARCELLI, *Il Persiano e la Carta delle autonomie*, in S. MANGIAMELI, *Le autonomie della Repubblica: la realizzazione concreta*, Milan, Giuffré, 2013, pp. 55-69.

[561] Cour des Comptes, Section des autonomies, audition sur la gestion associée des fonctions et des services communaux auprès de la Commission des affaires constitutionnelles, Chambre des Députés, 1er décembre 2015.

[562] L'Union des Communes est définie par la loi comme une «collectivité locale constituée de deux ou plusieurs communes, généralement confinant, ayant pour but l'exercice en forme associée de leurs fonctions et de leurs services» (t.u.e.l., art. 32, 1er al.). La nature de l'Union des Communes en tant que collectivité locale est cependant opinable: la Cour constitutionnelle estime, en effet, qu'il s'agit d'une forme institutionnelle d'association et non pas d'une collectivité territoriale distincte par rapport aux communes (sent. n. 50/2015).

importante des enveloppes disponibles et ont généralement préféré, dans la redistribution financière, les provinces aux communes[563].

Le quatrième aspect qui marque un conditionnement considérable de l'autonomie communale, notamment dans son contenu matériel, est représenté par les LEA (acronyme de *livelli essenziali di assistenza*, c'est-à-dire niveaux essentiels d'assistance). L'Etat définit en effet, aux termes de la Constitution, le niveau de qualité de l'ensemble des prestations à assurer et les pouvoirs administratifs organisent et gèrent, chacun à son niveau, les services dans le respect de ces prescriptions minimales[564].

Cette fonction exercée par le Parlement national (souvent, comme dans le cas de la santé, par voie de délégation législative) réduit la marge de manœuvre des collectivités locales et se traduit par un conditionnement indirect de leur autonomie politique. À titre d'exemple, nous rappellerons que dans la perspective de la protection des personnes les plus démunies, les marges d'intervention de l'Etat en tant que garant de la dignité humaine lui ont permis d'intervenir directement - par l'institution d'une *social card*[565] - dans une matière telle que l'assistance sociale qui rentre dans les attributions fondamentales des régions et des collectivités locales. La Cour constitutionnelle a indiqué qu'il y a dans ce domaine un devoir de l'Etat d'établir les caractéristiques qualitatives et quantitatives de ces interventions, là où l'absence de celles-ci risquerait de compromettre la dignité des individus et le noyau central de leurs droits fondamentaux[566].

Cette interprétation, qui démontre l'abandon de l'approche naturaliste par rapport aux compétences historiquement exercées et à

---

[563] L. TORCHIA, *Il sistema amministrativo italiano*, cit., p. 237. Les provinces, dans la logique réformatrice qui s'est affirmée entre 2012 et 2016 peuvent bien être qualifiées, comme l'indiquent certains auteurs, comme le véritable bouc émissaire de la réorganisation territoriale en cours : C. BACCETTI, *Il capro espiatorio. La Provincia nell'evoluzione del sistema politico italiano*, in *Istituzioni del Federalismo*, 2014, pp. 285-317.

[564] Sur la fonction des niveaux essentiels d'assistance en tant que garantie des conditions d'uniformité sur tout le territoire national cf. R. LOUVIN, *La coopération entre les échelons territoriaux dans l'action en faveur des droits sociaux*, in O. LECUCQ (dir.) *État, collectivités territoriales et droits sociaux. Étude de droit comparé*, Paris, L'Harmattan, 2015, pp. 117-139.

[565] Loi n. 133 du 6 août 2008, art. 81, al. 29-38 bis.

[566] La légitimité de cette extension a été confirmée par la sentence de la Cour constitutionnelle n. 10 de 2010.

leur caractère durable et permanent, nous amène à constater que l'appui de la jurisprudence de la Cour constitutionnelle est bien un cinquième élément susceptible d'accentuer la compression de l'autonomie locale.

L'effet conjoint de cette interprétation, plus sensible aux finalités concrètes de l'action publique (la sauvegarde des droits fondamentaux) qu'à la garantie de l'autonomie et de la sphère de libre administration des pouvoirs locaux, et de la priorité accordée au résultat de la réduction des dépenses publiques s'avère porteur de conséquences très lourdes sur le cadre réel de répartition des pouvoirs.

La protection des droits fondamentaux confiée au législateur devient gage d'uniformité dans l'exercice des fonctions administratives, avec la conséquence d'une réduction ultérieure du pouvoir discrétionnaire de la commune.

La Cour constitutionnelle, en légitimant ce pouvoir d'ingérence de l'Etat, a justifié le virage re-centralisateur, permettant au pouvoir national d'aller bien au-delà d'une pure et simple « organisation des fonctions ». Elle a utilisé, pour ce faire, le principe de différenciation que la Constitution évoque au même titre que ceux de la subsidiarité et de l'adéquation à l'art. 118 en tant que clé de légitimation de l'imposition d'un exercice obligatoirement associé des fonctions fondamentales des communes. Dans le fond, nous sommes face à une « emphatisation » du pouvoir discrétionnaire du législateur national que l'on estime porteur d'une valeur considérée comme providentiellement salutaire en soi : *rei publicae salus, suprema lex*.

À cela s'ajoute un titre supplémentaire de légitimation du pouvoir de l'Etat découlant de sa compétence exclusive en matière de « coordination de la finance publique »[567], exercée par le biais de dispositions qui prennent à leur tour la forme de « principes fondamentaux ».

---

[567] Constitution, art. 117, al. 3. Par la sentence de la Cour const. n. 22 de 2014, en particulier, ce qui aurait dû avoir un caractère transitoire, c'est à dire une législation de la crise, est devenu structurel: rien n'est aussi définitif, en Italie, que le provisoire ... La même Cour a aussi validé la nouvelle clé de répartition des pouvoirs feu provinciaux et de reconfiguration du système par la sent n. 50 de 2015 (au sujet de la loi Delrio), formalisant ainsi sa bénédiction à la 'répartition du butin' des compétences provinciales et son feu vert à la reconfiguration du système.

VIII- Le nouveau « mantra » et sa source d'inspiration

Comme l'a souligné à juste titre Franco Mastragostino, nous sommes face à un changement des mots clés par rapport aux années '90, à une sorte de nouveau mantra : fédéralisme, autonomie et subsidiarité sont désormais remplacés par durabilité, équilibre budgétaire, rationalisation et réduction des dépenses[568].

La Cour des comptes figure parmi les plus puissants acteurs de cette reconfiguration, une sorte de *reset* du système des autonomies locales visant à réinitialiser, par le dépassement des compétences historiques, les pouvoirs locaux dans la logique d'une décentralisation standardisée plutôt que dans celle de l'épanouissement des libertés locales.

Cette tendance prend la forme aussi d'une application des solutions de *smart cities* comme prototype des collectivités locales de nouvelle génération. Nous sommes bien au-delà d'un simple engouement technologique ; il s'agit plutôt d'une forme de tropisme scientifique de la même nature de ceux que Jürgen Habermas avait déjà décelés il y a quarante ans[569].

La source d'inspiration de cette vague réformatrice sont les théories du *Post-New Public Management*. Comme le démontre bien la littérature scientifique des sciences de l'administration, toute la réorganisation des unités territoriales, dans leurs différentes branches, réplique la transition du paradigme réformateur du *New Public Management* (NPM)[570] à celui du *Post-New Public Management*[571].

---

[568] F. MASTRAGOSTINO, *Introduzione*, in F. MASTRAGOSTINO, G. PIPERATA, C. TUBERTINI (dir.), *L'amministrazione che cambia. Fonti, regole e percorsi di una nuova stagione di riforme*, Bologne, Bononia University Press, 2016, p. 20.

[569] Nous faisons allusion notamment à son recueil, *La Technique et la science comme «idéologie»*, Paris, Gallimard, 1990, (première édition : 1973).

[570] Théorie qui prône un modèle de gestion semblable à celui des d'entreprises privées, caractérisé par une large autonomie de gestion (ou managérialisation), par la mise en concurrence des services (*marketing*) et par une gestion orientée au changement, théorie devenue dans les dernières décennies une "véritable doctrine internationale de réforme administrative" et condition de bonne gouvernance imposée par la Banque Mondiale et par l'OCDE: J. CHEVALLIER, *L'État post-moderne*, LGDJ-Lextenso éditions, Issy-les-Moulineaux, 2014. p. 72.

[571] S. BOLGHERINI, C. DALLARA, *La retorica della razionalizzazione: Il settore pubblico italiano negli anni dell'austerity*, Milano, Istituto Carlo Cattaneo, 2016, p. 9. Le *Post-New Public Management* implique un modèle mixte de services publics, produit de compétences croisées, avec une direction stratégique à un

De nouvelles idées, associées à de nouveaux instruments de gouvernance du système public, se sont désormais imposées, visant à une re-centralisation par le biais d'une gestion verticalement incorporée des fonctions (*joined-up government*)[572], ce qui n'est pas sans rappeler, aux juristes italiens, le débat des années '80 autour des hypothèses d'une administration publique intégrée[573].

La philosophie sous-tendue à ce processus de « retour au centre » a largement profité de l'époque de la crise économique et des tensions de la finance publique pour imposer sa logique de simplification, théorisée par le gouvernement Renzi et notamment par la ministre de la Fonction publique Marianna Madia, s'articulant sur quatre volets : les nouvelles technologies, la rapidité de réponse, une organisation plus souple et efficace, la simplification dans la régulation[574]. Par-delà les considérations purement juridiques, on assiste à l'affirmation généralisée de la fonction hyper-constitutionnelle d'un nouveau *mainstream* technocratique.

IX- Pour aller où ?

Les tendances qui semblent s'esquisser reflètent largement le problème central des relations entre les pouvoirs publics et les territoires et vont largement au-delà du simple constat, que l'on ne peut que partager, de l'affaiblissement de la capacité régulatrice des communes[575], de la crise du pouvoir normatif des communes, désormais presque totalement encadrée par le pouvoir du

---

niveau élevé (*joined-up target*) et un contrôle centralisé relativement fort. Il vise donc au renforcement de la capacité du centre, tant politiquement qu'administrativement, d'intégrer structurellement et contrôler une pluralité d'agences et d'entreprises publiques : T. CHRISTENSEN, *Post-NPM and changing public governance*, in *Meiji Journal of Political Science and Economics* vol. 1, 2012, pp. 1-11.

572 A.L. FILMREITE, T. CHRISTENSEN et P. LAEGREID, P., *Joined-Up Government: Reform, Challenges, Experiences and Accountability Relations,* Stein Rokkan Centre for Social studies, septembre 2012, Working Paper 6.

573 Pour une reconstruction de ses fondements théoriques : F. PIZZETTI, *Amministrazione locale. Stato delle autonomie e amministrazione integrata*, in *Le Regioni*, n. 1, 1981, pp. 356-371.

574 M. MADIA, *Prefazione*, in F. MASTRAGOSTINO, G. PIPERATA, C. TUBERTINI (dir.), *L'amministrazione che cambia* ... cit., p. 12.

575 F. MERLONI, *Riflessioni sull'autonomia normativa degli enti locali*, in *Le Regioni*, 2008, p. 98.

législateur[576]. De même, il s'agit de bien mesurer la réduction des marges de libre administration des communes actuelles, si l'on considère que la « libre administration consiste à gérer les compétences attribuées aux collectivités, qui leur soient "propres" et qui ne soient pas des compétences étatiques »[577]. C'est surtout cette hétérogénéité taxonomique qui est, désormais, fatalement compromise.

Des nombreuses tensions se manifestent en ce moment : la fusion des communes rurales semble annoncer de nouvelles fractures territoriales, tandis que le renforcement des pouvoirs métropolitains concurrence largement les compétences exercées par le niveau régional, de plus en plus poussé vers une logique macro-régionale. Tout cela, parallèlement aux « malaises » de fond de la modernité (ou pour mieux dire post-modernité) politique et administrative : l'individualisme et la perte de sens impliquant la disparition des idéaux et le repli sur soi, la primauté de la raison instrumentale, éclipsant les fins et affirmant l'empire de l'efficacité maximale, la perte de liberté, avec les sentiments d'impuissance et de resserrement de l'étau marché-Etat qui s'ensuivent[578].

Sur cette toile de fond, nous sommes désormais face, comme le constate Marcello Cecchetti[579], à une véritable contre-réforme des pouvoirs régionaux et locaux qui bouleverse le positionnement de ces institutions par rapport à la place et au rôle qui leur sont attribués dans le cadre constitutionnel formel.

La commune du XXIe siècle est loin d'être appelée à disparaître, mais elle est certainement vouée à une métamorphose profonde, dont l'interprétation fait appel aux compétences du juriste, mais aussi à celles d'autres sciences sociales. Si ces compétences demeurent apparemment assez vastes, le contenu des pouvoirs exercés par tous les pouvoirs locaux se restreint sensiblement. Comme l'a observé à juste titre Marco Cammelli, « dans les dernières décennies les

---

576 C. MAINARDIS, *Le fonti degli enti locali tra dottrina e giurisprudenza (a quasi un decennio dalla riforma del titolo V*, in *www.forumcostituzionale.it,* p. 16, parle à ce propos de "crise du système normatif et de compression de l'autonomie normative des collectivités locales".

577 M. VERPEAUX, *Droit des collectivités territoriales*, Paris, PUF, 2005, p. 229.

578 J. CHEVALLIER, *L'État post-moderne* ... cit, p. 14.

579 M. CECCHETTI, *Legge costituzionale n. 1 del 2012 e Titolo V della Parte II della Costituzione: profili di contro-riforma dell'autonomia regionale e locale*, in *Federalismi.it,* n. 24, 19 décembre 2012.

gouvernements locaux (et pas seulement italiens) ont augmenté leurs compétences, mais ils ont perdu, par rapport aux principales politiques publiques, une quote-part importante de leur capacité de libre détermination »[580].

L'effort général de modernisation de l'Etat se déploie en Italie suivant des parcours qui semblent refléter partiellement l'expérience française[581], dans la direction surtout de l'attribution d'un nouveau statut aux villes métropolitaines, d'une volonté de simplification du millefeuille territorial et, peut-être, d'une réduction du nombre des régions[582]. La conduite de cette opération paraît cependant encore très incertaine et les contrecoups des innovations sont encore très forts.

Surtout, la réorganisation des pouvoirs locaux avance pour l'heure en l'absence d'un modèle bien défini à réaliser. On est plutôt en train de louvoyer, naviguant toutes voiles dehors, mais tantôt à droite, tantôt à gauche, au gré d'un vent dont on ne sait pas trop dans quelle direction il nous portera demain. Cette incertitude justifie largement le titre choisi pour l'une des recherches comparées récentes parmi les plus lucides sur le parcours actuel des réformes locales dans les pays du sud de l'Europe : *Navigando a vista*[583].

---

580 M. CAMMELLI (dir.), *Territorialità e delocalizzazione nel governo locale*, Bologne, Il Mulino, 2007, p. 18.

581 G. NAPOLITANO, *Fixing Government: le riforme amministrative in Gran Bretagna, Francia e Spagna*, in F. MASTRAGOSTINO, G. PIPERATA, C. TUBERTINI (dir.), *L'amministrazione che cambia* ... cit., p. 38.

582 Comme semble l'indiquer l'ordre du jour 'Ranucci' accepté par le Gouvernement lors du débat au Sénat au mois d'octobre 2015 pour l'examen de la réforme constitutionnelle proposée par le gouvernement de Matteo Renzi qui engageait l'exécutif à considérer l'opportunité de réduire de 20 à 12 les régions actuelles.

583 S. BOLGHERINI, *Navigando a vista. Governi locali in Europa tra crisi e riforme*, Bologne, Il Mulino, 2015.

La commune face aux autres collectivités territoriales

Nicolas Kada
Professeur de droit public à l'Université Grenoble Alpes
Codirecteur du CRJ et du GIS GRALE

Avec encore 35 357 communes au 1er janvier 2018, la France connaît toujours un fort émiettement communal, surtout en comparaison avec d'autres États européens. Les vingt-sept autres Etats membres de l'Union européenne disposent en effet collectivement d'un peu moins du double[584]. Mais surtout, dans le cas français, « 936 communes ont moins de 50 habitants, 930 comptent 10 000 habitants et plus, et Paris, la plus peuplée, plus de deux millions. La plupart des communes sont de petite taille : près d'une commune sur deux compte moins de 400 habitants et environ une sur quatre moins de 200 habitants. Les petites communes sont les plus nombreuses, mais elles ne regroupent qu'une faible partie de la population. Les 27 301 communes de moins de 1 000 habitants, représentant 74,4 % des communes, ne comptabilisent pourtant que 15 % de la population, quasiment autant que les 41 communes de plus de 100 000 habitants. »[585] Si la taille moyenne de nos communes comprend 1 580 habitants, celle des communes belges est de 16 400 habitants, allemandes de 5 900 ou des districts britanniques de 135 700.

Si cet émiettement communal peut être considéré comme satisfaisant sur le plan de la vie démocratique, il l'est moins sous celui de la rationalité de la gestion. Dès lors, le recours à l'intercommunalité s'est progressivement imposé comme non « plus seulement utile, mais nécessaire »[586]. D'autant plus que les fusions de

---

[584] A titre d'illustration, l'Italie comptait 8 094 communes en 2010, la Pologne 2 479 communes ; le Royaume-Uni 434 districts ou encore la Suède 290 communes (source : Eurostat).

[585] Source : Les collectivités locales en chiffres, DGCL, actualisation annuelle.

[586] J.-M. PONTIER, *L'intercommunalité, hier, aujourd'hui et demain* in : JCP-A, 2010, 2240.

communes sont rapidement apparues très difficiles, voire impossibles, à l'inverse des autres pays de l'Union européenne[587]. Discrètement apparu dans la loi n°2010-1563 du 16 décembre 2010 de réforme des collectivités territoriales, le dispositif de commune nouvelle a connu des débuts difficiles et des premières réalisations relativement limitées d'un point de vue quantitatif. Depuis 2015, pourtant, le nombre de communes engagées dans un processus de création d'une commune nouvelle s'est sensiblement accru, sous l'effet conjugué de dispositions législatives plus favorables et d'une incitation financière bienvenue… permettant à la France de réduire de plus d'un millier en deux ans le nombre total de ses communes. Mais celles-ci semblent pourtant faire de la résistance et plusieurs facteurs l'expliquent. L'histoire communale est l'une des premières raisons. La commune contient une forte charge symbolique pour la population, comme la participation électorale aux élections municipales le montre. La commune renvoie aux traditionnelles libertés locales ou municipales, base de la démocratie. L'administration communale est historiquement une administration de proximité, le maire est vécu depuis longtemps comme un intercesseur[588].

Des raisons démocratiques expliquent et justifient donc l'émiettement communal. La commune, quelle que soit sa taille, est l'expression de la démocratie locale, car il existe un lien direct entre les élus et les électeurs. La fonction de maire permet de saisir directement les besoins quotidiens des habitants de la commune et d'y répondre utilement. Cette relation est d'autant plus facile que la commune est petite. Cet émiettement communal amène un grand nombre de citoyens à s'investir dans la gestion locale, plus de 500 000 élus locaux. Cette disponibilité est précieuse pour la vie démocratique. La vie politique française repose en grande partie sur son implantation sur le territoire grâce aux élections locales. La durée d'une carrière politique est rendue souvent possible par une bonne implantation locale. Cela peut aussi entraîner un certain conservatisme des notables à l'égard de toute politique de regroupement ou de fusion. Mais, tous ces arguments ne suffisent pas à gommer les inconvénients de

---

[587] H. OBERDORFF, *Intercommunalité, décentralisation française et construction communautaire,* in : « Intercommunalités, Invariance et mutation du modèle communal français » (Sous la direction de J. CAILLOSSE) – Rennes : PUR, 1994

[588] HENRION DU PENSAY, P.P.N. - *Du pouvoir municipal, de sa nature, de ses attributions et de ses rapports avec l'autorité judiciaire.* - Paris : T. BARROIS Père, libraire, 1820, 103 p.

l'émiettement communal et son absence de rationalité. Cet émiettement obère durablement les finances locales, rend non rentables de nombreux équipements locaux ou alourdit tout simplement les charges des petites ou moyennes communes. Un gaspillage des deniers publics s'en suit, comme à terme le sous-équipement communal aussi. L'interventionnisme économique est un leurre pour beaucoup de communes. La balkanisation communale peut se révéler un obstacle rédhibitoire au développement économique et social.

La taille et le nombre des communes françaises sont un débat historique permanent dans lequel s'opposent les partisans d'une commune « communauté d'habitants », véritable entité sociologique, et ceux partisans d'une commune capable de produire effectivement des services et des équipements à une population dans un bassin de vie[589]. Nombreux sont les articles de doctrine et réflexions qui traduisent la permanence du débat sur l'entité communale, le nombre de communes, leur taille, leurs compétences réelles... Enracinées, les communes ne sont cependant plus les seules collectivités territoriales, si tant est qu'elles ne l'aient jamais été : départements, régions, et désormais intercommunalités lui disputent une légitimité démocratique et fonctionnelle dont les communes n'ont plus le monopole. Le « mille-feuille » territorial tant décrié met directement en cause la couche la plus basse, la plus morcellée et en même temps la mieux installée : la commune. Dès lors, le village gaulois, supposément si cher à nos cœurs, a-t-il encore de l'avenir ? Cette image d'une communauté villageoise résistante à l'envahisseur renvoie tel un fil rouge à une littérature enfantine bien connue : celle des aventures d'Astérix. Nombreux sont les albums du Gaulois et de son ami Obélix qui représentent d'ailleurs fidèlement les enjeux qui se posent aujourd'hui à la commune face aux autres collectivités territoriales : la confrontation qui permet à la commune de faire valoir ses points forts (I) doit-elle céder le pas à la coopération, mieux à même d'en combler les faiblesses (II) ?

---

[589] J.-C. NÉMERY, *Quel avenir pour la relation entre communes et intercommunalités ?* , in « Terres du Droit » (Mélanges en l'honneur d'Yves Jégouzo) - Dalloz, 2009, p. 241 ; G. MARCOU, *La réforme de l'intercommunalité : quelles perspectives pour les agglomérations urbaines ?* in : AJDA 2002, 302.325. Du même auteur, *Changements et permanences dans le système français d'administration territoriale* in : RFAP 2012, n° 141, p. 5 et s.

I- Une confrontation pour faire valoir ses points forts

Face à 18 régions et 101 départements, quels atouts les 35 357 communes peuvent-elles donc faire valoir ? Loi de devoir se résoudre à apparaître comme désuètes et inadaptées – et donc à disparaître à terme – les communes peuvent revendiquer à leur avantage deux atouts majeurs : la légitimité et la proximité, même si ces deux avantages doivent évidemment être eux-mêmes relativisés.

A- La légitimité

La légitimité communale est incontestable, s'appuyant sur des sources qui ne souffrent à ce jour aucune comparaison avec les autres collectivités territoriales : leurs caractères historiques et démocratiques.

« Le Bouclier arverne », titre d'un album d'Asterix, résume parfaitement la manière dont les communes prennent appui sur leur légitimité historique pour rivaliser avec les autres niveaux décentralisés. Un discours prononcé en 2014 par Michel Mercier résume assez fidèlement ce point de vue : « l'une des richesses de la France, nous le savons bien, réside dans ses 36 000 ou 37 000 communes. (…) Nos communes sont profondément enracinées dans notre histoire – dans notre histoire politique et dans notre histoire tout court, si je puis dire – ainsi que dans notre vie quotidienne. Lors de la création des communes en 1789, l'État nouveau n'a fait que reprendre et consacrer des bourgs, des villes, des paroisses qui existaient depuis des siècles et des siècles. On ne peut donc pas faire disparaître d'un coup de baguette magique quelque chose qui a plus de 1000 ans et qui correspond à une réalité humaine profonde[590] ». Quelques années auparavant, Jean-Pierre Chevènement tenait lui aussi des propos relativement forts, liant comme si cela était naturel la commune aux valeurs républicaines : « c'est par la commune que la République et la nation sont partout chez elles. Partout sur le territoire national, le maire et les conseils municipaux sont les échelons avancés de l'État républicain[591] ». Ce recours récurrent aux racines historiques de la commune présente cependant ses propres limites et peut même

[590] Intervention Michel Mercier - JOS CR, 15 déc. 2014, p. 10343.
[591] Intervention Jean-Pierre Chevènement - JOS CR, 20 janv. 2010, p.349.

être à double tranchant : ce bouclier peut en effet voler en éclat face aux critiques fondées sur l'inadaptation du niveau communal aux enjeux politiques, économiques et sociaux du XXIe siècle.

Un autre argument est dès lors avancé par les défenseurs des communes traditionnelles : celui de leur légitimité démocratique. « Le Combat des Chefs », titre d'un autre album d'Astérix, reflète en effet fidèlement les joutes électorales qui scandent le calendrier communal une fois tous les six ans. Le modèle mayoral semble à cet égard indépassable. Dans un système institutionnel local très proche d'un régime de séparation stricte des pouvoirs, l'indépendance organique de l'exécutif est une conséquence directe de l'absence de risque de destitution par l'assemblée délibérante ou les électeurs eux-mêmes. Plus largement, comme le souligne Yves Mény[592], dans de nombreux Etats occidentaux – et pas seulement d'ailleurs – la construction des institutions locales est inspirée du référent national. C'est notamment vrai en France et cette analyse vaut tout autant pour l'architecture des institutions, que pour leur fonctionnement et la désignation des membres dirigeants. Mais la référence ne saurait être que nationale. Il faut en effet constater que l'autorité mayorale ne dérive pas – seulement – du modèle présidentiel central, puisqu'elle lui préexiste. Elle est en effet largement antérieure à la Cinquième République. Cependant, il est incontestable que le leadership local a été accru et se justifie désormais principalement par la référence parfois inconsciente à la « clé de voûte » du régime politique.

Le cas des présidences de conseils départementaux et régionaux demeure plus problématique, car ces exécutifs n'ont jamais bénéficié de l'autonomie et du prestige conférés aux maires par la loi du 16 avril 1884 et par un fort ancrage historique. Après tout, ces exécutifs n'ont qu'un peu plus de trente ans ! Par ailleurs, à la différence du maire qui compose sa liste et choisit donc ses colistiers avec une relativement grande marge de manœuvre, les présidents de conseils départementaux doivent composer avec une diversité beaucoup plus grande de conseillers élus dans leur propre canton. Ils sont donc parfois de simples *primus inter pares* éloignés de tout modèle présidentialiste. Pourtant, malgré ces incontestables faiblesses, les présidences départementales et régionales sont parvenues à s'affirmer,

---

592 Y. MÉNY, *Modèle présidentiel et exécutifs locaux* in : « La France présidentielle » (sous la direction de N. WAHL et J.-L. QUERMONNE,). – Paris : Presses de Sciences Po, 1995, p.195 et ss.

parfois avec vigueur. Or, cette émergence de leaders locaux à ces niveaux territoriaux et cette présidentialisation de leurs fonctions électives doit moins à l'influence du modèle national qu'à la diffusion du modèle mayoral. En réalité, il y a contamination de ces exécutifs par cette référence historique qu'est le maire… mais aussi attraction indéniable pour le modèle présidentiel tant dans le mode de gouvernement que dans la communication.

La loi répartit avec précision les compétences de l'assemblée délibérante et de l'exécutif. Mais cette désignation des deux organes qui fondent la collectivité est trompeuse : la répartition législative fonde certes une hiérarchie formelle entre les deux, mais organise aussi une répartition matérielle des compétences qui sert finalement principalement l'exécutif. Au-delà du travail de préparation des décisions que prendra – ou pas – l'assemblée, le maire ou le président doit donc assumer les fonctions d'exécutant, conformément à ce que prévoit le CGCT de manière assez détaillée pour le premier magistrat de la commune (art. L.2122-21) et de manière beaucoup plus synthétique pour le président du conseil départemental (art. L.3221-1) ou régional (art. L.4231-1) en mentionnant alors simplement que celui-ci « prépare et exécute les délibérations du conseil ».

En droit comme en fait, cette fonction d'exécuteur est secondaire, car résiduelle. Elle implique que l'organe exécutif puisse s'appuyer sur une délibération qui l'habilite à agir, le juge administratif contrôlant de près la réalité de cette habilitation préalable, notamment dans certains domaines tels que la conclusion de contrats, l'action en justice ou le recrutement du personnel. Mais exécuter signifie aussi obéir et devient donc synonyme d'obligation d'agir[593] ou d'interdiction d'agir[594] si la délibération qui vaut habilitation est entachée d'illégalité, tout en laissant le maire ou président de la collectivité relativement libre quant au choix des modalités d'exécution : celui-ci pourra en effet à sa guise estimer nécessaire de produire des normes complémentaires par voie d'arrêtés et/ou de recourir à des opérations matérielles pour exécuter la délibération de l'assemblée locale.

593 CE, 28 mai 1980, *Cne d'Evaux-les-Bains*, Rec. p.239.
594 CE, 20 juin 1969, *Cne de Terre-de-Bas*, Rec. p.343.

Disposant ainsi d'une marge de manœuvre de l'exécution-même de la délibération, le maire ou le président peut donc façonner à sa guise (et apposer ainsi sa propre empreinte) la mise en œuvre concrète de ce qui a été décidé par l'assemblée. Il démontre ainsi, s'il en était besoin, qu'il ne saurait se restreindre à une simple fonction d'exécutant et lui préfère évidemment une fonction plus noble, plus large et plus diversifiée : celle d'exécutif (qui lui donne son nom). Chef de service certes, mais aussi supérieur hiérarchique de l'ensemble du personnel de la collectivité territoriale, l'exécutif dispose à ce titre de différents pouvoirs dont il peut user librement : création et organisation du fonctionnement d'un service public local, pouvoir de nomination, mutation, avancement ou encore sanctions disciplinaires sont entre ses mains, tout en restant soumis le cas échéant au contrôle de légalité du préfet et au contrôle contentieux du juge administratif.

Les rapports qu'entretient l'exécutif avec son assemblée délibérante sont donc essentiels pour déterminer le périmètre et la nature des fonctions dites « exécutives ». La règle de droit atteint ici ses limites et cède la place à des considérations d'ordre politique ou sociologique, soulignant une nouvelle fois la grande diversité des pratiques locales en ce domaine. Il en va de même en matière de responsabilité politique de l'exécutif devant l'assemblée délibérante : si par principe celle-ci n'est pas juridiquement organisée, quelques exceptions prouvent une volonté d'adaptation aux différents contextes locaux.

A l'instar de la plupart des Etats démocratiques décentralisés contemporains, l'exécutif local n'est en principe pas responsable politiquement devant l'assemblée délibérante de la collectivité. Une fois élu, il n'a donc aucun compte à rendre sauf en ce qui concerne ses délégations. En revanche, de manière exceptionnelle, certaines collectivités à statut particulier reconnaissent un tel mécanisme, introduisant ainsi de manière limitée un fonctionnement de type parlementaire dans un modèle qui reste profondément présidentiel bien que de plus en plus soumis à un accroissement du contrôle citoyen.

C'est donc principalement dans le champ de la responsabilité politique qu'il existe une singularité des exécutifs locaux. « Solidement adossé à la loi qui exclut toute responsabilité du maire devant le conseil municipal, puisque ces deux organes sont élus pour la même durée, le maire est progressivement devenu depuis 1959 le « chef d'équipe de l'entreprise municipale », une sorte de PDG » indiquaient déjà en 1984 Maurice Bourjol et Serge Bodard[595] qualifiant alors ce système politique municipal de « mini-présidentialisme ». Quel que soit l'adjectif dont on affuble le régime politique local, une réalité s'impose à la lecture du CGCT : l'exécutif ne souffre d'aucune forme de responsabilité politique devant l'assemblée délibérante, en tout cas au sens habituellement entendu au sein d'un système parlementaire. Il est en effet un dogme qui fonde la démocratie locale et le droit des collectivités territoriales : celui d'une séparation stricte des pouvoirs entre l'assemblée et l'exécutif, au nom d'une nécessaire indépendance d'action du second vis-à-vis de la première, d'une volonté continue de personnaliser le pouvoir politique dans sa déclinaison territoriale et d'une quête de stabilité dans la conduite des affaires locales. Il faut remarquer ici combien le modèle communal a essaimé à tous les autres niveaux de collectivités territoriales, tout en restant évidemment le plus proche des administrés.

B- La proximité

Revendiquer la proximité permet aux communes de se différencier aisément des autres collectivités, de surcroît dans un contexte de fusion de régions et d'accroissement des périmètres des intercommunalités qui ont pour conséquence immédiate d'éloigner les lieux de décision des populations.

Cette proximité est souvent fantasmée, renvoyant à l'image d'une collectivité de taille réduite où les habitants peuvent prendre part directement et facilement à certaines délibérations, sur le modèle de certains cantons suisses généralement mis en avant. « Asterix chez les Hélvètes » illustre assez bien notre propos, qu'il faut immédiatement tempérer en prenant en compte la réalité. Car la proximité est parfois érigée en dogme, presque religieux si l'on retient une analyse sémantique de certains discours : « je voulais vous dire, peut-être, au

---

[595] M. BOURJOL, S. BODARD, *Droit et libertés des collectivités territoriales* – Masson, 1984, p. 271.

final, ma foi dans la commune »[596] ou « la sanctuarisation des communes était un aspect positif du texte proposé »[597] … En rapportant ces propos, Vincent Aubelle[598] nous éclaire sur le vocabulaire couramment utilisé pour qualifier le niveau communal, mais dénonce au passage les faux-semblants de ces discours : « les communes sont l'échelon de proximité et d'identité par excellence. Réactives et proches de nos concitoyens elles doivent conserver la compétence générale[599] » ; « la commune est et doit rester l'échelon de proximité de la République[600] » ou bien encore : « nous redirons avec force que la commune est et doit rester l'échelon de proximité, de solidarité et de citoyenneté des habitants[601] » : les différents discours revendiquent presque unanimement cette proximité pour justifier le statu quo communal. De manière traditionnelle et consubstantielle à la notion, la décentralisation a toujours été conçue comme un droit de la proximité : il visait en effet à régler ce lien entre populations locales et pouvoir politique, au plus près de leurs intérêts respectifs. Mais la décentralisation n'a pas le monopole de la réglementation de proximité : la déconcentration a toujours cherché elle aussi à proposer des solutions, plus ou moins satisfaisantes, en la matière.

La proximité est ainsi classiquement mise en avant pour justifier le découpage communal et départemental. Ainsi, les Cahiers de doléance qui précèdent la Révolution française traduisent-ils le souhait certes d'un redécoupage administratif tout en préservant les anciennes provinces et en rapprochant l'administration des administrés (la

596 J. PÉLISSARD - Ouverture de la journée Outre-mer - lundi 24 novembre 2014 - http://www.amf.asso.fr/upload/files/DISCOURS%20DE%20JACQUES%20PELISSARD_lundi24.pdf

597 p. 251 - Intervention de Jacqueline Gourault - Rapport sur la réforme des collectivités territoriales - Sénat - 16 décembre 2009 - 518p.

598 V. AUBELLE, *La communes, entre narcissisme prédateur et principe de réalité* : in : « Les tabous de la décentralisation » (dir. N. KADA) – Berger-Levrault, 2015, p.252 et ss.

599 p. 7 - Association des maires ruraux de France - Vers un « Pacte national pour les territoires » : propositions pour une réforme réussie des collectivités et de l'action publique et pour une politique d'aménagement du territoire - 2012 – 34 p.

600 Résolution générale 97ème Congrès des maires et présidents de communautés de France - http://www.maire-info.com/upload/files/resolutiongenerale.pdf

601 F. BAROIN, président association des maires de France - Discours de clôture du 97è congrès des maires de France – http://www.amf.asso.fr/upload/files/intervention_FBaroin_seance_cloture.pdf

fameuse journée de cheval pour se rendre au chef-lieu du département !). Pour autant, si chacun s'accorde sur la nécessité de faire disparaître les anciennes circonscriptions trop liées à la féodalité, le souci de préserver l'unité de la Nation oblige à choisir entre une réforme radicale ou un nouveau découpage dans le respect des cadres traditionnels[602]. C'est la seconde option qui va l'emporter, si l'on excepte néanmoins les provinces qui disparaissent. Ainsi la loi du 22 décembre 1789 divise-t-elle le territoire en circonscriptions administratives départementales qui sont autant de circonscriptions électorales, même si déjà, le département, à la différence des communes, se conçoit alors davantage comme un échelon de l'administration de l'État que comme un ensemble d'habitants ou une communauté de citoyens. En effet, les départements ne sont-ils pas chargés d'administrer le territoire au nom du roi et non de gérer des intérêts locaux spécifiques ? Au niveau de la commune, la réalité est cependant plus nuancée puisque se mêlent la gestion des affaires communales (au titre du "pouvoir municipal" consacré par la loi du 14 décembre) et l'administration générale de l'Etat qui est en partie déléguée à la commune : ainsi la loi précitée mentionne-t-elle que les corps municipaux ont "deux espèces de fonctions à remplir », préfigurant le dédoublement fonctionnel du maire qui symbolise parfaitement cette conciliation entre décentralisation et déconcentration. Dès le lendemain de la Révolution française, un lien étroit s'établit donc entre décentralisation et déconcentration… toutes deux étant animées par un même objectif : la proximité.

Mais la proximité n'est pas nécessairement synonyme d'efficacité ni même de vie politique apaisée : « La Zizanie », pour reprendre là encore le titre d'un des albums d'Asterix, est une menace réelle lorsqu'on parle des communes et d'intercommunalité. Ainsi la question de la répartition des sièges des conseillers communautaires au sein des organes délibérants des EPCI, actuellement régie par l'article L. 5211-6 du CGCT, a trait non seulement à la représentation, mais également à la représentativité des communes membres. Or, le législateur peut parfois, dans son intention louable de favoriser des

[602] Après des débats houleux mais passionnants qui opposent les tenants d'un découpage géométrique et les partisans des anciens découpages hérités de la féodalité, l'Assemblée a finalement décidé que la France compterait 83 départements, divisés en districts, puis en cantons et enfin en 44 000 communes. Les principes de ce découpage furent posés dans les lois du 14 décembre et du 22 décembre 1789.

accords locaux, susciter paradoxalement des tensions. La loi n° 2015-264 du 9 mars 2015 autorisant l'accord local de répartition des sièges de conseillers communautaires a ainsi réintroduit la possibilité pour les communes membres d'une communauté de communes ou d'agglomération, par un accord conclu à la majorité qualifiée, de répartir entre elles les sièges de conseillers communautaires, en tenant compte de leur population respective, elle établit des limites aux écarts de représentativité par rapport à la répartition qui résulterait de l'application du barème démographique : 20 % en sous-représentation et un siège en surreprésentation ; elle précise par ailleurs qu'aucune commune ne peut disposer de plus de la moitié des sièges. La loi prévoit en outre que la majorité qualifiée nécessaire pour réaliser l'accord « doit comprendre le conseil municipal de la commune dont la population est la plus nombreuse, lorsque celle-ci est supérieure au quart de la population des communes membres ». Le Conseil constitutionnel a validé ce mode contractuel, tout en prenant soin de rappeler que les organes délibérants des EPCI « doivent être élus sur des bases essentiellement démographiques »[603]. Il a considéré que, par les dispositions encadrant les possibilités de répartition des sièges, le législateur « a entendu assurer la représentation de chaque commune au sein de l'organe délibérant de l'établissement public et éviter qu'une commune puisse disposer à elle seule de la majorité du nombre des membres de l'organe délibérant » (cons. 7). Une réserve d'interprétation a néanmoins été émise : le Conseil constitutionnel a considéré que l'« attribution d'un second siège est susceptible d'accroître l'écart à la moyenne de la commune à laquelle ce siège est attribué au-delà d'un seuil de 20 % et, le cas échéant, l'écart à la moyenne des autres communes membres de l'établissement public ; que l'attribution de ce second siège aux communes remplissant les conditions pour pouvoir en bénéficier ne saurait, sans méconnaître le principe d'égalité devant le suffrage, être réservée à certaines communes à l'exclusion d'autres communes dont la population serait égale ou supérieure » (cons. 10).

La question de la représentativité des communes au sein d'un EPCI s'est également posée de manière sensible s'agissant des modalités de répartition des sièges de conseiller de la Métropole du Grand Paris.

---

[603] Cons. const. , 5 mars 2015, Loi autorisant l'accord local de répartition des sièges de conseiller communautaire, n° 2015-711 DC.

Les dispositions initiales de la loi NOTRe du 7 août 2015 avaient en effet prévu des règles de répartition des sièges de conseiller métropolitain pour la commune de Paris différentes de celles applicables aux autres communes. Le Conseil constitutionnel a estimé que plusieurs dispositions de ce texte méconnaissaient le principe d'égalité devant le suffrage. Ainsi, il a notamment relevé « qu'en prévoyant une répartition des sièges de conseiller métropolitain de Paris par arrondissement, le législateur a entendu assurer une représentation de chaque arrondissement de Paris au sein du conseil du Grand Paris ; que, toutefois, compte tenu du nombre de sièges à répartir et de la population respective de chaque arrondissement, en appliquant une règle de répartition à la représentation proportionnelle suivant la règle de la plus forte moyenne combinée à un minimum d'un siège par arrondissement, ces dispositions conduisent à ce que, dans les Ier, IIe, Ive, Ve, Vie, VIIe et IXe arrondissements, le rapport du nombre des conseillers métropolitains à la population de l'arrondissement s'écarte de la moyenne constatée à Paris dans une mesure qui est manifestement disproportionnée »[604].

La représentation des communes au sein des EPCI apparaît ainsi particulièrement délicate dès lors qu'on introduit la question de la représentativité. La proximité revendiquée par les communes n'est donc pas le seul critère à prendre en compte lors de la création d'une nouvelle intercommunalité, laissant apparaître d'éventuelles tensions entre besoins de coopération et défense des intérêts propres aux communes. C'est pourtant en collaborant avec les autres collectivités territoriales que les communes peuvent espérer compenser et surmonter leurs points faibles.

II– Une coopération pour combler des faiblesses

Les vertus avérées ou supposées des communes ne sauraient faire oublier leurs faiblesses. Souvent de taille insuffisante pour mener des politiques publiques ambitieuses, elles souffrent également d'un manque structurel de moyens d'action qui tend à s'aggraver. Face à ce constat, les communes sont lucides et cherchent à collaborer avec d'autres catégories de collectivités décentralisées, voire à coopérer

[604] Cons. const., 6 août 2015, Loi portant nouvelle organisation territoriale de la République, n° 2015-717 DC

entre elles ou même à fusionner. La redistribution engagée tant en ce qui concerne les compétences que les moyens contribue ainsi à redessiner les contours des communes.

A- L'exercice des compétences

La préservation de la clause générale de compétence pour le seul niveau communal peut apparaître comme « Le Cadeau de César » accordé aux communes par la loi NOTRe du 7 août 2015. La très difficile question des compétences a en effet été une nouvelle fois abordée à l'occasion de l'adoption de cette loi afin de rechercher une meilleure distribution des responsabilités entre les niveaux de collectivités territoriales. C'est déjà pour clarifier la répartition des compétences que la Constitution, dans son article 72, la fait reposer implicitement sur ce fameux principe de subsidiarité, si cher à l'Union européenne. La loi du 16 décembre 2010 entendait n'attribuer la clause générale de compétences qu'aux communes et ne plus accorder aux départements et aux régions que des compétences spécialisées. Cette approche très nouvelle a été très mal acceptée par ces collectivités, y compris sur un plan politique, en discernant, surtout avec le résultat des élections régionales de 2010, la volonté de l'Etat central de « recentraliser » la gestion des territoires[605]. Rétablie après l'alternance politique de 2012, la clause générale de compétence a donc été de nouveau supprimée en 2015 pour les seuls départements et régions. Ces dernières ont donc désormais compétence sur le développement économique, l'aménagement du territoire, la formation professionnelle, la gestion des lycées et les transports hors agglomération (transport interurbain par car, transport scolaire, TER, etc.) ; les départements assurent la gestion des collèges, des routes et l'action sociale ; les intercommunalités gèrent la collecte et le traitement des déchets, la promotion touristique, les aires d'accueil des gens du voyage, et, à terme, l'eau et l'assainissement ; mais les régions et les départements conservent des compétences partagées en matière de culture, sport, tourisme, langues régionales. Cette synthèse de la répartition des compétences ne doit pas faire illusion : nombreuses sont les imprécisions qui subsistent à ce jour sur certaines

[605] P. MAUROY, *La réforme territoriale, une « recentralisation » qui n'ose pas dire son nom*, Le Monde 19 janvier 2010.

compétences précises qui persistent à relever de niveaux territoriaux différents.

La commune n'en est pas pour autant sauvée. Elle reste menacée par d'autres éléments des réformes territoriales mises en œuvre depuis 2010. C'est le cas par exemple de la notion de collectivité chef-de-file, promue dès les années 2000, mais érigée en solution-miracle par la loi du 27 janvier 2014 bien qu'elle ne réponde pas entièrement aux enjeux de clarification des compétences. « Chef de file », « autorité organisatrice », « principe de non-tutelle », « libre administration »… ces notions et principes juridiques sont en effet revenus en force dans les discussions relatives à la clarification des compétences qui ont précédé l'adoption de la loi NOTRe… alors même que les limites sont évidentes.

En se fondant sur la jurisprudence du Conseil Constitutionnel du 26 janvier 1995, on ne peut en effet que rappeler que la notion de chef de file, telle qu'inscrite à l'article 72.3 de la constitution, ne concerne que l'organisation des modalités de l'action commune des collectivités concernées et, en aucun cas, leur pouvoir de décision, car ce serait porter atteinte à l'article 72 de la Constitution qui prévoit qu'« aucune collectivité territoriale ne peut exercer une tutelle sur une autre ». L'Etat législateur se trouve donc lui-même limité par le texte constitutionnel et ne peut donner à cette notion de chef de file toute la portée qu'il souhaiterait : sa vision concrète de ce que devrait être l'action des collectivités territoriales n'en apparaît que plus trouble, à l'instar de la définition de ses propres missions.

Que peut faire désormais la commune ? Quelles sont concrètement ses compétences ? Elles découlent du principe constitutionnel de libre administration des collectivités territoriales traduit par la loi de la manière suivante : « Le conseil municipal règle par ses délibérations les affaires de la commune… Il émet des vœux sur tous les objets d'intérêt local » (CGCT, art. L. 2121-29). Ce principe a donc une double vocation : en interne, il permet de distinguer la compétence de principe de l'organe délibérant et les compétences d'attribution de l'organe exécutif ; mais il permet aussi de protéger chaque collectivité territoriale contre les empiètements éventuels de compétences de l'Etat ou des autres collectivités. C'est en outre un élément distinctif important entre les collectivités territoriales et les établissements publics (notamment de coopération intercommunale) qui sont régis par le principe de spécialité des compétences qui leur sont attribuées.

Ce principe donne donc au conseil la capacité de délimiter lui-même ce qui ressort ou non de sa compétence en fonction de ses souhaits ou de ses orientations générales, à condition de ne pas empiéter sur les compétences des autres collectivités. C'est la délicate notion d'affaires de la commune. Ainsi, le conseil municipal peut créer un service public local ou une activité d'intérêt communal en fonction des moyens dont il dispose. Néanmoins, il ne doit pas empiéter sur les compétences des autres collectivités. Il doit rester dans la sphère de l'intérêt communal direct tout en sachant que celui-ci est difficile à cerner. De même, le conseil municipal ne peut pas empiéter sur le domaine privé ou les compétences de la société civile, notamment en matière économique. Le juge administratif veille au respect du libéralisme économique qui reste essentiel dans notre pays. Un service public local n'est légal, donc légitime, que s'il correspond bien à un besoin réel de la population locale, s'il ne contrevient pas à la liberté du commerce et de l'industrie et en fonction des circonstances locales. Par ailleurs, des compétences ont fait l'objet d'un premier transfert de la part de l'État, avec les lois du 2 mars 1982 et du 7 janvier 1983. Elles ont ainsi contribué à spécialiser la commune. Elle est ainsi traditionnellement compétente dans le domaine de l'action sociale et de la santé, au travers de sa participation à l'aide sociale, de la mise en œuvre du bureau municipal de l'hygiène ou de sa participation à la gestion des hôpitaux, hospices ou dispensaires. Lorsqu'il existe un hôpital dans la ville, suivant la nature de cet établissement, le maire exerce les fonctions de président du conseil d'administration. La commune est compétente dans le domaine de l'éducation et de la culture, par exemple pour ce qui est la création et l'implantation d'écoles maternelles et primaires ou pour la gestion des bibliothèques municipales. Elle peut aussi intervenir pour favoriser le développement économique ou pour assurer le maintien des services publics indispensables, donc pratiquer un certain interventionnisme économique. La commune a de nombreuses responsabilités dans le secteur de l'urbanisme, soit par l'élaboration du schéma directeur, soit par la délivrance par le maire du permis de construire. Elle peut aussi intervenir pour la protection du patrimoine et de l'environnement. D'autres transferts de compétences ont eu lieu par la suite, renforçant le niveau communal dans les domaines suivants : le logement social, le logement étudiant, la lutte contre l'insalubrité, la gestion des biens vacants, le tourisme et la culture.

Si cet ensemble de compétences est attribué à toutes les communes, il est évident qu'elles ne peuvent être mises en œuvre que par celles qui en ont les moyens nécessaires. Cela pose donc à nouveau la question de l'émiettement communal et de l'intercommunalité. Et là, un titre d'un album d'Astérix s'impose naturellement : « Le Domaine des Dieux ».

En dépit du principe de liberté de choix qui préside traditionnellement à la destinée de la coopération intercommunale, l'Etat a très tôt souhaité organiser *a minima* ces regroupements dans un cadre départemental. Dès la loi du 28 février 1942, le législateur a ainsi prévu que des plans de fusions et de regroupements soient établis par des comités départementaux présidés par les préfets, avec pour objectif à peine dissimulé de supprimer les communes les moins peuplées ou les moins dotées financièrement. Ce fut un échec, mais cela n'empêcha pas l'Etat de retenter, sans davantage de succès, l'opération par la loi n° 71-588 du 16 juillet 1971 sur les fusions et groupements de communes. Désormais, c'est sous la forme d'un schéma départemental de la coopération intercommunale que l'Etat, via son représentant préfectoral, peut marquer de son empreinte et orienter comme il l'entend l'évolution du paysage intercommunal national. Pourtant, lorsque la loi du 6 février 1992 relative à l'administration territoriale de la République (ATR) instaure par son article 68 les schémas départementaux de la coopération intercommunale, le principe reste celui de la liberté des communes. Mu par une volonté de rationalisation et d'achèvement de la carte intercommunale, le législateur a en 2010 néanmoins précisé ses orientations à l'article L. 5210-1-1 du Code Général des Collectivités Territoriales et le gouvernement les a ensuite précisées, par voie de circulaire[606]. La loi impose ainsi la constitution d'EPCI à fiscalité propre regroupant au moins 5 000 habitants, à l'exception de ceux comprenant des zones de montagne ou des dérogations que le préfet pourrait autoriser afin de tenir compte « des caractéristiques géographiques particulières de certains espaces ». Et la loi NOTRe du 7 août 2015 a élevé ce seuil à 15 000 habitants, avec néanmoins un nombre non négligeable de dérogations pour les territoires à faible

[606] Circulaire du ministre de l'Intérieur, de l'Outre-mer, des Collectivités territoriales et de l'Immigration et ministre aux collectivités territoriales du 27 décembre 2010, portant instructions pour l'élaboration du schéma départemental de la coopération intercommunale. - NOR : IOCB1033627C.

densité et les territoires de montagne. L'adaptation prévue pour les EPCI amenés à regrouper plus de 50 communes a en outre été supprimée, celle-ci devenant inutile du fait de l'abaissement du seuil. Enfin, le "délai de repos" prévu pour les intercommunalités ayant récemment fusionné a été maintenu, mais est réservé aux intercommunalités de plus de 12.000 habitants.

La question de la portée juridique des schémas départementaux de coopération intercommunale (et, plus largement, du rôle dévolu à l'Etat dans leur élaboration) s'est très rapidement posée puisque plusieurs recours en annulation ont donné lieu à une jurisprudence constante concluant à l'impossibilité d'une telle sanction contentieuse[607] alors même que la circulaire du 27 décembre 2010 précitée considère que ces schémas emportent des effets juridiques et que de nombreux préfets faisaient mention sur leurs arrêtés des voies et délais de recours.

Dès lors, la principale force de ces schémas réside dans le fait que le préfet dispose de pouvoirs, en application des articles 60 et 61 de la loi RCT (modifiés par la loi Pélissard du 29 février 2012), permettant la mise en œuvre concrète des propositions du schéma ou même en l'absence de schéma adopté dans le délai imparti. La loi NOTRe a d'ailleurs ultérieurement réécrit ces deux articles sans en changer réellement le sens. Il est vrai que l'article L.5210-1-1 apparaît désormais comme désuet, notamment lorsqu'il mentionne la possibilité pour un SDCI de prévoir la création d'un EPCI à fiscalité propre alors même que la couverture intégrale du territoire est maintenant pratiquement acquise.

Cette volonté persistante de l'Etat de mettre de l'ordre dans la carte intercommunale s'est néanmoins heurtée à une opposition inédite du Conseil Constitutionnel au printemps 2014. En effet, comptant parmi les communes victimes d'intégration contrainte dans un EPCI à fiscalité propre, la ville de Thonon-les-Bains a engagé un recours contre la décision préfectorale en formant une question prioritaire de constitutionnalité. Le Conseil constitutionnel a alors considéré que la

---

[607] « Le schéma départemental de coopération intercommunale constitue un document d'orientation et de programmation de l'organisation intercommunale [et] ne comporte aucun effet prescriptif qui soit directement et immédiatement opposable aux communes et établissements publics de coopération intercommunale qu'il concerne » : CAA Nancy, 7 novembre 2013, n° 12NC01926, *Communauté de communes du Val-de-Meurthe* : JurisData n° 2013-031510 par exemple.

procédure constituait une atteinte disproportionnée au principe de libre administration des communes et a donc conclu à son abrogation[608]. Si cette censure constitutionnelle a sans doute été facilitée par la portée relativement limitée de l'abrogation du texte eu égard le faible nombre de communes concernées sur le territoire national, elle repose néanmoins sur la reconnaissance d'une atteinte à la libre administration des collectivités territoriales suffisamment rare pour retenir l'attention. Afin de tenir compte de cette abrogation de l'article L. 5210-1-2 du Code général des collectivités territoriales, la loi NOTRe a proposé une nouvelle rédaction des dispositions concernées.

A travers la question du périmètre, il apparaît donc encore plus clairement que la logique étatique de rationalisation impose un choix de société : veut-on que l'intercommunalité demeure un simple outil de gestion publique locale ou doit-elle également incarner un nouveau lieu de démocratie locale ? En effet, s'il est avéré que la coopération intercommunale permet généralement d'améliorer l'efficacité du service rendu au niveau local en permettant éventuellement, à terme, de dégager des économies d'échelle , ce gain ne s'effectue-t-il pas au prix d'une moindre capacité à répondre aux demandes par nature hétérogènes des citoyens ? Par ailleurs, la notion de périmètre pertinent est des plus floues dans la mesure où ce qui constitue le bon territoire d'intervention une commune ne l'est pas forcément pour sa voisine. Enfin, qu'en est-il de la question – encore non résolue ou alors de façon très partielle – de la légitimité démocratique des instances intercommunales. En effet, si les délégués communautaires et métropolitains sont désormais élus au suffrage universel direct par fléchage, la mise en place d'une véritable élection au suffrage universel direct et distincte a encore été repoussée. Or, si l'on s'intéresse à la démocratie locale, on ne peut que constater et contester le régime politique consensuel et municipaliste qui domine au sein des structures intercommunales. Loin des logiques de majorité qui caractérisent classiquement les assemblées représentatives nationales et locales, l'intercommunalité repose à l'inverse sur la recherche permanente d'un consensus minimal entre les acteurs politiques et notamment les maires des communes concernées, au prix de longues négociations et de compromis parfois hasardeux entre intérêts communaux. L'élection des conseillers communautaires et des

[608] Cons. const., 25 avr. 2014, déc. n° 2014-391 QPC, *Cne Thonon-les-Bains et autres*.

membres du bureau semble elle-même dénuée de tout enjeu politique et partisan, ce qui est pour le moins paradoxal. Les inégalités politiques largement analysées en matière de démocratie locale en sortent en effet renforcées puisque les nouvelles fonctions intercommunales accélèrent en réalité « la professionnalisation d'une minorité d'élus, ceux qui cumulent responsabilités et indemnités, et fragilisent les conseillers municipaux face au maire « promu représentant quasi exclusif de la commune auprès de l'EPCI » comme le soulignent Fabien Desage et David Guéranger[609]. Il n'en demeure pas moins que les communes manquent désormais de moyens matériels et humains pour espérer encore agir seules.

B- La faiblesse des moyens

« La Serpe d'Or » : peut-on trouver meilleur titre d'un album d'Astérix pour illustrer la manière dont les communes ont vu leurs dotations étatiques diminuer durant quelque cinq années ? L'action et les moyens des collectivités territoriales s'inscrivent en effet dans un climat de discipline budgétaire, d'assainissement des finances publiques. Un premier dispositif d'indexation des concours financiers avait été institué entre 1996 et 1999 dans le cadre du pacte de stabilité financière entre l'Etat et les collectivités territoriales. Mais depuis 2014, l'Etat a réduit le montant de la DGF : – 1,5 milliard d'euros en 2014 puis – 3,67 milliards d'euros au titre de chacune des années du budget triennal 2015-2017, conformément aux engagements pris dans le programme de stabilité. Ainsi, le montant global de la DGF s'élevait à 40,1 milliards d'euros en 2014 et 36,6 milliards en 2015 et seulement 33,1 milliards d'euros en 2016, avant de se stabiliser en 2017 et 2018.

Particulièrement touchées par cette baisse des dotations de l'Etat, les communes ont parfois été tentées par le dispositif de communes nouvelles, en dépit d'obstacles parfois culturels dignes du « Grand Fossé » pour reprendre le titre d'un album d'Asterix. En ce qui concerne le régime financier de la commune nouvelle, la loi du 16 décembre 2010 se caractérisait par l'absence de toute incitation financière et l'évocation de dotations futures. « Si l'intercommunalité

---

[609] F. DESAGE et D. GUÉRANGER, *La politique confisquée. Sociologie des réformes et des institutions intercommunales*. – Paris : Editions du Croquant, 2011, 247 p.

issue des lois de 1992 et de 1999 a essentiellement fonctionné grâce à des dotations d'État particulièrement importantes, le régime financier des communes nouvelles ne bénéficie pas de régime de faveur. Une incitation financière pérenne avait été prévue dans le projet de loi, sous forme d'une « dotation particulière » égale à 5 % de la dotation forfaitaire des communes regroupées. Mais, cette majoration amputait d'autant l'enveloppe des communautés et des communes. Aussi, cette disposition a été supprimée lors des débats parlementaires » explique Mathieu Houser[610]. Même si le régime juridique et financier de la commune nouvelle instauré en 2010 semble plus favorable que l'ancien régime de la commune fusionnée, il n'est tout de même pas très incitatif et va donc générer un nombre très modeste de communes nouvelles. C'est ce défaut originel qui a été (partiellement) corrigé en 2015. En effet, les communes nouvelles bénéficient depuis lors d'un régime avantageux à travers la section 4 de la loi du 15 mars 2015, codifiée aux articles L. 2113-20 à L.2113-22 du Code général des collectivités territoriales. En effet, dans un contexte de diminution des dotations de l'Etat à l'ensemble des communes, les communes nouvelles se sont vues proposer un pacte de stabilité de la dotation globale de fonctionnement (DGF) pour les trois premières années de leur vie ainsi qu'une bonification de leur dotation forfaitaire de 5 % durant la même période… Cette disposition initialement prévue pour les seules communes nouvelles qui seraient créées au 1er janvier 2016 a d'ailleurs été étendue à toutes les communes nouvelles créées au 30 juin 2016 par la loi de finances pour 2016, afin de préserver l'effet positif de cette incitation financière non négligeable dans un contexte général de tension budgétaire.

En outre, selon un système encore une fois très inspiré du régime financier en place à Paris, Lyon et Marseille, la commune nouvelle est seule habilitée à percevoir l'ensemble des recettes, mais les communes déléguées bénéficient de dotations qui leur sont versées par la commune nouvelle : la dotation de gestion locale, la dotation d'animation locale et la dotation d'investissement.

Le qualificatif « nouvelle » adossé à la commune a en réalité plusieurs significations. Si, dans son sens le plus évident, il vient caractériser un élément récent, inhabituel ou inédit, il peut également dans une autre acception signifier : qui rappelle quelque chose par ses

[610] M. HOUSER, *Le statut des communes nouvelles, une véritable innovation* in : *AJCT*, 2011, p.63 et ss.

caractères. Cette dernière conception est sans doute la plus appropriée pour qualifier les communes nouvelles, car celles-ci ne sont pas dénuées de racines et de références à des dispositifs juridiques déjà largement éprouvés ainsi qu'au modèle communal traditionnel. Incontestable réussite sur un plan quantitatif, davantage exposée à la critique sur un plan qualitatif, la commune nouvelle est-elle pour autant aussi « nouvelle » qu'elle le revendique ? Ses règles de constitution, de fonctionnement et de financement marquent-elles une rupture ou se placent-elles sous le sceau de la continuité tant en ce qui concerne le droit de la commune que celui de l'intercommunalité ? « En réalité, la nouveauté est bien au rendez-vous en ce qui concerne l'inspiration politique et les règles de création de ces entités territoriales. Elle est en revanche très relative si l'on s'intéresse aux possibilités de mise en place des communes déléguées, à la gouvernance et au régime financier, pour lesquels un grand classicisme semble prévaloir. »[611] écrivions-nous en 2017. C'est peut-être là que réside la force principale de la commune, face aux autres collectivités territoriales : savoir se renouveler en apparence pour mieux protéger ses fondations. Une maxime qu'Asterix-le-Gaulois faisait également sienne face aux Romains.

---

[611] N. KADA, *Communes nouvelles, vous avez dit nouvelles ?* in : Revue Française d'Administration Publique (RFAP), 2017, n°162, p.267.

Italie : la commune face aux autres collectivités territoriales

Bernard Poujade
Professeur agrégé des facultés de droit à l'université Paris Descartes, Avocat au barreau de Paris, Directeur du Bulletin juridique des collectivités locales

Introduction[612]

En Italie la commune occupe historiquement une place fondamentale : institution déjà développée au Moyen-Age, elle a contribué à définir les caractéristiques particulières de la société italienne qu'on connaît aujourd'hui. Contrairement aux autres collectivités territoriales, qui normalement sont créées par l'Etat central à travers un processus de décentralisation des pouvoirs, la commune représente plutôt l'entité qui est constituée directement par les individus habitant dans une agglomération urbaine et qui décident naturellement de se réunir et de se donner une organisation locale comme l'a souligné Filippo Pizzzolato[613]. Quand on parle de la commune face aux autres collectivités locales, cette différence substantielle doit être rappelée préalablement : si les autres collectivités locales sont une émanation des pouvoirs centraux, au contraire la commune représente la plus grande expression directe des citoyens, l'institution « venant du bas » (organisme *bottom-up*), il y a une relation d'osmose avec les membres de la communauté.

Les caractéristiques du modèle italien actuel de répartition et d'organisation des collectivités locales, qui s'est affirmé à partir de la Constitution républicaine de 1948, reprennent celles du modèle français ainsi que le rappelle Luciano Vandelli[614]. Si la République française reconnaît à l'article 72 de la Constitution française les communes, les départements, les régions, les collectivités à statut particulier et les collectivités d'outre-mer en tant que collectivités

[612] L'auteur tient à remercier Matteo Cadenazzi diplômé de l'Université Bocconi pour son aide précieuse.
[613] « Sulle funzioni fondamentali dei comuni », in *Diritto Pubblico*, 2, 2015, *Il Mulino*, p. 547.
[614] *Il sistema delle autonomie locali*, Sesta edizione, 2015, *Il Mulino*, p. 11.

territoriales[615], la République italienne se compose également des communes, des provinces, des villes métropolitaines et des régions[616] aux termes de l'article 114 de la Constitution italienne. Le parallélisme entre les deux modèles d'organisation de l'Etat est évident. Cependant, il faut rappeler une différence significative : en Italie le pouvoir législatif est exercé conjointement par l'Etat et les régions. Ces dernières disposent actuellement du pouvoir législatif exclusif sur les compétences qui ne sont pas attribuées à l'Etat par la Constitution et du pouvoir législatif concurrent sur les compétences partagées avec l'Etat (article 117 de la Constitution italienne). Il faut observer que la réforme constitutionnelle Renzi-Boschi[617] approuvée par le Parlement en avril 2016, mais rejetée lors du referendum du 4 décembre 2016, prévoyait une concentration du pouvoir législatif au sein de l'Etat et notamment l'attribution à ce dernier de la plupart des compétences en matière de législation concurrente. Si le referendum avait eu un résultat positif, les régions auraient vu se réduire leur pouvoir législatif, même si elles gardaient toujours l'exercice de ce pouvoir. Cela n'est pas du tout le cas en France, où le pouvoir législatif est détenu exclusivement par l'Etat.

Parmi les collectivités territoriales du modèle italien, une attention particulière doit être portée aux villes métropolitaines, entités dont la création a alimenté le débat public et législatif des années quatre-vingt-dix, introduites dans la Constitution en 2001 par la Loi constitutionnelle n°3/2001, approuvée par referendum le 7 octobre 2001, promulguée par le Président de la République le 18 octobre 2001, (publiée dans la « Gazzetta Ufficiale » le 24 octobre 2001 sous l'intitulé *"Modifiche al titolo V della parte seconda della Costituzione")* , mais finalement

[615] Au 1er janvier 2017 la France compte 35.416 communes, 101 départements dont 5 départements d'outre-mer, 17 régions dont 5 régions d'outre-mer, la Corse et enfin 5 collectivités d'outre-mer cf. X. Cabannes B. Poujade, *Les collectivités territoriales*, 5ème édition, 2017, Foucher, p. 38.

[616] Au 1er juin 2016, l'Italie se compose de 7.998 Communes (source : Ancitel données ISTAT), de 93 Provinces (dont 2 à statut spécial d'autonomie, les Provinces de Trente et de Bolzano), de 14 Villes Métropolitaines et de 20 Régions (dont 5 à statut spécial : Vallée d'Aoste, Trentin-Haut-Adige, Frioul-Vénétie julienne, Sicile et Sardaigne).

[617] *« Disposizioni per il superamento del bicameralismo paritario, la riduzione del numero dei parlamentari, il contenimento dei costi di funzionamento delle istituzioni, la soppressione del CNEL e la revisione del titolo V della parte II della Costituzione ».* Approuvée par le Sénat le 20 janvier 2016 et par la Chambre des Députés le 12 avril 2016. Publication dans la Gazzetta Ufficiale le 15 avril 2016 Serie Generale n° 88.

instituées seulement en 2014 grâce à la loi n° 56 du 7 avril, la « Legge Delrio », qui a prévu leur mise en place en tant que « entita territoriali di aria vasta ». Là où elles ont été créées, les villes métropolitaines, qui ne sont pas des entités représentant pour l'heure directement les citoyens métropolitains, mais plutôt des entités de second degré composées d'administrateurs venant des communes[618], se sont substituées aux provinces. Selon la Loi Delrio, leurs compétences comprennent notamment les fonctions administratives concernant la population et le territoire métropolitain, mais aussi la planification territoriale, urbaine et des infrastructures, ainsi que l'organisation et la gestion des services d'intérêt général. La Loi Delrio a également consacré une forte réduction des pouvoirs des provinces, qui demeurent en tant que collectivités locales de deuxième niveau, mais dont les compétences principales sont limitées à des domaines comme la planification (services de transport et éducation), mais aussi le contrôle des questions de discrimination dans l'emploi ou la promotion de la parité ou encore le développement stratégique du territoire. Cette mesure concernant les provinces n'est peut-être qu'une étape puisqu'un débat existe en Italie, quant à la nécessité de les supprimer définitivement. Effectivement, la réforme constitutionnelle Renzi-Boschi prévoyait la suppression de toute référence aux provinces en tant que collectivités territoriales dans la Constitution (sauf pour les provinces autonomes de Trento et de Bolzano), ce qui aurait été le point de départ d'un effacement complet du panorama institutionnel.

L'attribution des fonctions provinciales à d'autres niveaux administratifs (y compris l'Etat) a conduit à deux types de situations pour les régions italiennes qui ont récupéré ces compétences (correspondant à leur domaine de législation exclusive). Si certaines d'entre elles ont décidé de prendre en charge presque toutes les compétences des provinces, d'autres ont préféré les récupérer pour les déléguer à des collectivités de niveau supra-municipal, telles que les

---

618 G. VESPERINI, « Il disegno del nuovo governo locale: le citta metropolitane e le province in la legge "Delrio": il riordino del governo locale », *Giornale di diritto amministrativo*, 8-9/2014, p. 789 ; sur les provinces et villes métropolitaines voir sous la direction de G.F. FERRARI, *Nouve province e città metropolitane*, atti del convegno dell'Associazione di diritto pubblico comparato ed europeo Milano Dipartimento di studi giuridici dell'Università Bocconi, 15 aprile 2016, Giappichelli editore, 2016.

villes métropolitaines, les unions de communes considérées comme plus efficaces sur le plan administratif.

Outre les collectivités locales reconnues par la Constitution, le système italien connaît une autre entité à l'échelle territoriale, qu'on vient de citer, les unions de communes. Ces dernières, qui comprennent notamment les communautés de montagne et les communautés insulaires encore existantes dans certaines régions d'Italie, sont effectivement des collectivités locales composées de plusieurs communes (au moins deux) qui disposent des pouvoirs statutaire et réglementaire. Les unions de communes, dotées d'un président, d'un organisme représentatif (le « Consiglio ») et d'un organisme exécutif (la « Giunta ») choisis parmi les élus des communes, assurent l'exécution conjointe des compétences administratives fondamentales de chacun de ses membres et permettent aussi de gérer d'une façon associée les fonctions qui leur sont conférées par les régions, les provinces ou les communes elles-mêmes (article 118 de la Constitution italienne), ainsi que l'organisation des services locaux. La loi Delrio a introduit la possibilité pour le président d'une union de communes de s'appuyer sur le secrétaire communal d'un des membres (directeur des services administratifs) afin de mieux organiser ses activités et a élargi les fonctions qui peuvent être exercées conjointement à travers l'union (par exemple, les fonctions d'évaluation et de contrôle de gestion, les contrôles de transparence et d'anticorruption).

I- Les règles gouvernant les rapports entre les communes et les autres collectivités territoriales

La Constitution italienne affirme certains principes clés qui règlent les rapports entre les communes et les autres collectivités locales.

La Constitution établit d'abord le principe de l'autonomie des collectivités locales : l'article 5 indique que *« la République [...] reconnaît et favorise les autonomies locales ; elle met en œuvre la plus large décentralisation administrative dans les services qui dépendent de l'Etat ; elle adapte les principes et les méthodes de sa législation aux exigences de l'autonomie et de la décentralisation »*. La proclamation de l'autonomie implique la reconnaissance aux communes, comme aux autres collectivités territoriales, du pouvoir et de l'autorité de poursuivre les finalités et les intérêts de leurs communautés, selon une orientation politique et administrative propre, qui est distincte et indépendante de celle de l'Etat. L'article 5 de la Constitution de 1948 affirme donc d'une part le fait que la République reconnaît l'existence des communautés locales, historiquement déjà présentes, avant l'adoption de la constitution et d'autre part, il attribue à la République une responsabilité active, celle de promouvoir les autonomies locales.

Le concept de l'autonomie est entendu selon diverses acceptions : elle a des facettes tant « politique », « qu'organisationnelle », « normative » (et donc « statutaire », « réglementaire » et, pour les régions, même « législative »), « administrative », et « financière »[619].

L'autonomie a été renforcée après l'intervention de la loi constitutionnelle de 2001 citée ci-dessus, qui, en abrogeant l'article 130 de la Constitution, qui mettait les régions dans un rapport de supériorité sur les autres collectivités territoriales[620] a réaffirmé que toutes les collectivités locales sont sur le même plan constitutionnel. Comme dans le modèle français, qui prévoit à l'article 72 de la constitution qu'*« aucune collectivité territoriale ne peut exercer une tutelle sur une autre »,* l'organisation des pouvoirs locaux en Italie prévoit donc qu'il n'y a pas de hiérarchie institutionnelle entre les différentes collectivités territoriales et de plus qu'aucune d'entre elles ne peut exercer une tutelle sur une autre. Seulement l'Etat, en tant que garant de l'unité et de l'indivisibilité de la République, peut se substituer, à travers l'action directe du Gouvernement et indépendamment des limites territoriales des pouvoirs locaux, aux organes des régions, des villes métropolitaines, des provinces et des communes, dans des situations de gravité exceptionnelle prévues par l'article 120 de la Constitution et réglementées par l'article 141 du Texte unique sur les Collectivités Locales. L'article 120.2, après la réforme constitutionnelle de 2001, prévoit que *: « le Gouvernement peut se substituer aux organes des Régions, des Villes Métropolitaines, des Provinces et des Communes en cas de non-respect des normes et des traités internationaux ou des normes*

---

[619] Cf. article 3.4 du Texte unique sur les Collectivités Locales.

[620] L'ancien article 130 de la Constitution italienne affirmait : *« Un organe de la région, constitué selon les modalités fixées par une loi de la République, exerce, même sous une forme décentralisée, le contrôle de la légalité des actes des provinces, des communes et des autres institutions locales. Dans les cas déterminés par la loi, le contrôle d'opportunité peut être exercé, sous la forme d'une requête motivée aux organismes qui ont délibéré pour qu'ils examinent de nouveau leur délibération ».*

communautaires, ou bien en cas de danger grave pour la sécurité publique, ou bien encore quand cela est requis afin de protéger l'unité juridique ou l'unité économique et, notamment, afin de protéger les niveaux essentiels des prestations en matière de droits civiques et sociaux, indépendamment des limites territoriales des pouvoirs locaux. [...] » ; l'article 141 du Texte unique sur les collectivités locales évoque la dissolution et la suspension des conseils communaux et provinciaux. Ces éventualités peuvent surgir dans les cas d'actions qui violent la Constitution ou la loi, quand le fonctionnement des organismes et des services communaux ou provinciaux ne peut pas être assuré, quand le bilan de la collectivité territoriale n'est pas adopté dans les délais prévus par la loi.

Le même article 120 de la Constitution italienne fait référence à un autre principe fondamental pour la régulation des rapports entre les collectivités territoriales : le principe de la collaboration loyale, qui a été introduit lui aussi grâce à la réforme constitutionnelle de 2001 selon lequel *« la loi définit les procédures visant à garantir que les pouvoirs substitutifs seraient exercés dans le respect du principe de subsidiarité et du principe de coopération loyale ».* La coexistence de plusieurs niveaux de gouvernement sur le territoire, à l'échelle communale, métropolitaine et régionale, tous opérants en situation d'équivalence, impose la nécessité de mettre en place des formes de collaboration et de concertation entre les collectivités locales, afin d'éviter – au-delà des possibles divergences politiques – la naissance de conflits sur le plan administratif, et de favoriser la mise en œuvre concertée d'interventions plus efficaces. La collaboration loyale représente une obligation d'association et de cohésion entre les différents pouvoirs publics, qui doit se traduire sur le plan concret par une méthode de travail des administrations locales qui puisse privilégier l'interaction, l'échange, l'entente, et, là où c'est possible, l'utilisation commune des ressources, en vue de la réalisation de finalités communes. Ce principe est donc essentiel et doit servir de fondement à toutes les activités des collectivités locales et en particulier des communes, peut garantir la mise en place de politiques publiques cohérentes.

La réalisation des principes d'autonomie et de collaboration loyale passe par l'affirmation d'un autre principe, celui de la subsidiarité, qui se dégage de l'article 114 de la Constitution italienne, qui affirme que : *« La République se compose des Communes, des Provinces, des Villes métropolitaines, des Régions et de l'Etat ».* L'article 114 du texte originaire de la Constitution italienne de 1948 affirmait : *« La République est composée de régions, de provinces et de communes ».* Le principe de subsidiarité est donc explicité seulement à la lumière de la nouvelle formulation de l'article à la suite de l'approbation de la loi constitutionnelle n° 3 de 2001. L'ordre indiqué par le constituant italien, qui par ailleurs correspond parfaitement à celui choisi par le constituant français, est important dans l'appréhension du principe de la subsidiarité : en effet selon l'article 118 de la Constitution, la commune est placée au premier plan dans l'accomplissement des fonctions administratives *« à l'exception des fonctions qui, afin d'en assurer l'exercice unitaire, sont attribuées aux provinces, aux villes métropolitaines, aux régions et à l'Etat sur la base des principes de subsidiarité, de différenciation et d'adéquation »*. Le Texte Unique sur les collectivités locales (Testo unico degli enti locali) précise d'ailleurs le concept de la subsidiarité à l'échelle territoriale en son article 4, c'est-à-dire dans les rapports notamment entre les communes – et les provinces et les villes métropolitaines – avec les régions. En fait, compte tenu du fait que les communes détiennent essentiellement les fonctions administratives, les lois régionales vont essentiellement indiquer les principes et les modalités de collaboration entre elles afin de mettre en place un système efficace d'autonomie locale en faveur du développement économique, social et civil du territoire. Ce sont encore les régions qui, dans le cadre de leur pouvoir législatif, s'occupent de mettre en place les structures nécessaires à un dialogue continu et à des actions concertées avec les autres collectivités territoriales dans leurs compétences respectives. La région a surtout le pouvoir d'indiquer les objectifs généraux de la programmation économique, sociale et territoriale et les communes – et les provinces – concourent, au titre de leurs compétences propres et de celles qui leur sont attribuées, à l'achèvement de ces objectifs. Cela n'implique pas que les communes soient complètement exclues de la planification des projets de développement du territoire, mais c'est toujours la région qui, à travers sa législation, peut établir les moyens et imaginer les procédures de leur participation aux programmes régionaux. La Cour Constitutionnelle italienne a confirmé dans sa sentence n°343 de 1991 ce rôle institutionnel de la région par rapport aux autres collectivités territoriales et notamment aux communes : elle représente *« il centro propulsore e di coordinamento dell'intero sistema delle autonomie locali »*, le moteur et le coordonnateur de tout le système des autonomies locales.

Le rôle de programmation des régions, et donc leur recours à des lois-programmes, permet une d'assurer une cohabitation entre l'autonomie politique régionale et l'autonomie politique et administrative communale, sans que l'une puisse prévaloir sur l'autre. Cette distinction, reconnue et soulignée par la jurisprudence en particulier à partir de la réforme constitutionnelle n° 3 de 2001, conduit à un système où les régions s'occupent notamment de développer leurs « fonctions d'orientation », en préférant confier la « gestion » aux entités les plus proches des citoyens, les communes.

Le rôle de la région dans la mise en œuvre de la subsidiarité sur son territoire est donc notable. Dans le contexte des relations entre les communes et les régions, ces dernières ont le pouvoir de leur attribuer des fonctions dans des domaines comme les activités productives, l'aménagement du territoire, les services sociaux et aussi dans les domaines de la législation concurrente avec l'Etat (cf articles 117.4 et 118.2 de la Constitution italienne). En outre, les régions détiennent le pouvoir d'instituer de nouvelles communes, et de modifier éventuellement leur découpage territorial et dénomination, ainsi que de réglementer les différentes formes associatives des communes – en particulier les communautés de montagne. Les communes ont donc avec les régions un interlocuteur essentiel, surtout parce qu'elles représentent l'institution faisant le lien entre les communes et l'Etat, qui ne peuvent pas passer des conventions ou entretenir en général des relations – même financières – sans la participation de l'Etat dans les domaines de compétences régionales (cf sentence de la Cour Constitutionnelle italienne n° 219 de 2005).

Les pouvoirs afférant aux régions peuvent ainsi conduire à un système différencié en termes d'organisation territoriale dans le cadre de chaque région. Cette différenciation est également la résultante de la loi Delrio de 2014 comme on l'a vu précédemment

II- Les modalités de collaboration entre les communes et les autres collectivités territoriales

Modalités de collaboration sur le plan administratif

En Italie, les communes ont la possibilité de se concerter sur le plan institutionnel avec les autres collectivités locales en participant à des structures pérennes prévues à ce propos par la Constitution et les lois sur les collectivités territoriales (notamment la Loi Delrio).

Au sein de la région, la réforme constitutionnelle de 2001 a introduit un nouvel organisme, décrit à l'article 123 de la Constitution, le Conseil des autonomies locales (Cal), doté de fonctions de consultations et dont les activités sont réglementées par les régions. Ce point est très important, puisqu'il permet de comprendre que l'organisation et le champ d'action de ce conseil peuvent varier largement d'un cas à l'autre. Dans les statuts de la région doivent impérativement figurer des dispositions sur les raisons fondamentales de mettre en place la coopération au sein du Cal d'autant que la région – en application du principe de la subsidiarité – doit assumer un rôle de « centro di produzione di regole destinate ad essere applicate da altri soggetti » (« centre de production de règles pour les autres collectivités ») plutôt que comme une institution gérant directement des services publics. Par conséquence, le Conseil des autonomies locales devient un instrument essentiel pour la mise au point de politiques et de mesures communes dans le cadre d'objectifs partagés par toutes les collectivités territoriales : cet organisme ne joue pas seulement un rôle consultatif (il est ainsi consulté obligatoirement pour donner son avis pour les modifications statutaires ou le budget, mais en général son avis n'est pas conforme), mais aussi de « représentation », « coopération », « coordination », « concertation » et « participation », en faisant du Conseil un lieu privilégié pour la conclusion d'accords et d'ententes entre la région et les autres collectivités locales ; il dispose parfois de compétences d'« initiative législative » comme c'est le cas en Calabre, dans le Latium et la Ligurie. Les Conseils des autonomies locales constituent donc un organisme qui assure aux collectivités territoriales – et en particulier aux communes – la protection et la médiation de leurs intérêts, avec des fonctions plus amples par rapport aux organismes de consultation qui opèrent à l'échelle nationale, comme la Conférence Etat-Régions ou la Conférence Etat-autonomies. Les Conseils sont caractérisés par une autonomie fonctionnelle et d'organisation garantie par les dispositions les gouvernant ; leur durée est égale à celle du Conseil régional correspondant. La question de leur composition a alimenté plusieurs débats en jurisprudence, puisque le sujet n'est pas directement traité par les statuts des régions, mais plutôt par les lois régionales postérieures. Ces débats ont porté par exemple sur la composition du conseil ; en général, le législateur régional a prévu que feraient partie du CAL les présidents des provinces et les maires des communes chefs-lieux ; pour les communes restantes, les lois prévoient une représentation par catégories, selon des paramètres démographiques et aussi en considération des éventuelles intercommunalités présentes sur le territoire, pour un nombre de membres total proche de celui du Conseil régional

L'approbation de la Loi Delrio de 2014 a conduit à la création de nouvelles structures de coopération entre les communes et les collectivités territoriales qui leur sont les plus proches, c'est-à-dire les villes métropolitaines et les provinces. Parmi les organes des villes métropolitaines, on trouve une Conférence métropolitaine, qui regroupe tous les maires des communes de la ville métropolitaine et est présidée par le Maire métropolitain (le maire de la commune chef-lieu). Egalement, l'Assemblée des maires est un organisme nouveau introduit au sein de la province et qui, comme son nom le révèle, est composé par les maires de toutes les communes faisant partie de la province. La Conférence métropolitaine, qui dispose *« de pouvoirs de consultation et de proposition »*, et l'Assemblée des maires, de même dotée de *« pouvoirs de proposition, de consultation et de contrôle selon ce qui est prévu par le statut de la province» (*cf. la Loi Delrio, respectivement à l'article 1.8 et à l'article 1.55) constituent les institutions à travers lesquelles toutes les communes ont la possibilité d'être représentées et de s'exprimer au sein des villes métropolitaines et des provinces.

En dehors de ces instances, la loi Delrio n'a pas réglementé de manière générale les relations entre les villes métropolitaines et les provinces d'une part et les communes d'autre part, en préférant laisser cette réglementation aux statuts de ces deux collectivités locales, auxquels la loi attribue le rôle de fixer ces rapports *« pour ce qui concerne les modalités d'organisation et d'exercice des fonctions métropolitaines et communales, éventuellement différentes selon les aires territoriales* » (cf. la loi Delrio article 1.1.1b).

Il ne faut pas oublier néanmoins que tant les provinces que les villes métropolitaines constituent des entités de second degré composées d'administrateurs venant des communes ; les maires et les conseillers élus dans les communes peuvent jouer un rôle plus important que celui de la simple représentation institutionnelle et administrative de leur communauté au sein des villes métropolitaines et des provinces. En fait, pour eux ces structures métropolitaines et provinciales constituent essentiellement un autre moyen d'exercer les fonctions et les pouvoirs qui leur sont attribués et de promouvoir

l'intérêt général de leurs communautés[621]. Le législateur a prévu d'autres formes d'association entre les communes elles-mêmes et avec les autres collectivités territoriales. Au-delà des unions des communes, dont on a déjà parlé et qui sont reconnues en tant que collectivités locales, les communes, les provinces, les villes métropolitaines et les régions peuvent signer des conventions entre elles pour la coordination de fonctions, services et activités (cf. article 30 du Texte Unique sur les Collectivités Locales, *« Convenzioni «)*, sans avoir besoin de recourir à une nouvelle structure dotée de la personnalité juridique ; ces conventions sont des contrats soumis aux principes du Code civil dans le domaine des obligations, mais qui relève du juge administratif pour ce qui regarde leur formation, leur conclusion et exécution. Ils doivent obligatoirement comprendre des clauses sur les objectifs, la durée, qui doit être limitée dans le temps, les formes de consultation entre les parties, les obligations respectives, les relations financières et la constitution éventuelle de services en commun ou l'attribution de fonctions à une commune. Les consortiums (cf. article 31 du Texte unique sur les Collectivités Locales, *« Consorzi »).*représentent par contre des structures de coopération pour le développement de façon associée d'une ou plusieurs activités. Contrairement aux conventions, dans le cas des consortiums les collectivités locales créent donc des entités distinctes, dotées de la personnalité juridique et de l'autonomie opérationnelle pour développer ou uniformiser, au niveau supracommunal, un service ou une fonction d'intérêt général. Les consortiums sont dotés d'organismes politiques – une assemblée avec fonctions d'orientation générale et de contrôle, un conseil d'administration qui développe concrètement cette orientation générale et un président du consortium, qui doit être un maire ou un autre membre de cette assemblée – et de structures techniques – un directeur qui gère l'activité du consortium et un organe de révision chargé de veiller aux opérations comptables.
En plus, les régions, qui sont chargées d'identifier les niveaux optimaux d'exercice des fonctions à l'échelle locale, élaborent une réglementation de l'exercice en commun de fonctions ou de services par les communes ; elles définissent ainsi un programme triennal pour la gestion commune supracommunale de fonctions et services (cf article 33 du Texte unique sur les collectivités Locales, *« Esercizio associato di funzioni e servizi da parte dei comuni »)* qui peut même aller jusqu'à

[621] G. VESPERINI, précité, p. 790.

modifier les circonscriptions communales. Dans le cadre de ce programme, les régions s'occupent de déterminer aussi les formes de soutien financier à ces formes d'association, en prévoyant éventuellement un fond *ad hoc* dans leur propre bilan.

Enfin, les régions, les provinces et les communes, respectivement à travers leurs présidents ou leurs maires, ont le droit de promouvoir des accords de programme (cf article 34 du Texte unique sur les collectivités locales) facilitant la coordination entre les administrations intéressées par la réalisation d'actions et interventions qui impliquent plusieurs niveaux de décision. Les accords de programme sont établis sur le fondement d'un consensus au sein d'une conférence qui accueille les représentants de toutes les administrations intéressées, et ils ont un effet contraignant pour les administrations publiques. Les communes peuvent donc collaborer avec d'autres communes, mais aussi avec les provinces et les régions (les villes métropolitaines ne sont pas mentionnées à l'article 34 du Texte unique sur les collectivités Locales à propos de la procédure concernant les accords de programme) pour tout projet qui demande la mise en place d'activités intégrées et coordonnées entre ces collectivités territoriales et éventuellement avec d'autres administrations étatiques et entités publiques.

Modalités de collaboration sur le plan financier

Sur le plan financier, la réforme constitutionnelle de 2001 a favorisé, comme on l'a déjà évoqué, l'affirmation de l'autonomie des collectivités locales. Ce concept doit aussi s'entendre sur le plan financier comme le rappelle l'article 119 de la Constitution italienne pour l'ensemble des collectivités territoriales : *« Les communes, les provinces, les villes métropolitaines et les régions ont une autonomie financière en matière de recettes et des de dépenses, dans le respect de l'équilibre de leurs budgets, et concourent à assurer le respect des contraintes économiques et financières découlant de la réglementation de l'Union européenne. Les communes, les provinces, les villes métropolitaines et les régions disposent de ressources autonomes. Elles établissent et appliquent des impôts et des recettes propres, en harmonie avec la Constitution et selon les principes de coordination des finances publiques et du système fiscal. Elles disposent de coparticipations aux recettes fiscales du Trésor public rapportables à leur territoire ».* Le même article affirme aussi qu'elles disposent de ressources autonomes et qu'elles peuvent disposer d'impôts et des recettes propres, selon les principes de coordination des finances publiques et du système fiscal. Seules les régions ont la possibilité de mettre en place des impositions régionales ou locales à la condition que l'Etat ne soit pas intervenu et de déterminer les variations des taux des impositions que peuvent appliquer les autres collectivités.

C'est afin de réaliser une véritable autonomie financière qu'en 2009 la loi du 5 mai n°42 sur le fédéralisme fiscal a été promulguée ; elle met en place un nouveau système fiscal fondé sur l'évaluation des coûts effectifs plutôt que sur le critère des dépenses historiques et avec l'objectif d'augmenter le rôle des collectivités locales. Il faut rappeler que la loi de 2009 sur le fédéralisme fiscal a été à l'origine d'un ensemble de décrets entre 2009 et 2011, mais que plusieurs textes d'application n'ont pas encore été ni conçus ni adoptés : d'ailleurs, la crise économique qui a touché l'Italie en particulier à partir de 2011 a obligé à repenser profondément le système fiscal des autonomies locales en Italie et le débat sur les possibilités de sa réalisation concrète est encore en cours.

En tout cas, la loi 42 de 2009 a permis de responsabiliser davantage les collectivités territoriales, en prévoyant des organismes et des procédures de concertation qui semblent redimensionner le rôle des collectivités intermédiaires comme les villes métropolitaines et les provinces. Le décret législatif du 6 mai 2011, n° 68 (*« Disposizioni in materia di autonomia di entrata delle Regioni a statuto ordinario e delle Province, nonché di determinazione dei costi e dei fabbisogni standard nel settore sanitario")* a prévu l'institution de deux fonds dans le budget des régions, l'un pour la péréquation aux communes, l'autre pour la péréquation aux villes métropolitaines et provinces. En fait, la Cour Constitutionnelle a confirmé dans sa sentence n°49 de 2004 que la région joue un rôle de coordination et de programmation dans le transfert et la distribution aux communes des ressources financières qui concernent les compétences régionales, puisque les transferts directs par l'Etat sont interdits. Si le financement et les structures comptables des collectivités locales restent des matières de compétence exclusive de l'Etat, par contre les régions conservent certains pouvoirs dans la gestion des objectifs du Pacte de Stabilité national sur leurs territoires, notamment dans les domaines de leur compétence exclusive. Le Pacte de Stabilité prévoit un ensemble de dispositions qui imposent aux régions et aux autres collectivités locales le respect des contraintes financières définies au niveau européen, pour la garantie de l'équilibre des finances publiques nationales. En dépit des innovations législatives, il est clair que les régions restent les garantes du respect des objectifs pour leurs territoires. Cela pose parfois des problèmes pour les communes, qui, bien qu'elles cherchent à mettre en place une programmation financière vertueuse, se révèlent parfois incapables de développer un tel système, puisqu'elles dépendent trop des transferts étatiques et régionaux et sont « victimes » d'une grande incertitude normative.

De l'action des communes en faveur de la cohésion sociale : réflexions sur les interactions entre solidarité et proximité

Virginie Donier
Professeure de droit public, Université de Toulon (CERC)

Toute réflexion sur la cohésion sociale, qu'elle porte sur des aspects fonctionnels ou plus substantiels, suppose indéniablement d'analyser la place dévolue au principe de solidarité puisque c'est dans ce principe que les politiques sociales trouvent leur fondement. Indirectement, ces questions renvoient aussi au rôle du principe d'égalité compte tenu des liens étroits existant entre les deux notions comme le relève Jean-Marie Pontier, selon qui « la solidarité nationale peut constituer une voie privilégiée pour parvenir à l'égalité »[622]. Par ailleurs, cela renvoie à la place conférée à la notion de fraternité, car solidarité et fraternité entretiennent une relation symbiotique : s'il ne s'agit pas d'une norme de référence en droit positif, il apparaît tout de même que la fraternité a exercé une influence particulière sur le développement des lois sociales[623]. Certes, la référence à la solidarité a aujourd'hui pris l'ascendant dans le droit positif, la fraternité étant le plus souvent reléguée au rang de principe d'ordre moral, mais il n'en demeure pas moins que toute réflexion ayant trait à la cohésion sociale induite, implicitement, de s'interroger sur les acteurs de la fraternité en raison des interactions entre ces deux notions. Plus précisément, dans le cadre de cette contribution, il s'agira d'analyser le rôle que les communes peuvent revêtir dans la lutte contre les inégalités de fait et pour la promotion de la solidarité. Cela implique de s'interroger sur leur légitimité en ce domaine, légitimité qui semble être partiellement fondée sur la proximité qu'elles entretiennent avec les bénéficiaires

---

622 J.-M. PONTIER, « De la solidarité nationale », *RDP* 1983, p 901.

623 M. BORGETTO, *La notion de fraternité en droit public française, le passé, le présent et l'avenir de la solidarité*, LGDJ, 1993, p 251 et s ; M. DAVID, *Les fondements du social. De la IIIème République à l'heure actuelle*, Anthropos historique, 1993, p 273 ; M. DAVID, « Solidarité et fraternité en droit public », in *La solidarité en droit public*, sous la direction de J.-C. BÉGUIN, P. CHARLOT, Y. LAIDIÉ, L'Harmattan, 2005, p 11.

des politiques de cohésion sociale. Le droit français est peu disert s'agissant de la répartition des compétences entre les différents échelons d'administration en matière sociale. Cette répartition est très largement laissée à l'appréciation du législateur, l'article 34 de la Constitution prévoit d'ailleurs que la loi détermine les principes fondamentaux de la sécurité sociale, ce qui inclut les dispositifs d'assistance (ou de protection sociale) d'après la jurisprudence du Conseil d'Etat[624]. Pour autant, cette compétence législative d'ordre normatif ne confère pas à l'Etat un monopole pour gérer les dispositifs de protection sociale. Tel est également le sens de l'alinéa 11 du Préambule de la Constitution de 1946 qui fait reposer sur la collectivité le droit à des moyens convenables d'existence, mais la collectivité ne se résume pas nécessairement à l'Etat. Le Conseil constitutionnel ne s'est jamais opposé à la décentralisation des prestations sociales, sous réserve de ne pas créer d'inégalités manifestes dans la mise en œuvre des dispositifs sociaux[625]. A cet égard, on relèvera une différence avec le droit italien puisque l'uniformité territoriale ne semble pas être la règle.

En France, si l'Etat reste le garant de l'égal accès à la solidarité, il peut avoir recours aux collectivités territoriales pour assurer la gestion des prestations sociales, ce qui leur confère une certaine légitimité à intervenir en ce domaine. Toutefois, ce n'est pas la commune qui a été retenue pour gérer l'aide sociale légale, le législateur lui ayant préféré le département en raison, probablement, de l'émiettement communal [626]. C'est donc la collectivité départementale qui a été désignée chef de file de l'action sociale, mais précisément, puisqu'il faut un chef de file, cela implique que d'autres collectivités sont habilitées à intervenir dans le champ du social, sinon il ne serait pas utile de recourir à un dispositif de coordination. Au regard des textes et de la pratique (qui se dessine en filigrane grâce à l'étude de la jurisprudence), il apparaît

---

[624] CE, 22 octobre 2003, GISTI et LDH, *RDSS* 2004, n°1, p 155, concl. J-H. STAHL.

[625] Voir en ce sens la décision n° 96-387DC, loi tendant dans l'attente du vote de la loi instituant une prestation d'autonomie pour les personnes âgées, à mieux répondre aux besoins des personnes âgées par l'institution d'une prestation spécifique dépendance, *JO* 25 janvier 1997, p 1285 ; *RDSS* 1997, n° 3, p 681, note X. PRÉTOT ; *RFDC* 1997, n°30, p 323, note F. MÉLIN-SOUCRAMANIEN.

[626] V. DONIER, « Le département, territoire de solidarité : la question du devenir des compétences sociales », in *Quel(s) avenir(s) pour les départements*, dir. N. FERREIRA et L. JANICOT, LGDJ, 2017, p 65 ; V. DONIER, « Les départements et les compétences sociales », dossier consacré à la loi NOTRe, *RFDA* 2016, n°3, p 474.

que l'action des communes en faveur de la cohésion sociale peut être tout aussi importante que celle des départements. Elle tend même à la devenir davantage avec l'augmentation des charges pesant sur les départements au titre de leurs compétences obligatoires, puisque cette augmentation ne leur permet plus de concevoir des dispositifs d'aides facultatives visant à pallier les lacunes des dispositifs légaux. C'est précisément ce paradoxe que l'on souhaiterait mettre en lumière en s'interrogeant sur le rôle de la commune par rapport aux départements, et sur les fondements de l'action communale en faveur de la cohésion sociale. Cela permettra de mieux appréhender les relations entre proximité et solidarité en optant pour une approche transversale incluant le logement social, la lutte contre l'exclusion sociale, ou encore, l'accès à certains services essentiels. L'objectif est d'éclairer le rôle de la commune à l'avenir, et ce, en dépit de la montée en puissance de l'intercommunalité dans le champ du social. S'il apparaît que le législateur a prévu la création de centres intercommunaux d'action sociale compétents en matière d'action sociale d'intérêt communautaire[627], et si les métropoles tendent également à investir le champ du social[628], il nous semble que la commune peut conserver un rôle important. Ce rôle découle des différents textes relatifs aux politiques de cohésion sociale (I), mais aussi des actions facultatives que les communes développent, ce qui tend à faire du social un champ d'action revendiqué par cette catégorie des collectivités (II).

I- La commune, un acteur traditionnel des politiques de cohésion sociale de par les textes

Tout en érigeant le département en chef de file de l'action sociale, le législateur a maintenu les obligations pesant sur les communes au titre de la création de structures sociales (A), mais aussi au titre de l'exercice de compétences obligatoires (B). Loin d'être un bloc homogène, le secteur social offre une place à l'intervention des

---

[627] Article L 123-4-1 CASF dans sa rédaction issue de la loi n° 2015-991 du 7 août 2015 portant nouvelle organisation territoriale de la République (NOTRe), JO 8 août 2015.

[628] R. LAFORE, « La métropolisation de l'action sociale », *RDSS* 2015, p 525 ; M. Long, « Le département après la loi NOTRe, un acte de décès non transformé », *AJDA* 2015, p 1912.

communes aux côtés du rôle de premier ordre confié aux départements.

A- Les structures sociales imposées aux communes

Historiquement, ce sont les communes qui ont joué le premier rôle en matière de prise en charge des personnes vulnérables, à l'image de l'Italie. Ce sont en effet les communes qui ont mis en œuvre, sous le Directoire, les bureaux de bienfaisance dont la mission était de fournir des secours aux « indigents », selon la terminologie consacrée à l'époque. Le rôle de la commune s'est ensuite renforcé sous la IIIe République qui a consacré le principe d'assistance sociale, ainsi que l'idée selon laquelle il convenait de distribuer les secours dans le ressort territorial le plus proche des bénéficiaires[629]. On perçoit alors, dès cette époque, la place accordée à la notion de proximité pour justifier les interventions des communes et ce, en dépit des compétences qui étaient confiées à l'Etat et aux départements. Pour ne prendre qu'un seul exemple, la loi du 17 juin 1913 sur l'assistance des femmes en couches, qui a permis aux femmes de bénéficier d'une allocation journalière avant et après l'accouchement, prévoyait que cette aide devait être financée par l'Etat, le département et la commune. Le versement incombait toutefois aux communes, tout comme la surveillance des femmes en couches[630], ce qui tend à démontrer la place prépondérante qui était réservée à ce niveau territorial au-delà des compétences des autres niveaux.

Pour exercer leurs compétences, les communes devaient disposer de deux institutions : le bureau de bienfaisance dont l'existence a été maintenue après le Directoire afin de fournir des aides facultatives, et le bureau d'assistance chargé d'attribuer les prestations légales. Le droit à l'assistance reconnu par le législateur de la IIIe République reposait donc en partie sur ces deux structures communales dont l'existence a perduré jusqu'au milieu du XXe siècle.

Elles ont en effet été remplacées en 1953 par le bureau d'aide sociale, qui n'est autre que l'ancêtre du centre communal d'action

---

[629] M. BORGETTO et R. LAFORE, *Droit de l'aide et de l'action sociales*, LGDJ, Domat droit public, 9ème édition, p 30 et s.

[630] Voir en ce sens la loi du 17 juin 1913 assortie de la circulaire du 9 août 1913 relative à l'assistance des femmes en couches, Gallica, Bibliothèque nationale de France.

sociale (CCAS)[631]. L'existence des CCAS a ensuite été consacrée par la loi du 6 janvier 1986[632], à l'issue de la décentralisation opérée au début des années 1980 dans le cadre de laquelle le législateur a confié une compétence de droit commun au département pour gérer l'action sociale[633]. A cette époque, la commune voit donc son rôle passer au second plan, sans pour autant qu'il ne soit réduit comme peau de chagrin puisque le CCAS bénéficie de compétences obligatoires. Il est ainsi paradoxal de constater que le législateur du début des années 1980 a choisi le département pour distribuer les prestations obligatoires, tout en attribuant, parallèlement, des compétences obligatoires aux communes par le biais des CCAS. Si, au fil de l'histoire, le rôle de la commune dans le secteur social a quelque peu reculé, il n'a pas été réduit à néant compte tenu des missions importantes assignées aux CCAS, dont la création est désormais obligatoire dans les communes de 1500 habitants et plus[634]. Parmi ces missions, figure l'instruction des demandes d'aide sociale qui implique d'assister les bénéficiaires potentiels dans la constitution de leur dossier avant que celui-ci ne soit transmis au département[635]. S'ajoute à cela la mission de domiciliation qui incombe aux CCAS afin de permettre aux personnes sans domicile stable de disposer d'une adresse. Il convient en effet de rappeler que l'accès aux prestations sociales est généralement soumis à la possession d'une adresse ; dès lors, cette mission de domiciliation s'avère essentielle pour lutter contre le phénomène de non-recours aux droits qui tend à réduire l'efficacité des dispositifs sociaux[636].

A ces différentes attributions, s'ajoute le rôle du CCAS dans la connaissance et l'analyse des besoins sociaux[637], mais aussi dans la mise en œuvre d'une action générale de prévention et de

---

[631] Décret du 53-1186 du 29 novembre 1953 portant réforme des lois d'assistance.

[632] Loi n° 86-17 adaptant la législation sanitaire et sociale aux transferts de compétences en matière d'aide sociale et de santé, JO 8 janvier 1986, p 372.

[633] F. Bajon, « Regards sur l'évolution des bureaux d'aide sociale », *RDSS* 1985, p 77.

[634] Article L 123-4 CASF dans sa rédaction issue de la loi NOTRe du 7 août 2015.

[635] Article L 131-1 CASF.

[636] Article L 264-1 CASF ; pour un rappel de l'importance de cette procédure, mais aussi de ses lacunes, voir le rapport d'information n°4158 de G. Biémouret et J.-L. Costes sur l'évaluation des politiques publiques en faveur de l'accès aux droits sociaux, Ass. Nat., 20 octobre 2016, p 134 et s.

[637] Sur ce point, voir A. BARON et N. KADA, *Communes et départements, frères ennemis du social ?*, PUG, 2016, p 27 et s.

développement social de la commune. Cela signifie, plus précisément que le CCAS peut intervenir en faveur de la cohésion sociale par la création de services publics facultatifs à vocation sociale, étant néanmoins précisé que ces actions doivent en principe se concilier harmonieusement avec celles du département. Si ce dernier dispose, en sa qualité de chef de file, d'outils de coordination, telle notamment la convention d'exercice concerté[638], on ne peut cependant exclure totalement le développement d'une forme de concurrence, les communes pouvant concevoir des actions propres sans réelle concertation avec le département. En dépit des garde-fous élaborés par les textes pour tenter de garantir la complémentarité des actions menées dans le champ de la cohésion sociale[639], il nous semble que les incohérences et les doublons ne sont pas à exclure[640]. Toutefois, la place confiée aux communes paraît incontournable en raison du lien de proximité qu'elles entretiennent avec leur population, ce qui leur permet probablement de mieux appréhender la diversité des besoins sociaux. Cela justifie le maintien de structures communales obligatoires alors que le législateur a confié à une autre catégorie de collectivités le rôle de gestionnaire de l'aide sociale.

B- Des communes obligatoirement associées à la politique du logement social

Outre les compétences liées à l'instruction des demandes d'aide sociale et de domiciliation dévolues aux CCAS, le niveau communal est également celui que le législateur a retenu en matière de logement social puisque certaines communes sont astreintes à une obligation de construction de logements sociaux. Un seuil minimal de 20% de logements sociaux est en effet imposé aux communes qui comptent au moins 3500 habitants (ce seuil étant de 1500 en Ile-de-France) et qui sont situées dans une agglomération ou un établissement public de coopération intercommunale à fiscalité propre d'au moins 50 000

---

[638] J.-F. BRISSON, « Clarification des compétences et coordination des acteurs », *AJDA* 2014, p 605.

[639] A. BARON et N. KADA, *Communes et départements, frères ennemis du social ?*, *op. cit.* p 95 et s.

[640] V. DONIER, « Le département, territoire de solidarité : la question du devenir des compétences sociales », *op. cit.*

habitants, comptant une ville de plus de 15 000 habitants[641]. Avec la loi du 18 janvier 2013[642], cette obligation quantitative a été portée à 25% dans les secteurs les plus concernés par la crise du logement social et nécessitant, en ce domaine, un effort supplémentaire. De plus, ce texte a soumis les communes n'appartenant pas à un EPCI d'au moins 50 000 habitants à l'obligation de disposer de 20% de logements sociaux dès lors que la commune a plus de 15 000 habitants et connaît une croissance démographique[643]. Il convient également d'indiquer que les contraintes pesant sur les communes ne sont pas seulement de nature quantitative, le préfet étant amené à fixer des objectifs relatifs à la typologie des logements sociaux afin que les communes ne soient pas tentées de privilégier des logements aux loyers trop élevés pour les ménages les plus modestes[644].

Il apparaît ainsi, au regard de la loi relative à la solidarité et au renouvellement urbain, complétée par la loi du 18 janvier 2013, que le législateur a assigné une véritable mission de cohésion sociale aux communes dans le domaine du logement, mission qui peut toutefois être déléguée à un EPCI compétent en matière de politique de l'habitat. La loi du 24 mars 2014 pour l'accès au logement et à un urbanisme rénové, dite loi ALUR[645], tend d'ailleurs à renforcer le rôle des EPCI, y compris dans la perspective de la garantie du droit au logement opposable, ce qui peut priver les communes d'une compétence leur offrant un rôle important en matière de cohésion sociale[646]. Cependant, le recours à l'intercommunalité est peut-être la voie permettant de vaincre les réticences communales, car les obligations qui leur incombent en matière de logements sociaux ne se

---

[641] Article 55 de la loi n° 2000-1208 du 13 décembre 2000 relative à la solidarité et au renouvellement urbain, JO 14 décembre 2000, p 19777.

[642] Loi n° 2013-61 relative à la mobilisation du foncier public en faveur du logement et au renforcement des obligations de production de logement social, JO 19 janvier 2013, p. 1321.

[643] Ces dispositions ont été précisées par deux décrets n° 2013-670 et 3013-671 du 24 juillet 2013 ; sur ce point, voir F. ZITOUNI, « Réalisation de logements sociaux et très sociaux : des obligations modulées et renforcées », *JCP A*, 13 janvier 2014, 2006.

[644] C. BUGNON, « Le contrôle de l'Etat sur la production du logement social par les communes : une main de fer dans un gant de velours », *JCP A*, 14 septembre 2015, 2262.

[645] Loi n°2014-366, JO 26 mars 2014, p. 5809.

[646] C. BUGNON, « Loi ALUR : quelles interférences sur le logement social et le DALO ? », *JCP A,* 15 septembre 2014, 2260.

réalisent pas sans heurts : certaines communes font en effet preuve de résistance, ce qui justifie l'existence d'un dispositif coercitif prévu par l'article 55 de la loi relative à la solidarité et au renouvellement urbain. En cas d'inertie de la commune, le préfet peut en effet engager la procédure de carence, ce qui engendre des pénalités financières pour la collectivité. D'après le bilan publié par le Ministère du logement et de l'habitat durable en 2016, il s'avère que 1218 communes présentent un déficit de logement social, et que plus de 600 d'entre elles ont dû s'acquitter de pénalités financières. Au-delà des sanctions pouvant être infligées, il faut aussi indiquer que le préfet dispose, dans le cadre de la procédure de carence, du droit de préemption urbain afin de garantir effectivement la réalisation de logements sociaux par la commune[647].

Il apparaît ainsi que les communes concernées par les dispositions de la loi du 13 décembre 2000 sont placées sous la contrainte de l'Etat et peuvent éventuellement se voir infliger une sanction financière, même si celle-ci n'est pas automatique. Le Conseil constitutionnel s'est en effet opposé à l'automaticité de la sanction, au nom du principe de libre administration[648]. Le préfet doit ainsi apprécier l'opportunité du prononcé de l'état de carence en fonction de critères prenant notamment en compte les difficultés rencontrées par la commune pour atteindre l'objectif fixé par les textes[649].

Il n'en reste pas moins que cette catégorie de collectivités est appelée à participer, au même titre que le département, à la mise en œuvre des politiques de cohésion sociale. Et à cet égard, la loi du 27 janvier 2017 relative à l'égalité et à la citoyenneté n'a pas modifié le rôle de la commune, les dispositions relatives aux sanctions ont même été quelque peu durcies, en dépit de certaines tentatives visant à les

---

[647] La loi n° 2009-323 du 25 mars 2009 de mobilisation pour le logement et la lutte contre l'exclusion (JO 25 mars 2009, p 5408) a en effet prévu que, pendant la durée d'application de l'arrêté de carence, le droit de préemption peut être exercé par le préfet. Selon le Conseil d'Etat, cela ne constitue pas pour autant une sanction supplémentaire, le transfert du droit de préemption étant justifié par une nécessité d'intérêt général consistant à garantir la réalisation de logements sociaux : CE, 28 novembre 2014, Commune de Nogent-sur-Marne, n° 362910.

[648] Décision n° 2000-436DC du 7 décembre 2000, loi relative à la solidarité et au renouvellement urbain, JO 14 décembre 2000, p 19840 ; note F. ROBBE, *LPA* 1er août 2001, p 18.

[649] C. BUGNON, « Le contrôle de l'Etat sur la production du logement social par les communes : une main de fer dans un gant de velours », *op. cit.*

réduire[650]. Le logement social est en effet une compétence dont l'exercice n'est pas dénué de controverses tant elle paraît sensible politiquement, au-delà de son importance pour la cohésion sociale. Et ces controverses ne se limitent pas à la seule construction de logements sociaux, on les retrouve également au niveau des conditions d'attribution des logements sociaux, car, contrairement aux souhaits de certaines communes, les logements sociaux ne peuvent être réservés aux seules personnes ayant déjà un lien avec la commune. L'article L 441 du Code de la construction et de l'habitation indique expressément que « l'absence de lien avec la commune d'implantation du logement ne peut constituer à soi seul le motif de non-attribution d'un logement ». L'exigence d'un lien avec la commune pourrait même être jugée contraire à la loi du 21 février 2014 qui a institué un nouveau critère de discrimination fondé sur le lieu de résidence[651]. Si les interventions sociales des communes trouvent largement leur fondement dans la notion de proximité, la politique du logement social, et plus précisément les conditions d'octroi de ces logements, tendent quelque peu à remettre en cause ce lien de proximité puisque les logements sociaux peuvent bénéficier à des personnes extérieures à la commune. La proximité est ainsi utilisée pour justifier les obligations que l'Etat met à la charge des communes, tout en étant ensuite rejetée pour l'attribution des logements sociaux. Cela n'est en rien critiquable, mais ce constat démontre toutes les ambiguïtés qui entourent la notion de proximité qui n'est pas nécessairement un instrument de légitimité de l'action communale, mais qui peut être un instrument de contrainte[652].

---

[650] Loi n° 2017-86, JO 28 janvier 2017. La loi aménage les conditions d'exonération du prélèvement : auparavant, toutes les communes bénéficiaires de la dotation de solidarité urbaine étaient exonérées du prélèvement lorsque le nombre de logements sociaux atteignait 15%. Désormais, cette exonération ne vaut que pour les communes astreintes à l'obligation de 25% de logements sociaux. Cela tend par conséquent à augmenter le nombre des communes susceptibles d'être effectivement redevables du prélèvement imposé aux communes en situation de carence.

[651] Loi n° 2014-173 de programmation pour la ville et la cohésion urbaine, JO 22 février 2014, p 3138. V. DONIER, « Les discriminations fondées sur le lieu de résidence », rapport du GIP Justice, *Le principe de non-discrimination, l'analyse des discours*, rédigé dans le cadre du projet de recherche financé par la Mission Droit et Justice et le Défenseur des droits, juin 2016, p. 172.

[652] Pour une réflexion sur les controverses de la notion de proximité, voir P.-Y. CHICOT (dir.), *Décentralisation et proximité, territorialisation et efficacité de l'action publique locale*, Dalloz, Thèmes et commentaires, 2013, 290 p.

II- Les interventions facultatives des communes, une contribution revendiquée à la cohésion sociale

Si les développements précédents ont permis de révéler que les communes n'étaient pas toujours libres de mener leurs propres politiques en faveur de la cohésion sociale, et ce au nom de la préservation de l'égalité, elles recouvrent toutefois une certaine liberté en usant de la clause générale de compétence, ce qui n'est pas sans ambiguïté (A). Par ailleurs, c'est en ayant recours au pouvoir de police que les communes ont parfois tenté d'étendre le spectre de leurs interventions, le plus souvent de manière contestable (B).

A- Une légitimité tirée du maintien de la clause générale de compétence

Nous ne reviendrons pas ici sur les nombreux débats qui ont émaillé les discussions sur le maintien ou la suppression de la clause générale de compétence et sur les maux dont elle est censée être porteuse[653]. On se contentera simplement de rappeler qu'à l'issue de la loi NOTRe, la commune demeure la seule catégorie de collectivités habilitée à faire usage de cette clause, puisque le département et la région ont désormais des compétences d'attribution uniquement. La clause générale de compétence permet ainsi aux communes de concevoir des interventions sociales facultatives, c'est-à-dire non prévues par les textes, sous réserve que ces interventions répondent à un intérêt public local[654]. Et sur ce sujet, il convient de faire un bref retour sur l'arrêt *commune de Mons-en-Baroeul* afin de démontrer qu'en dépit de leur caractère subsidiaire, les interventions facultatives des communes ne sont pas toujours neutres, ce qui ne va pas sans soulever certaines interrogations[655]. La décision rendue par le Conseil d'Etat le 29 juin 2001 comporte deux apports, même si le second est généralement peu évoqué. A l'origine de cette affaire, il y a la

---

[653] G. LE CHATELIER, « Le débat sur la clause générale de compétence est-il vraiment utile ? », *AJDA* 2009, p. 186 ; J.-M. PONTIER, « Le vrai faux retour de la clause de compétence général », *JCP A* 24 février 2014, p. 27 ; M. VERPEAUX, « La loi NOTRE dans son contexte », *RFDA* 2016, p. 671.

[654] Sur cette notion, voir T. ROMBAUTS-CHABROL, *L'intérêt public local*, Dalloz, Bibliothèque parlementaire et constitutionnelle, 2016, 558 p.

[655] CE, 29 juin 2001, commune de Mons-en-Baroeul, *AJDA* 2002, p. 42, note Y. JEGOUZO.

création, par un conseil municipal, d'une allocation d'habitation d'un montant de 500 francs par trimestre, étant précisé que son versement était subordonné, notamment, à la participation du bénéficiaire à des activités d'intérêt général ou d'intérêt public.

Le premier apport de cette décision est de définir le champ d'intervention des communes dans le secteur de l'insertion sociale puisque le Conseil d'Etat indique que les compétences confiées par le législateur à l'Etat ou aux départements n'excluent pas que la commune puisse disposer d'un espace d'intervention, sous réserve de justifier d'un intérêt public communal. C'est ce premier apport qui a fait la célébrité de l'arrêt, mais il y a un second apport qui paraît tout aussi important lorsque l'on s'interroge sur la contribution des communes à la construction des politiques de solidarité. Le second apport de cette décision démontre que les communes peuvent, par leurs interventions facultatives, contribuer à faire évoluer la relation entre collectivités publiques et bénéficiaires des aides. Dans cet arrêt, le Conseil d'Etat admet en effet qu'une aide sociale facultative peut être subordonnée à une contrepartie, ce qui renouvelle la relation débiteur/créancier que l'on rencontre traditionnellement dans le champ du social (le débiteur étant la collectivité publique et non l'individu[656]). La mise en œuvre d'une logique inspirée du workfare, par opposition au welfare qui n'implique pas de contreparties, ne remet nullement en cause le caractère social de l'aide si l'on suit le raisonnement du juge administratif[657]. En d'autres termes, si l'action sociale est généralement conçue comme un droit au profit des bénéficiaires, droit dont la collectivité est débitrice depuis la IIIe République, les communes peuvent faire évoluer la philosophie qui sous-tend l'action sociale. Or cela n'est pas neutre. Et à cet égard, on ne peut s'empêcher de faire le lien avec certaines revendications départementales visant à subordonner l'octroi du RSA à l'exercice d'activités d'intérêt public, alors même que les textes ne le prévoient

---

656 J.-P. CHAUCHARD, « Variations sur les droits sociaux », *Droit social* 2010, p 947 ; M. BORGETTO, « L'articulation des droits et des devoirs dans le champ de la protection sociale », *RDSS* 2009, p. 5.

657 M. GHEBALI-BAILLY, « Les communes sont compétentes pour créer des aides à l'insertion sociale qui répondent à un intérêt public communale », *RFDA* 2002, p. 81 ; D. ROMAN, « Les collectivités locales et l'insertion sociale, à propos d'une jurisprudence ambiguë », *AJDA* 2002, p. 386.

nullement[658]. Loin de s'inscrire dans les grands principes fixés par les lois nationales relatives à l'action sociale, les collectivités territoriales, et notamment les communes tendent parfois à infléchir ces principes, à tel point que l'on peut se demander si, dans certains cas, leurs interventions ne s'avèrent pas contre-productives pour la cohésion sociale. Certes, l'action des communes sur le fondement de leur clause générale de compétence semble nécessaire pour compléter les dispositifs légaux servis par les départements[659], mais la conception que les communes retiennent parfois de la dialectique droits-devoirs n'est pas sans incidence sur les fondements de l'action sociale, et plus précisément, sur la place dévolue au principe de solidarité. Les interventions de proximité peuvent ainsi être porteuses d'ambiguïtés pour la cohésion sociale, ce qui incite à relativiser les vertus dont on pare généralement la proximité. Pour autant, il convient de ne pas jeter l'opprobre sur les potentialités offertes par la clause générale de compétence, car c'est elle qui a permis à certaines collectivités, au nombre desquelles figuraient des communes, de créer un revenu minimum avant l'adoption de la loi du le revenu minimum d'insertion le 1er décembre 1988. Les communes témoignent donc de leur capacité à faire preuve d'innovation sociale, et c'est également ce que démontre l'usage qu'elles tentent parfois de faire de leur pouvoir de police.

B- Une légitimité parfois recherchée dans le pouvoir de police

La clause générale de compétence ne peut pas tout, et de ce fait, les communes ont parfois eu recours à d'autres instruments pour tenter d'apporter une réponse à des difficultés sociales non prises en compte par les dispositifs légaux. C'est ainsi que certains maires ont usé de leur pouvoir de police pour s'opposer à l'interruption de la fourniture de services essentiels pour les personnes en difficulté. Ces arrêtés municipaux visant à proscrire les coupures d'énergie ou les coupures d'eau étaient généralement fondés sur la notion de dignité humaine ; mais en raison de l'atteinte portée à la liberté du commerce et de

---

[658] La délibération du conseil départemental du Haut-Rhin décidant d'instituer une contrepartie a d'ailleurs été annulée par le juge administratif : TA Strasbourg, 5 octobre 2016, Préfet du Haut-Rhin, n° 1601891.

[659] M. LONG, « L'action sociale entre communes et intercommunalités », *AJDA* 2009, p. 2098.

l'industrie, ils ont été annulés par le juge administratif[660]. En dépit de ces annulations, cela démontre tout de même que les communes, et plus précisément les maires, sont parfois à la recherche d'instruments juridiques leur permettant de répondre à un problème social réel[661].

Dans un registre similaire, les maires ont parfois utilisé leur pouvoir de police pour s'opposer aux expulsions locatives en dehors de la période de la trêve hivernale ; mais ces arrêtés anti-expulsion ont là encore été annulés par le juge administratif en raison de l'incompétence des maires. Ces derniers ne tiennent pas de leur pouvoir de police la faculté de s'opposer à l'exécution d'une décision de justice ayant autorisé une expulsion, ainsi que l'a clairement indiqué la Cour administratif d'appel de Versailles dans une décision du 16 décembre 2011, *commune de Villetaneuse*[662].

Le pouvoir de police n'est donc pas l'instrument idoine pour répondre aux difficultés sociales, d'autant que son utilisation peut aboutir, dans certaines hypothèses, à stigmatiser les personnes vulnérables. C'est précisément ce que met en exergue la pratique des arrêtés anti-mendicité, étant précisé que les troubles que ces arrêtés entendent prévenir sont déjà réprimés par le code pénal, tel par exemple l'ivresse sur la voie publique ou la mendicité agressive[663]. Le juge administratif a eu l'occasion de préciser que pour être légal, l'arrêté doit indiquer les circonstances précises susceptibles de caractériser le trouble à l'ordre public[664]. Dès lors que le risque d'atteinte à l'ordre public n'est pas démontré, l'arrêté est annulé par le

---

[660] CAA Versailles, 25 octobre 2007, commune de Bobigny, n° 06VE0008 ; CAA de Versailles, 14 octobre 2009, commune de Stains, n° 13VE03486 ; CAA de Nancy, 11 juin 2009, Préfet du Doubs, n° 08NC00599. S. BRACONNIER, « Les arrêtés municipaux anti-coupures d'eau : une réponse juridique inadaptée à un problème social réel », *AJDA* 2005, p. 644.

[661] Il faut en effet préciser que ces arrêtés sont intervenus avant la consécration des tarifs sociaux de l'énergie et avant la consécration d'un droit à l'eau, c'est-à-dire avant la mise en œuvre de dispositifs juridiques visant à répondre à ces problèmes sociaux.

[662] N° 11VE00472. Selon la Cour, « une décision de suspension des expulsions locatives sur le territoire de la commune ne peut s'interpréter que comme ayant pour objet de faire obstacle à l'exécution de décisions de justice ». Or, « le maire ne tient ni des dispositions des articles L. 2211-1 et L. 2212-2 du code général des collectivités territoriales ni d'aucune autre disposition législative le pouvoir de faire obstacle à l'exécution d'une décision de justice ».

[663] D. ROMAN, « Les sans-abri et l'ordre public », *RDSS* 2007, p. 952.

[664] E. DESCHAMPS, « Le contentieux des arrêtés anti-mendicité », *RDSS* 2000, p. 495.

juge administratif, comme en témoigne un arrêt rendu récemment par la Cour administrative d'appel de Lyon selon une jurisprudence devenue constante[665].

Ce recours au pouvoir de police, tantôt pour protéger, tantôt pour rejeter, reflète la manière dont le social est appréhendé par les communes : s'il peut être un objet de revendication, il peut aussi cristalliser une certaine forme de rejet ou de stigmatisation. Tel est le constat que nous avons déjà pu formuler à propos de l'utilisation de la clause générale de compétence, et qui se confirme lorsque l'on analyse la jurisprudence inhérente à l'utilisation du pouvoir de police. Inévitablement, la propension des communes à œuvrer en faveur du social par le biais d'actions facultatives est synonyme d'inégalités, et dans une certaine mesure, d'incohérences. Pour tenter d'atténuer ces disparités, un rapport rendu en 2009 par Caroline Cayeux proposait de consacrer un droit opposable à l'action sociale qui reposerait sur un tronc commun de mesures fondamentales pour la cohésion sociale, dont la mise en œuvre serait confiée aux EPCI[666]. Ce droit comprendrait des mesures pour la préservation de la capacité alimentaire, la préservation d'un mode de vie décent, ou encore pour la prévention du surendettement. Ces propositions, qui n'ont cependant pas été suivies d'effet, pourraient toutefois constituer la voie à suivre afin de maintenir une capacité d'innovation au niveau local, tout en limitant quelque peu les disparités territoriales. Cela supposerait pour le moins d'engager une véritable réflexion sur les liens à établir entre proximité et cohésion sociale dans la logique du principe de subsidiarité consacré par la Constitution. Mais cette réflexion n'est pas véritablement à l'œuvre aujourd'hui, ce qui permet de prédire que la commune du 21ème siècle connaîtra probablement peu d'évolution s'agissant de ses attributions dans le secteur social.

---

665 CAA de Lyon, 6 avril 2017, 16LY03772, Ligue française pour la défense des droits de l'Homme et du citoyen.

666 Rapport au Premier Ministre, *L'expérience beauvaisienne du plan d'harmonie sociale au service du renforcement de l'efficacité de l'action sociale locale*, mai 2009, la Documentation française, 116 p.

Politiques sociales et Communes : l'expérience italienne

Filippo Pizzolato e Camilla Buzzacchi*

I- La répartition constitutionnelle des pouvoirs en matière de politiques sociales

Les compétences communales en matière de politiques sociales ont une longue histoire. Elles trouvent leurs racines dans les activités d'assistance solidaire et caritative qui sont principalement exercées au niveau local. La demande et le « désordre social » que les personnes défavorisées sont en mesure d'exprimer, en effet, trouvent difficilement un interlocuteur institutionnel, sauf – quand c'est le cas – au niveau local. Comme l'observait Simone Weil, la condition des défavorisés « est sans paroles. Les défavorisés supplient en silence qu'on leur offre les paroles pour pouvoir s'exprimer »[667]. La loi n° 847/1937 a institué les ECA, *Enti Comunali d'Assistenza* (Organismes communaux d'assistance) et a conféré aux communes des compétences en matière de soutien aux personnes en situation de pauvreté et d'incapacité de travail, sans pour autant garantir des droits aux bénéficiaires. L'article premier de la loi n° 847, formellement abrogée par le décret-loi n° 112/2008, fixe pour les Communes « l'objectif d'assister les personnes et les familles se trouvant en situation de nécessité particulière ».

La Constitution italienne a contribué à repenser le *welfare* à la lumière de la reconnaissance des droits sociaux. Dans la version initiale de 1948, elle attribuait une matière dénommée « charité publique et assistance sanitaire et hospitalière » à la compétence

---

* L'article est le résultat du travail conjoint des deux auteurs. Néanmoins, les paragraphes 1,2,3,4, 8 et 10 ont été rédigés par Filippo Pizzolato et les autres par Camilla Buzzacchi. Il a été traduit de l'italien par Anna-Maria Lecis Cocco Ortu, ATER en Droit public, Université de Toulon, CDPC – J.-C. Escarras.

[667] S. WEIL, « La persona è sacra ? », in ID., *Una Costituente per l'Europa. Scritti Londinesi*, Castelvecchi, Rome, 2013, p. 200.

concurrente de l'État et des Régions (art. 117). S'agissant des compétences administratives, l'article 118 attribuait aux Régions « les fonctions administratives concernant les matières énumérées à l'article précédent [...], sauf celles d'intérêt exclusivement local qui peuvent être attribuées par les lois de la République aux provinces, aux communes ou à d'autres institutions locales ». La décentralisation administrative, avec le transfert des fonctions et des moyens nécessaires de l'État aux Régions finalement instituées, a été réalisée par le DPR n° 616/1977. L'article 22 de ce décret définissait les fonctions administratives en matière de « charité publique » comme « toutes les activités concernant, dans le cadre de la sécurité sociale, la mise en place et la fourniture de services gratuits ou payants, de prestations financières, en espèces ou en nature, en faveur des individus ou des groupes, quoiqu'il soit le critère de détermination des bénéficiaires des prestations. Sont comprises les formes d'assistance à des catégories déterminées. Seules sont exclues les fonctions relatives aux prestations financières du régime de prévoyance ». L'article 24 précisait ensuite que « toutes les fonctions administratives relatives à l'organisation et à la fourniture des services d'assistance et de charité indiqués aux articles 22 et 23 sont attribuées aux Communes en vertu de l'article 118, alinéa premier, de la Constitution ».

Bien qu'avec un certain retard, on réalise ainsi la décentralisation, d'une part, de la fonction administrative au profit des Communes et, d'autre part, de celle législative, à travers la compétence concurrente des Régions. Il manque, en revanche, une organisation solide au niveau national qui, sur le fondement constitutionnel, offre un cadre homogène de garantie effective des politiques sociales sur l'ensemble du territoire de la République. Le législateur national parvient à approuver une loi de principe seulement avec la loi n° 328/2000, instituant le système intégré des services sociaux. Cette loi confirme la place centrale des communes, qui sont titulaires de fonctions administratives ainsi que de compétences de programmation et planification par le biais du « plan de zone »[668].

La doctrine n'avait pas encore eu le temps de commenter la loi-cadre longtemps attendue lorsqu'une révision constitutionnelle est

[668] M. BURGALASSI-E. MELCHIORRE, « La morfologia del sistema locale di welfare: gli interventi e i servizi sociali dei comuni », *in* M. GIOVANNETTI, C. GORI, L. PACINI (dir.), *La pratica del welfare locale. L'evoluzione degli interventi e le sfide per i Comuni*, Santarcangelo di R., 2014, p. 60.

intervenue en 2001. Elle a modifié la répartition des compétences entre État, Régions et collectivités locales dans un sens fédéral. Selon cette nouvelle répartition, les services sociaux, en tant que matière non expressément énumérée, sont attribués à la compétence législative résiduelle des Régions. L'État conserve uniquement une compétence en matière de détermination des niveaux essentiels des prestations. S'agissant des compétences administratives, le critère du parallélisme prévu par l'ancien article 118 laisse la place au principe de subsidiarité, qui valorise *a fortiori* la place centrale des collectivités locales et promeut leur capacité d'impliquer la société civile dans les prestations d'assistance. La question sur laquelle la doctrine s'interroge s'agissant des politiques sociales est celle de savoir quelles dispositions de la loi n° 328/2000 restent en vigueur après la révision constitutionnelle.

Il est clair que, en vertu du nouvel article 117, la compétence législative résiduelle des Régions ne constitue pas une attribution exclusive. L'État conserve, comme nous l'avons expliqué, une compétence en matière de détermination des niveaux essentiels d'assistance. Cependant, l'État n'exerce pas cette compétence. La question de l'absence d'un système national de *welfare* reste donc ouverte et sans solution.

La mise en œuvre de la révision constitutionnelle requiert donc la détermination des niveaux essentiels. Cela est nécessaire également pour la mise en œuvre de l'ainsi-dit « fédéralisme fiscal » prévu à l'article 119 Const., complété par la loi n° 42/2009 et par ses décrets d'application, puisque la détermination de ces niveaux essentiels est un préalable pour la détermination des besoins standard des institutions politiques territoriales. L'article 13 du décret législatif n° 68/2011 (qui est un des décrets d'application de la loi n° 42/2009) prévoit que la fixation des niveaux essentiels des prestations en matière d'assistance, d'éducation et de transport public local soit effectuée par décret du Président du Conseil, sur proposition du ministre compétent, en concertation avec les autres ministres et en accord avec la Conférence unifiée.

Malgré les multiples réformes constitutionnelles et législatives, les dispositions concernant la détermination des niveaux essentiels d'assistance restent inappliquées. La dernière réforme constitutionnelle, approuvé par le Parlement, mais rejetée par le référendum du 4 décembre 2016, avait pour but de simplifier la répartition des compétences entre l'État et les Régions à travers une recentralisation de nombreuses compétences. Cette centralisation aurait intéressé notamment le domaine des politiques sociales. Au nombre des matières de compétence de l'État, en effet, était inscrite non seulement la fixation des niveaux essentiels d'assistance, mais aussi celle concernant « les dispositions générales et communes pour la protection de la santé, pour les politiques sociales et pour la santé alimentaire ». Concernant ce domaine, la révision constitutionnelle semblait toutefois fondée sur un présupposé erroné. Le problème de la fragmentation et de l'inégalité dans la mise en œuvre des politiques sociales, en effet, n'est pas dû à l'absence d'une compétence de l'État, mais plutôt à la méconnaissance par le législateur national de sa propre compétence, d'ores et déjà prévue, pour garantir l'uniformité des prestations et l'effectivité des droits. De toute façon, comme nous l'avons rappelé, cette révision n'a pas été approuvée par le référendum.

II- La compétence des Communes entre la loi de l'État et les lois régionales

La compétence des Communes en matière de politiques sociales est régie et encadrée, d'une part, par la législation nationale (d'abord à travers la loi-cadre et, suite à la révision de 2001, à travers les niveaux essentiels) et, d'autre part, par la législation régionale (résiduelle ou complémentaire). Il s'agit d'une compétence de nature réglementaire et administrative, concernant les fonctions de gestion du système et de fourniture des prestations.

S'agissant des fonctions réglementaires, l'article 117 de la Constitution prévoit expressément la compétence des collectivités locales en matière de « réglementation de l'organisation et de l'exercice des fonctions leur attribuées »[669]. Le champ d'application effectif de cette autonomie se trouve ainsi délimité par les interventions des législations nationale et régionale. L'article 4 de la loi n° 131/2003 semble vouloir préserver la portée de cette autonomie. Il prévoit, en effet, que « la réglementation de l'organisation, de l'exercice et de la gestion des fonctions des Communes, des Provinces et de Métropoles est réservée au pouvoir réglementaire de la

[669] Voir aussi l'art. 4 de la loi n° 131/2003.

collectivité concernée, dans le cadre de la législation de l'État ou de la Région, qui en assurent *les conditions minimales d'uniformité* selon leurs compétences respectives en vertu des articles 114, 117, alinéa 6 et 118 de la Constitution »[670] Si le législateur s'est soucié de garantir l'autonomie normative des collectivités locales, les plus graves contraintes que celles-ci ont subies ont été, dans les faits, de nature financière.

Dans la loi n° 328/2000, la gouvernance de politiques sociales était confiée à une procédure de programmation qui trouvait son moment final et crucial dans le « plan de zone » (art. 19). Selon la loi n° 328, cette programmation locale aurait dû être précédée par un plan national (qui n'a jamais été répliqué après l'édition 2001-2003) et par un plan régional. Après la révision précitée du titre V de la Constitution, les procédures prévues par la loi n° 328 n'ont pas subi des modifications profondes. D'une part, l'État conserve sa compétence – non exercée – en matière de niveaux essentiels, pour laquelle l'article 46 de la loi n° 289/2002 a prévu des nouvelles modalités d'exercice (fixation par décret du Président du Conseil, sur proposition du ministre du Travail et des Politiques sociales, en concertation avec le ministre de l'Économie et des Finances et en accord avec la Conférence unifiée). D'autre part, les Régions ont continué d'adopter des plans régionaux des interventions et politiques sociales, le plus souvent par des actes du Conseil régional, notamment dans le domaine socio-sanitaire. Les Régions, en effet, réglementent les services socio-sanitaires en raison aussi du fait qu'ils sont liés à leur compétence en matière d'organisation sanitaire. Même les plans de zone communaux ont trouvé une effectivité surtout en ce qui concerne l'intégration socio-sanitaire. Ils se traduisent ainsi par des accords de programme entre les Communes intéressées et l'Agence Sanitaire Locale (ASL), sur la base des districts. Les Communes peuvent déléguer aux agences sanitaires locales les composantes socio-sanitaires de leur compétence, afin de réaliser une gouvernance unitaire de l'intégration sanitaire confiée à l'administration sanitaire. Le caractère essentiel de la composante socio-sanitaire est souvent invoqué par les collectivités locales pour des raisons financières évidentes, vu l'importance et la prédominance des ressources qui y sont consacrées. S'agissant de l'assistance des personnes non-autonomes par exemple, cette intégration est souhaitée afin que les

[670] L'italique est ajouté par nous.

agences sanitaires prennent en charge les exigences liées aux soins fournis aussi bien en résidence qu'à domicile[671].

Le plan de zone est un instrument de gouvernance participative, ouvert à la contribution d'acteurs du secteur tertiaire. Il fixe des objectifs à partir d'une analyse sociodémographique ainsi que de l'évaluation des besoins sociaux prioritaires et émergents du territoire. Il a pour objet la programmation du réseau des prestations sociales, distinguées selon les champs d'intervention déterminés par la législation nationale : personnes âgées, mineurs, personnes handicapées, immigrés, personnes marginalisées et en situation de pauvreté, personnes en situation d'addiction et personnes atteintes de maladies mentales. Il est normalement articulé en sections consacrées aux différents contextes, objectifs stratégiques, actions à réaliser, ressources financières, modalités de gestion et système d'évaluation. Le plan de zone est défini, comme nous l'avons expliqué, au niveau du district (dont les limites correspondent à celles du district socio-sanitaire). Il implique la participation de l'assemblée des maires des Communes du district, des dirigeants de l'ASL concernée, des dirigeants des services sociaux des Communes et des représentants du secteur tertiaire, et il aboutit à un accord de programme.

III- La question de la mise en œuvre : l'absence des niveaux essentiels d'assistance définis par l'État

Le système intégré des services sociaux, qui avait été bien conçu par la loi n° 328/2000, n'a pas été mis en œuvre en ce qui concerne son profil le plus caractérisant : celui de la détermination d'un *standard* national d'homogénéité, à travers les niveaux essentiels.

Dans le domaine de la santé, en revanche, la détermination des niveaux essentiels a été rendue possible depuis longtemps grâce à la fixation d'un catalogue de prestations codifiées et qui peuvent être traduites en *standard*s techniques. En ce qui concerne l'assistance sociale, elle est marquée par une situation de départ caractérisée par une fragmentation territoriale bien ancrée. Les collectivités fournissant ces services, les Communes, sont caractérisées, par nature, par une différentiation très marquée, à la fois dans leurs dimensions et dans

---

[671] M. MOTTA, « Le prospettive del welfare locale », *in* M. GIOVANNETTI, C. GORI, L. PACINI (dir.), *La pratica del welfare locale*, *op.cit.*, pp. 119-120.

leurs performances de gestion. Les Régions n'avaient pas de connaissances adéquates de ces situations de départ pour pouvoir promouvoir une standardisation, même partielle[672]. Par conséquent, en l'absence d'une homogénéité même au niveau régional, il était d'autant plus compliqué de définir des standards uniformes des prestations au niveau national.

Cette compétence n'a donc pas été mise en œuvre et n'a pas pu donner lieu à une standardisation complète et systématique. On a, en revanche, procédé par des mesures ponctuelles, qu'on a qualifiées – de manière expresse ou par voie interprétative – de niveau essentiel. Cette qualification a ainsi permis de légitimer – par rapport à la répartition des compétences - une intervention législative de l'État finalisé à l'homogénéisation sur le plan strictement organisationnel, sans pour autant reconnaître un ensemble de positions juridiques subjectives exigibles.

Un bon exemple de niveau essentiel déterminé par voie interprétative est l'ainsi-dite « *social card* ». Dans son arrêt n° 10/2010 la Cour constitutionnelle a attribué, comme elle l'avait déjà fait dans d'autres occasions, la qualification de « niveau essentiel » à certaines mesures d'assistance ayant certaines caractéristiques, même en l'absence d'une qualification explicite par le législateur national. En l'espèce, la Cour constitutionnelle a rejeté le moyen tiré de l'atteinte à la compétence exclusive des Régions à l'égard de la mesure de la « *social card* ». Cette mesure, destinée à offrir une aide aux personnes démunies pour l'achat d'aliments, de produits pharmaceutiques et parapharmaceutiques et pour le payement des factures du gaz et de l'électricité – a été considérée comme un instrument, quoique modeste, pour répondre à une nécessité enracinée dans la société. La motivation de cette conclusion se fondait également sur la prise en compte de la situation grave et extraordinaire produite par la crise économique en cours. Pour la Cour, cette mesure était « nécessaire pour assurer la protection effective de personnes qui, se trouvant en situation de nécessité extrême, sont titulaires d'un droit

---

672 C'est la raison pour laquelle un catalogue interrégional des interventions et des services sociaux fut rédigé par le Centre interrégional des systèmes informatiques, géographiques et statistiques (CISIS) et présenté pour la première fois en 2013. Ce catalogue avait pour but de répertorier les définitions de l'ensemble varié des prestations sociales pouvant etre fournies par les Communes. À ce propos, voir M. BURGALASSI, E. MELCHIORRE, « La morfologia del sistema locale di welfare: gli interventi e i servizi sociali dei comuni », *op.cit.*, p. 64.

fondamental. Ce droit, en tant que composant du noyau inaliénable de la dignité de la personne humaine, doit pouvoir être garanti de manière uniforme, appropriée et rapide sur tout le territoire national, à travers une réglementation cohérente et adéquate à ce but, d'autant plus dans les circonstances particulières susmentionnées ». Dans la motivation de la Cour, un autre point à mettre en exergue est le dépassement de la condition d'incapacité de travail comme condition d'accès aux prestations sociales, selon une interprétation stricte de l'art. 38 Const.

La Cours constitutionnelle parvient ainsi à établir une corrélation entre nécessité extrême et niveaux essentiels. Une telle approche est confirmée par la jurisprudence en matière de logements publiques. La Cour a ainsi qualifié de niveau essentiel la mesure législative, prévue par une loi de l'État, réservant un quota de logements aux personnes en situation de pauvreté (arrêts n°s 94/2007, 166/2008, 121/2010). Selon la Cour, « ce niveaux minimaux de nécessité de logement » sont « strictement inhérents au noyau inaliénable de la dignité de la personne humaine » (arrêt n° 166/2008). Cette corrélation avec une situation de besoin extrême est toutefois une condition nécessaire, mais non suffisante pour la détermination d'un niveau essentiel. Il faut également, en effet, que la disposition législative définisse en termes suffisamment clairs un cadre de prestations exigibles de manière uniforme par les bénéficiaires. Cela est clarifié par l'arrêt n° 133/2010, dans lequel la Cour refuse de qualifier de niveau essentiel la mesure prévoyant la constitution d'un fonds d'assistance avec une finalité générique, sans fixer des prestations exigibles. Il faut donc exclure des niveaux essentiels les normes qui se bornent à prévoir des financements des dépenses[673]. La légitimation constitutionnelle d'une mesure législative de l'État en matière de « niveau essentiels » est invocable uniquement « par rapport à des prestations spécifiques dont la loi nationale fixe le niveau essentiel de fourniture »[674].

---

[673] Dans ce sens l'arrêt n° 168/2008: « Les normes contestées [...] ne déterminent aucun niveau de prestation, mais prévoient exclusivement des financements de dépense. Par conséquent, elles ne trouvent pas leur fondement constitutionnel dans la lettre *m* de l'art. 117, alinéa 2, Const. ».

[674] « L'attribution à l'État de la compétence exclusive et transversale prévue par la disposition constitutionnelle citée concerne la détermination de standards structurels et qualitatifs de prestations qui doivent être garantis de manière générale à tous les ayant droit, pour l'exercice de droits civils et sociaux. » (arrêts n°s 168/2008 ; 50/2008 ; 387/2007).

La Cour constitutionnelle a pu intervenir, en cas de défaillance ou omission de la part du Législateur, par des interprétations intégratives ou substitutives directes à élargir le catalogue des bénéficiaires de certaines prestations d'assistance. Ainsi la Cour a parfois sanctionné les mesures législatives discriminatoires à l'égard des non-citoyens. Il convient de citer l'arrêt pionnier n° 432/2005, portant sur une loi de la Région Lombardie qui introduisait une carte de transport gratuite. Cette mesure, destinée à la catégorie des personnes handicapées, excluait les non-citoyens de son champ d'application. Encore, il faut citer les arrêts n° 40/2011 et n° 187/2010. Dans ce dernier, l'inconstitutionnalité avait été invoquée par le juge *a quo* sur le fondement de l'art. 117, alinéa premier, Const. pour violation de l'art. 14 de la Convention européenne des droits de l'homme (interdiction des discriminations) et de l'art. 1er du Premier Protocole à la Convention. La Cour constitutionnelle a considéré que « en matière d'assistance destinée à l'aide à la personne, toute discrimination entre citoyens et étrangers résidant en situation régulière dans territoire de l'État, fondée sur des conditions autres que leurs situations subjectives, serait contraire au principe établi par l'art. 14 de la Convention européenne des droits de l'homme » (arrêt n° 187/2010). Le même raisonnement a été développé s'agissant des bénéficiaires de l'allocation aux handicapés civils et, ensuite, en matière d'allocation d'éducation en faveur des mineurs handicapés (arrêt n° 329/2011).

Les interventions de la Cour constitutionnelle, bien que louables, n'ont pas pu pallier la lacune concernant les niveaux essentiels, qui ne pourra être palliée que par une intervention du Législateur. Celui-ci devrait, tout d'abord, remédier à l'absence, reconnue et documentée depuis des dizaines d'années, d'instruments universels de soutien et d'aide aux personnes en situation de pauvreté extrême. Il devrait ensuite introduire une indemnité de chômage de nature providentielle/allocataire, pour compléter celle temporaire de nature contributive actuellement prévue[675].

Dans la loi de stabilité pour 2016 (art. 1er, al. 386 de la loi n° 208/2015), le lancement d'un plan national de lutte à la pauvreté et à l'exclusion sociale a été prévu. Il est censé être adopté tous les trois ans par décret du Président du Conseil des ministres et a pour but la garantie de niveaux essentiels des prestations d'assistance dans la lutte

---

[675] Dans ce sens, C. RANCI, E. PAVOLINI, *Le politiche di welfare*, Bologne, 2015, p. 139.

contre la pauvreté. S'il sera appliqué et respecté, ce plan permettra une mise en œuvre progressive des propositions avancées depuis longtemps dans le débat scientifique et publique[676].

Récemment, le Parlement a approuvé la loi n° 33/2017 portant « Délégation au Gouvernement en matière de lutte à la pauvreté, réorganisation des prestations et système des interventions et des services sociaux ». Cette loi, entre autres, donne délégation au Gouvernement pour l'introduction d'une mesure nationale de lutte à la pauvreté et à l'exclusion sociale. Cette mesure, dénommée « revenu d'inclusion », est qualifié de niveau essentiel de prestation qui doit être garanti de manière uniforme sur le territoire national. La loi donne également délégation pour la réorganisation des prestations d'assistance finalisée à la lutte contre la pauvreté, à l'exception des prestations adressées aux personnes âgées non plus en âge de travailler, des prestations de soutien familial et de celles d'aide aux personnes handicapées. La mesure aura un caractère universel, mais sélectif, sur la base « de l'évaluation des moyens ». Ce but sera poursuivi à travers « un augmentation progressive de la prestation et un élargissement progressif des bénéficiaires, qui seront déterminés en priorité parmi les foyers avec mineurs ou personnes handicapées graves ou femmes en situation de grossesse vérifiée ou chômeurs âgés de plus de 55 ans ».

La difficulté de mise en œuvre de la mesure, au-delà de la nécessité de vérifier de quelle manière la délégation législative sera effectivement exercée, réside dans le fait que la loi ne prévoit pas la création ou l'aggravation d'une charge pour les finances publiques. La mesure de la lutte contre la pauvreté est prévue dans les limites de disponibilité du Fonds pour la lutte contre la pauvreté, institué par le susmentionné art. 1, alinéa 386, de la loi de stabilité pour 2016. Mais la prévision de dépense inscrite dans le budget risque d'être insuffisante lorsqu'on introduit des nouveaux droits d'assistance qualifiés de niveaux essentiels, notamment à la lumière des proportions préoccupantes de la pauvreté en Italie[677].

---

[676] Il suffit de rappeler la proposition d'introduction du REIS (revenu d'inclusion sociale), élaborée et promue par l'Alliance contre la pauvreté, à partir d'une idée de Cristiano Gori (http://www.redditoinclusione.it).

[677] Dans son dernier rapport sur la pauvreté en Italie, l'ISTAT estime que le phénomène touche environ 4 600 000 personnes et 1 582 000 familles (Rapport ISTAT, *La pauvreté en Italie*, 14 juillet 2016).

Dans l'attente d'évaluer les développements de cette réforme, le panorama actuel est composé de politiques sociales régionales et communales très différentes. De plus, elles se présentent comme très discrétionnaires, et donc dépourvues du caractère de l'exigibilité, puisque leur application est conditionnée par les contraintes budgétaires très strictes des collectivités[678]. Les Régions ont essayé de fixer, à leur tour, des niveaux essentiels régionaux. Cependant, ceux-ci présentent les mêmes limites liées au caractère discrétionnaire et, par conséquent, à l'absence d'exigibilité[679].

Comme il a été souligné par plusieurs auteurs, l'institution publique n'a pas dûment accompli sa fonction de financement des politiques sociales. Elle a, en revanche, promu l'implication et la participation d'acteur du secteur tertiaire dans la programmation et réalisation des services[680]. Cette situation comporte une asymétrie persistante par rapport à celle qui devrait être la combinaison vertueuse et idéale entre niveau national et local, qui se traduit dans la formule « règles nationales, programmation locale »[681].

IV- L'évolution des politiques sociales : la « monétisation » croissante des prestations sociales et ses conséquences sur les Communes

Dans ce cadre de fragmentation territoriale et d'inapplication persistante de la Constitution, il devient difficile de dégager quelques

[678] C. RANCI, E. PAVOLINI, *Le politiche di welfare*, *op.cit.*, p. 140.

[679] Voir notamment la loi régionale de la Région Piémont, art. 18 et 19. L'art. 19 dispose : « 1. La *Giunta regionale*, en vertu des dispositions de la législation nationale en la matière, après consultation de la commission compétente du Conseil et en concertation avec les Communes et les autres acteurs intéressés indiqués à l'art. 14, al. 2, lettre a), fixe les niveaux essentiels et homogènes des prestations prévues à l'art. 18 selon les critères suivants : a) spécificités des exigences de la population intéressée ; b) nécessité d'une répartition homogène sur le territoire selon ses caractéristiques socio-économiques ; c) analyse des indicateurs de résultat et de bien-être social déterminés par le plan régional ; d) utilisation de toutes les ressources présentes et activables sur le territoire. 2. Les niveaux essentiels mentionnés à l'alinéa 1er constituent la réponse minimale et homogène que les communes doivent garantir sur l'ensemble du territoire piémontais à travers les institutions de gestion des services ».

[680] C. GORI, « Conclusioni. Uno sguardo al futuro », *in* M. GIOVANNETTI, C. GORI, L. PACINI (dir.), *La pratica del welfare locale*, *op.cit.*, p. 165.

[681] C. GORI, « Conclusioni. Uno sguardo al futuro », *op.cit.*, p. 173.

éléments d'uniformité et de stabilité. Néanmoins, un de ces éléments, souvent mis en exergue[682], est la persistance d'un déséquilibre persistant entre la fourniture de services et celle des allocations monétaires, dans lequel les premiers sont largement minoritaires. Ce déséquilibre a des conséquences négatives sur le rôle des collectivités locales, bafoué par la place prépondérante occupée par l'État dans la gestion de ces allocations, souvent pour des raisons de recherche du consensus électoral.

Les allocations d'assistance constituent un ensemble hétérogène. Elles représentent, jusqu'aujourd'hui, les seules prestations conférant au moins dans quelques cas un droit subjectif au profit des bénéficiaires. Il suffit de penser par exemple à l'allocation de retraite sociale (« chèque social » à partir de 1996), qui constitue un exemple classique d'assistance adressé à une catégorie, liée à une condition d'âge (âge supérieur à 65 ans) et à une condition de revenu[683] ; ou encore la pension d'invalidité civile, allocation d'assistance adressée à une catégorie (les personnes handicapées totales ou partielles ne remplissant pas les conditions minimales de cotisation pour accéder à la pension de retraite pour invalidité de nature contributive), dont l'attribution est subordonnée à l'évaluation des ressources. Il y a ensuite des mesures réservées à d'autres catégories déterminées (aveugles, sourds-muets, invalides de guerre, etc.) représentées par des allocations visant à lutter contre leur situation de pauvreté.

L'exemple d'allocation plus inclusive dans cet éventail très varié est l'indemnité d'accompagnement (loi n° 18/1980), adressée aux personnes avec des handicaps graves se trouvant dans un état de besoin d'assistance permanente, abstraction faite des conditions économiques des bénéficiaires. Cette aide a vu son champ d'application progressivement élargi jusqu'à devenir la prestation la plus importante dans l'assistance aux personnes âgées, à la fois en terme de dépenses et de nombre de bénéficiaires[684]. La nature non sélective de cette prestation a d'ailleurs permis d'alimenter un « marché » des assistants de vie à domicile, qui a eu pour effet une

---

[682] V. GHETTI, « Le prospettive delle politiche sociali nazionali », *in* M. GIOVANNETTI, C. GORI, L. PACINI (dir.), *La pratica del welfare locale*, *op.cit.*, p. 139; , « Conclusioni. Uno sguardo al futuro », *op.cit.*, p. 167; C. SARACENO, *Il welfare state*, Bologne, 2013.

[683] M. FERRERA, *Le politiche sociali*, Bologne, 2006, p. 238.

[684] V. GHETTI, « Le prospettive delle politiche sociali nazionali », *op.cit.*, p. 142.

privatisation ultérieure de l'assistance[685]. L'indemnité d'accompagnement est, en effet, une mesure de *long-term care* qui va confirmer, même dans ce domaine très délicat, la prédominance des allocations élargies au niveau national par rapport aux prestations de services - en résidence ou à domicile - fournis ou gérés par les Régions et les Communes. Ces dernières, en effet, n'ouvrent à aucun droit exigible au profit des destinataires[686]. Il y a ensuite d'autres mesures d'assistance qui, comme celles qui viennent d'être mentionnées, se fondent sur une interprétation de l'art. 38 Const. permettant une prévision des prestations par catégories[687].

Le caractère sélectif de ces prestations est en réalité seulement partiellement effectif. En effet, l'évaluation des ressources ne prend pas en compte, le plus souvent, les conditions de la famille et n'est pas déterminée à l'aide d'indicateurs standardisés des conditions économiques. Ce type de prestation exclut ou marginalise le rôle des collectivités locales. En effet, leur réglementation est nationale et leur paiement est confié à l'INPS, l'institut national de la prévoyance sociale. L'INPS est en effet en charge non seulement des pensions et retraites de prévoyance, mais aussi de ces prestations d'assistance qui ne sont pas financées par un système contributif de cotisation, mais par des transferts de ressources de la part de l'État, à la charge de la fiscalité générale. Les Régions sont impliquées, à travers les ASL, dans les procédures d'évaluation des conditions des bénéficiaires potentiels, lorsque des conditions d'accès sont demandées.

La loi n° 328/2000, dans son art. 24, prévoyait une réorganisation de ces prestations économiques, en vue de l'introduction d'un revenu minimal d'inclusion. Cela aurait certainement entraîné une plus

685 C. RANCI, E. PAVOLINI, *Le politiche di welfare*, *op.cit.*, p. 261 ; V. GHETTI, « Le prospettive delle politiche sociali nazionali », *op.cit.*, p. 143.

686 C. RANCI, E. PAVOLINI, *Le politiche di welfare*, *op.cit.*, p. 260.

687 Nous pouvons rappeler le « chèque pour le foyer familial » (une allocation familiale sélective et réservée à une catégorie, en ce qu'elle est soumise à des conditions de revenu et d'appartenance à la catégorie des salariés) ; le complément du traitement minimal de retraite (un complément élargi par l'État, à travers l'INPS, lorsque la retraite est inférieur au montant minimal fixé) ; le « chèque familial » pour familles avec au moins 3 enfants mineurs (institué en 1998, il est attribué par la Commune mais payé par l'INPS et son attribution est subordonnée à l'évaluation des ressources à travers l'ISEE) ; le « chèque de maternité » (institué par la loi n° 448/1998, il est une aide adressée aux femmes n'ayant pas de protection sociale pour la maternité ; attribué par la commune mais payé par l'INPS, il est subordonné à des conditions de revenu, évaluées à travers l'ISEE), etc.

grande participation des collectivités locales, comme il a été démontré par l'expérimentation du revenu minimal d'inclusion. Mais cette évolution n'a finalement pas eu lieu.

La « monétisation » du *welfare* trouve donc sa source principale dans les politiques sociales nationales. Cependant, elle a aussi un fondement régional. Il est observable notamment dans des expériences comme celle de la Région Lombardie, qui a promu des mesures d'assistance fondées sur le principe de la liberté de choix à travers l'attribution de *vouchers* ou *bonus* familiaux, de « chèques » de soin, d'allocations socio-sanitaires.

Bien que la plupart des prestations mentionnées aient été introduites depuis longtemps, cette tendance vers la monétisation des prestations sociales s'est poursuivie et elle semble même s'être renforcée à l'heure actuelle[688], avec une confirmation de la prédominance de l'État.

Il convient encore de rappeler, pour ses potentialités prometteuses, l'ainsi-dit « Soutien d'inclusion active » (SIA). Il s'agit d'une mesure de lutte contre la pauvreté qui a été récemment expérimentée dans les grandes villes avant d'être étendue à l'ensemble du territoire national. Selon la logique qui l'a inspiré, le SIA a été conçu comme une mesure transitoire menant vers une application structurelle et universelle du « revenu d'inclusion », prévu par la loi de délégation n° 33/2017 susmentionnée. Un des buts visés et annoncés par la loi introduisant le SIA est le « financement d'une ou plusieurs mesures législatives de réorganisation de la législation en matière de prestations, indemnités, compléments de revenu, allocations d'assistance ou subordonnées à l'évaluation des ressources, y comprises les prestations adressées aux bénéficiaires résidant à l'étranger ; [la loi vise aussi le financement d'une ou plusieurs mesures législatives de réorganisation de la législation] en matière d'accès aux prestations sociales, finalisées à l'introduction d'une seule mesure nationale de lutte contre la pauvreté, fondée sur l'écart entre le revenu familial du bénéficiaire et le seuil de pauvreté absolue, ainsi qu'à la rationalisation des instruments et des prestations existants » (art. 1er al. 388, loi n° 208/2015). Le SIA comprend une allocation élargie aux familles en situation économique

---

688 Au delà des prestations dont il est fait mention dans le texte, il convient d'ajouter le « plan maison » (décret-loi n° 47/2014) qui prévoit une augmentation du fond national pour l'aide aux logements en location (institué par la loi n° 431/1998) ainsi que du fond pour les locataires mauvais payeurs sans faute.

défavorisée (vérifiée à travers l'ISEE, dans le cadre d'une évaluation pluridimensionnelle des exigences), ayant au moins un enfant mineur ou un enfant handicapé ou une femme en situation de grossesse. L'allocation s'accompagne d'un projet d'inclusion sociale et au travail, personnalisé et adapté à la famille. L'élaboration et la gestion de ce projet voient la participation des services sociaux communaux, des centres pour l'emploi, des écoles et du secteurs tertiaire. L'objectif poursuivi est d'aider les familles à sortir de leur situation de pauvreté et retrouver graduellement leur autonomie. L'implication des Communes, dans ce cas, peut s'avérer être très importante. La Commune reçoit directement la demande d'accès à l'allocation et effectue le contrôle sur certains des conditions (le contrôle sur les autres étant confié à l'INPS). Suite au début de l'élargissement de l'allocation, les Communes doivent élaborer le projet personnalisé d'inclusion sociale et au travail, sur la base de critères fixés au niveau national par le Ministère compétant, en concertation avec les Régions. Les Communes sont également en charge du contrôle du déroulement des projets activés, sur lequel ils doivent informer l'INPS. Pour la mise en œuvre de cette activité complexe de programmation, les Communes ont droit à des ressources supplémentaires, financées par le Programme Opératif National d'inclusion sociale et au travail, cofinancé par le Fonds social européen. La participation des institutions locales dans la détermination et la gestion du projet personnalisé « d'activation et d'inclusion sociale et au travail finalisé à la sortie de la pauvreté » est prévue et confirmé également par la loi n° 33/2017 concernant le « revenu d'inclusion ».

Ce nouvel instrument va se joindre à une autre mesure de lutte contre la pauvreté, d'impact plus modeste, introduite par le décret-loi n° 112/2008 : il s'agit de la « carte achats », l'ainsi-dite « *social card* », objet de la décision de la Cour const. n° 10/2010 susmentionnée. Cette « carte pour les achats » est une carte prépayée d'un montant de 40 euros par mois, adressée aux personnes âgées de plus de 65 ans ou ayant des enfants âgées de moins de 3 ans et qui se trouvent dans une situation particulièrement défavorisée. Cette prestation prévoit un rôle marginal pour les institutions locales. Le décret interdépartemental du 27 février 2009 attribue, en effet, aux Régions et aux collectivités locales la faculté d'adhérer au programme en élargissant son champ d'application ou bien en participant au Fonds Carte Achat. À cette dernière fin, elles pourront réserver

« l'utilisation de leurs contributions à des mesures spécifiques en faveur des résidants dans leur territoire ».

Une autre mesure expérimentale ayant le but de pallier l'absence d'une protection de long terme contre le chômage est l'ASDI, l'allocation de chômage. Introduite par le décret législatif n° 22/2015, elle s'adresse à ceux qui ont déjà reçu l'indemnité de chômage pour sa durée maximale et qui, n'ayant pas encore trouvé un nouvel emploi, se trouvent en situation de précarité économique. Les bénéficiaires de l'ASDI sont déterminés sur la base du nombre de personnes appartenant au foyer et de l'attestation de ressources ISEE. Son élargissement, ensuite, d'une durée maximale de 6 mois, est subordonné à la souscription d'un accord de service personnalisé prévoyant de prestations obligatoires. Cette mesure ne prévoit pas la participation des Communes. En revanche, un rôle de gestion est confié à l'INPS et aux centres pour l'emploi.

V- Le conditionnement fiscal et financier souffert par les Communes et l'impact sur les politiques sociales.

Pour comprendre la capacité des Communes de répondre à la demande des services sociaux, il faut prendre spécifiquement en compte un profil fondamental : leur autonomie sur le plan financier[689].

Afin d'analyser de manière efficace et précise l'organisation financière des Communes, il faut prendre en compte, d'une part, les dispositions constitutionnelles et leur application et, d'autre part, une autre contrainte spécifique. Il s'agit de l'ainsi-dit « pacte de stabilité interne », qui a limité pendant presque vingt ans les capacités de dépense de ces collectivités. S'il est essentiel de prendre en compte cette double perspective, les développements récents qui l'ont affectée ne sauront être ignorés. À la lumière de ces éléments, il sera possible d'évaluer la capacité des Communes à remplir leurs fonctions, du point de vue de leur capacité de recette et de dépense.

L'autonomie financière des Communes, qui implique une capacité décisionnelle concernant à la fois les recettes et les dépenses, est garantie par l'art. 119 Const. S'agissant des ressources des ces collectivités locales, l'article précise, en effet, que les Communes ont

---

[689] Voir C. BUZZACCHI, « La fiscalità municipale: l'evoluzione dalla riforma federalista al decreto «liberalizzazioni », in *Federalismi*, 2012.

leurs propres recettes. Celles-ci proviennent de leurs propres prélèvements ainsi que de la participation aux recettes de l'État. Elles peuvent être complétées par des quotas d'un fonds de péréquation réservé aux collectivités qui n'arrivent pas à financer leurs activités avec leurs propres recettes et celles transférées par l'État et qui, en outre, se trouvent en dessous de la capacité fiscale moyenne. Il faut ensuite souligner qu'il s'agit d'une autonomie financière aménagée à travers des mesures de coordination. L'art. 119, al 2 consacre, en effet, « les principes de coordination de la finance publique et du système tributaire », qui ont été mise en œuvre par la loi n° 42/2009 portant « Délégation au Gouvernement en matière de fédéralisme fiscal ». C'est donc la législation qui en est issue qui régit la fiscalité des Communes, et notamment le décret législatif n° 23/2011 en matière de fédéralisme fiscal municipal. Une importante révision constitutionnelle en matière de finance publique est ensuite intervenue en 2012, modifiant les articles 81, 97, 117 et 119. Bien qu'elle n'ait pas touché expressément à la capacité de recette des Communes, elle a néanmoins bouleversé le système budgétaire, avec des conséquences lourdes pour les ressources financières locales. Par conséquent, il faudra également esquisser les grandes lignes de cette réforme, pour pouvoir ensuite procéder à une évaluation globale de cette évolution aussi complexe et porteuse de lourdes contraintes.

Les Communes ont donc une autonomie financière, au même titre que les autres collectivités locales, et elles peuvent l'exercer dans le cadre de la coordination normative assurée par le Législateur national. Par conséquent, il faut tout d'abord analyser la loi portant sur la coordination[690] et, ensuite, se pencher sur le décret législatif qui lui a donné application.

La Commune n'a pas de véritable autonomie fiscale de nature normative, car la Constitution ne lui attribue pas un pouvoir législatif. Cependant, la loi n° 42/2009 prévoit l'adoption de mesures

[690] Parmi les nombreux commentaires sur la loi de délégation, voir : E. JORIO, S. GAMBINO, G. D'IGNAZIO, *Il federalismo fiscale. Commento articolo per articolo alla legge 5 maggio 2009, n. 42*, Sant'Arcangelo di Romagna, 2009 ; T. MARTINES, A. RUGGERI, C. SALAZAR, *Lineamenti di diritto regionale, Appendice di aggiornamento, Il federalismo fiscale, secondo la legge n. 42 del 2009*, Milan, 2009 ; V. NICOTRA, F. PIZZETTI, S. SCOZZESE (dir.), *Il federalismo fiscale*, Rome, 2009 ; A. FERRARA, G. M. SALERNO (dir.), *Il federalismo fiscale. Commento alla legge n. 42 del 2009*, Naples, 2010.

législatives, nationales et régionales, vouées à la mise en place de plusieurs ressources propres aux Communes.

Il est établi, tout d'abord, qu'une loi de l'État fixe les prélèvements fiscaux propres aux Communes. Ceux-ci peuvent tout d'abord être constitués de prélèvements déjà existants, que l'État décide de réserver aux collectivités locales. Une loi de l'État doit ensuite établir un ou plusieurs prélèvements communaux que chaque Commune pourra décider d'appliquer et de consacrer à la réalisation de buts spécifiques. Une loi de l'État peut, enfin, déterminer des systèmes de prime pour promouvoir les fusions de Communes.

La loi régionale peut aussi instituer des nouveaux prélèvements communaux. En vertu de la loi de délégation susmentionnée, les Communes ont le pouvoir de modifier le taux d'imposition et d'introduire des avantages fiscaux. Ils ont également le pouvoir de fixer les tarifs pour des services offerts, y compris sur proposition des citoyens.

Il s'agit donc de normes de coordination[691] qui, d'une part, permettent la mise en place d'un régime fiscal propre aux Communes et, d'autre part, ouvrent la voie à l'adoption d'une législation régionale en matière de prélèvements fiscaux communaux. Néanmoins, ces deux finalités n'ont pas été transposées de manière cohérente dans le décret d'application[692]. Dans ce dernier, en effet, les recettes communales sont régies exclusivement par la législation nationale.

La loi du 2009 fixe également des lignes directrices concernant la classification des dépenses relatives aux fonctions communales. Elles sont regroupées en trois catégories fondamentales : les dépenses liées aux fonctions fondamentales ; les dépenses liées aux autres fonctions ;

---

[691] Sur ces mesures de coordination, voir notamment les différents commentaires rédigés par G. RIVOSECCHI : « Autonomia finanziaria e coordinamento della finanza pubblica nella legge delega sul federalismo fiscale: poche luci e molte ombre», in *Astrid Rassegna*, n° 94, 2009 ; « La ridefinizione dei rapporti fra Stato, regioni ed enti locali attraverso il disegno di legge di delega per l'attuazione dell'articolo 119 della Costituzione », in *www. amministrazioneincammino.luiss.it*, 2009, « Il federalismo fiscale tra giurisprudenza costituzionale e legge n. 42/2009, ovvero: del mancato coordinamento della finanza pubblica e del sistema tributario », in *Rivista di diritto tributario*, n° 1, 2010.

[692] Voir à ce propos M. BASILAVECCHIA, « Il Fisco municipale rispetta i vincoli costituzionali », in *Corriere tributario*, 14, 2011, p. 1105, qui met en exergue le rôle prédominant du législateur national.

les dépenses financées à travers des transferts spéciaux, des financements de l'Union européenne ou des cofinancements de l'État.

En ce qui concerne les premières, la législation de 2011 prévoit qu'elles soient financées intégralement sur la base des besoins *standards*, au même titre que les niveaux essentiels des prestations qu'elles impliquent. Ce financement doit être assuré à travers les recettes propres de la Commune.

Les autres fonctions doivent être financées avec les mêmes ressources. Néanmoins, leur financement n'est pas calculé sur la base des besoins *standards* et il n'est pas intégralement garanti. Pour ces deux types de fonctions, ensuite, les transferts nationaux et régionaux sont supprimés, à l'exception des financements réservés aux fonds de péréquation. Ceux-ci sont prévus dans le budget des Régions et sont ensuite financés aussi par la fiscalité générale.

À la lumière de ce cadre normatif fixé par la loi de délégation, il convient maintenant d'évaluer sa transposition dans le décret d'application. Il sera ensuite question d'analyser l'impact exercé par d'autres dispositions successives, prises sur la base de l'article 119 Const., sur la fiscalité locale.

L'analyse du décret sur la fiscalité municipale sera ainsi menée en ayant à l'esprit que certaines de ces dispositions ont été modifiées ou anticipées par la loi n° 214/2011. Celle-ci constitue la loi de conversion d'un décret-loi portant mesures exceptionnelles pour lutter contre la crise économique et financière provoquée par la crise des dettes souveraines des pays européens. Certaines des mesures concernant les Communes initialement prévues par le décret législatif n° 23/2011 devront être comprises à la lumière de la législation plus récente.

Le décret législatif n° 23/2011 portant « Dispositions en matière de fédéralisme fiscal municipal » a donné application à la délégation législative en déterminant les prélèvements réservés aux Communes. La fiscalité des Communes a été rattachée principalement aux patrimoines immobiliers[693]. Ce choix apparaît tout à fait logique et cohérent, vu que traditionnellement l'immeuble est l'élément qui crée

[693] Voir à ce propos L. SALVINI, « I tributi comunali », in *Giornale di diritto amministrativo*, n° 6, 2011, p. 589. L'auteur observe que la fiscalité communale est essentiellement fondée sur les taxes et impots sur les immeubles. Ces derniers sont ainsi considérés comme le lien entre le contribuable et le territoire, ce qui constituerait le véritable fondement du fédéralisme fiscal.

le lien entre les administrés et les collectivités locales. Cette disposition attribue aux Communes les recettes dérivant des différents prélèvements liés aux immeubles situés sur leur territoire, à savoir : l'*imposta di registro* (le droit d'enregistrement d'un bail) ; l'*imposta di bollo* (le droit de timbre), la taxe hypothécaire ; la taxe foncière ; la *cedolare secca*, un régime simplifié d'imposition des revenus fonciers dérivés des locations. Le décret a ensuite institué une taxe de séjour. Celle-ci est réservée à certaines catégories des communes et aux unions des Communes, en constituant ainsi une mesure d'incitation financière à l'union de Communes. Cette taxe de séjour peut être instituée à charge des personnes séjournant dans un hébergement touristique. Modulé selon des critères proportionnels au prix, son montant maximal est de 5 euros par nuit. En vertu du décret législatif n° 23/2011, les recettes dérivant de cette taxe sont réservées au financement d'interventions en matière de tourisme. Il peut s'agir de mesures au profit des structures d'hébergement ainsi que de travaux d'entretien, maintenance et valorisation des biens culturels et environnementaux locaux et de services publics locaux les concernant.

Les deux autres nouveautés introduites par le décret législatif n° 23/2011 concernent plus spécifiquement l'aspect immobilier. La première de ces nouveautés est représentée par l'ainsi-dite *cedolare secca*, une modalité d'imposition alternative pour les revenus dérivant des baux à usage d'habitation[694]. La deuxième est l'Impôt municipal (IMU). Ces deux impôts sont particulièrement importants, car ils ont été conçus comme les piliers de la fiscalité locale. L'Impôt municipal – propre et secondaire – aurait dû assurer le dépassement de la période transitoire et, au final, remplacer à partir de 2014 tous les autres prélèvements relatifs aux immeubles, sauf la *cedolare secca*.

En ce qui concerne l'Impôt municipal propre, il convient de rappeler le cadre normatif précédent l'entrée en vigueur du décret législatif n° 23/2011. En 2008, l'Impôt communal sur les immeubles (ICI) fut supprimé à l'égard de la « résidence principale »[695]. Pour pallier le manque de recette dérivant de cette abolition, un transfert

---

[694] M. DAMIANI, « Riforma del fisco municipale tra esigenze di autonomia finanziaria e tributaria », in *Corriere tributario*, n° 28, 2011.

[695] À ce propos, G. MURARO, « L'inevitabile ritorno dell'Ici », in *Lavoce.info*, 2011, observe que la suppression de l'ICI sur la résidence principale non seulement a été une erreur, du point de vue économique, en contradiction avec le fédéralisme fiscal, mais qu'elle a en plus représentée une « illusion tributaire », qui a conduit à négliger les coûts de cette lourde manœuvre budgétaire.

financier fut introduit à bénéfice des Communes, afin que leurs ressources soient sauvegardées. Mais la substitution d'un impôt communal par un transfert financier de l'État s'est avérée inopportune. En effet, les dépenses communales sont augmentées et cela a porté préjudice à la stabilité financière des Communes[696].

Réintroduit en 2011, cet impôt immobilier a fait l'objet d'une manœuvre budgétaire inédite : pour faire face à la crise économique et financière, le Gouvernement italien s'est appuyé principalement sur l'imposition communale, l'IMU, afin d'obtenir une recette élevée et immédiate pour réduire la dette publique.

L'art. 13 du décret-loi n° 201/2011 susmentionné a ainsi anticipé l'institution de l'impôt municipal propre à partir de l'an 2012, en voie d'expérimentation, et a prévu son application dans toutes les Communes jusqu'en 2014 sur le fondement du décret législatif n° 23/2011. Ainsi, d'une part les conditions d'application de cet impôt ont été élargies et, de l'autre, sa mise en place a été anticipée. En outre, la nouveauté qui surtout mérite d'être soulignée est que cette législation réserve à l'État un quota égal à la moitié du montant de l'impôt. Il s'agit d'un cas assez particulier sinon inédit de participation de l'État aux recettes d'un impôt local ; ce qui témoigne des nouveaux objectifs de nouvelle IMU : il ne constitue que partiellement une source de recette communale, pour remplir également une fonction de financement de l'État.

Toutes les modifications normatives qui viennent d'être illustrées, concernant cet impôt, ne lui avaient pas encore donné un statut définitif : l'IMU sur la résidence principale a été une nouvelle fois supprimé par le décret-loi n° 133/2013, portant « Dispositions urgentes concernant l'IMU, l'aliénation de biens immobiliers et la Banque d'Italie », converti en loi n° 4/2014. Par effet de cette

---

696 N. BIANCHI, « Senza Ici aumenta la spesa locale », in *Lavoce.info*, 2011, met en exergue le lien existant entre les sources de financement de la collectivité locale et la responsabilité financière de ses administrateurs. Dans un État avec un système de fédéralisme fiscal performant, les ressources communales se fondent principalement sur les recettes des prélèvements locaux : par conséquent, toute augmentation des dépenses doit être compensée par une augmentation du prélèvement fiscal. Cela implique un coût politique élevé pour les administrateurs locaux, pouvant compromettre leur réélection. La substitution des prélèvements locaux par un transfert de l'État, en revanche, empêche une évaluation adéquate des couts des services locaux de la part des administrés. Cela permet aux administrateurs d'augmenter les dépenses et le gaspillage.

abolition, les Communes ont à nouveau perdu une recette essentielle pour leur fonctionnement.

La conclusion que l'on peut tirer à l'issue de cette analyse révèle une incertitude croissante entourant la finance locale. Le législateur est intervenu avec une grande désinvolture sur la fiscalité locale. Parfois, il s'en est servi pour chercher un consensus électoral : c'est le cas de l'impôt immobilier supprimé et réintroduit à plusieurs reprises ; parfois il s'en est servi pour récupérer des recettes pour le budget de l'État, notamment dans les moments de crise de la finance publique.

Dans cette analyse, il faut ensuite prendre en considération le choix d'introduire un instrument spécifique pour financer les politiques sociales communales : le Fonds national des politiques sociales (FNPS)[697]. Introduit en 1997 par la loi de finances pour 1998 sous l'appellation de Fond pour les politiques sociales, il a été rebaptisé Fond national des politiques sociales par le décret législatif n° 112/1998, qui le concevait comme un instrument important. Par la suite, la loi sur le système intégré des services sociaux, susmentionnée, l'a repris et institutionnalisé, tout en gardant son caractère expérimental. Ce fonds réunissait un ensemble conséquent de ressources publiques destinées à la promotion des fonctions de solidarité[698]. Ces ressources sont reparties par l'État dans le but de promouvoir et réaliser les objectifs de politique sociale. Cette répartition est établie chaque année par décret du ministre du Travail et des politiques sociales, après avis des ministres concernés et en concertation avec la Conférence unifiée État-Villes et autonomies locales. Le financement du Fonds est déterminé pas la loi de finances. Il peut aussi être financé à travers contributions et dons effectués par des particuliers, des établissements, des fondations, des organisations - même internationales – et des organismes de l'Union européenne. Ces contributions sont d'abord inscrites au budget de l'État pour être ensuite attribuées au Fond.

Le Fonds réunit les crédits prévus pour les mesures régies par 18 lois en faveur de catégories bénéficiaires de prestations sociales :

---

[697] Voir A. MAZZAROTTO, « Il finanziamento delle politiche sociali tra contrazione del FNPS [Fondo nazionale per le politiche sociali] e federalismo fiscale », in *Non profit*, n° 1, 2012, p. 9.

[698] F. CUPPONE, « Il Fondo nazionale per Il Fondo nazionale per le politiche sociali: un esempio di coordinamento finanziario Stato-regioni-enti locali passato attraverso la riforma del titolo V della Costituzione », in *La Finanza locale*, n° 10, 2005, p. 46.

associations d'anciens combattants ; mineurs en situation de risque d'implication dans des activités illégales ; services de bénévolat ; personnes handicapées ; aveugles souffrant de handicaps multiples ; enfants et adolescents ; toxicomanes ; immigrés et politiques d'immigration ; personnes déplacées des territoires de l'ex-Yougoslavie ; personnes sans revenus n'étant pas en mesure de pourvoir à leur existence ; personnes souffrant de handicaps graves ; organismes de lutte contre la prostitution, l'exploitation de la prostitution et le tourisme sexuel impliquant des mineurs ; associations nationales de promotion sociale ; familles avec au moins trois enfants mineurs ; mineurs et mineurs étrangers adoptés ; harmonisation des horaires des citoyens pour réduire la pollution dérivée des transports ; associations.

La particularité du fonctionnement de ce Fonds réside dans le fait que, si les Régions et les Communes n'utilisent pas les ressources leur attribuées, le ministre pour les politiques sociales décide une réassignation de ces dernières. Il peut ainsi révoquer les financements non utilisés par la collectivité avant le 30 juin de l'année successive à leur attribution. Il est ainsi garanti l'objectif de ces financements. Leur utilisation dans la réalisation de politiques sociales est assurée, mais elles sont reparties entre les collectivités territoriales selon les quotas réservés à chacun pour l'exercice suivant. Les crédits consacrés par l'État aux politiques sociales restent ainsi réservés à ces objectifs, mais leur distribution géographique peut changer en fonction de l'utilisation concrète des ressources : le fondement de cette règle est que, si les ressources ne sont pas utilisées, c'est qu'elles ne sont pas nécessaires et peuvent donc être consacrées à l'exercice suivant.

Le Fonds est donc une institution stable, bien qu'il ait été créé dans le cadre d'une expérimentation. Ses crédits sont actualisés et contrôlés chaque année. Le financement global du Fonds étant déterminé par la loi de finances, ses recettes sont centralisées. Le mécanisme de dépense, en revanche, est organisé selon un système en cascade, qui passe par la coordination et la programmation des Régions, pour être ensuite exercé au niveau communal[699].

Depuis 2008 les financements du Fonds ont baissé sans cesse, touchant leur niveau plus bas en 2012. À partir de 2013 il y a eu une augmentation (344 millions, dont 300 transférés aux Régions). Ce même montant n'a pas été renouvelé pour 2014 (la loi de stabilité a

[699] *Ibid.*, p. 49

prévu 317 millions), mais il a ensuite été augmenté pour 2015[700]. Les autres sources de financement sont constituées par les fonds régionaux pour l'assistance sociale et les fonds propres aux Communes. Ces derniers ont connu une croissance importante ces dernières années[701].

À ces financements, il faut encore ajouter les Fonds structurels européens. Il s'agit des instruments financiers de la politique régionale européenne visant à renforcer la cohésion économique et sociale dans les pays de l'Union européenne (UE) et à réduire les disparités de développement. Ce sont notamment : le Fonds social européen (FSE), visant à lutter contre le chômage, améliorer le fonctionnement du marché de travail et investir dans les ressources humaines ; le Fonds européen pour le développement régional (FEDER), qui a pour vocation de renforcer la cohésion économique et sociale, à travers le soutien au développement et à l'organisation structurelle des économies régionales. Il est ainsi loisible de remarquer que les politiques de cohésion sociale en Italie dépendent largement de ces financements de l'UE, qui constituent les seules ressources publiques destinées de manière stable à corriger les déséquilibres entre les différents territoires[702].

Nous venons ainsi d'illustrer le régime de la fiscalité municipale tel qu'établi par une législation visant à valoriser les recettes autonomes des collectivités locales et à leur garantir les ressources nécessaires pour l'exercice de leurs fonctions[703]. Ce régime a toutefois changé radicalement suite à la révision constitutionnelle des articles 97 et 119, qui a été lourde des conséquences pour les Communes.

VI- Les finances locales à l'épreuve de l'équilibre budgétaire

La loi constitutionnelle n° 1/2012 a modifié les règles en matière de budget de l'État et des collectivités territoriales, en fixant des objectifs

[700] Voir les décrets de répartition à l'adresse : http://www.lavoro.gov.it/strumenti-e-servizi/Fondo-nazionale-politiche-sociali/Pagine/default.aspx.

[701] Pour une comparaison des données, voir M. BURGALASSI, E. MELCHIORRE, « La morfologia del sistema locale di welfare », *op.cit.*, p. 76-77.

[702] A. DE SIANO, « Autonomia finanziaria degli enti territoriali e politiche pubbliche di coesione », in *Federalismi*, n° 12, 2015, p. 23.

[703] Pour une analyse de la réforme que nous venons d'illustrer, voir L. ANTONINI, « Il cosiddetto federalismo fiscale. Un giudizio d'insieme su una riforma complessa », in *Le Regioni*, n° 1- 2, 2014.

de résultat qui n'étaient pas prévus avant. L'art. 81 prévoit désormais que le budget de l'État respecte chaque année l'équilibre entre les recettes et les dépenses ; l'art. 97 impose aux administrations publiques l'équilibre budgétaire et la viabilité de la dette publique, conformément aux normes de l'UE ; l'art. 119, enfin, subordonne l'autonomie financière des collectivités territoriales au respect de l'équilibre budgétaire et leur impose de concourir à assurer le respect des contraintes économiques et financières découlant des normes de l'UE.

Par ailleurs, depuis 2001, les collectivités territoriales pouvaient s'endetter uniquement pour financer des investissements, après définition d'un calendrier d'amortissement. Toutefois, une autre condition très lourde va s'ajouter aujourd'hui : chaque collectivité pourra avoir recours au marché financier uniquement si l'ensemble des collectivités de la Région respecte l'équilibre budgétaire.

Quelques considérations méritent d'être faites sur cette disposition. Depuis la révision de 2001, la Constitution imposait déjà une règle d'équilibre, dans la mesure où elle prescrivait [à l'art. 119] que les dépenses courantes soient intégralement financées à travers les recettes ordinaires énumérées aux alinéas précédents [du même article], interdisant qu'elles soient financées par l'endettement. Ce qu'ajoute la révision de 2012 est l'objectif de l'équilibre budgétaire, imposé en plus comme condition ayant des conséquences non seulement pour la collectivité concernée, mais pour toutes les collectivités de la même Région : en effet, la possibilité pour chaque administration d'avoir recours aux instruments du marché financier dépendra de l'équilibre budgétaire de l'ensemble des collectivités de sa Région.

Il s'agit de contraintes budgétaires très lourdes pour les Communes, qui ne peuvent en aucun cas avoir recours à l'endettement pour faire face aux dépenses courantes. En outre, les normes d'application de cette révision constitutionnelle ont endurci davantage ces contraintes. La loi n° 243/2012, adoptée en application de l'art. 81 Const., a donné une définition d'« équilibre budgétaire », décliné au pluriel s'agissant des Régions et des autres collectivités. Celle-ci diffère de la notion d'équilibre imposé à l'État, qui correspond à un objectif à moyen terme fixé par l'UE. Pour les collectivités locales, en effet, plusieurs définitions d'équilibre sont formulées, qui doivent toutes être respectées au même temps.

Il y a au total huit variations d'équilibre qui ont été imposées aux collectivités locales par le législateur national[704]. En plus, lorsque la reddition des comptes de gestion montre un solde négatif, la loi nationale impose à la collectivité concernée, sous peine de sanctions, d'adopter les correctifs nécessaires pour assurer le rétablissement de l'équilibre dans les trois ans suivants. Lorsque le solde est positif, les ressources excédentaires ne peuvent être affectées aux destinations considérées comme plus opportunes, mais sont obligatoirement affectées au paiement de la dette de la collectivité. Elles pouvaient même être demandées par l'État, puisque ce dernier s'est réservé le droit d'imposer aux collectivités des obligations en matière de coparticipation à la réalisation des objectifs de finance publique ces administrations. Pour résumer, s'agissant des recettes, la législation actuelle restreint fortement les compétences des Communes et rend ainsi difficile l'exercice de leurs fonctions, en le plaçant dans une situation de dépendance constante vis-à-vis de l'État.

En ce qui concerne les dépenses, l'autonomie financière a été très limitée par la législation nationale. Cela est dû, d'une part, au Pacte de stabilité interne (PSI) et, d'autre part, à la jurisprudence constitutionnelle. Cette dernière, en effet, à travers une interprétation extensive du pouvoir de coordination de l'État, a reconnu le pouvoir du législateur d'imposer aux collectivités des contraintes budgétaires, pour des raisons de coordination financière en conformité avec les obligations nationales et européennes, même ci celles-ci impliquent une limitation indirecte de la liberté de dépense des collectivités[705]. À partir de la décision n° 36/2004, la Cour constitutionnelle italienne a considéré que l'État peut légitimement imposer - de manière transitoire et afin de réaliser les objectifs de rééquilibrage de la finance publique - des limitations à l'augmentation des dépenses

---

[704] Les budgets sont considérés comme étant en équilibre lorsque le document budgétaire montre, à la fois dans la prévision et dans la reddition des compte : a) un solde non déficitaire entre les recettes finales et les dépenses finales, en terme de compétence (1) et de caisse (2) ; b) un solde non déficitaire entre les recettes courantes et les dépenses courantes, en terme de compétence (3) et de caisse (4), y compris les quotas de capital destinés aux taux d'amortissements des emprunts.

[705] Voir à ce propos D. PAPPANO, « Autonomia finanziaria degli enti territoriali e garanzia dei diritti al tempo della crisi », in *Federalismi*, 2016.

courantes des collectivités locales. Ces limitations, selon la jurisprudence constitutionnelle, doivent être raisonnables[706].

Il convient de traiter de manière plus spécifique du Pacte de stabilité interne (PSI). Il a été introduit par la loi n° 438/1998, dont l'art. 28 établit que toutes les collectivités locales concourent à la réalisation des objectifs de la finance publique. À cette fin, elles s'engagent à diminuer progressivement le financement du déficit budgétaire et à réduire leur ratio d'endettement (rapport entre dette et PIB)[707].

Cela implique que les Régions et les autres collectivités, dès la formulation de leur budget préventif, doivent respecter des objectifs quantitatifs fixés par l'État lors de l'approbation de son budget. Le PSI prévoit des procédures de contrôle ainsi que des sanctions à l'égard des collectivités qui ne respectent pas les objectifs fixés par l'État. Ces objectifs et les relatifs mécanismes de contrôlé et sanction ont assumé chaque année des formes différentes que ça soit sur le plan économique que sur celui procédural. Cela a entraîné une certaine insécurité et imprévisibilité. Les sanctions, notamment, ont vu accroître progressivement leur importance. Appliquées de manière directe à la collectivité fautive, elles ont pour effet de limiter l'autonomie politique et gestionnaire de cette dernière. Elles peuvent consister en : des interdictions de recrutement y compris au titre d'endettement ; des engagements d'un montant supérieur au minimum annuel des trois ans précédents ; des réductions du transfert financier de l'État d'un montant égal au déficit ; des réductions des indemnités dues aux administrateurs.

Les Communes ont donc subi des limitations conjoncturelles, mais qui se sont prorogées au cours de presque vingt ans, en les privant presque complètement de leur autonomie de dépense. La loi de stabilité pour 2016 a néanmoins modifié ce scénario, en prévoyant que le PSI ne s'applique plus à partir du 1er janvier 2016. Il a été remplacé par une obligation d'équilibre budgétaire imposée à toutes les Communes, sans distinction de taille. Même les Communes de moins de 1000 habitants sont ainsi tenues de présenter un budget respectant

---

706 A. DE SIANO, « Autonomia finanziaria degli enti territoriali e politiche pubbliche di coesione », in *Federalismi*, n° 12, 2015, p. 22.

707 Pour une analyse exhaustive du PSI, voir L. MERCATI, « Il patto di stabilità interno: giurisprudenza costituzionale, sistema sanzionatorio, responsabilità per danno erariale », in *Amministrare*, n° 1, 2015, p. 123.

l'équilibre[708]. Il est encore trop tôt pour évaluer la portée de cette réforme, qui apparaît néanmoins importante. Elle intervient pourtant à un moment où les Communes se trouvent en difficulté financière[709] à cause d'un régime d'austérité qui perdure depuis des années et qui a mis à dure épreuve leur capacité à mettre en place des services en réponse aux besoins de leurs communautés. Tous ces services et ces activités comportant des coûts, ils ont été considérés plus comme des charges pour les engagements financiers que comme des instruments pour réaliser les exigences de la communauté.

La doctrine commence ainsi à suggérer une réforme d'ensemble des services, à travers des modèles fondés sur l'implication de sujets tiers issus du secteur privé, comme les groupes d'usagers, les organismes de bénévolat et de coopération sociale[710]. Cette question a déjà été évoquée dans les paragraphes précédents, dans le cadre d'autres argumentations : maintenant, il s'agit de l'évoquer comme solution en réponse à une situation financière difficile, qui demande l'introduction de modalités ultérieures de fourniture des services. Avant de traiter de cette question dans le paragraphe suivant, il conviendra de présenter un dernier instrument appliqué dans les politiques de dépenses des Communes, l'ISEE.

---

708 M. BARBERO, « Dal patto al pareggio di bilancio », in *La Finanza locale*, n° 1, 2016, p. 44.

709 Voir les résultats présentés dans la délibération de la Cour des comptes n° 25/SEZAUT/2015/FRG du 27 juillet 2015 portant sur « Les évolutions de la finance locale – Analyse des flux de trésorerie – Exercice 2014 ». Entre 2008 et 2015, les corrections de dépense imposées aux collectivités en vertu du PSI avaient atteint 40 milliards, à savoir le 4% du PIB, avec une conséquente réduction des transferts de l'État d'un montant égal à 22 milliards. L'analyse de la gestion de la trésorerie des Communes montre des difficultés persistantes concernant les recettes, dues aux réductions des transferts de l'État qui se sont succédé à partir de 2011. Cela a entrainé des augmentations des prélèvements locaux (ICI, IMU, TASI), dont les recettes sont passées d'environ 9,6 milliards d'euros (les recettes de l'ICI en 2011) à environ 15,4 milliards d'euros en 2014. Voir aussi V. GIANNOTTI, « L'impatto della legge di stabilità 2016 sugli enti locali », in *La Finanza locale*, n° 5-5, 2015, p. 52.

710 Voir P. MORIGI, « Il Def e le politiche degli enti locali », in *La Finanza locale*, n° 3, 2015, p. 25 sqq. L'auteur observe qu'en France, en revanche, l'imposition sur les immeubles, à travers la taxe foncière, date de la Révolution. Les taux et les assiettes imposables ont bien sûr évolué, mais la condition pour l'imposition demeure la propriété immobilière.

VII- L'ISEE (« Indicateur de la situation économique équivalente ») et la participation des sujets privés au financement des services

Le financement des services sociaux est partiellement assuré par les usagers, à travers le paiement de frais d'usage pour des services tels que les crèches ou les résidences pour personnes âgées. Afin de sélectionner les usagers devant concourir à ce financement, la législation nationale a introduit un instrument d'évaluation de la situation économique qui doit être appliqué dans les politiques des Communes relatives aux prestations sociales.

L'instrument permettant cette évaluation est l'Indicateur de la situation économique équivalente (ISEE), dont le contenu et la procédure ont été réformés en profondeur à partir du 1er janvier 2015. L'ISEE vise à répartir de manière équitable les ressources consacrées aux besoins des citoyens. Il vise ainsi notamment à destiner de manière correcte les aides d'inclusion et de lutte contre la pauvreté, ainsi que d'autres aides et avantages financiers gérés par les Régions, les Communes et les établissements fournisseurs de services pour l'accès à différentes prestations (cantines scolaires, crèches, résidences médicalisées, etc.). L'application de cet instrument constitue un terrain très délicat, positionné à la croisée entre l'exigence de garantie des droits sociaux des usagers et l'exigence d'équilibre budgétaire des administrations. D'une part, il y a la nécessité de personnes handicapées, âgées, non autonomes, etc. d'accéder à des services à des coûts raisonnables ; d'autre part, il y a la viabilité du régime de *welfare* à un moment où l'évolution des ressources et le vieillissement de la population sont en relation inverse[711].

Initialement introduit par le décret législatif n° 109/1998 et ensuite modifié par l'art. 5 du décret-loi n° 201/2011, l'actuel ISEE est entré en vigueur le 1er janvier 2015 à l'issue d'une dernière révision par le décret du Président du Conseil des ministres du 5 décembre 2013, n° 159. Les nouveautés introduites concernent à la fois les règles de calcul et la procédure, dans le but d'améliorer la sélectivité de

---

[711] Sur les propos suivants, voir A. CANDIDO, « Le amministrazioni locali alla prova del nuovo ISEE », in *Le Regioni*, n° 3, 2015, p. 763 et s.

l'indicateur, de valoriser la composante patrimoniale et d'introduire une notion de « revenu disponible » plus équitable.

Connu également comme « *riccometro* » (indicateur de richesse), cet indicateur prend en compte, en effet, à la fois les revenus et le patrimoine. En outre, il utilise un système d'équivalence pour calculer à partir du revenu du foyer le « revenu équivalent », en prenant en compte la composition du foyer et le budget familial. L'ISEE permet ainsi d'évaluer la situation économique des demandeurs de prestations sociales, afin de déterminer s'ils ont droit d'y accéder.

Une évolution jurisprudentielle complexe a contribué à déterminer quels sont les revenus utilisables pour son application. Cette évolution a également permis de parvenir à un résultat remarquable : la qualification du nouvel ISEE en tant que niveau essentiel, c'est-à-dire le niveau fixé à l'échelle nationale pour l'accès aux prestations sociales.

Le nouvel ISEE se fonde sur une notion large de « revenu » incluant : le revenu globale imposable aux fins de l'impôt sur le revenu (IRPEF) ; les revenus imposables au titre de régimes substitutifs (comme par exemple la « *cedolare secca* » sur les revenus fonciers, les prix de productivité, etc.) ; les revenus non imposables, y compris les allocations reçues par l'administration publique ; les revenus forfaitaires fictifs des immeubles non loués et des activités mobilières. En revanche, ne sont pas incluses dans le calcul les pensions alimentaires versées à la suite d'une séparation ou d'un divorce. L'ISEE applique ensuite une augmentation de 20% au patrimoine familial, en prenant en compte la valeur des immeubles au titre de l'IMU. En plus, la franchise sur les immeubles est réduite ; celle-ci est modulée en fonction du nombre des personnes appartenant au foyer et est donc favorable aux familles nombreuses. Enfin, le patrimoine à l'étranger est également pris en compte.

Au-delà des conditions de revenu et patrimoine, le nouveau système prend surtout en compte la gravité des exigences. Le nouvel ISEE ne considère plus indifféremment toutes les personnes handicapées, mais distingue les conditions d'handicapé, d'invalide et de non-autonome en les classifiant en trois catégories : situation d'handicap moyen, situation d'handicap grave et situation de non-autonomie (ou de dépendance). C'est notamment cette dernière catégorie qui sort mieux protégée par la réforme de l'ISEE, car pour la première fois elle fait l'objet d'une définition normative. Cette catégorie peut comprendre : les mineurs, les personnes entre l'âge de 18 et 65 ans et les personnes âgées de plus de 65 ans ayant droit à l'indemnité d'accompagnement ; les aveugles ; les invalides ayant droit à l'allocation pour assistance personnelle et continue ; les invalides du travail ayant droit à l'allocation pour assistance personnelle et continue ; les invalides du travail atteints de maladies psycho-physiques ; les invalides ayant droit à l'allocation de super-invalidité. Tous les autres bénéficiaires en situation d'handicap sont inclus dans les catégories des handicapés moyens ou des handicapés graves.

Il faut enfin rappeler les arrêts du Tribunal administratif régional du Latium du 11 février 2015, n°s 2454, 2458 et 2459, qui ont eu des conséquences importantes sur le régime de l'ISEE. Le juge administratif a estimé que toutes les allocations d'assistance, indemnité et prévoyance doivent être exclues du calcul du revenu global imposable au titre de l'IRPEF. Par conséquent, il y a lieu d'exclure aussi les montants versés aux personnes en situation d'handicap à titre de compensation et/ou réparation, tels que : les indemnités d'accompagnement ; les pensions de l'INPS versées aux personnes en situation d'handicap et de besoin économique ; les indemnisations pour dommages corporels provoquant des invalidités. Les arrêts précités se sont aussi prononcés sur les franchises et les différences de traitement entre majeurs et mineurs, puisque pour ces derniers des déductions plus importantes étaient prévues.

Suite à l'appel du Gouvernement contre ces arrêts, le Conseil d'État s'est aussi prononcé. Par trois arrêts issus le 29 février 2016, nos 838, 841 et 842, la IVe section du Conseil d'État a confirmé les décisions du tribunal. Ces décisions ont provoqué une situation de grande insécurité dans l'application des dispositions en matière d'ISEE, notamment pour le fait que les administrations effectuaient l'évaluation sur la base de l'indicateur à l'aide de logiciels programmés sur la base de l'ISEE déclaré illégitime. Les Communes, pour l'instant, ont adopté une approche conservatrice, sans adapter leurs dispositions aux nouveautés. Elles sont dès lors dans l'obligation d'adopter les mesures normatives de leur compétence pour actualiser les seuils et les critères de calcul. Par ailleurs, le Gouvernement doit aussi modifier le décret de 2013.

Au-delà de ces évolutions jurisprudentielles, il faut néanmoins souligner la législation sur l'ISEE n'a pas limité les pouvoirs des

Communes. En effet, les institutions fournissant les services peuvent toujours fixer des critères ultérieurs pour déterminer les bénéficiaires des prestations, notamment pour les étendre l'ensemble des bénéficiaires. Ce pouvoir d'élargissement de l'ensemble des bénéficiaires des prestations par rapport au niveau minimal imposé par la législation nationale, peut être exercé uniquement dans la mesure où la solidité financière de la collectivité le permet. Il s'agit de la seule limite à l'autonomie des collectivités en matière d'élargissement des services d'assistance à un nombre plus élevé de bénéficiaires. Néanmoins, au vu des situations financières difficiles des collectivités locales, il s'agit d'une limite qui s'applique de manière assez diffuse.

VIII- La promotion d'un *welfare* basé sur la participation des citoyens et des formations sociales

La tendance vers la « monétisation » des prestations de *welfare* ne favorise pas le rôle des collectivités locales dans le déploiement des politiques sociales. Cela se doit, d'une part, à la nature de la prestation sociale, qui va ainsi marginaliser la place des relations interpersonnelles et, d'autre part, à la faiblesse financière des Communes, qui ne bénéficient pas d'une véritable autonomie fiscale.

Ce qui, en revanche, favorise le rôle des Communes est la tendance vers la « subsidiarisation » des politiques sociales, qui n'est pas une tendance tout à fait en harmonie avec la précédente. La subsidiarisation, prévue à l'art. 118 Const., peut être définie comme la promotion du rôle des particuliers et des associations dans l'exercice des fonctions d'intérêt général, y compris la fonction sociale. Elle répond ainsi pleinement au cadre constitutionnel et législatif de valorisation des collectivités locales et des communautés locales dans les fonctions d'aide et soin. Par ailleurs, elle traduit aussi une exigence économique, ayant des enjeux ambigus. En effet, cet aspect de l'exigence de la participation des particuliers en raison de la faible disponibilité de moyens, surtout chez les Communes[712], porte à combiner la tendance vers la subsidiarisation avec celle de la monétisation du *welfare* : les deux sont, au final, la conséquence d'un retrait de la sphère publique des responsabilités en matière d'assistance.

---

[712] C. GORI, « Conclusioni. Uno sguardo al futuro », *op.cit.*, p. 168.

L'application des dimensions horizontale et verticale de la subsidiarité en matière des politiques sociales conduit à des modèles de *welfare mix*, pouvant donner lieu, dans la pratique, à des instituts juridiques différents : le *contracting out*, qui permet la sélection publique des gestionnaires d'un service public externalisé ; l'agrément de différents établissements remplissant les conditions pour être habilités à la fourniture de services publics, avec par conséquence la liberté de choix des usagers concernant le fournisseur ; un « système intégré » en régie publique, tel que prévu par la loi n° 328.

Récemment, on assiste à l'émergence d'une nouvelle dimension de la subsidiarisation des politiques sociales, liée à la recherche d'une cohésion sociale au niveau local. Elle vise à mobiliser les liens sociétaux et de solidarité horizontale pour prévenir ou compléter les prestations sociales.

Dans cette perspective, la question de la réorganisation du *welfare* local se joint à celle de l'intérêt renouvelé pour les « biens communs ». Le lien entre ces deux questions découle du fait que la réorganisation du *welfare* est conçue comme le résultat d'actions visant à récréer des lieux de rencontre de la communauté, au sens aussi bien figuratif qu'urbanistique propre[713]. La valorisation de la responsabilité civique en matière de biens communs favorise la cohésion de la communauté locale et ce faisant elle renforce de manière indirecte le *welfare* local.

Plusieurs instruments normatifs récemment adoptés s'inscrivent dans cette perspective. On peut citer notamment les « microprojets » (art. 23 décret-loi n° 185/2008) par lesquels les peuvent présenter aux collectivités locales des propositions portant sur la réalisation de travaux d'intérêt général sans aucune charge pour la collectivité compétente[714].Ces projets visent la revalorisation des espaces publics, ce qui peut contribuer à créer les conditions pour l'accès aux services et à améliorer, en général, la qualité de vie urbaine de la communauté. Ensuite, les mesures prévues par le « Règlement pour la collaboration entre citoyens et administration pour l'entretien et la revalorisation des

[713] C. IAIONE, « Città e beni comuni », *in* G. ARENA-C. IAIONE (dir.), *L'Italia dei beni comuni*, Rome, 2012, p. 118 et p. 122; G. COTTURRI, *La forza riformatrice della cittadinanza attiva*, Rome, 2013.

[714] Voir à ce propos C. IAIONE, « Città e beni comuni », *op.cit.*, p. 125 ; G. GALEAZZO, « Limiti del pubblico e doveri civici », in *Aedon*, n° 2, 2011, §§ 6 et 7.

biens communs urbains » ont des enjeux particulièrement importants pour le *welfare*. Ce règlement a été proposé par les chercheurs de l'association *Labsus* et a été ensuite adopté par plusieurs collectivités locales, des plus petites jusqu'aux plus grandes, comme par exemple la collectivité de Rome Capitale[715]. Le Règlement vise à donner aux collectivités locales un instrument apte à valoriser l'initiative concrète des citoyens dans le cadre d'une administration « partagée » et non « bipolaire »[716]. À cette fin, il définit l'entretien et la revalorisation des biens communs urbains comme « une manifestation concrète de la participation à la vie de la communauté et un instrument d'épanouissement de la personne, [...] ouvert à tous, sans besoin d'un titre de légitimation ». Il affirme que « la Commune promeut l'innovation sociale à travers la connexion entre les différentes ressources présentes dans la société, afin de mettre en place des services pouvant répondre aux besoins sociaux, tout en favorisant les liens sociaux ainsi que des nouvelles formes de collaboration citoyenne, y compris à travers des plateformes numériques adressées notamment au réseau citoyen ».

La réforme portant sur la décentralisation communale, adoptée suite à la suppression partielle des circonscriptions, va aussi dans le sens de la promotion de la participation citoyenne aux fonctions communales d'intérêt général. Certaines communes, au lieu d'instituer un énième organe représentatif, ont choisi de créer de nouveaux lieux de participation de la société civile et des institutions présentes dans les quartiers. Le but est de mettre en place une participation continue et organisée. Cela devrait valoriser l'apport de la communauté non seulement dans la phase ascendante d'identification des demandes, mais aussi dans la phase de gouvernance, en mettant en place une sorte d'auto-administration de la communauté locale. Cette participation concerne les domaines de la protection sociale, de l'assistance sociale et de l'assistance scolaire et permet la collaboration fructueuse avec des figures professionnelles spécifiques mises à disposition par l'institution citoyenne.

---

[715] Pour une liste mise à jour, voir : http://www.labsus.org/category/cantieri/regolamento-amministrazione-condivisa-cantieri/

[716] G. ARENA, « Un regolamento per la cura condivisa dei beni comuni », in www.labsus.org, 25 février 2014.

Dans cette perspective de revalorisation de la société civile, on peut encore inscrire les propositions, y compris certaines propositions de loi[717], concernant l'ainsi-dit « *welfare* génératif ». Ceci a pour but d'impliquer personnellement les bénéficiaires des prestations sociales dans la réalisation de celles-ci. Les bénéficiaires sont ainsi appelés à devenir une « ressource » pour apporter la valeur ajoutée à la communauté de laquelle ils reçoivent assistance[718]. Le programme #diamociunamano s'insère dans cette approche. Institué par décret ministériel en application de l'art. 12 du décret-loi n° 90/2014, il prévoit comme mesure d'expérimentation que « les bénéficiaires d'une mesure de soutien au revenu peuvent exercer une activité de bénévolat d'utilité sociale en faveur de leur communauté d'appartenance, dans le cadre de projets réalisés de manière conjointe par organismes du secteur tertiaire et par les Communes ou les autres collectivités locales »[719]. Il s'agit donc d'activités exercées uniquement de manière volontaire, promues par des organismes du secteur tertiaire et par les collectivités locales, avec le soutien du Ministère en ce qui concerne les charges d'assurance.

IX- Les Communes et les ressources technologiques pour la réorganisation des services sociaux

Il convient enfin d'illustrer brièvement des nouveaux modèles innovateurs qui pourraient représenter un tournant et donner un nouvel

---

[717] Voir la proposition de loi de la Fondation Zancan présentée par E. ROSSI, « Una proposta di legge sul welfare generativo: perché e come », in *Cittadinanza generativa. La lotta alla povertà. Rapporto 2015*, Bologne, 2015, p. 119 et s.

[718] Voir à ce propos les contributions réunies dans le Rapport de la Fondation Zancan, *Cittadinanza generativa. La lotta alla povertà. Rapporto 2015*, cité. Voir notamment T. VECCHIATO, « Questioni di welfare », p. 80 : « Le *welfare* génératif se propose d'organiser l'action sociale avec des droits ''à dividendes sociaux''. Cela se traduit par le passage d'une approche de consommation des ressources à une approche de régénération de ressources, afin d'utiliser les excédents au profit des plus faibles. Les activités d'assistance ont mis la responsabilité sous sédatif. La participation à la poursuite du résultat personnel et social, en revanche, est une stratégie adaptée à un modèle social qui veut se renouveler et veut multiplier ses ressources. Cela veut dire transformer le pouvoir de ceux qui aident et la faiblesse de ceux qui sont aidés en forces convergentes, tout en reconnaissant la dignité de chacun ».

[719] http://www.lavoro.gov.it/AreaSociale/diamociunamano/Pages/default.aspx.

élan aux administrations communales, bien qu'ils soient encore en phase embryonnaire.

Nous avons fait référence, plus haut, aux nouvelles possibilités s'ouvrant aux Communes en matière de modalités de gestion de leurs fonctions, qu'il s'agit des services sociaux, de la sûreté, de la mobilité, de l'environnement, des infrastructures énergétiques et technologiques. Un modèle de « *smart cities* »[720] est en train de s'affirmer. Cela est la conséquence, d'une part, des contraintes financières et, d'autre part, du développement de solutions technologiques nouvelles et de bases de données qui ouvrent à des multiples utilisations. L'expression « *smart cities* » désigne une nouvelle typologie de développement urbain combinant l'efficacité énergétique, la durabilité environnementale, la mobilité urbaine et les nouveaux instruments d'information et communication[721]. C'est aussi grâce à l'ainsi-dite *sharing economy*[722] – touchant aux domaines de la mobilité, de la réutilisation des biens, des logements temporaires, de l'échange des services et de la gestion collective des espaces – que des nouveaux modèles d'organisation s'ouvrent. Ils sont caractérisés non seulement par l'utilisation de ressources numériques, mais aussi : par une implication différente de la société civile ; par l'interaction entre logiques économiques et logiques sociales ; par le dépassement de l'opposition entre les producteurs et les consommateurs de biens et services. Ils visent à mettre en place une collaboration entre acteurs publics et privés qui est censée devenir de moins en moins « verticale » et de plus en plus « horizontale », le but étant de parvenir à une nouvelle configuration de plusieurs fonctions publiques et des

---

[720] La définition du concept ne fait pas l'objet d'une reconnaissance définitive et unanime : le terme a été utilisé pour la première fois en 1992 par D.V. GIBSON, G. KOZMETSKY, R. W. SMILOR, *The Technopolis Phenomenon: Smart Cities, Fast Systems, Global Networks*, New York 1992, pour décrire les nouvelles formes de développement urbain fondées sur la technologie, l'innovation et la mondialisation. Voir aussi M. IECHER, « Le comunità intelligenti », *in* M. IASELLI (dir.), *La nuova pubblica amministrazione. I principi dell'Agenda digitale*, Rome, 2014, p. 161.

[721] Sur les propos suivants, voir C. SCHEPISI, « Servizi della società dell'informazione, Unione europea e nuovi modelli economici », *in* G. OLIVIERI, V. FALCE (dir.), *Smart cities e diritto dell'innovazione, Quaderni di giurisprudenza commerciale*, Milan, 2016, p. 3 et s.

[722] P. GORI, P. L. PARCU, M. L. STASI, « Smart Cities and Sharing Economy », *in* G. OLIVIERI, V. FALCE (dir.), *Smart cities*, *op.cit.*, p. 73 : les auteurs mettent en exergue les analogies entre ces deux notions, qui par ailleurs échappent à toute définition univoque.

systèmes de *welfare*, notamment des mesures d'inclusion sociale au niveau local.

Les opportunités offertes par l'Information and Communication Technology (ICT) semblent aujourd'hui mettre de plus en plus à disposition des administrations et des citoyens des instruments de participation et de gouvernance absolument inédits[723]. Leur mise en place est susceptible de créer des réseaux citoyens dans lesquels des nouvelles formes de subsidiarité et de solidarité peuvent se développer, d'une part, entre l'administration et la société civile et, d'autre part, à l'intérieur de la seule société civile[724]. Ces formes de subsidiarité ont déjà été évoquées dans les précédents paragraphes, lorsqu'il a été question de lieux de délibération organisée impliquant les citoyens, les formations sociales et les institutions publiques. Ce qu'il faut souligner maintenant est que la qualification de « smart » doit s'entendre par rapport à la capacité de gouvernance des administrations, notamment locales[725]. Cette capacité se traduit par une gestion des instruments offerts par l'ICT visant à une amélioration effective de la vie des personnes. Cet objectif est de plus en plus souvent poursuivi à travers des nouvelles modalités d'interaction avec les particuliers, qui cessent d'être uniquement les usagers des services, pour être impliqués dans un modèle de gouvernance valorisant leur participation et initiative[726].

Par ailleurs, les financements européens promeuvent ces modèles. Ainsi, l'on peut envisager que le défi de l'ICT peut être relevé dans la mesure où les administrations publiques – et notamment les communes et les autres administrations locales – seront capables d'attirer les investissements pour les infrastructures et les services ICT[727].

---

[723] M. VIANELLO, *Smart Cities. Gestire la complessità urbana nell'era di Internet*, Sant'Arcangelo di Romagna, 2013, p. 14 et s.

[724] P. DONATI, L. MARTIGNANI (dir.), *Towards a New Local Welfare: Best Practices and Networks of Social Inclusion*, Bologne, 2015.

[725] M. VIANELLO, *Costruire una città intelligente. Smart Cities, gioco, innovazione: il futuro possibile*, Sant'Arcangelo di Romagna, 2014, p. 23.

[726] Dans ce sens, voir aussi le document de l'OCDE/OECD, Public Governance Reviews, *Together for Better Public Services. Partnering with citizens and civil society,* 2011.

[727] L. PELLIZZATO, « Città sempre più "digitali". Quali risorse per lo sviluppo dell'Agenda digitale nella PA », *in La Finanza locale*, n° 3, 2016.

Horizon 2020 a pour but de réunir dans un seul cadre de référence tous les financements européens destinés à la recherche et à l'innovation. En collaboration avec l'Agenda numérique, il peut fournir les ressources destinées à la construction d'une société et d'une économie fondées sur la connaissance et l'innovation.

Les expériences de certaines collectivités locales italiennes peuvent être portées comme exemple. Il s'agit de communautés locales qui ont fait preuve d'une capacité de programmation remarquable grâce à laquelle elles ont obtenu le financement d'initiatives pouvant être inscrites dans le modèle qui vient d'être brièvement illustré.

À Florence, le projet *Citycoop - Citizen Interaction Technologies Yield Community Policing*[728] est né de la collaboration entre la Commune et 20 partenaires, parmi lesquels on retrouve des forces de police, des établissements de recherche, des universités. Le but primaire est de doter l'administration publique des instruments numériques qui permettent aux citoyens de contacter directement la Police municipale compétente sur le territoire afin de signaler des problèmes ou besoins. Mais il y a aussi un autre objectif plus large qui est poursuivi. Il s'agit de promouvoir une connaissance et une communication mutuelles entre les citoyens et les forces de police, pour mettre en place une collaboration en matière de pratiques de sûreté en vue d'une plus grande efficace du service. Concrètement, le projet prévoit la création d'une application pour smartphones et d'un portail en ligne. Il sera testé dans d'autres villes européennes, telles que Lisbonne, Sheffield et Bucarest, et ensuite adapté aux spécificités de chaque contexte local.

à Trento, la Commune en collaboration avec la Fondation Bruno Kessler a obtenu le financement du projet « WeLive » par Horizon 2020. Ce projet vise à améliorer l'accès des citoyens aux services publics grace aux moyens technologiques. Il se fonde sur la participation des citoyens à la construction d'une administration de plus en plus proche de la communauté et à l'écoute de ses besoins[729]. Il prévoit la construction d'une plateforme numérique destinée à recueillir les idées proposées par les citoyens pour les transformer en services fournis par la Commune[730]. L'arrière-plan culturel à la base de ce projet est celui d'une participation citoyenne à la programmation

---

728 http://cordis.europa.eu/project/rcn/197273_en.html.
729 L. PELLIZZATO, « Città sempre più "digitali" », *op.cit.*, p. 90.
730 www.welive.eu.

de services que l'administration, grâce aux instruments technologiques, pourra mettre en place conformément aux exigences des administrés. Ces derniers peuvent ainsi concourir à la création et à la mise en œuvre de l'action publique.

La Commune de Gênes, ensuite, a obtenu un financement pour le projet *MoveUs « ICT Cloud-Based Platform and Mobility Services Available, Universal and Safe for All Users »*[731]. Celui-ci a pour but le développement d'applications technologiques pour une mobilité urbaine durable ainsi que l'information sur les différentes options de transport et la promotion de modes de transport durables. Outre qu'à Gênes, ce projet est expérimenté par les villes de Madrid et Tampere. Là aussi, concrètement, le but est de développer une application pour smartphones ou tablettes permettant d'avoir accès en temps réel aux informations concernant les services de transport (bus, métro, aires de stationnement près des arrêts et des points de covoiturage) ainsi qu'à plusieurs services liés au transport, avant et pendant le déplacement. Le projet a aussi le mérite de prévoir des mesures – non seulement financières – qui incitent à opter pour des modes de transport durables. La caractéristique de ce projet est le fait de permettre une relation directe entre les services et la demande spécifique et personnelle de chaque usager, afin de promouvoir une mobilité plus respectueuse de l'environnement.

Au-delà d'Horizon 2020, il y a aussi des fonds structurels à disposition des administrations pour la diffusion d'instruments technologiques susceptibles d'améliorer la gouvernance locale. Ils sont pour la plupart consacrés à la mise en place de la bande ultralarge et de la stratégie numérique. Les programmes opératifs nationaux et régionaux visent expressément l'amélioration de l'accès aux technologies d'information et communication ainsi que leur qualité. Le « programme opératif national 2014-2020 pour les métropoles », notamment, financera la mise en œuvre de la stratégie numérique des métropoles à hauteur de 152 millions d'euros. Le but est la digitalisation des démarches administratives et la diffusion des services numériques de l'administration publique. Les 14 villes-métropoles concernées sont Turin, Gênes, Milan, Bologne, Venise, Florence, Rome, Bari, Naples, Reggio Calabria, Cagliari, Catane, Messine, Palerme.

---

[731] www.moveus-project.eu.

Enfin, des nombreux maires, depuis 2015, ont adhéré au Pacte des maires[732], promu par la Commission européenne et soutenu par la Banque européenne des investissements, qui finance le secteur de la durabilité environnementale et de l'efficacité énergétique. Ce qui caractérise cette initiative est la participation extraordinaire des institutions locales plus proches des citoyens à la poursuite des objectifs ambitieux de l'Union européenne en matière de politiques énergétiques et environnementales. L'adoption de ce pacte témoigne ainsi de la vivacité du contexte communal.

Les expériences évoquées en matière de digitalisation sont encore très limitées en nombre et leur mise en œuvre est au niveau embryonnaire. Elles constituent ainsi, certes, un modèle à suivre, mais dont il faut encore comprendre les avantages et les inconvénients. Néanmoins, il était opportun de leur dédier une certaine attention pour montrer qu'une nouvelle approche est en train de s'affirmer en Italie au niveau local, et que celle-ci entraînera sans doute une évolution analogue au niveau national. C'est, en effet, au niveau local que cette évolution dans les relations entre les institutions et les citoyens peut s'accomplir, à travers l'implication des administrés dans les activités de l'administration selon des modalités variées, qui ont pour point commun l'utilisation des ressources technologiques. Le but n'est pas une dépersonnalisation de l'administration publique, mais la construction de communautés dans lesquelles les particuliers interagissent avec les institutions pour rendre l'activité administrative plus efficace, plus attentive aux besoins de la communauté et enrichie par les ressources de cette dernière.

1. Notes finales

La tendance globale, qui peut se résumer dans la notion de la « subsidiarisation », poursuit le but louable d'impliquer la communauté locale dans l'exercice des fonctions publiques d'assistance. Néanmoins, elle n'est pas à l'abri des critiques. Les limites de cette tendance se manifestent lorsqu'il y a une réduction importante des ressources publiques. Dans cette circonstance, en effet, il y a des forts risques que cet enthousiasme vis-à-vis de la collaboration en matière de service public soit alimenté par la volonté

[732] http://www.pattodeisindaci.eu/index_it.html.

de cacher une situation de réduction dramatique des services sociaux communaux. Ceux-ci se trouvent en effet limités à des mesures d'urgence, au détriment de la programmation orientée vers la prévention[733]. Tout ce qui ne constitue pas une prestation directe est donc pénalisé, y compris la mise un place d'un régime globale de la prise à charge[734].

La composante publique des services se limite ainsi aux activités d'assistance urgentes, se trouvant ainsi confinée à un *welfare* résiduel. Les institutions publiques interviennent uniquement en tant qu'extrema ratio, en laissant de côté la promotion et la prévention. Mais, ce faisant elles limitent l'efficacité de leurs activités[735]. En plus, concrètement, la mise en œuvre des services n'est pas uniquement limitée par effet de cette logique limitatrice de l'intervention publique, mais elle est aussi subordonnée à la disponibilité de ressources. Par conséquent, il n'y a pas de prestations exigibles dans le cadre de ces interventions urgentes et il n'y a pas de seuil en deçà duquel les réductions des financements seraient interdites[736]. Cela est la conséquence de l'absence de niveaux essentiels établis par le législateur, qui se traduit par l'absence d'un *standard* minimum de protection et la non-définition de droits exigibles. Il faut ensuite souligner que le retrait de la sphère publique aggrave les différences entre les collectivités locales[737], qui sont caractérisées par de taux de participation citoyenne très inégaux.

Le secteur tertiaire se trouve parfois chargé de fonctions préliminaires d'orientation et d'accès primaire aux services (par exemple à travers de centres d'écoute). Cela présente certainement des avantages, surtout lorsque ces fonctions sont assurées par des organismes traditionnellement présents sur le territoire. Néanmoins, il

[733] M. GIOVANNETTI, C. MINICUCCI, F. BRACALI, « Le conseguenze della crisi », *in* M. GIOVANNETTI, C. GORI, L. PACINI (dir.), *La pratica del welfare locale*, *op.cit.*, p. 93; C. GORI, « Conclusioni », *op.cit.*, p. 177 : « Le choix se porte sur les préstations directes, d'assistance, destinées à des situations de faiblesse et malaise grave et/ou à des situations d'urgence ; on privilégie donc le besoin grave et évident, caractérisé par une atteinte manifeste, par la gravité et par l'urgence ».

[734] C. GORI, « Conclusioni », *op.cit.*, p. 179.

[735] M. GIOVANNETTI, C. MINICUCCI, F. BRACALI, « Le conseguenze della crisi », *op.cit.*, p. 93.

[736] M. GIOVANNETTI, C. MINICUCCI, F. BRACALI, « Le conseguenze della crisi », *op.cit.*, p. 94.

[737] M. BURGALASSI, E. MELCHIORRE, « La morfologia del sistema locale di welfare: gli interventi e i servizi sociali dei comuni », op.cit., p. 86.

comporte aussi des risques en raison du fait que des fonctions parfois délicates sont exercées en dehors de la sphère publique[738].

Si un *welfare* local, fondé sur la coresponsabilité de la communauté, est une perspective séduisante et nécessaire, il convient de veiller à ce qu'il ne devient pas un moyen indirect pour démanteler le régime des droits sociaux, déjà fortement affaibli. Il faut alors souligner que niveau communal ne peut pas suffire à lui seul pour assurer l'efficacité du *welfare* local. L'intervention de l'État demeure indispensable. L'État, grâce aussi aux financements européens, doit garantir les ressources publiques nécessaires et doit aussi assurer une gouvernance efficace pour faire face aux transformations sociales et économiques ayant des conséquences sur les situations de vulnérabilité. Une « infrastructure nationale au service du *welfare* local » est donc nécessaire, qui donne une définition législative des droits exigibles et fixe les règles minimales en matière de services locaux[739]. Ces deux questions devraient en fait être résolues par la fixation des niveaux essentiels : les droits subjectifs et les standards de l'offre des services sociaux et socio-sanitaires. Tant qu'il n'y aura pas de niveaux essentiels, cette involution vers un *welfare* de bénévolat[740] se poursuivra et il sera assuré par un réseau social dans lequel le bénéficiaire ne sera qu'un assisté[741].

La participation aux fonctions de protection sociale ne semble donc pas pouvoir garantir en soi un véritable résultat de redistribution. Cela est la conséquence d'un ensemble de raisons en amont, lié à l'incapacité de faire face aux grandes transformations sociales et économiques qui se produisent en dehors des lieux dans lesquels la participation s'exerce. En vertu de l'art. 3 alinéa 2 de la Constitution, « il appartient à la République d'éliminer les obstacles d'ordre économique et social qui, en limitant de fait la liberté et l'égalité des citoyens, entravent le plein développement de la personne humaine et la participation effective de tous les travailleurs à l'organisation politique, économique et sociale du pays ». Cependant, l'État apparaît

---

738 C. GORI, « Conclusioni », *op.cit.*, p. 181.

739 C. GORI, « Conclusioni », *op.cit.*, p. 172.

740 C. GORI, « Postfazione », *in* G. FOSTI (dir.), *Rilanciare il welfare locale. Ipotesi e strumenti: una prospettiva di management delle reti*, Milan, 2013, p. 214.

741 Sue le risque de recul des institutions et de retour vers un welfare d'assistanat, informel et discrétionnaire, offrant de la charité plutôt que des droits, voir M. GIOVANNETTI, C. MINICUCCI, F. BRACALI, « Le conseguenze della crisi », *op.cit.*, p. 101.

inadéquat à la nécessaire perspective de réforme sociale et économique, car incapable de se confronter aux grandes transformations du contexte social et économique. Pour réaliser cet objectif, qui est une condition impérative pour un *welfare* redistribué de manière efficace, il faut une dimension publique supranationale. Au final, l'infrastructure nationale pour le *welfare* local a besoin, à son tour, de s'appuyer sur une infrastructure supranationale (et notamment européenne) dont aujourd'hui il n'y a même pas les fondements.

Les considérations développées se fondent sur deux présupposés : que la redistribution est non seulement un objectif constitutionnel, mais aussi un résultat souhaitable et poursuivi par les politiques publiques ; et qu'une conception du *welfare* en tant que fonction d'assistance caritative, en revanche, si elle peut paraître nécessaire, n'est pas équitable. Toutefois, une autre idéologie est en train de s'affirmer, remettant en cause ces deux présupposés. Cette idéologie se nourrit de mots-clés fascinants tels que « méritocratie », qui « est en train de s'affirmer comme l'objectif idéal pour les économies de marché performantes et globalisées ». Cette idéologie postule une conception de justice selon laquelle « il faut accepter les inégalités, même conséquentes, produites par l'économie de marché [...], que la méritocratie promet de rendre moralement justifiées et donc légitimes et acceptables »[742]. Dans le cadre de cette idéologie, une fois que les droits sociaux ont été démantelés, le soutien aux personnes dans le besoin ne repose que sur la charité.

[742] C. BARONE, *Le trappole della meritocrazia*, Bologne, 2012, p. 38-39.

La commune et le sport en droit français. Les enjeux d'une compétence partagée

Grégory Marchesini
Maître de conférences HDR, Université de Toulon (CERC)

Bien que peu traité, le sujet des rapports entre la commune et le sport est fondamental si l'on tient compte de l'enjeu que représentent le sport et la pratique sportive sur les plans économique, politique ou social.

Le sport a toujours été chargé de sens social. Il est souvent associé aux valeurs d'une société, il les reflète tout autant qu'il participe à leur construction.

Les vertus qui lui sont attachées, -le sens de l'effort gratuit, l'esprit d'équipe et l'envie de gagner tout en respectant l'adversaire et en acceptant la défaite-, en font un élément structurant de tout territoire qui contribue à la création du lien social et au maintien de la cohésion sociale.

Qu'il soit d'élite ou de masse, le sport est également un phénomène au cœur des politiques publiques dans les domaines de l'école, de l'éducation, de l'insertion sociale, de la lutte contre les discriminations, de la culture et des loisirs, du tourisme, de la politique de la ville ou encore de la santé.

Sur un plan économique, le sport s'est historiquement développé en France, pour les raisons précédemment exposées, grâce à la contribution de la sphère publique, le sport professionnel n'ayant pas non plus totalement dérogé à ce mouvement de publicisation.

Jusqu'à la fin des années 1970, l'organisation du sport en France a ainsi profité d'un investissement relativement important de l'Etat et des collectivités territoriales au premier rang desquelles figurent les communes qui ont accompagné le développement de la pratique sportive, initialement limitée à l'éducation physique et sportive (EPS) dans un cadre scolaire et aux compétitions en club.

Ce soutien fut maintenu dans le temps tandis que les pratiques physiques et sportives se démocratisaient et que le nombre de licenciés était multiplié par trois. Parallèlement, la libéralisation du paysage audiovisuel français et son corollaire, la professionnalisation des sportifs et des structures, ont favorisé l'immixtion d'acteurs privés dans ce qu'il convient d'appeler la « gouvernance du sport ».

Quelques chiffres[743] témoignent de la part contributive des pouvoirs publics parmi les quatre familles d'acteurs du sport :

- Le mouvement sportif, qui rassemble 15,7 millions de licenciés, 2 à 3 millions de bénévoles et 167.600 associations sportives affiliées aux fédérations sportives, elles-mêmes regroupées au sein du Comité national olympique et sportif français (CNOSF), assure près de la moitié des 38 milliards d'euros de dépense sportive totale ;
- Les entreprises privées qui interviennent en tant qu'investisseurs, annonceurs ou mécènes y contribuent à hauteur de 4 milliards d'euros
- La part de l'État avoisine quant à elle les 5 milliards d'euros ;
- Et les collectivités territoriales, terme générique regroupant improprement les communes et les intercommunalités, dépensent chaque année plus de 11 milliards d'euros pour les politiques sportives locales et les équipements sportifs.

Deux enseignements peuvent être tirés de ce bref rappel historique et de ces quelques données statistiques.

D'une part, le modèle français d'organisation du sport est à la croisée de deux grands autres modèles : le modèle interventionniste et le modèle européen.

Le premier se définit par une forte implication des pouvoirs publics dans l'encadrement et le développement du sport, à l'inverse de la relative abstention des États, notamment anglo-saxons, incarnant le modèle libéral[744].

[743]http://www.sports.gouv.fr/organisation/missions-organisation/06-Observatoire/article/Observatoire-de-l-economie-du-sport

[744] En France, la forte dépendance publique n'a fait que s'accentuer au fil des années. Les compétitions internationales, l'Euro 1984 de football, le mondial de 1998, celui de rugby en 2007 et tout récemment, mais dans une moindre mesure, l'Euro 2016, pour ne parler que des sports les plus populaires, sont le fruit d'investissements importants de la sphère publique.
Ainsi alors même que les clubs professionnels accédaient à de nouvelles ressources sous la forme de droits TV (au moins pour le football et le rugby), l'investissement public auprès du sport professionnel a continué. Les stades de l'Euro 2016 ne dérogent pas à la règle, à l'exception du Parc de l'Olympique Lyonnais. Dans les stades réalisés en Partenariat Public-privé (PPP), le risque est resté principalement assumé par les collectivités.

Le second se caractérise, entre autres, par l'ancrage local de la pratique sportive et des clubs. En Europe, ils sont un vecteur d'identité des territoires auxquels ils sont indissociablement liés, par opposition au système nord-américain des franchises professionnelles et des délocalisations susceptibles d'en découler.

D'autre part, les communes et intercommunalités conservent le premier rang des premiers financeurs publics du sport en France : prenant en charge 74 % des dépenses publiques en faveur du sport (dont presque la moitié en dépenses d'investissement[745]), elles sont devenues des acteurs incontournables[746].

Leur action n'a cependant pas toujours été valorisée à sa juste mesure.

Comme le déplorait le sénateur James Bordas, alors rapporteur de la commission des affaires culturelles du Sénat, lors de l'examen de la loi dite « Buffet » du 6 juillet 2000 : « *Les collectivités territoriales à qui incombe, sur le terrain, la réalité de la responsabilité de l'organisation de l'égal accès de tous à la pratique sportive, et qui assument à peu près seules la charge de la réalisation et de l'entretien des équipements sportifs, demeurent cantonnées au rôle de bailleur de fonds* »[747].

La cause de cette situation paradoxale est juridique. Elle tire son explication dans le fait que la compétence sport a été la grande absente des lois de décentralisation, ce qui, à défaut de nuire à son développement, n'a pas permis de clarifier le rôle des différentes collectivités territoriales.

[745] « Les collectivités territoriales et les clubs sportifs professionnels » : Rapport de la Cour des comptes rendu public en décembre 2009.

[746] A cela s'ajoute que malgré l'augmentation considérable du poids économique du sport professionnel ces quarante dernières années, la très grande majorité des enceintes sportives professionnelles demeurent toujours la propriété des collectivités territoriales et notamment des communes. Les communes sont propriétaires des trois-quarts environ des équipements sportifs traditionnels (hors espaces et sites de sport nature) et gèrent 68 % de ce parc.

[747] Rapport n° 248 sur le projet de loi modifiant la loi n° 84-610 du 16 juillet 1984 relative à l'organisation et à la promotion des activités physiques et sportives, Sénat, 1er mars 2000, p. 15.

1- Une compétence oubliée dans le droit de la décentralisation

Le groupe national de travail consacré au « rôle de l'Etat dans le sport », constitué en 2002 lors des Etats généraux du Sport, faisait un constat aussi surprenant que légitime :

« *Les collectivités locales ne bénéficient pas de compétences particulières attribuées par la loi dans le domaine sportif, mais (...) leur rôle est très important puisqu'elles apportent globalement plus du tiers du financement du sport en France et qu'elles sont propriétaires de 90 % du patrimoine sportif* »[748].

Ainsi, alors que les communes sont considérées comme le premier contributeur public du sport en France, aucun texte ne consacre cette compétence d'attribution, à l'exception de celui très spécifique relatif aux équipements scolaires[749].

Ce paradoxe apparent pouvait être appréhendé soit comme le signe du maintien de l'engagement de l'Etat, soit, au contraire, comme la manifestation d'un transfert implicite.

Les communes se sont en tout cas engouffrées dans le silence des lois de décentralisation pour mettre en œuvre de véritables politiques sportives locales.

2- Une reconquête : les effets de la loi NOTRe

La loi portant Nouvelle organisation territoriale de la République, dite loi NOTRe, du 7 août 2015[750], constitue de ce point de vue un saut qualitatif, voire même un bouleversement total de logique.

D'abord, elle contient une disposition générale sur la répartition des compétences sportives entre collectivités territoriales.

Son article 104 modifie l'article L. 1111-4 du CGCT qui énonce désormais : « *les compétences en matière de culture, de sport, de tourisme, de promotion des langues régionales et d'éducation populaire sont partagées entre les communes, les départements, les régions et les collectivités à statut particulier* ».

---

[748] Les EGS : Un nouvel élan pour le sport : Relais Sports, n°77, décembre 2012.
[749] V. *infra*.
[750] Loi n° 2015-991 du 7 août 2015 portant nouvelle organisation territoriale de la République.

Cette disposition pose un principe de partage de la compétence sport qui exclut la spécialisation des compétences par niveau d'administration encouragée par ailleurs « *dans la mesure du possible* »[751].

Elle confirme ce que laissait déjà entrevoir l'article L. 100-2 du code du sport aux termes duquel : « *L'État, les collectivités territoriales et leurs groupements, les associations, les fédérations sportives, les entreprises et leurs institutions sociales contribuent à la promotion et au développement des activités physiques et sportives* ».

Ainsi, alors même que l'abandon de la clause générale de compétence se confirme pour les départements et les régions[752], le sport, à l'instar de la culture, du tourisme, de la promotion des langues régionales et de l'éducation populaire relève de plusieurs niveaux de collectivités territoriales[753].

Dans ce nouveau contexte juridique, la question de la place réelle et du rôle véritable que les communes parviendront à conserver à l'avenir revêt un grand intérêt.

Au regard des évolutions constatées ces dernières années, nous postulerons que la réponse est susceptible de varier selon que l'on évoque le sport professionnel ou le sport amateur.

---

[751] Cf. l'article 3 de la loi 83-8 du 7 janvier 1983 relative à la répartition de compétences entre les communes, les départements, les régions et l'État. L'article 104 de la Loi NOTRe n'est pas sans rappeler l'exception au principe d'exclusivité des compétences, abrogé avant même d'entrer en vigueur, qu'avait posée l'article 73 de la Loi n° 2010-1563 du 16 décembre 2010 de réforme des collectivités territoriales.

[752] Ce fut le cas avec la loi n°2010-1563 du 16 décembre 2010 avant d'être réintroduite à l'occasion de l'adoption de la loi n°2014-58 du 27 janvier 2014 de Modernisation de l'Action Publique Territoriale et d'Affirmation des Métropoles (Loi MAPTAM).

[753] Certaines compétences en matière de sport restent néanmoins attribuées à titre exclusif. Peuvent notamment être cités :

- la mise à disposition d'équipements sportifs permettant la pratique de l'EPS au sein des établissements publics locaux d'enseignement ;
- l'exercice des pouvoirs de police administrative générale (à l'égard des ERP, des manifestations sportives) ou spéciale (police des baignades pour les communes du littoral) ;
- la présidence de la CDESI (commission départementale des espaces, sites et itinéraires relatifs aux sports de nature) par le Président du conseil départemental afin de permettre un développement maitrisé des sports de nature ;
- l'organisation et le fonctionnement des centres de ressources, d'expertise et de performance sportive (CREPS).

Si les communes devaient se limiter à ne jouer qu'un rôle très accessoire dans le développement du sport professionnel, le soutien à la pratique du sport amateur ou de loisir continuera sans nulle doute de constituer son domaine d'action privilégié.

I- Un rôle accessoire de soutien au développement du sport professionnel

Communes et sport professionnel font bon ménage en France. Les exemples révélateurs de ce lien indéfectible sont nombreux. Qu'il s'agisse de la vitrine que constituent pour les grandes villes les clubs professionnels à forte connotation identitaire ou des projets avortés de fusion de clubs, chaque exemple est symptomatique de ce d'aucuns appellent « l'esprit de clocher » appliqué au sport professionnel.

Toutefois, pour limiter les abus et les risques financiers, le soutien au sport professionnel par les communes fait l'objet d'un encadrement juridique dont les principales dispositions figurent dans le code du sport.

Traditionnellement, ce soutien prend différentes formes :

1- La participation dans le capital social des clubs professionnels

Aux termes de l'article L. 2253-1 du code général des collectivités territoriales : « *Sont exclues, sauf autorisation prévue par décret en Conseil d'Etat, toutes participations d'une commune dans le capital d'une société commerciale et de tout autre organisme à but lucratif n'ayant pas pour objet d'exploiter les services communaux ou des activités d'intérêt général dans les conditions prévues à l'article L. 2253-2.* »

Or, dès lors qu'elle dépasse un seuil de recettes ou de rémunération des sportifs qu'elle emploie, une association affiliée à une fédération sportive doit adopter la forme d'entreprise unipersonnelle sportive à responsabilité limitée, de société anonyme à objet sportif, de société anonyme sportive professionnelle ou de société d'économie mixte sportive locale.

Par conséquent, les communes ne peuvent accorder d'aide en capital à une société sportive autre qu'une société d'économie mixte sportive locale dont on rappellera qu'elle ne peut plus être constituée depuis l'entrée en vigueur de la loi n° 1999-1124 du 28 décembre 1999[754].

Ne subsistent donc que les sociétés créées avant le 29 décembre 1999, ce qui correspond à des hypothèses relativement marginales.

2- Les partenariats financiers

Beaucoup plus fréquents, les partenariats financiers comprennent les subventions et les contrats onéreux de prestations de service.

Les subventions sont régies par l'article L. 113-2 du code du sport : « *Pour des missions d'intérêt général, les associations sportives ou les sociétés sportives peuvent recevoir des subventions publiques. Ces subventions font l'objet de conventions passées, d'une part, entre les collectivités territoriales, leurs groupements ainsi que les établissements publics de coopération intercommunale et, d'autre part, les associations sportives ou les sociétés qu'elles constituent.* »

Limitées au montant maximum de 2.3 millions d'euros par saison et pour l'ensemble des collectivités territoriales (article R. 113-1 du code du sport), des subventions communales peuvent être allouées pour promouvoir la contribution du sport professionnel à certaines missions d'intérêt général telles que :

- La formation, le perfectionnement et l'insertion scolaire ou professionnelle des jeunes sportifs accueillis dans les centres de formation agréés ;

- La participation de l'association ou de la société à des actions d'éducation, d'intégration ou de cohésion sociale ;

- La mise en œuvre d'actions visant à l'amélioration de la sécurité du public et à la prévention de la violence dans les enceintes sportives.

L'expérience montre toutefois que ces plafonds ne sont pas toujours respectés, le niveau de financement public pouvant atteindre pour

---

[754] Loi n° 99-1124 du 28 décembre 1999 portant diverses mesures relatives à l'organisation d'activités physiques et sportives.

certains clubs professionnels 50 % de leur budget et dépassant très largement les activités subventionnées.

Des contrats de prestations de service (sponsoring, billetterie…) peuvent également prévoir des contreparties financières à la charge des communes indépendamment des missions d'intérêt général visées à l'article L. 113-2 précité.

Par application de l'article D. 113-6 du code du sport, ces contreparties financières sont limitées pour l'ensemble des collectivités à 30% maximum du total des produits du compte de résultat de l'année N-1 dans la limite de 1.6 million d'euros.

Là encore, le risque de dérives existe et pourrait justifier un désengagement des collectivités sur le long terme.

3- La mise à disposition d'équipements

L'usage par les clubs professionnels, d'équipements appartenant aux collectivités, déroge au principe de libre utilisation par tous. Il s'accompagne généralement d'une convention prévoyant le paiement d'une redevance dont le montant ne constitue pas, dans la plupart des cas, la réelle contrepartie des avantages conférés au bénéficiaire de l'autorisation d'occupation[755].

Il est clair que le sport professionnel a bénéficié et s'est développé grâce à ses différentes formes d'aides publiques locales.

Toutefois, ce système n'est plus en adéquation avec l'émergence de l'industrie du sport-spectacle à forte valeur ajoutée économique. Il n'est guère plus cohérent au regard de l'évolution de la place des communes dans l'organisation institutionnelle administrative française et de l'état des finances locales.

Les communes devront donc certainement s'engager dans une autre voie. Il s'agit de déplacer progressivement le curseur du risque vers les clubs professionnels et les ligues tout en leur garantissant la stabilité économique, la pérennité dans les investissements, et la possibilité d'exploiter des enceintes sportives multifonctionnelles.

---

[755] Articles L. 2125-1 et suivants du code général de la propriété des personnes publiques. CE, 10 février 1978, req. n° 07652, Ministre de l'économie et des finances c./ Scudier.

Cela implique tout d'abord de rappeler avec force que le « haut niveau » doit relever, conformément à l'article L. 100-1 du sport du sport, de la responsabilité première de l'État et du mouvement sportif, les collectivités territoriales apportant seulement un concours subsidiaire et accessoire.

Il s'agira en outre d'officialiser certaines des propositions phares émises le 30 avril 2014 par la mission commune d'information sur le sport professionnel et les collectivités territoriales, présidée par le sénateur Michel Savin[756].

A titre d'exemple, la transformation du sport professionnel en véritable secteur économique justifierait que les clubs professionnels français aient, à l'instar de leurs voisins européens allemands, anglais et italiens, vocation à construire et à gérer en propriétaires les équipements sportifs nécessaires à leur activité. L'équipement sportif peut être, en effet, pour le club, un véritable actif, source de recettes (billetterie, restauration, produits dérivés, ...).

L'octroi de garanties d'emprunt pourrait constituer un mécanisme innovant de soutien au sport professionnel.

A l'heure actuelle, les clubs professionnels sont exclus de ce mécanisme qui leur assurerait pourtant une plus grande autonomie financière et leur permettrait de s'orienter vers un modèle économique plus soutenable et plus durable[757].

Du fait de cette exclusion, ils éprouvent des difficultés à contracter auprès des établissements bancaires les emprunts nécessaires à leur développement.

Un assouplissement de la loi amorcerait une démarche doublement vertueuse : elle rétablirait non seulement une certaine équité entre les clubs professionnels, mais elle inciterait également les communes à privilégier, sous réserve de la soutenabilité financière des projets, l'aide aux investissements dans les infrastructures de préférence à une aide récurrente aux dépenses de fonctionnement dont les associations de sport amateur ont davantage besoin.

---

[756] Rapport d'information de M. Stéphane MAZARS, fait au nom de la Mission commune d'information sur le sport professionnel, n° 484 tome I (2013-2014) - 29 avril 2014

[757] L'article L. 113-1 du code du sport dispose que « *les collectivités territoriales ou leurs groupements ne peuvent accorder de garanties d'emprunt ni leur cautionnement aux associations sportives et aux sociétés sportives mentionnées aux articles L. 121-1 et L. 122-2* ».

II- Un rôle moteur dans le soutien à la pratique du sport amateur

La loi n° 2000-627 du 6 juillet 2000[758] a consacré un principe inséré à l'article L. 100-1, alinéa 3, du code du sport qui énonce : *"la promotion et le développement des activités physiques et sportives pour tous, notamment pour les personnes handicapées, sont d'intérêt général"*.

A s'en tenir à l'article L. 100-2 du même code, ce sont les communes, en tant que collectivités territoriales, qui contribuent au même titre que l'Etat, les associations, les fédérations, les entreprises et leurs institutions sociales, à la promotion et au développement des activités physiques et sportives.

Bien que non contraignantes, ces missions ont fait des communes et des autres collectivités un maillon essentiel de l'organisation sportive à la française.

C'est dans les territoires par exemple que les clubs amateurs se sont enracinés et à partir d'eux bien souvent que la pratique sportive s'est développée. L'intervention locale s'est révélée dispersée, mais indispensable.

Jouissant d'une légitimité institutionnelle et politique inégalée, les communes ont assumé un rôle de premier ordre.

Cette primauté des communes ne se traduisait pourtant pas dans les textes légaux ou réglementaires.

Jusqu'à l'adoption de la Loi NOTRe, aucune obligation n'incombait juridiquement aux communes dans le domaine du sport. L'intervention communale n'a pu juridiquement se justifier que par le jeu combiné de la clause générale de compétence[759] et du principe de libre administration des collectivités territoriales[760].

Elle s'est structurée autour de quatre axes :

---

[758] Loi n° 2000-627 du 6 juillet 2000 modifiant la loi n° 84-610 du 16 juillet 1984 relative à l'organisation et à la promotion des activités physiques et sportives.

[759] Article L. 1111-1 du code général des collectivités territoriale. Cette grande liberté laissée à l'initiative des élus locaux sur leur territoire explique très certainement, *a posteriori*, la disparité des politiques sportives en France. Les chiffres sont éloquents : rapportée au budget par habitant, la dépense sportive varie d'une commune à l'autre de 4,73 à 533 euros.

[760] Article 72 de la Constitution du 4 octobre 1958.

1- La construction et la gestion des équipements et enceintes sportives

C'est d'abord à travers la construction d'équipements sportifs que s'est manifestée l'intervention des communes dans le sport amateur. Les installations sportives mises à disposition des clubs et des praticiens sont, pour la très grande majorité d'entre elles, propriété communale. Cette réalité tient à l'obligation qui était faite aux communes d'accompagner toute construction d'un équipement scolaire permettant la pratique de l'éducation physique et sportive[761], le cas échéant en recourant à l'expropriation.

Au-delà de cette obligation légale, et dès lors que les communes ont, avec les premières lois de décentralisation, joui d'une autonomie financière et fiscale, elles pouvaient décider, avec l'aide financière de l'Etat et en l'absence d'initiative privée, la construction de structures adaptées aux besoins locaux pour la création de services sportifs territoriaux, ou encore l'acquisition de terrains ou immeubles propres à répondre aux caractéristiques d'une enceinte sportive.

2- Le soutien matériel

Les communes apportent un soutien matériel important au sport amateur local (sportifs et groupements sportifs) qui dépend presque entièrement de l'aide publique. Outre les autorisations d'occupation des équipements sportifs, ce soutien prend la forme de subventions, d'avances remboursables[762], de garanties d'emprunts[763], de mises à

---

[761] Article L. 214-4 du code de l'éducation. V. également CE, 10 janv. 1994, Assoc. nat. élus régionaux : Rec. CE 1994, p. 12.

[762] Le Conseil d'État avait considéré que l'avance remboursable attribuée par une commune à une association sportive était justifiée, dans la mesure où "*les activités de cette association présentent un caractère d'utilité publique communale, du fait de leur contribution au développement de la pratique locale du sport et notamment du concours apporté par les joueurs de la section professionnelle de football à l'entraînement d'équipes amateurs*" : CE, 10 janv. 1968, Eber et Lévy : Rec. CE 1968, p. 27.

[763] Les garanties d'emprunts constituent des engagements par lesquels la personne publique accorde sa caution à un organisme dont il veut faciliter les opérations d'emprunt, en garantissant aux prêteurs le service des intérêts et le remboursement du capital en cas de défaillance de leur débiteur. Ces garanties sont limitées à

disposition de personnels (éducateurs, personnels qualifiés, …) ou de biens matériels (autocars, …).

3- L'animation

Grâce à du personnel spécialisé dans l'encadrement des activités physiques et sportives, les communes mettent en œuvre des politiques éducatives sportives en partenariat avec l'école et les associations, mais également sur le temps péri et extrascolaire.

Dans certains territoires, elles sont susceptibles de prendre en charge directement des animations sportives, notamment en cas de carence de l'initiative privée (nouvelles activités périscolaires, stages sportifs municipaux, école municipale des sports, offre de pratique à destination de publics spécifiques, ...).

4- La promotion et l'organisation des manifestations sportives

Les communes participent aussi très activement à l'organisation des manifestations sportives, le plus souvent avec les associations sportives.

Comparativement, la Région œuvre plutôt dans les domaines de la formation et de l'aménagement du territoire. Relèvent ainsi de la compétence régionale :

- La formation professionnelle des éducateurs physiques et sportifs (EPS),
- La création et la gestion de centres médico-sportifs,
- Le soutien aux associations sportives d'envergure régionale,
- La mise en place de dispositifs régionaux d'aide à l'emploi pour les associations,
- La construction et gestion d'équipements sportifs pouvant accueillir des événements de grande envergure,
- La construction et l'entretien des installations sportives attachées aux lycées.

---

l'acquisition de matériel ou à la réalisation d'équipements si le montant annuel des recettes est inférieur à 75000€.

En outre, avec la loi NOTRe, la Région s'est vu transférer par l'Etat la compétence de l'organisation et du fonctionnement des centres de ressources, d'expertise et de performance sportives (CREPS).

Quant au Département, ses actions portent traditionnellement sur :

- Le soutien à la pratique sportive du plus grand nombre,
- L'animation sportive de son territoire à l'attention des jeunes publics (camps sportifs, écoles de sport, etc.),
- La construction et la gestion des installations sportives attachées aux collèges,
- Le soutien aux associations sportives d'envergure départementale,
- Le développement des sports de pleine nature (Commissions Départementales des Espaces Sites et Itinéraires).

Ce système de répartition de la compétence sport entre les différentes collectivités territoriales a été entièrement bâti sur le fondement de la clause générale de compétence, de manière empirique et cloisonnée (à l'exception des actions d'investissement combinées pour la réalisation d'équipements sportifs).

Il semble aujourd'hui révolu.

Si le maillage entre les acteurs publics du sport a largement contribué à en développer la pratique, il en résulte cependant une superposition d'initiatives, parfois déconnectées de la demande sportive, et apparaissant bien souvent comme le résultat d'une concertation insuffisante où chaque échelon développe des stratégies aveugles aux autres en fonction de ses intérêts propres.

Au demeurant, la répartition des compétences n'est pas toujours très claire et aboutit parfois à des redondances fâcheuses contraires à la bonne gestion des deniers publics.

Le diagnostic est d'autant plus objectif que l'intercommunalité a également investi la politique sportive locale. La loi du 12 juillet 1999 relative à l'intercommunalité ayant autorisé les EPCI à exercer en lieu et place des communes membres des compétences optionnelles et facultatives en matière de sport[764], c'est plus des 2/3 des structures

[764] La compétence optionnelle porte sur la possibilité de prendre en charge la « *construction, l'aménagement, l'entretien et la gestion d'équipements culturels et*

intercommunales qui agissent dans ce domaine pour mettre en œuvre des projets territorialement circonscrits.

Ces différents écueils plaident pour un abandon de l'atomisation des politiques publiques locales dans le domaine du sport et le développement corrélatif d'une politique de projets remédiant à l'isolement des acteurs et favorisant les mécanismes de concertation afin de garantir *in fine* une solidarité horizontale des territoires.

La consécration légale d'une compétence partagée du sport en France repose précisément sur l'idée matricielle que le développement des activités physiques et sportives est un objectif d'intérêt général, auquel contribuent à parts égales, de manière coordonnée et dans une même perspective les différents acteurs publics.

Echelon de plus grande proximité, la commune peut trouver dans la compétence sport un nouveau moyen d'influer de manière déterminante sur la politique locale.

---

sportifs d'intérêt communautaire ». Les compétences facultatives concernent plus spécifiquement le domaine de l'animation sportive.

La Commune et les sports en Italie

Roberta Lombardi
Professeur de droit administratif, Université du Piémont Oriental

SOMMAIRE : 1. Avant-propos et contextualisation du sujet – 2. Quelques questions d'interprétation : les notions juridiques d'« activité sportive » et d'« installation sportive ». Le système de répartition des compétences entre l'État et les collectivités locales en matière de « régime juridique sportif ». – 3. Le rôle social et économique des sports dans les politiques communales liées aux installations sportives. – 4. Le problème des aides d'État dans les politiques des collectivités locales en faveur des sports. – 5. L'externalisation des installations sportives communales. Divergences jurisprudentielles entre la France et l'Italie.

1. En raison des mes études et travaux de droit administratif je me suis particulièrement intéressée à la théorie du pluralisme institutionnel élaborée par Santi Romano[765] (mais dont les fondements se trouvent, encore plus tôt, chez Hauriou)[766] et c'est pourquoi je souhaite traiter le sujet qui m'a été assigné – La commune et les sports – dans le cadre plus vaste des relations entre différents systèmes de règles juridiques.

Je crois en effet qu'une réflexion qui prend en considération les relations existant entre les communes et les sports ne doit pas ignorer une donnée qui est évidente : il s'agit de comparer et de conjuguer les intérêts (collectifs de la communauté territoriale, et sectoriels des fédérations sportives) dans la perspective de Santi Romano qui appréhende l'ordre juridique comme « des vecteurs distincts de

[765] S. ROMANO, *L'ordinamento giuridico*, Florence, 1966. La théorie institutionnelle a été ensuite déclinée dans l'ordre–juridique sportif par M.S. GIANNINI in *Prime osservazioni sugli ordinamenti giuridici sportivi*, *Riv.dir. sport.*, 1949, p. 10.
[766] M. HAURIOU, *Teoria dell'istituzione e della fondazione*, Milano, 1967.

production du droit, placés les uns vis-à-vis des autres dans une situation d'autonomie au moins relative et entre lesquels existent des rapports organisés de « relevance » ». [767]

Ces rapports d'autonomie et de dépendance se manifestent tant par rapport à l'ordre juridique national que supranational européen.

Tel sera donc le fil conducteur qui me guidera dans ma présentation, qui s'inscrit bien sûr spécifiquement dans le contexte réglementaire italien.

L'objet de cet exposé soulève des questions nombreuses et complexes, car il nécessite la connaissance des mécanismes de répartition des compétences entre les pouvoirs centraux et les pouvoirs locaux de la République tels qu'ils figurent dans la Constitution, (et qui n'ont pas été modifiés à la suite de l'échec de la consultation référendaire du 4 décembre 2016); et la prise en compte de la double dimension (et fonction) sociale et économique des activités sportives, qui est affectée – comme on le verra plus tard – par la réglementation européenne sur les aides d'État et les politiques pro-concurrentielles préconisées par les institutions communautaires, et liée aux questions relatives-aux différents modes d'utilisation et/ou de gestion des biens appartenant au patrimoine indisponible des collectivités locales au sens de l'article 826 du Code civil italien et donc de la Commune.

Il convient de ne pas négliger ces questions si différentes et hétérogènes dans l'analyse du rôle de la commune dans la gestion des installations sportives ; cette analyse nous permettra de mesurer concrètement en cette matière le degré d'autonomie dont elle jouit dans ses relations avec l'Etat, les autres collectivités publiques ou les fédérations (entités productrices de règles sectorielles et générales)[768] .

2. Il nous faut tout d'abord commercer par définir précisément certaines notions indispensables pour traiter notre sujet : car si l'on a l'intention d'évoquer le rôle de la commune dans la gestion des

---

[767] J.-B. AUBY, « Repenser le droit à l'aune de la globalisation juridique », *in* B. BONNET (dir.), *Traité des rapports entre ordres juridiques*, Paris, Lextenso, 2016, p. 262.

[768] La référence est faite aux règles sectorielles encadrant le sport et aux règles nationales et -supranationales européennes, auquel d'ailleurs tous ne reconnaissent pas un caractère général. En ce sens on renvoie aux observations de G. DELLA CANANEA, C. FRANCHINI, *I principi dell'amministrazione europea*, Turin, 2013, p. 17 et s.

installations sportives, il faut savoir clairement non seulement quelles structures rentrent dans cette définition, mais aussi si « la promotion d'activités sportives et récréatives », « la réalisation des installations et équipements correspondants », « l'élaboration des installations sportives » relèvent principalement de la matière du « régime juridique du sport », qui à l'heure actuelle est de la compétence de l'État / de la Région (compétence qui serait restée inchangée si, avec le référendum, la loi parlementaire – sur initiative gouvernementale – de réforme de la Constitution avait été confirmée).

En réalité sur le premier point, il ne s'agit pas de savoir – car c'est déjà clairement tranché – si dans la définition d'« installations » sont compris non seulement les édifices au sens strict (salles de gym, piscines couvertes, stades...), mais aussi, au sens plus général, les surfaces équipées pour la pratique des sports (terrains de football, terrains de boules, ski-lifts...), dans la mesure où elles sont destinées à accueillir, au moins principalement sinon exclusivement, des événements à caractère sportif; la réponse claire et positive de la doctrine[769] sur ce point n'a pas eu véritablement d'écho : des divergences d'interprétation sont apparues sur cette question cruciale de l'identification de ce qui constitue, pour le droit, une activité sportive au sens technique et non pas simplement une activité ludique et récréative.[770]

Autrement dit, et plus concrètement, en plus de toutes les activités pour lesquelles on ne peut pas nourrir de doutes sur le fait qu'elles sont des pratiques sportives proprement dites (natation, football, boxe, athlétique), il y a en réalité toute une zone grise où se situent des activités qui ne sont pas rattachables aussi directement et facilement à la notion de sport. Et remarquons – seulement accessoirement – que le problème, loin de se poser comme une simple question abstraite d'interprétation terminologique correcte ou non, comporte d'importantes implications pratiques, du moment que l'administration communale devra savoir s'il faut appliquer la législation spécifique prévue pour les installations sportives, par exemple à propos de la construction ou la restructuration d'espaces délégués à l'accueil de

---

[769] G. LANDI, « Impianti sportivi », in *Enc. Dir.*, XX, 1970 ; A. MARANI TORO, « Impianti sportivi », in *Noviss. Dig., Appendice*, III, 1982, p. 1240 ; F. BASSI, « Natura giuridica degli impianti sportivi », in *Scritti in onore di Virga*, Milan, 1994, p. 275 et s.

[770] Le probléme-est souligné par N. BASSI, « La proprietà e la gestione di impianti sportivi », *Riv. dir. sportivo*, 2013, p. 15.

tournois de bridge et/ou d'échecs, ou bien ne pas prendre en compte cette législation ou quand – toujours par exemple – la restructuration concerne des locaux pour le jeu des fléchettes (qui n'est pas qualifiable d'activité sportive, car il n'a pas de Fédération de référence[771]).

Pour trouver la réponse, il faut donc se référer à la liste des pratiques reconnues comme sportives par le CONI [Comité Olympique National Italien] qui – comme on le sait – est l'organe public de l'État auquel est confiée la tâche de s'occuper « de l'organisation et du renforcement des sports nationaux », en harmonie avec les institutions et les règles sportives internationales[772], et qui seul est en mesure de les prévoir et de les instituer sous l'égide des fédérations nationales sportives ou des disciplines sportives associées.

Ce qui met en lumière – pour en revenir aux considérations initiales de ce travail – les mécanismes typiques des rapports entre le régime juridique national et le régime juridique sectoriel, qui, même s'il jouit de marges d'autonomie normative et administrative pour régler ses propres intérêts, doit recourir à la loi nationale pour identifier et définir – comme dans ce cas – ses propres composants structurels.

Le deuxième problème d'interprétation évoqué dans le préambule et qui regarde spécifiquement la question de la compétence en matière sportive, est de comprendre s'il faut entendre la notion de « régime juridique sportif » au sens strict, c'est-à-dire se référer uniquement à la discipline des activités sportives en tant que telles (au-delà de tout ce qui, même en ayant des éléments de connexion avec le phénomène sportif, n'est pas imputable à la régulation de la performance sportive ni à l'organisation d'éventuelles compétitions) [773], ou bien si cette notion doit intégrer en tant que composante constitutive – dans ce cas

[771] Le bridge et les échecs sont qualifiables juridiquement comme activités sportives car organisées sous l'égide de fédérations nationales sportives ou de disciplines sportives associées reconnues par le CONI ; il n'en est pas de même pour les fléchettes, qui dépendent d'un organe de promotion sportive.

[772] Art. 2 d.lgs. n° 242/1999. Les Statuts du CONI établissent en outre que cet organe est une « autorité de discipline, réglementation et gestion des activités sportives » (art. 1, alinéa 2).

[773] Tel est l'argument qui a été soutenu dans le cadre d'un litige entre l'État et les Régions quant aux modes de gestion des installations sportives, qui a abouti ensuite à l'important arrêt de la Cour Constitutionnelle n° 424/2004, sur lequel voir ci-dessous la note suivante.

d'espèce, comme « sous-matière » – aussi le sujet des installations sportives.

À la lumière de ce qui émerge des indications données par la Cour constitutionnelle dans un arrêt, qui fut défini non par hasard comme solidement étayé par la doctrine pour ses affirmations apparemment incontournables[774], il est hors de doute que des objets pris en considération à titre autonome avant la réforme du Titre V de la Constitution, comme « la promotion d'activités sportives et récréatives », la « réalisation d'installations et équipements correspondants », « l'élaboration de la programmation des installations sportives », doivent au contraire être considérés maintenant - justement à la lumière des conclusions de la Cour constitutionnelle - comme transférés dans la matière de compétence concurrente « régime juridique sportif » ; ce qui signifie donc quant au sujet qui nous occupe (les installations sportives), qu'il faut exclure - *rebus sic stantibus* - une compétence régionale résiduelle en vertu de l'article 117, alinéa 4 de la Constitution[775].

De ces considérations on peut en déduire que les Régions ont des pouvoirs législatifs concurrents en ce qui concerne toute la matière du « régime juridique sportif » (y comprises les installations sportives), en réservant à l'État les principes fondamentaux de la matière, identifiés respectivement par la Cour Constitutionnelle[776]: a) dans l'utilisation et la jouissance des installations sportives permises, de façon générale, à tous les citoyens ; b) sous la garantie que la gestion

[774] Il s'agit de l'arrêt de la Cour Constitutionnelle n° 424 de 2004, in *Le Regioni*, 2005, p. 667 et s. avec remarque de R. BIN, *Quando la Corte prende la lezione sportivamente*, par lequel la Cour a été appelée à se prononcer en référence directe aux normes sur les installations sportives, c'est-à-dire les alinéas 24-26 de l'article 90 de la l. 289/2002 qui traitent de « l'usage des installations sportives en exercice de la part des collectivités locales territoriales » ou des « instituts scolaires ».

[775] A PAIRE , précise in *Il ruolo degli enti locali nella gestione degli impianti sportivi. In particolare: il Comune*, dans R. LOMBARDI, S. RIZZELLO, F.G. SCOCA, M. SPASIANO, *Ordinamento sportivo e calcio professionistico: tra diritto ed economia*, Milan, 2009, p. 272, que, à la lumière de la reconstruction systématique offerte par la Cour, la *summa divisio* entre les activités sportives de compétition et les activités sportives récréatives en référence à la répartition des compétences entre l'État et les régions, tracée dans le précédent arrêt de la Cour Constitutionnelle n° 517 de 1987, est pour l'essentiel dépassée.

[776] La référence est faite à l'arrêt interprétatif n° 517/1987 rendu à propos de la l. n° 289/2002 qui traite de l' « Usage des installations sportives en exercice de la part des collectivités locales territoriales ».

des installations sportives communales, lorsque la Commune n'est pas en mesure d'effectuer une gestion directe, sera faite de préférence par attribution à certains organismes sportifs; c) sous la garantie de la possibilité générale d'utilisation des établissements scolaires, en sauvegardant les exigences de l'école et les fonctionnalités des structures annexées aux instituts scolaires.

Il faut toutefois tenir compte du fait que ce sont surtout les sources secondaires communales (en particulier les règlements, vu que les statuts n'ont pas l'air d'aller au-delà de déclarations de principe abstraites sur un engagement, de la part de la collectivité locale, d'adopter une politique en faveur des sports) qui finissent souvent par représenter les actes normatifs de référence pour la réglementation des rapports public – privé quant à la gestion et à l'organisation des installations sportives.

L'analyse des règlements communaux montre que, dans de nombreux cas, la réglementation va jusqu'à régir les aspects regardant les tarifs d'utilisation des structures, la fourniture de contributions aux associations sportives présentes sur le territoire, les systèmes pour mettre en évidence les rendements d'une installation sportive, les façons d'obtenir la meilleure conservation des biens sportifs qui font partie du patrimoine immobilier de la commune, les critères d'adjudication d'appels d'offres pour trouver les entrepreneurs privés qui vont conclure avec la collectivité locale des contrats et des marchés d'où découleront pour la collectivité locale des recettes ou des dépenses.

Mais c'est surtout dans le cadre du domaine des fonctions administratives, réglementé – comme on le sait – par les principes indiqués à l'article 118 de la Constitution (*in primis* par le principe de subsidiarité verticale), que la commune joue un rôle de tout premier plan, en comptant au nombre de ses fonctions typiques « la promotion d'activités sportives et récréatives », qui s'exprime, dans la plupart des cas, justement dans le fait de gérer les installations sportives appartenant à la collectivité locale qui sont unanimement placées par la jurisprudence et par la doctrine au nombre des biens patrimoniaux indisponibles en vertu de l'article 826, alinéa 3 du Code Civil italien[777].

---

[777] Pour une reconstruction systématique sur la nature juridique des installations sportives, voir F. BASSI, *Natura giuridica degli impianti sportivi*, préc., p. 275 et s. Et, plus récemment, N. BASSI, *La proprietà e la gestione degli impianti sportivi*,

Du reste l'insertion explicite des installations sportives parmi les ouvrages d'urbanisation secondaire a pour conséquence leur destination nécessaire à satisfaire à des intérêts généraux, et donc il semble inévitable de les inclure parmi les biens patrimoniaux indisponibles en vertu de l'article 826 c.c. italien.

3. Il nous faut insister sur une considération moins essentielle, mais nécessaire pour introduire deux questions juridiques complexes, que nous aborderons dans la partie suivante de cette intervention[778].

S'il est vrai que, pour les juges constitutionnels, il semble que la distinction entre l'organisation des activités sportives de compétition et l'organisation des activités sportives de base [non de compétition] est peu pertinente pour déterminer la répartition des compétences législatives entre l'État et les Régions, en revanche cette dichotomie ne semble pas avoir perdu sa pertinence pour permettre aux administrateurs locaux d'appréhender, les questions liées aux installations sportives.

En effet lorsque les dimensions et les caractéristiques des infrastructures sont orientées vers une vocation essentiellement « récréative », ce sont les finalités sociales de la commune qui prévaudront, en tant qu'elles tendent idéalement à défendre et renforcer le rôle du sport dans le domaine de l'instruction et de la formation, en tant qu'instrument fondamental pour le renforcement « du capital humain de l'Europe » (pour s'exprimer dans les termes utilisés par le Livre Blanc sur les sports[779]). Dans un moment historique – comme celui que nous vivons actuellement – où les pouvoirs locaux se trouvent devant le problème commun d'affronter la

---

déjà cité, p.18, qui relève le fait qu'il n'y a pas de normes qui réservent seulement à la collectivité publique la propriété d'infrastructures sportives, ce qui équivaut à dire qu'elles peuvent aussi appartenir à des sujets privés.

[778] Nous nous référons aux sujets traités respectivement dans le cadre des paragraphes suivants sur la compatibilité de versements de subventions et/ou d'avantages donnés par les Communes aux associations sportives avec la réglementation européenne sur les aides d'État (§ 4), et sur les modalités d'externalisation de la gestion des installations sportives appartenant aux Communes (§5).

[779] S. BASTIANON, « La funzione sociale dello sport e il dialogo interculturale nel sistema comunitario », in RIDPC, 2009, p. 351, ainsi que A. PAPISCA, *Diritti umani e sport nell'anno europeo del dialogo interculturale* dans J. TOGNON (ed.), *Diritto comunitario dello Sport*, Turin, 2009, p. 3 et s.

croissante diversité multiculturelle de leurs contextes sociaux, trop souvent caractérisés par de dangereux conflits interculturels potentiels, le sport se présente pour les administrations comme une occasion importante de favoriser les phénomènes de l'inclusion, de l'intégration et du dialogue entre les populations résidentes[780], en contribuant à favoriser, aussi grâce à la participation à des événements sportifs, un sens commun de l'effort et d'appartenance à la (vie de la) collectivité locale[781].

Dans les cas en revanche où l'infrastructure sportive a d'importantes dimensions et est principalement dédiée au déroulement de sports de compétition, ce sera probablement l'aspect entrepreneurial de la gestion qui prévaudra dans les décisions de politique de la commune, qui considérera surtout les questions économiques/financières liées à la mise en valeur de son patrimoine immobilier.

Cette question est d'une extrême importance pour les administrations locales, en raison du fait que les coûts d'entretien élevés engendrés par ces infrastructures se traduisent souvent par des coûts insoutenables pour les administrations locales, surtout en une période de véritable crise budgétaire et financière et un manque de ressources publiques.

Le problème actuel pour les Communes est de garantir et de soutenir les initiatives sportives, à quelque niveau que ce soit – de compétition ou amateur – surtout en essayant de susciter l'intérêt d'opérateurs économiques privés[782].

Il devient donc crucial pour les administrations locales de lancer un processus de rénovation des installations sportives qui leur appartiennent, en tenant compte des différentes demandes qui proviennent des acteurs sociaux intéressés : d'une part les exigences des sociétés et des associations protagonistes du monde des sports, d'autre part les besoins découlant de la demande de services provenant

---

[780] Sur ces thèmes, récemment, voir A. GIUFFRIDA, « L'Accordo di integrazione: ricostruzione dogmatica dell'istituto e profili di (dubbia) costituzionalità », in *GiustAmm.it*, 11, 2016.

[781] voir en ce sens le point 2.7, page 9 du *Livre Blanc* où l'on attribue au sport « un potentiel considérable de promotion, par des actions concrètes, d'instruction, de santé, de dialogue interculturel, de développement et de paix ».

[782] Pensons par exemple à la possibilité d'utiliser des instruments comme la finance de projet pour la construction et la gestion des installations sportives.

du contexte social de référence pour l'accomplissement d'une activité que la Cour Constitutionnelle n'a pas hésité à indiquer comme essentielle pour le bien-être et la santé des citoyens.

Arrêtons-nous, seulement à titre d'exemple, à la situation qui serait engendrée pour une commune par la nouvelle construction ou par la modernisation d'un stade lui appartenant. Du point de vue de l'intérêt public de la « bonne gouvernance » (ou mieux, de la « bonne administration »), cela pourrait engendrer une série d'aspects bénéfiques.

En effet la commune aurait une chance d'améliorer son propre *asset* territorial, en requalifiant toute la zone urbaine environnante pour en faire un cadre adéquat pour accueillir outre des activités sportives, récréatives, de loisirs, plus importantes, des activités commerciales et tertiaires de soutien à proximité, tout cela pour améliorer la qualité de la vie des administrés qui y résident[783]. Dans ce sens les événements liés à la construction des stades multifonctions de Londres, Barcelone et Turin, apparaissent très significatifs[784]. Sans oublier que le développement des installations sportives a souvent des conséquences importantes également sur le plan strictement

---

[783] A. PEDICINI, T. TIANI, *Lo sport e le risorse finanziarie dell'Unione europea: l'inquadramento della disciplina a favore della costruzione e ristrutturazione degli impianti sportivi*, dans *Riv.dir.econ.sport*, 2012, p. 66 et s.

[784] Cfr. en ce sens la décision du Conseil communal de la ville de Turin du 17 février 2003 « *Trasferimento del diritto di superficie sull'area stadio delle alpi in capo alla società Juventus f.c. spa* », qui a non seulement donné suite à la décision de transférer la propriété de la surface du Stadio delle Alpi à la Juventus F.C. S.p.A. (conformément à la décision prise par le Conseil d'État italien, Section V. n° 1257 en date du 4 novembre 1994, par laquelle l'organe suprême de la justice administrative italienne a jugé légale—à propos de la détermination du concessionnaire, la décision de confier directement le stade de la Ville, à la société gérant l'équipe professionnelle locale de football de division 1 car l'Administration peut juger raisonnablement que l'intérêt public sera mieux-satisfait si le stade est utilisé par l'équipe qui est-la plus utile pour la population locale), mais qui a aussi approuvé la variante du PRGC (plan local d'urbanisme) qui prévoyait d'aménager les surfaces environnantes de toutes les infrastructures pour les rendre plus fonctionnelles non seulement pour l'organisation d'événements sportifs mais aussi pour favoriser une urbanisation soucieuse d'une meilleure qualité de la vie des citoyens qui y résident. La décision spécifie expressément que « de ce point de vue le Stadio delle Alpi et la surface environnante se présentent comme un cadre apte à recevoir une augmentation des activités sportives, récréatives, pour les loisirs, avec des activités commerciales et tertiaires de soutien ».

économique, car il crée de nouveaux emplois[785] et réduit, ou même annule, les coûts, généralement importants, liés à la gestion de l'installation.

4. Il y a un autre aspect important qu'il nous faut souligner, strictement lié à celui que nous venons d'indiquer.

En effet, considérant le rôle important reconnu au sport comme « *agrégateur social* » et véhicule de reprise économique et urbanistique des communautés locales, plusieurs communes ont décidé d'investir une partie des revenus publics, pour soutenir et répondre aux exigences financières des sociétés sportives (tant professionnelles qu'amateurs, surtout dans le secteur du football), en accordant des subventions et/ou des avantages économiques de divers types.

Ainsi, par exemple, au Royaume-Uni, en Espagne et en Hollande, les pouvoirs locaux ont décidé de prendre en charge directement les dettes contractées par certaines équipes de *clubs*, ou d'autoriser l'utilisation du stade de la ville pour un montant symbolique[786], ou de verser directement des contributions à des fins d'intérêt général/aide sociale (lesdites subventions sociales) en faveur de sociétés sportives dotées de centres de formation des jeunes.

Et ici – nous allons bientôt le remarquer - refait à nouveau surface le discours sur les limites des pouvoirs des systèmes autonomes (communal et sportif) « victimes » de l'« ingérence » des systèmes de niveau supérieur, et plus particulièrement au système européen.

En effet l'autonomie de prise de décision de ces politiques locales de soutien n'est pas passée inaperçue aux yeux de la Commission européenne, qui en ~~à~~ certaines occasions en a relevé l'incompatibilité avec la réglementation communautaire sur les aides de l'État[787],

[785] Selon les données de *Stage Up, Sport & Leisure Business* communiquées au Congrès organisé par *Urban Land Institute* sur le sujet *New stadium for new business*, qui s'est tenu à Milan en 2011, la rénovation des installations sportives engendrerait au moins 85 000 emplois.

[786] Dans cette perspective, on peut relever à titre d'exemple que le transfert de la propriété de surface du Stadio delle Alpi a été effectué à la Juventus F.C. S.p.a. pour une période de 99 ans pour le montant de 25 000 euros.

[787] Pour qu'il y ait une aide d'État selon l'article 107 TFUE, il est nécessaire qu'il y ait : a) l'allocation d'une aide accordée par l'État, pour laquelle la forme et le mode avec lesquelles elle est fournie n'ont pas d'importance significative; b) un bénéfice économique attribué à une entreprise, directement ou indirectement, à la charge de la

surtout quand elle a estimé que les interventions des gouvernements locaux étaient, dans ce secteur, susceptibles de modifier l'équilibre de la libre concurrence sur le marché intérieur[788].

Bien sûr le discours de la Commission doit être apprécié en tenant compte du destinataire auquel la Commune décide d'accorder la prestation, qui repose elle-même sur –en général - une diversité de mobiles (poursuite d'intérêts purement économiques ou de caractère social). L'attitude de la Commission a été différente et bien plus rigoureuse quand elle a relevé l'illégitimité de l'aide publique, en tant que contraire aux principes fixés dans l'article 107 TFUE (en vertu de l'art. 87 TCE), quand elle était destinée à de grands *clubs* sportifs huppés (ou en tout cas à des sociétés professionnelles) pour lesquels l'activité sportive est organisée et pratiquée avec une finalité lucrative évidente et prépondérante[789].

Justement au mois de juillet de cette année, la Commission européenne a clos par une décision de condamnation une procédure d'infraction, lancée en 2013 contre la commune de Madrid pour avoir accordé des avantages indus au Real Madrid FC constituant une aide d'État interdite aux termes de l'article 107 TFUE, pour la cession de certains terrains adjacents au stade Barnabeu (afin de construire un centre commercial et un hôtel). Terrains qui avaient été vendus à la société sportive par la commune espagnole dans le cadre d'une opération plus complexe d'échanges de biens immeubles visant à radier des dettes mutuelles des deux parties, opération qui s'est conclue en 2011 par une transaction finale dans le cadre de laquelle plusieurs terrains (de la zone dite Las Tablas) avaient fait l'objet d'une surestimation d'environ 18 millions d'euros[790]. Le montant que la

---

partie publique ; c) la sélectivité de l'aide, propre à favoriser certaines entreprises ou certaines productions, ne coïncidant pas avec des mesures générales de soutien économique ; e) une aide qui affecte les échanges entre les États membres.

788 Cfr. ce qui sera indiqué spécifiquement.

789 On ne peut certes pas ignorer le fait que certaines équipes de football sont des Spa cotées en bourse.

790 Essentiellement, la surface des terrains Las Tablas, évaluée au départ par la Commune à un montant égal à 421 000 euros (en 1998) comme partie d'un paiement fait au Real Madrid par la commune espagnole, avait ensuite été rachetée en 2011 par l'administration communale pour un montant s'élevant à 22,7 millions d'euros, et le paiement avait été fait par le biais de la cession de terrains d'une valeur équivalente nécessaires au Club pour le développement de la zone entourant le « Santiago Barnabeu ». Cfr. en particulier l'invitation de la Commission au Real Madrid club de Futbol de présenter des observations conformément à l'article 108,

Commission a établi – dans sa décision – devra être restitué–par le Real Madrid à l'administration communale, car il constituait une forme illicite d'aides d'État. Le principe qui sous-tend cette décision est celui selon lequel le fait d'utiliser de l'argent des contribuables pour financer des *clubs* de football professionnels constitue une altération des règles de la concurrence, du moment que le football professionnel constitue une véritable activité économique, qui implique des sommes d'argent significatives et est comme telle soumise aux principes fixés dans le Traité UE.

En revanche le discours relatif aux subventions fournies par les Communes aux sociétés sportives qui ne poursuivent pas de but lucratif est en partie différent, car les activités de ces dernières visent au soutien de l'éducation sportive de jeunes athlètes et à l'organisation d'événements sportifs destinés essentiellement à la communauté locale et non pas au grand public. Dans ces cas la Commission européenne tend à justifier les aides destinées pour le sport de base, comme expression d'un service public qui favorise la promotion sociale, la lutte contre la marginalisation, la promotion d'activités sportives chez les jeunes et les plus de 60 ans.

Toutefois sur ce point, est intéressant une récente ordonnance du Tribunal de Milan[791] par laquelle le juge italien décide de suspendre le procès principal pour demander à la Commission européenne des éclaircissements et un avis sur le régime des aides d'État, justement à propos de subventions communales accordées en faveur du sport de base.

Cette affaire a pour objet une mesure prise par la Commune de Milan, qui avait versé d'énormes « subventions d'exploitation » et « versements pour future augmentation de capital » [792] en faveur d'une

---

paragraphe 2 du TFUE, publié dans le JOUE du 7 mars 2014, où toute l'affaire est résumée.

[791] Il s'agit de l'ordonnance du tribunal de Milan – section spécialisée en matière d'entreprise – du 1er février 2016, adoptée dans le cadre du procès civil de Ier degré inscrit au registre général sous le n° 34610/2013, promue par l'Associazione sportiva dilettantistica Quanta Sport Village contre Milano Sport s.p.a. et la Commune de Milan.

[792] Il faut tenir compte du fait que - comme on a déjà dit - la forme et le mode selon lesquels l'aide est fournie n'a pas d'importance significative, et en vertu de la jurisprudence constante l'aide peut aussi être sous forme de recapitalisation d'une entreprise faite par une personne publique (CGCE 21/3/1991 cause C-303/88 Eni-Lanerossi; CGCE 21 mars 1991cause C 305/89).

société sportive (Milano Sport S.p.A.) entièrement contrôlée par l'administration locale[793]. Au dire de l'association sportive amateur concurrente (Quanta Sport Village), demanderesse dans la procédure principale, la commune avait, avec ces subventions, couvert systématiquement les pertes de sa société affiliée au cours des onze dernières années, en lui donnant non seulement la possibilité de survivre, mais aussi d'offrir des services sportifs à des prix non rentables, au préjudice des concurrents travaillant dans le même secteur.

Outre l'avis que la Commission donnera sur ce dossier, que l'on ne connaît pas encore, sont intéressants les arguments en défense proposés par la commune de Milan, qui mettent bien l'accent sur les éléments qui ont permis à la Commission, dans ses décisions précédentes, d'identifier des situations dans lesquelles des financements dirigés vers des organisations sportives sans but lucratif pour la gestion d'installations sportives ont été normalement jugés compatibles avec le marché interne[794].

Un premier élément dirimant semble être, pour la Commission, le fait que la personne fournisseur de services sportifs qui a bénéficié de l'aide publique n'est pas animée d'une logique entrepreneuriale de production de bénéfices (mais tend seulement à atteindre un équilibre

---

[793] La nature privée ou publique de l'entreprise qui reçoit l'aide n'a pas d'importance significative. Pour que les entreprises publiques et privées soient sur un pied d'égalité, la Commission a élaboré un critère, appelé « principe de l'investisseur privé dans une économie de marché » (*market economy investor principle*). L'idée sur laquelle il se fonde est que la conduite des affaires de l'État doit se conformer à celle d'un entrepreneur privé, qui, en principe, vise à l'obtention d'un profit, de sorte que doit être considéré une aide un bénéfice correspondant à la différence entre les conditions auxquelles l'État a assigné les fonds et les conditions auxquelles un opérateur du marché aurait accepté de financer l'entreprise (Cfr. aussi Tar Lazio, section III, 19, mai 2014, n° 5252, dans *www.giustizia-amministrativa.it*).

[794] Dans le secteur des services publics d'intérêt général, l'existence d'une aide en faveur de l'entreprise peut être exclue en raison de l'absence de l'exigence du bénéfice lorsqu'il est vérifié que l'intervention de soutien public est une compensation visant à représenter la contrepartie des prestations effectuées par les entreprises bénéficiaires pour satisfaire à des obligations de service public essentiel, car l'intervention n'a pas l'effet de les placer dans une position concurrentielle plus favorables par rapport aux entreprises concurrentes (JOUE 24/7/2013 C-280/00 cas Altmark). Récemment, cfr. la décision du Tribunal de l'UE du 12 mai 2016, qui a confirmé la décision de la Commission qui avait jugé compatibles avec le marché interne les financements publics accordés à une société sportive de la République Tchèque active dans la fourniture de services sportifs.

économique et financier), en agissant dans le but de faciliter l'accès aux installations sportives afin de promouvoir l'activité sportive auprès de la population locale. En effet on ne peut pas relever une altération du marché communautaire au cas où le bénéficiaire – qu'il soit de nature publique ou privée – s'adresse à des utilisateurs locaux, particulièrement aux écoles ou aux jeunes, ou à des catégories sociales faibles ou défavorisées.

Il faut noter en outre qu'avec le règlement UE n° 651/2014 ont été identifiées de nouvelles catégories d'aides[795] exemptes de l'obligation de notification à la Commission, dont les aides accordées par l'État (ou par une collectivité locale) [796] pour les infrastructures sportives et multifonctions, sous la forme d'aides tant pour les investissements (modernisation et construction) que pour le fonctionnement, qui toutefois sont subordonnées à la satisfaction de conditions spécifiques et au non-dépassement de seuils déterminés[797]. Par conséquent le problème semble aujourd'hui partiellement dépassé par la nouvelle réglementation européenne, à la lumière de laquelle il faudra trancher les difficultés qui se présenteraient.

5. Il y a enfin encore une question juridique qui mérite d'être considérée dans le cadre du problème plus vaste qui regarde les rapports entre les communes et les sports, celui des installations sportives.

En particulier la gestion par les entités locales des installations sportives qui leur appartiennent, si elle ne se fait pas sous forme

[795] En plus de celles déjà prévues dans le Règlement n° 360/2012 (appelé *de minimis*) qui regarde les aides de moindre importance accordées à des entreprises qui fournissent des Services d'intérêt économique général (SIEG) qui ne dépassent pas la somme de 500 000 euros en trois exercices annuels financiers.

[796] Il ne faut pas penser que l'aide est seulement celle accordée par le gouvernement central, car elle doit aussi comprendre toutes les autres aides fournies par une collectivité locale instituée dans un pays de la Communauté. L'article 107 se réfère en fait à toutes les subventions financées par de l'argent public.

[797] En particulier pour les aides au fonctionnement, les coûts correspondent à ceux pour la fourniture des services de la part de l'infrastructure (coûts personnels, des matériels, de l'entretien, etc.) et ne doivent pas dépasser les pertes d'exercice de la période. Pour les aides à l'investissement en faveur des infrastructures sportives, le montant de l'aide ne doit pas dépasser la différence entre les coûts admissibles et le résultat opérationnel de l'investissement, qui doit être déduit des coûts admissibles *ex ante*, sur la base des prévisions raisonnables ou par un mécanisme de récupération.

directe[798], doit être confiée à des tiers dans le respect de procédures qui seront en mesure de garantir les principes de transparence, non-discrimination et égalité de traitement[799], du reste conformément avec ce qui est expressément prévu par la loi nationale de référence (article 90, alinéa 25, l. n° 289/2002) qui impose à la collectivité locale de prédéterminer les critères pour l'identification des prestataires.

Toutefois ce qu'il convient de souligner est le point de vue différent qui a caractérisé le juge administratif italien et le juge administratif français sur cette question du régime juridique de la gestion par des tiers d'installations sportives appartenant à la commune : pour le juge italien la gestion peut s'opérer par le biais d'une délégation de services, et pour le juge français par le biais d'une convention d'occupation domaniale.

Dans ses orientations principales, le juge administratif italien suit le raisonnement selon lequel le bien confié en gestion relève du dernier alinéa de l'article 826 c.c. italien (à savoir celui relatif à des biens appartenant à des communes destinés à un service public et donc assujettis au régime des biens patrimoniaux indisponibles) qui, selon la disposition indiquée, ne doivent pas être soustraits à leur destination. Il est donc clair que la gestion de ces installations implique sans doute une activité d'intérêt général, « comme confirmé par le fait que le régime juridique sportif est caractérisé par une organisation de droit public, avec au sommet le Coni, entité publique »[800], et que les fédérations sportives, parties de cette même

---

[798] La gestion directe est la gestion économique préparée par la collectivité locale avec son propre personnel. Pour faire le choix on tient compte de ses caractéristiques (typicité) ou de ses modestes dimensions (économicité). Sous ces formes de gestion, tout le programme est réalisé avec des ressources financières et avec du personnel public ; le sujet public veille à toutes les opérations d'entretien et de fonctionnement des installations techniques, de promotion de l'offre du service. Dans ce sens cfr. A. PAIRE, *Il ruolo degli enti locali nella gestione degli impianti sportivi. In particolare: il Comune*, déjà cité, p. 299, ainsi que A. ZUCCHETTI, « Sport ed istituzioni. Lo sport come servizio pubblico », in V. ITALIA, A. ROMANO, *La gestione degli impianti sportivi*, *op.cit.* p. 96.

[799] Sur ce point la jurisprudence est pratiquement unanime. Cfr., très clairement, par exemple TAR Parma, section I, 10 novembre 2011, n° 400, dans *Foro amm. Tar*, 2011,11, p. 3469 (s.m.), Tar Lombardie, Milan, section III, 20 décembre 2005, n° 5633 dans *Foro amm. Tar*, 2005, 12, p. 3824 et suivantes.

[800] Pour L. FERRARA, « L'ordinamento sportivo: meno e più della libertà privata », in *Dir. Pubbl.*, 2007, 1 s., il faut même repenser la qualification publique du CONI, selon les objectif et l'activité qui lui sont assignées.

entité[801], exercent des fonctions d'intérêt général qui consistent en la promotion et de l'organisation des sports[802]. Et puis la jurisprudence a encore pu préciser qu'« en cas d'externalisation d'une installation sportive, c'est le mode de rémunération qui fait la distinction entre la concession et le contrat de marché public de services, au sens qu'il s'agit d'une concession lorsque l'opérateur assume les risques économiques de la gestion du service, en s'appuyant principalement sur les utilisateurs, tandis qu'on a un marché public lorsque la charge du service pèse essentiellement sur l'administration »[803].

En revanche la position du juge administratif français semble se caractériser de façon différente, si on l'analyse en référence spécifique à la décision prise par le Conseil d'État dans le cas du stade « Jean Bouin », dont la position a suscité un vif débat doctrinal sur ce point[804].

Le raisonnement de l'organe suprême de la juridiction administrative française part en réalité de la considération des mêmes présupposés qu'utilise aussi le juge italien, mais il arrive – comme on le verra – à une solution différente : présence d'un bien appartenant à un sujet public, organisation d'un service public au moyen de l'utilisation du bien, existence d'un rapport de concession entre le sujet public et le gestionnaire.

Ce qui amène le Conseil d'État à se prononcer sur la qualification de la convention conclue entre la commune de Paris et l'association sportive Jean Bouin pour la gestion du stade du même nom (près du complexe sportif de Roland Garros) comme une « convention d'occupation domaniale » au lieu d'une « délégation de service public » est une notion plus restrictive prise par le juge français quant à cette dernière forme de délégation publique. En effet si la

801 G. NAPOLITANO, « La riforma del CONI e delle federazioni sportive », in *Giorn. Dir. Amm.*, 2000, p. 118 , affirme le caractère privé des fédérations et la disparition de leur définition d'organes.

802 Tar Ligurie, Gênes, section I, 23 juin 2016, n° 700, dans *Foro amm. Tar,* 2016, 6, p.1560 (s.m.); Tar Vallée d'Aoste, section I, 15 décembre 2015, n° 98 in *www.giustizia-amministrativa.it;* Tar Vénétie, Venise, section I, 10 juin 2013, n° 797 in *www.giustizia-amministrativa.it.*

803 Cfr. Tar Abruzzo, Pescara, section I, 11 juillet 2016, n° 258 in *www.giustizia-amministrativa.it.*

804 Conseil d'État, 13 janvier, 2010, Association Paris Jean Bouin, Ville de paris, n° 329576, sur lequel nous renvoyons à la plus grande analyse de G. ROMA, « Concessioni di beni o di servizi ? Divergenze giurisprudenziali tra Francia e Italia », in *Giornale di Dir. Amm.* 2013, 11, p. 1125.

convention ne prévoit pas de clauses portant sur les éléments fondamentaux de la gestion de l'activité (comme les modes d'accès des utilisateurs et la fixation des tarifs), il ne peut pas s'agir - pour le Conseil d'État - de délégation de service public[805].

Alors qu'en revanche, pour le Conseil d'État italien, la reconnaissance en faveur du concessionnaire d'une autonomie tarifaire pour l'accès aux installations n'a pas d'importance pour pouvoir qualifier le rapport comme une concession de service public[806].

Au contraire, cette autonomie doit être reliée au fait que la charge du service repose sur l'opérateur (et non pas sur l'administration), qui assume sur lui les risques économiques de la gestion, et représente donc l'élément qui permet de faire la distinction - comme on l'a vu – entre une concession et un marché public de services.

Il faut donc saisir cette diversité de points de vue entre les deux plus grands organes de la juridiction administrative comme un défi pour vérifier, à l'avenir, quels seront (et s'il y en aura) les effets d'une harmonisation de l'interprétation de l'espace juridique européen tellement préconisée par les organes institutionnels de l'Union.

---

[805] Le juge français a d'ailleurs précisé que l'existence de sujétions et d'obligations imposées par la personne publique n'est pas suffisante pour qualifier l'activité exercée de concession d'un service public. En effet la personne publique a toujours la possibilité d'intervenir contre l'occupant pour garantir la bonne gestion de ses biens.

[806] Cons. St., section VI, 2 mai 2013, n° 2385, dans www.federalismi.it, n° 10, 2013.

La commune & la mort : aspects de droit français[807]

Mathieu Touzeil-Divina
Professeur à l'Université de Toulouse

Omnia mors aequat
CLAUDIEN

Avant de traiter la problématique échue de la Commune et de la Mort (en droit français), il est important de livrer les précisions suivantes.

Traité. Nous imaginons tout d'abord qu'un tel sujet nous été confié non parce que nous sommes nés le jour de la fête des Morts, mais du fait du *Traité*[808] que nous avons commis, aux côtés de deux collègues, en 2014 sur les « *nouveaux droits de la mort* »… ce qui nous identifie sur ce « créneau » des cavernes, des repose-têtes en marbre et des cercueils capitonnés… Merci donc aux organisateurs de leur proposition d'intervention.

Cadavre & Mort. Seconde précision - et elle est indispensable - qu'entend-on, en droit français, par cadavre et par mort[809] ? Il s'agit des restes (tout ou partie(s)) de la dépouille d'une personne humaine décédée et ce, jusqu'à ses ossements (même vieux) et ses cendres. Il est important de préciser ici qu'un cadavre de dix jours ou de mille ans est toujours un cadavre aux yeux de la Loi. En droit français, le cadavre est alors considéré comme une « chose » même si notre ressenti personnel peut en être différent et affecté (car nous continuons à observer des aspects tangibles de personnalité). Seuls quelques rares auteurs (dont le présent contributeur) affirment la nécessité – y compris en Droit – d'affirmer et de reconnaître une personnalité juridique aux défunts. Par ailleurs, la personne humaine passe de la

---

807 La forme orale de l'interventiona été conservée.

808 M. TOUZEIL-DIVINA, M. BOUTEILLE-BRIGANT & J.-F. BOUDET (dir.), *Traité des nouveaux droits de la mort,* Paris, Lextenso – l'Epitoge, 2014, 2 t.

809 On se permettra de renvoyer ici à : M. TOUZEIL-DIVINA & BOUTEILLE-BRIGANT M., « Du cadavre : autopsie d'un statut » *in Traité des nouveaux droits de la mort (préc.)* ; t. II ; p. 403 et s. dont plusieurs éléments sont ici directement repris.

vie au trépas et devient donc « chose » par un phénomène appelé « mort » que le droit appréhende comme la cessation de l'activité cérébrale[810] ce qui implique – juridiquement – qu'un corps maintenu artificiellement en vie (pour des raisons scientifiques ou thérapeutiques) est considéré comme un « *cadavre artificiel* » ou « *cadavre chaud* » (par opposition au corps ou « *cadavre froid* »).

Egalité. Troisième précision - et elle est presque tautologique - la seule Egalité qui finalement nous lie tous et toutes est cette même mort, comme le retient l'aphorisme prêté à CLAUDIEN et cité en *incipit* de ce texte, car non seulement nous mourrons tous, mais surtout nous sommes tous actuellement (même toi cher lecteur) en train de mourir et de nous diriger vers la dégénérescence….

Mort communale. Par ailleurs, dernière précision, nous allons tous mourir sur un territoire communal – dans l'hypothèse d'une mort en France ici envisagée. Communal ou intercommunal d'où peut-être le premier lien logique entre « commune » et « mort » que sous-entend le « et » de coordination du titre de la contribution qui nous a été proposée. En France, ce sont ainsi près de 600 000 familles qui ont été endeuillées (587 000 en 2016 pour 594 000 en 2015 qui a été l'année au cours de laquelle la France a connu un niveau de décès comparable aux années d'après-guerre (1946…)). Selon les prévisions démographiques et statistiques, ce chiffre de la mortalité française avoisinerait les 800 000 décès annuels à l'horizon 2050. En conséquence, même si nos envies de fermer les yeux devant la mort sont compréhensibles du fait de l'affect qu'elle implique, le juriste – notamment – doit la regarder en face et savoir l'affronter, sinon l'appréhender[811]. Cela précisé, comment traiter d'un tel couple « la commune & la mort » ? Il nous a semblé que l'on pouvait envisager trois options d'où un plan… en deux parties !

Première option : la Commune & la mort (1871). Ne s'agissait-il pas par l'intitulé ici confié de traiter de la question de savoir comment la Commune (de Paris, de Toulouse ou encore de St Etienne & de Lyon) en 1789 comme en 1871 a historiquement réussi à honorer ses morts (on pense notamment aux murs des fédérés) et réservé (ou non)

---

[810] Si l'on retient les critères posés par le décret du 02 décembre 1996 ; critères notamment relevés pour permettre le prélèvement d'organes, de tissus et de cellules à des fins thérapeutiques et scientifiques.

[811] C'est le sens de la tribune que nous avions signée avec le Docteur Philippe CHARLIER *in Libération* ; « Allons & Voyons » au premier novembre 2014.

une place aux *Versaillais* ? Il s'agirait alors peut-être de constater dans cette optique que ces différentes *Communes* sans l'aide - et même contre l'Etat – ont formé le projet *proudhonien* et mutualiste de se fédérer afin de créer la plus forte des intercommunalités imaginées et traitant de toutes questions dont celles de la Mort. Cette première acception de « la commune & la mort » sous l'angle historique *communard* permettrait de mettre en lumières cette volonté de ne plus faire confiance à l'Etat en assumant et en valorisant les seules forces locales populaires. Ce pourrait alors être le triomphe du peuple sur les élus, mais peut-être est-ce un peu trop à gauche et daté en cette période électorale et ce, dans un colloque interrogeant le futur et non.... la mort de la République selon les *Communards* ! Nous n'avons donc – à regret – pas retenu cette acception.

Deuxième option : la commune & la mort (demain). Si le sujet qui nous a été confié n'interrogeait pas le passé, peut-être était-il tourné vers le futur. Autrement dit, « la commune & la mort » n'est-ce pas également la question de savoir si la commune va mourir au profit de l'intercommunalité et – ici encore – des communautés ? Nous aurait-on demandé d'avoir le courage – également politique – de prôner sous la présidence du professeur ROUX qui nous agrégea sur une leçon de 24 h portant sur « les grandes villes ».... la mort de la commune ? Il nous a semblé que non d'où la troisième option suivie.

Troisième option : la commune & la mort (2017). Suite à ces deux interrogations temporelles, nous avons préféré retenir comme conception du sujet « la commune & la mort » une acception positive en cherchant à regarder les liens de compétence notamment et d'action communales relatives aux phénomènes mortels et/ou funéraires. Pour en traiter, nous considérerons deux aspects : le premier est domanial et consiste à rappeler que la commune est le lieu en France où l'on meurt et où reposent les cadavres et les cendres. A part quelques difficultés techniques (comme le manque de place), cet aspect domanial pose peu de problèmes juridiques. Le second aspect touche au droit des services publics et à la mémoire des citoyens. Il pose quant à lui beaucoup plus de difficultés en Droit.

I- La commune française : le domaine public monopolistique et local de la mort

A priori, et cela paraît évident, voici le lien juridique qui s'impose entre « commune & mort » : le mortel lien territorial. On meurt effectivement, dans l'hypothèse d'une mort en France ici examinée, nécessairement sur le territoire d'une commune et sauf exception (où est demandé le transfert vers une autre commune), c'est bien la commune (et elle seule de façon monopolistique sans interaction étatique) qui organise ou prépare la dernière demeure de chaque personne humaine en France.

1- Cimetières et sites cinéraires communaux : le mort dans la commune

Nous voudrions ici essentiellement rappeler quelques données et chercherons simplement à rappeler le cadre existant ; cadre qui permet de considérer le rôle quotidien des communes françaises en matière funéraire et domaniale.

L'Obligation d'un cimetière communal. C'est effectivement, en France, pour chaque commune – et ce, quelle que soit sa taille (et sous la réserve d'hypothèses intercommunalisées) – une obligation aux termes de l'art. L 2223-1 CGCT[812] que de prévoir et d'entretenir un cimetière où reposeront les cadavres (inhumés) des citoyennes et des citoyens décédés. Le conseil municipal (ou l'intercommunalité) en matière de cimetière (y compris lorsqu'on l'agrandit par exemple ou le translate) doit alors respecter et faire respecter plusieurs obligations environnementales et urbanistiques à l'instar de l'impossibilité de construire un immeuble ou de creuser un puit aux abords des terrains affectés. L'entretien et la surveillance des cimetières en deviennent conséquemment non seulement une obligation, mais également une charge communale obligatoire. Dans leurs exécutions, les communes, qui sont ici revêtues des pouvoirs de polices administratives générale et spéciale, doivent mettre en œuvre et respecter des questions juridiques qui touchent tant au droit de l'urbanisme, qu'à celui de l'environnement, du droit administratif (notamment des biens) ou encore du droit civil (la plupart des sépultures étant « privées » au

[812] Code Général des Collectivités Territoriales.

terme des contrats de concession). La « police des cimetières » aux mains de la commune va alors régir l'ordre public funéraire qui concerne tant le lieu que les activités funéraires qui s'y appliquent : les funérailles (art. L 2213-14 CGCT).

Par ailleurs, si la commune compte plus de deux mille âmes en vie (*sic*), elle devra également (depuis la Loi du 19 décembre 2008) assumer un site cinéraire destiné à recevoir les dispersions des cendres des cadavériques ayant subi une crémation. Le cimetière communal étant une obligation, la sépulture est due (et non, facultative) aux citoyens en « terrain commun » (art. L 2223-3 CGCT). Elle n'est donc pas une option et l'achat d'une concession privative (qui octroie un droit réel et personnel sur la sépulture) n'est que facultative même si, dans les faits, elle est bien souvent choisie par les familles qui choisissent ainsi d'occuper de façon plus longue et apprivoisée (mais payante) le terrain funéraire. Rappelons à cet égard qu'en France seules deux hypothèses existent quant à la destination des cadavres humains : l'inhumation et la crémation (toute autre hypothèse à l'instar de la sublimation[813] – telle qu'elle se pratique ailleurs - étant exclue). En conséquence, tout cadavre (sauf quelques rares exceptions comme celles des cimetières ou sépultures privées – particulièrement encadrées et génératrices de servitudes contrôlées par la puissance publique -) repose et reposera en France à terme (y compris après crémation et y compris s'il a fallu du temps – comme lors d'un meurtre – pour disposer du corps ou des restes) dans un cadre domanial public et communal. Seule exception à cette destination communale finale : l'hypothèse de la dispersion des cendres « en pleine nature » (art. L 2223-18-2 et s. CGCT), mais bien souvent cette « pleine nature » correspond à un cadre sinon domanial public et communal au moins public. En effet, s'il n'existe pas de définition juridique légale de la « pleine nature », une circulaire (IOCB0915243 C) du 14 décembre 2009 précise que le terme englobe tout espace naturel (*sic*) ne faisant l'objet « *d'aucun aménagement* » ce qui y englobe les bois et les forêts (souvent de nature domaniale communale fut-elle *a priori* privée au sens du CG3P[814]) ainsi que les espaces maritimes et montagnards. En sont explicitement exclus les terrains

---

[813] *Cf.* CE, 29 juillet 2002 ; *JCP G* 2003, I, 150, n° 02, obs. B. TEYSSIE ; *Dr.& Patr.* 12/2002, obs. G. LOISEAU.

[814] Code Général de la Propriété des Personnes Publiques.

privés (jardins, champs, espaces cultivés) ainsi que les cours d'eaux, les voies et les jardins publics.

Autrement dit, le domaine public et la commune sont *a priori* – pour chacun de nous – la destination finale : qu'il s'agisse du cimetière communal ou des espaces (souvent communaux) naturels de la mer, de la montagne ou des forêts.

Un domaine public communal. On sait effectivement depuis longtemps maintenant que le terrain communal réservé aux cimetières et autres sites cinéraires est nécessairement inscrit au domaine public de son propriétaire (même s'il existe encore quelques hypothèses cultuelles notamment de cimetières privés en France). C'est ce que retiennent désormais normes, jurisprudences et doctrines même si, il est vrai, la question a longtemps opposé ces dernières qui avaient retenu (notamment avec l'arrivée du régime dit concordataire) à la suite du décret du 23 prairial an XII (prescrivant la création de cimetières communaux propres à chaque culte) la qualification de domaine privé des communes. Aujourd'hui, cependant, l'hypothèse d'un domaine public communal est évidente et ce, depuis notamment la célèbre jurisprudence dite *Marécar*[815] de 1935 qui retient une domanialité publique du fait d'un usage direct du public. On se permettra, cela dit, de remettre en cause ici la justification « publique » retenue. En effet, sans affirmer qu'il s'agit à nos yeux d'un domaine privé de la commune nous pensons que si les cimetières communaux sont effectivement partie intégrante du domaine public de ces collectivités, cela n'est pas parce qu'ils sont affectés « *à l'usage direct du public* ». Aux termes de l'actuel article L 2111-1 CG3P en effet, le domaine public d'une personne publique est constitué de biens appartenant à ladite personne publique et qui sont soit « *affectés à l'usage direct du public* » soit « *sont affectés à un service public* ». Dans cette dernière hypothèse, ils doivent, cela dit, avoir fait l'objet d'un « *aménagement indispensable à l'exécution des missions de ce service public* ». Or, si l'on veut bien matériellement considérer les cimetières, il nous semble que ces terrains ne sont pas affectés à l'usage direct des visiteurs vivants qui le parcourent, mais bien des cadavres. Ils ne reçoivent donc pas « *l'usage direct du public* » qui n'y entre d'ailleurs parfois que sous certaines conditions et aménagements (horaires notamment), mais nous semblent davantage être affectés au

---

[815] CE, 28 juin 1935, Rec. p. 734 ; *D.* ; 1936.3. 20 ; concl. Latournerie ; note Waline.

service public des pompes funèbres dont ils sont la « destination ». Pour ce faire, ils bénéficient – sans conteste – d'un « *aménagement indispensable à l'exécution des missions de ce service public* » à l'instar des murs entourant l'espace, de l'entretien des abords, des espaces inter-tombes, des allées, de la surveillance, *etc*. Si l'on comprend qu'en 1935 alors que la seconde hypothèse d'affectation au service public n'était pas aussi assise, que le juge a dû passer par l'affectation à l'usage direct du public, nous estimons qu'aujourd'hui (et depuis très longtemps du reste), il serait temps d'affirmer que le cimetière est un domaine public du fait de cette affectation au service public funéraire.

Une gestion/question de place(s). Si, aux termes de l'article L 2223-2 CGCT, « *le terrain consacré à l'inhumation des morts est cinq fois plus étendu que l'espace nécessaire pour y déposer le nombre présumé des morts qui peuvent y être enterrés chaque année* » en cas de création d'un nouveau cimetière, de très nombreuses communes françaises se retrouvent confrontées à un problème quasi insurmontable : la gestion des terrains affectés aux cadavres ; ces derniers ne cessant par définition d'augmenter alors que les cimetières – eux – gardent – sauf agrandissements - la dimension qu'on leur a originellement octroyée. Outre les hypothèses de création de nouveaux espaces et d'agrandissements, la solution souvent retenue est celle du « recyclage » non seulement, naturellement, des terrains communs dans lesquels les cadavres n'ont pas vocation à demeurer, mais aussi des sépultures privées sous concessions. Les restes (si l'on en trouve encore) des cadavres (os et cendres) dont une commune aurait organisé une ou plusieurs « reprises de sépultures » sont alors réaménagés (*sic*) afin de gagner de la place par exemple en les confinant dans un ossuaire communal ou même (et ce, sauf opposition connue du défunt) par le biais de crémations. Les hypothèses de reprises de sépultures privées par la commune, malgré le droit réel et personnel des familles, sont alors justifiées non par le manque de place (qui est la raison financière et urbanistique réelle), mais – juridiquement – par le mauvais entretien fréquent (sinon l'absence d'entretien) prolongé desdites sépultures. Selon l'art. L 2223-4 du CGCT, si l'ossuaire communal ainsi organisé est affecté à perpétuité, le temps des sépultures privées – même dites à perpétuité – est compté lorsqu'elles ne sont pas – ou sont mal – entretenues. La procédure instituée par les articles L 2223-17 et s. CGCT est alors heureusement longue et respectueuse des droits des familles (et des cadavres selon nous), mais elle est manifestement traumatisante et parfois choquante.

C'est précisément cette procédure qui a failli être matérialisée à Nonac, en Charentes, si nous ne nous étions pas opposés (avec d'autres collègues et étudiants réunis au sein du Collectif L'Unité du Droit) à propos de la sépulture, tombée en friches et non entretenue, du doyen Maurice HAURIOU. Cela dit, s'il est facile de s'émouvoir d'une telle disparition tant la doctrine du doyen de Toulouse est encore vive chez les juristes, cela va évidemment pour tous les cas de reprises quotidiennes de sépulture sur nos territoires communaux. C'est un fait qu'il faut entendre et constater : en France, désormais, les familles entretiennent de moins en moins et de plus en plus mal les sépultures de leurs ancêtres. La commune n'a alors que deux possibilités : soit entretenir avec ou à la place des familles soit reprendre les sépultures (et gagner ainsi un peu de terrain qui sera réaffecté à un autre ou plusieurs cadavres). A titre personnel, nous militons pour qu'une obligation d'entretien soit échue à la collectivité publique au nom du respect dû aux morts, mais l'on sait pertinemment qu'il s'agit d'une douce utopie tant le nombre de cadavres va croître et tant la question intéresse si peu de concitoyens.

Dernière hypothèse ? Faire comme à Cugnaux, en Haute-Garonne, où le maire de la commune avait ironiquement et médiatiquement pris un arrêté en 2007 (afin de précisément dénoncer le manque de place dans son cimetière) interdisant « *à toute personne ne disposant pas de caveau (...) de décéder sur le territoire de la commune* » ce qu'a également « décidé » à Sellia, en Italie, le maire d'une commune calabraise.

2- L'exception religieuse de la mort communale : une défunte laïcité

Beaucoup ayant déjà été écrit et dit sur cette question de la laïcité ou de la neutralité religieuse dans les cimetières, nous voudrions ici rappeler quelques éléments et principes à quelques jours des récentes polémiques et réactions médiatiques sur les crèches de la nativité confrontées à l'appréhension juridictionnelle[816].

---

[816] On se permettre à cet égard de renvoyer à : M. TOUZEIL-DIVINA, « Trois sermons contentieux pour le jour de Noël : la Laïcité et le juge administratif : à propos de

Adieu la laïcité ? *A priori,* puisque le cimetière est un élément du domaine public (à part quelques exceptions essentiellement cultuelles historiques comme en Alsace et en Moselle), il se doit d'être sans connotation religieuse c'est-à-dire en conformité avec le principe de neutralité qu'on nomme la laïcité[817]. Toutefois, quatre exceptions au principe pourtant constitutionnel de laïcité viennent bannir cette dernière de nos cimetières et sites cinéraires français.

Première exception : la Loi du 09 décembre 1905 & l'enceinte du cimetière. Selon l'article 28 de la Loi de 1905 : « *Il est interdit, à l'avenir, d'élever ou d'apposer aucun signe ou emblème religieux sur les monuments publics ou en quelque emplacement public que ce soit, à l'exception des édifices servant au culte, des terrains de sépulture dans les cimetières, des monuments funéraires, ainsi que des musées ou expositions* ». Autrement dit, l'interdiction d'emblèmes religieux dans l'espace public ne vaut que pour les emblèmes postérieurs à 1905 (il est hors de question de nier l'histoire nationale multiséculaire antérieure), mais encore la liste législative des exceptions est bien limitative : il ne s'agit en résumé que des lieux de culte, des éléments funéraires (terrains domaniaux & monuments) et des éléments culturels que sont les musées ou expositions[818]. On notera alors que les enceintes ou murs de cimetières même construits en 2017 peuvent donc faire état de croix symbolisées (étonnamment rarement d'autres symboles à l'instar de croissants islamiques, d'étoiles de DAVID ou de swastikas du mouvement *raélien*) et, de fait, de très nombreux portails de cimetières sont-ils aujourd'hui encore dotés d'une croix chrétienne.

Deuxième exception : la Loi du 09 décembre 1905 & les sépultures. Au cœur du domaine public du cimetière la Loi de séparation des Eglises et de l'Etat a également prévu que les sépultures pourraient donc – notamment parce qu'elles sont pour la

---

l'exposition de crèches de Noël par des personnes publiques » *in* JCP A ; n°23 ; 08 juin 2015 & « Ceci n'est pas une crèche ! » *in* JCP A ; n°45 ; 14 novembre 2016 ; p. 02 et s.

[817] On renverra à ce sujet à : M. TOUZEIL-DIVINA & B. ESTEVE-BELLEBEAU (dir.), *Laï-Cités : Discrimination(s), Laïcité(s) & Religion(s) dans la Cité* ; *Cahiers de la LCD ;* n°03 – mars 2017 (L'Harmattan) & en ligne : Dossier 03 – 2017 au Journal du Droit Administratif (http://www.j-d-a.fr).

[818] Ce qui implique très explicitement que les crèches de la nativité n'ont donc pas été prévues par la Loi et sont donc des emblèmes religieux illicites s'ils sont exposés par une personne publique dans l'espace public.

plupart privées (mais pas seulement) – être ornées de symboles religieux et ce, tant que l'ordre public n'en est pas troublé.

Troisième exception : la Loi du 09 décembre 1905 & les territoires. En outre, dans plusieurs enclaves de la République française (comme en Alsace Moselle où la Loi de décembre 1905 de séparation ne s'applique pas), s'applique encore l'antique régime concordataire et ce sont les établissements que l'on qualifie encore de fabriques qui sont chargés de l'entretien et de la gestion des cimetières directement confessionnels et arborant, comme à Strasbourg, une multitude de signes religieux assumés… et hors de la compétence « directe » de la commune.

Quatrième exception : la pratique *contra legem* des carrés confessionnels. Enfin, une dernière exception aux principes non seulement de laïcité, mais également d'Egalité vient se matérialiser dans nos cimetières et cette exception est manifestement non seulement contraire à la Loi (*contra legem*), mais encore encouragée par la Puissance publique (de droite comme de gauche) qui préfère fermer les yeux plutôt que de toucher à cette question si sensible et sulfureuse de la religion dans l'espace public. En effet, les principes de laïcité, mais surtout d'Egalité prohibent le regroupement de sépultures par « quartiers » ou « ensembles » en fonction des religions autrefois pratiquées par les défunts et ce, afin que tout endroit du cimetière puisse être également accessible à quiconque. Officiellement et juridiquement donc les « carrés confessionnels » sont donc illégaux (et même anticonstitutionnels), mais comme de nombreux administrés et élus les réclament et que les communes n'osent embarrasser les familles endeuillées avec des refus touchant aux questions intimes de la religion, les collectivités adoptent des pratiques *contra legem*. En ce sens, et ainsi que le souligne Mme Jeanne MESMIN D'ESTIENNE[819] : « *le Tribunal administratif de Grenoble a dû rappeler dans un jugement rendu le 05 juillet 1993, que la décision d'autorisation ou de refus d'autorisation, d'inhumer un défunt au sein d'un carré confessionnel dans un cimetière municipal ne pouvait être motivée uniquement sur le fondement de l'appartenance réelle ou supposée du défunt à une religion donnée*[820] ». Par ailleurs, outre la pratique communale illégale fréquente (et manifestement demandée par la

---

[819] *In Traité des nouveaux droits de la mort* ; *op. cit.* ; t. I ; p. 228.
[820] TA Grenoble, 05 juillet 1993, *Epoux DARMON* : Req. n° 922676 ; *JCP, G,* 1994, I, 22198, note PRELOT.

population) de ces carrés confessionnels non conformes aux principes d'Egalité et de laïcité, plusieurs circulaires[821] ont invité les maires à « *user des pouvoirs qu'ils détiennent pour réserver aux Français de confession islamique, si la demande leur en est présentée et à chaque fois que le nombre d'inhumations le justifiera, des carrés spéciaux dans les cimetières existants* ». Voilà pourquoi nous avons intitulé cette sous-partie : « 'exception religieuse de la mort communale : une défunte laïcité ».

II- La commune française : cadre du service public étatique des pompes funèbres

Cela dit – chronologiquement – avant d'arriver à sa dernière « demeure », dont on vient de rappeler qu'elle est *a priori* située sur le domaine public communal, tout cadavre (ou élément cinéraire) doit accomplir un dernier « voyage » et ce voyage est l'objet d'une mission de service public : celui dit – extérieur – des pompes funèbres.

1- Un service public pas si communal des pompes funèbres

Tout pousse alors à croire que ce service public qui a lieu sur le territoire communal ou intercommunal et qui est accompli et encadré (notamment) par des acteurs locaux publics et ou privés est un service public tout aussi communal que le domaine public qui reçoit sa manifestation. Nous pensons cependant qu'il n'en est rien[822].

Définition légale du service public extérieur des pompes funèbres. Il existe plusieurs activités funéraires ou de pompes funèbres, mais, au sens strict, une seule (le service dit extérieur des pompes funèbres) a reçu la qualification normative de service public et se distingue conséquemment d'au moins deux autres activités funéraires : le service

[821] Dont celles du 28 novembre 1975 et du 14 février 1991, confirmées par une circulaire Nor/INT/A/08/00038/C du ministre de l'Intérieur en date du 19 février 2008.

[822] Ce qui a fait l'objet de contributions précédentes et notamment d'un article sur le service public funéraire au sein du *traité* précité ; t. 1 ; p. 135 et s. (dont sont issus certains passages suivants) ainsi que dans : M. TOUZEIL-DIVINA, « Histoire d'un service public : le service extérieur des pompes funèbres (1802 / 2002) : du liturgique à l'économique » *in* G. GUGLIELMI (dir.), *Histoire et Service public* ; Paris, PUF ; 2004 ; p. 397 et s.

« intérieur » des pompes funèbres (il s'agit uniquement des activités cultuelles et des rites funéraires ce qui comprend par exemple les décorations et objets propres aux pratiques et aux édifices religieux) et le service « libre[823] » (seulement relatif aux prestations esthétiques et d'agrément telles que la marbrerie, l'imprimerie de papillons mortuaires ou la fourniture de compositions florales). Cela exclu, le service public « extérieur » des pompes funèbres est donc celui qui comprend le transport des corps (avant et après la « mise en bière »), l'organisation des obsèques, des soins de conservation, la gestion des chambres funéraires et la fourniture du personnel et des objets et prestations nécessaires aux obsèques, inhumations, exhumations et crémations (corbillards et voitures de deuil, cercueil, housses et accessoires, urnes, *etc.*). Ainsi, le service extérieur des pompes funèbres est-il donc celui du « dernier voyage » des corps morts : qu'il s'agisse de les mettre en terre, en caveau ou d'organiser une incinération ; qu'il s'agisse également d'éventuelles exhumations. Le service est donc dit extérieur dès que l'on transfère un corps mort sans connotation cultuelle et dès qu'on le prépare audit dernier « voyage » ce qu'affirme en droit positif l'article L 2223-19 du CGCT : « *Le service extérieur des pompes funèbres est une mission de service public comprenant : 1° Le transport des corps avant et après mise en bière ; 2° L'organisation des obsèques ; 3° Les soins de conservation ; 4° La fourniture des housses, des cercueils et de leurs accessoires intérieurs et extérieurs ainsi que des urnes cinéraires ; 5° Alinéa supprimé (sic) ; 6° La gestion et l'utilisation des chambres funéraires ; 7° La fourniture des corbillards et des voitures de deuil ; 8° La fourniture de personnel et des objets et prestations nécessaires aux obsèques, inhumations, exhumations et crémations, à l'exception des plaques funéraires, emblèmes religieux, fleurs, travaux divers d'imprimerie et de la marbrerie funéraire. Cette mission [de service public] peut être assurée par les communes, directement ou par voie de gestion déléguée. Les communes ou leurs délégataires ne bénéficient d'aucun droit d'exclusivité pour l'exercice de cette mission. Elle peut être également assurée par toute autre entreprise ou association bénéficiaire de l'habilitation prévue à l'art. L. 2223-23* » du CGCT.

---

[823] Ainsi que nous l'indiquions dans l'article immédiatement précité, ce service, puisque « *libre* », peut être effectué par toute personne qui le souhaiterait : il n'est besoin d'aucune relation contractuelle avec une personne publique (en ce sens : CE, 09 octobre 1985, *S.A. des pompes funèbres réunies* : *AJDA* 1986 p. 49 avec une note de L. RICHER) ni même d'habilitation préfectorale ou d'agrément pour l'exercer. S'y appliquent donc les pures règles de la concurrence d'un marché de droit privé.

Du liturgique à l'économique. A grands traits, si l'on esquisse l'évolution du service funéraire, on retiendra qu'il a traversé les phases suivantes : d'abord, il a essentiellement – en France – été une activité purement liturgique aux mains des (et en fait de) l'Eglise(s). Par suite, le législateur français – quelques mois avant la Loi précitée de séparation des Eglises et de l'Etat de 1905 – en a fait un service public monopolistique et communal (Loi du 28 décembre 1904) et enfin, le 08 janvier 1993, c'est également la Loi qui a mis fin au monopole communal institué sauf en matière de crémation. La dernière grande Loi funéraire date du 19 décembre 2008 et toutes, depuis 1904, confirment l'existence d'une activité de service public.

Un service public d'apparence communale. Plusieurs auteurs en doctrine qualifient de façon contemporaine le service public extérieur des pompes funèbres de « communal » et ce, sûrement, parce qu'effectivement son assise matérielle est locale et que certaines collectivités communales ont encore choisi de l'exercer et de ne pas laisser ainsi sa gestion uniquement aux mains de la concurrence privée. Par ailleurs, la crémation est *a priori* encore, selon la Loi, la matérialisation d'un monopole d'exercice communal (mais qui peut être délégué). Pourtant, si l'on n'examine que la question des inhumations (et non celle de la crémation), il nous semble que les règles de sa dévolution et de sa reconnaissance traduisent davantage l'existence d'un service national et non communal et ce, malgré les apparences communales évidentes d'un service qui se matérialise au cœur du domaine public communal du cimetière présenté ci-avant.

Un service public d'Etat selon nous[824]. Le service extérieur des pompes funèbres est un service public par détermination de la Loi. En droit positif, l'article L. 2223-19 du CGCT dispose explicitement : « *Le service extérieur des pompes funèbres est une mission de service public* ». Il ne fait ainsi positivement aucun doute : le législateur a entendu consacrer un service public et personne ne peut nier, *de lege*, cette qualification qui s'impose à tous. Mais qu'en est-il de son directeur stratégique[825] au sens qu'en donnent les professeurs GUGLIELMI & KOUBI ? On peut en effet considérer que, quel que soit le mode de gestion retenu, une mission de service public voit toujours sa direction gestion stratégique (sa direction et son contrôle) assurée

---

[824] Le présent paragraphe est directement issu de notre chapitre précédemment cité au *traité des nouveaux droits de la mort*.
[825] Voyez : *Droit du service public ;* Paris, Lextenso ; 3e édition ; 2011 ; § 625 et s.

par la puissance publique (qui généralement l'a créée et reconnue) alors que sa gestion opérationnelle (concrète, matérielle et quotidienne) est soit effectuée en régie soit dévolue de façon contractuelle à une personne privée (nous mettons, pour l'instant, de côté le cas des dévolutions unilatérales législatives ou par agréments). Or, concernant le service public extérieur des pompes funèbres qu'en est-il ? A lire les ouvrages de référence sur le droit funéraire, la question du caractère communal du service public des pompes funèbres ne fait aucun doute : pour Marie-Thérèse VIEL, pour le professeur AUBIN et Mme SAVARIT-BOURGEOIS comme pour MM. VIDAL et SENAC DE MONSEMBERNARD ou pour les commentateurs du CGCT[826], le service extérieur des pompes funèbres est un service public communal comme il l'a toujours été d'ailleurs. Et l'on comprend aisément les raisons qui poussent en effet la doctrine à reconnaître un tel cadre communal : qu'il s'agisse du rapprochement du droit funéraire à celui des cimetières et des crématoriums ou encore de l'existence d'une police des funérailles et de l'état civil entre les mains du maire, tout semble – en apparences – consacrer un tel service effectivement communal. Mais, au fond, quelles sont les sources du droit qui en disposent ? La Constitution est muette et la rédaction actuellement en vigueur du CGCT (art. L. 2223-19 *in fine*) dispose que « *cette mission peut être assurée par les communes, directement ou par voie de gestion déléguée. Les communes ou leurs délégataires ne bénéficient d'aucun droit d'exclusivité pour l'exercice de cette mission* ».

Ainsi, même si – formellement il est vrai – la question du service public extérieur des pompes funèbres est traitée au sein du CGCT dans le Titre II (Livre II, 2nde partie) consacré aux services communaux, en aucun cas, il n'est écrit que le service était nécessairement ou uniquement communal. C'est un service qui *peut* être exercé par une commune dit la Loi, mais ce n'est précisément pas une obligation et cela ne fait pas dudit service une activité uniquement communale. Aussi, pour appuyer la thèse communale, les auteurs

---

[826] M.-T. VIEL, *Droit funéraire et gestion des cimetières ;* Paris, Berger-Levrault ; 2nd éd. ; 1999 *;* p. 138 et s. ; E. AUBIN et I. SAVARIT-BOURGEOIS, *Cimetières, sites cinéraires et opérations funéraires ;* Paris, Berger-Levrault ; 2013 ; 7e éd. ; p. 45 ; R. VIDAL & G. SENAC DE MONSEMBERNARD, *Législation funéraire ;* Paris, Litec ; 1997, 5e éd. ; collection « Administration territoriale, guide pratique », p. 217 et s. ; et J.-C. DOUENCE (dir.), *Code Général des Collectivités Territoriales ;* Paris, Dalloz ; 2002, 5e édition, notes sous art. L. 2223-19 CGCT.

doivent-ils recourir à une source infra-législative. Et souvent ils citent pour ce faire l'avis du Conseil d'Etat en date du 19 décembre 1995[827] qui retient que « *le caractère national de l'habilitation ne fait pas obstacle au caractère communal du service extérieur des pompes funèbres* ». Nous sommes pourtant convaincus de l'inverse. En effet, contrairement à l'avis précité du Conseil d'Etat, nous sommes convaincus qu'une habilitation donnée par un représentant de l'Etat (art. L. 2223-23 à 2223-25 du CGCT) fait du service public une activité étatique et non communale puisque l'Etat en habilitant un opérateur devient ainsi le gestionnaire stratégique du service public[828]. Or, rappelons-le, même les communes lorsqu'elles désirent intervenir dans le cadre du secteur funéraire doivent obtenir (et peuvent donc voir suspendue aux termes de l'art. L. 2223-25 CGCT) leur propre habilitation. En ce sens, relevons une nouvelle fois, avec les auteurs[829] du *Droit du service public* que l'habilitation est « *une opération dont l'objet est de conférer une capacité à une personne qui, naturellement, ne la possède pas* ». Nous en concluons donc aisément que seule la personne qui habilite est détentrice de la gestion stratégique du service public, ce qui exclut catégoriquement la commune ! De même, concrètement, c'est bien l'Etat qui est l'autorité régulatrice du service public des pompes funèbres puisque c'est à lui seul que revient le pouvoir de contrôle et de sanction des entrepreneurs. En outre, comment oser parler de service communal lorsque ladite habilitation est valable pour les entrepreneurs sur l'ensemble du territoire national ? Relevons, également, qu'il existe pour régir le secteur funéraire, outre un règlement national[830], plusieurs institutions nationales consultatives ou représentatives comme le Conseil national des opérations funéraires[831] (CNOF), le Haut conseil de la santé publique, le Conseil supérieur d'hygiène publique en France et – depuis février 2010 – une Union du pôle funéraire public qui a réuni[832] « *les deux plus grandes fédérations du secteur funéraire (la*

[827] CE, Sect., Avis, 19 décembre 1995, *Statut des régies municipales des pompes funèbres* (sur lequel on reviendra ci-après).
[828] Or il est impossible de déléguer par habilitation la gestion stratégique d'un service public qui est par définition insusceptible de délégation : cf. G. GUGLIELMI et G. KOUBI ; *op. cit. ;* § 625.
[829] G. GUGLIELMI et G. KOUBI ; *op. cit. ;* § 641.
[830] *Cf.* décret n°95-653 du 09 mai 1995 (codifié aux art. R. 2223-24 et s. du CGCT).
[831] Créé en 1993 par la première Loi SUEUR, son fonctionnement a été modifié par le décret du 28 janvier 2011.
[832] E. AUBIN et I. SAVARIT-BOURGEOIS, *op. cit. ;* § 34 et s.

Fédération nationale des services funéraires publics et l'Union des professionnels du pôle funéraire public) ». Du reste, dans les faits s'il existe bien des règlements locaux (communaux), ces actes ne font que reprendre le règlement étatique. Alors, quelle serait donc la légitimité d'une commune à édicter un règlement municipal si elle-même, comme entrepreneur en régie, doit s'y soumettre[833] ?

Pour conclure, retenons surtout qu'un service public même s'il se matérialise sur un territoire local peut très bien être (par exemple s'agissant des Universités) d'essence nationale. Ce qui compte alors est de déterminer qui aura le dernier mot s'il est porté atteinte au fonctionnement d'un service extérieur des pompes funèbres ? Qui pourra le fermer ou le recréer ? Seul l'Etat est dans cette position (ce qui, du reste est une très bonne chose) et c'est la raison pour laquelle il serait sûrement opportun de réaffirmer sa fonction de directeur stratégique du service public[834]. Seul celui qui a le pouvoir d'habiliter doit ici être considéré. Or, sans l'Etat la commune ne peut s'auto-habiliter.

2- Les communes oublieuses des corps de leurs défunts ?

Enfin, nous voudrions terminer ce bref exposé des liens entre commune et mort en évoquant le cas de quelques (vieilles) tombes et de leur absence d'entretien soutenu. Il ne s'agit – comme évoqué *supra* avec HAURIOU – évidemment pas de juger les familles des descendants et d'émettre un quelconque jugement moral de valeur(s). C'est là encore un fait qu'il nous faut constater : désormais la société ne veille plus ses morts (comme elle le faisait encore autrefois et ce qu'elle a abandonné en France au moins dans les grandes villes). La société française a désormais tellement peur de la mort qu'elle semble l'exclure de la Cité comme si la nier allait contrecarrer son existence. Conséquemment, à part à la Toussaint ou pour quelques anniversaires mémoriaux, il est devenu rare qu'une fois la douleur passée et les

---

[833] Selon C. DEVES (« Droit communautaire et Entreprise publique locale » *in l'Union Européenne et les collectivités territoriales ;* Centre d'Etudes et de Recherche internationale et communautaire ; Aix Marseille III ; Economica, 1997 p. 98), ce phénomène serait conséquemment contraire aux Traités de l'Union.

[834] *Cf. infra* notre proposition normative en ce sens au Chap. IV, section 05 du présent *Traité* (spéc. § 281).

premières années, les Françaises et les Français prennent soin des sépultures de leurs morts.

Les morts dans la Cité. Aussi, désormais, ne faudrait-il pas repenser le rapport des citoyens à la Mort ? Ne faudrait-il pas – si les Français s'en détournent – réinvestir la puissance publique et la République dans cet espace que les familles délaissent ? On pourra rétorquer que si même les familles sont oublieuses de l'entretien des sépultures (y compris pour de grands juristes célèbres encore de façon contemporaine et dont les doctrines – elles – sont bien vivantes), il n'y a aucune raison pour que la commune se montre plus attentionnée et l'on comprend que cette dernière cherche – dans l'hypothèse de sépultures non ou mal entretenues – à reprendre les terrains abandonnés. Toutefois, s'il appartient effectivement en premiers lieux aux familles et aux proches de se charger de tels entretiens funéraires, il nous semble – à titre très personnel – que des actions nouvelles pourraient être entreprises et pensées pour que la République (par exemple au niveau communal, mais pas nécessairement) soit chargée ou davantage chargée de l'entretien de certaines sépultures (par exemple comme cela se fait déjà de façon signalée pour certains monuments de femmes et d'hommes reconnus par leurs concitoyens et « célèbres » et célébrés) sinon de toutes (ce qui serait évidemment bien plus conforme au principe d'Egalité). N'appartient-il pas à la République de veiller sur ces enfants, même décédés ? Le respect dû aux morts, garanti notamment par l'article 16-1 du Code civil, ne l'implique-t-il pas ? C'est en tout cas le vœu que nous formons même si l'on n'ose imaginer le coût conséquent à chiffrer d'un tel entretien et les répercussions en termes domaniaux. Pour ce faire, l'une des solutions serait peut-être – comme nous l'avons imaginé avec Mme Bouteille-BRIGANT dans une proposition législative argumentée, de modifier le statut juridique du cadavre et de le faire reconnaître non comme étant en Droit une chose, mais bien comme personne « défunte ». Et après tout[835], « *Quand on pense à quel point la mort est familière et combien totale est notre ignorance, et qu'il n'y a jamais eu de fuite, on doit avouer que le secret est bien gardé* ».

[835] V. JANKELEVITCH, *La mort* ; Paris, Flammarion ; 1977.

Propos conclusifs

Jean Gourdou
Professeur de Droit Public, Université de Pau et des Pays de l'Adour

Ce qui suit ne sera pas une synthèse au sens biologique du terme, plutôt un cocktail de diverses molécules, un amalgame de particules réflexives grappillées tout au long de nos deux journées de travaux.

Certes, je conçois – pour l'avoir moi-même éprouvée- la satisfaction que chaque intervenant peut tirer de la citation de son nom, de l'hommage rendu à la profondeur de sa pensée dans un propos conclusif souvent flatteur. Mais le rapporteur s'expose alors à ce que j'appellerais le « *syndrome de La Mouche* », référence faite au film bien connu de David Cronenberg dans lequel un scientifique, expérimentant une machine de téléportation, voit ses gènes se mélanger avec ceux de l'insecte qui s'était malencontreusement insinué dans la machine ; puis souhaite les mêler à son tour avec ceux de sa compagne pour créer un « *corps parfait* » ; le tout débouchant sur la création d'une aberration digne des bestiaires de Jérôme Bosch…

Dans l'espoir d'éviter un résultat aussi monstrueux, je me contenterai d'évoquer successivement trois interrogations qui me sont venues à l'esprit au regard du thème proposé – « *quelles communes pour le 21e siècle ?* »-, puis à l'écoute des diverses contributions.

I- Pourquoi poser la question de cette manière ?

L'intitulé du colloque est, à lui seul, porteur d'enseignements. Des formulations alternatives étaient en effet concevables : « *faut-il maintenir les communes au 21e siècle ?* » ; voire « *par quoi remplacer les communes au 21e siècle ?* » ; etc. A la lecture de ces interrogations, on mesure instinctivement leur charge sacrilège, tant l'existence même des communes relève de l'évidence (non seulement en France, mais dans la quasi-totalité des pays). Et l'on a pu mesurer, au fil des différentes interventions, pourquoi il en va ainsi.

A – Il apparaît, tout d'abord, que l'Etat a besoin d'une cellule « élémentaire » pour gérer une multitude d'intérêts publics très localisés.

Où que l'on se situe de par le monde, la satisfaction des besoins immédiats des populations postule l'existence d'une administration de proximité à même de l'assurer. Ont pu être à ce titre évoquées, pêle-mêle et sans désir d'exhaustivité, des réponses aux attentes en matière d'hygiène, de maintien de l'ordre, d'entretien des espaces, ou encore - plus spécifiquement - de prise en charge des défunts ou d'équipements sportifs.

Dans certains Etats, comme cela a été montré s'agissant de l'Amérique latine, la commune constitue même la seule structure d'administration locale *stricto sensu* ! Dans les autres, et bien que la question de l'échelon pertinent de prise en charge des différents services publics se pose avec toujours plus d'acuité du fait de la montée en puissance des logiques intercommunales, il n'est jamais pour autant question de déposséder l'échelon communal de la totalité de ses compétences traditionnelles.

B – Au-delà, l'Etat démocratique a besoin d'une cellule « élémentaire » de gestion répondant à un minimum de logique décentralisée.

Le fait que la commune ait constitué l'échelon à partir duquel, dès l'antiquité puis sous l'ancien régime, se sont progressivement enracinés les germes qui fructifieront dans la pensée des Lumières, puis des révolutionnaires, ne doit rien au hasard. Bien au contraire, cela procède d'une nécessité qui ne peut demeurer trop longtemps niée, sauf à alimenter des tensions sociales destinées tôt ou tard à dégénérer en conflits ouverts : les habitants doivent avoir leur mot à dire sur la gestion des affaires qui les intéressent le plus directement et au quotidien.

Au minimum, cette implication des citoyens passe par l'élection de représentants (pour la France, des conseillers municipaux, désignant à leur tour un maire et des adjoints), forme de démocratie représentative consubstantielle à la logique décentralisée dont la commune a constitué l'incubateur.

Mais aujourd'hui, la revendication d'une association plus étroite des mêmes citoyens à l'action publique a rendu indispensable le développement de techniques relevant d'une logique de participation (en particulier - mais pas seulement - pour des projets affectant l'environnement, dont l'acceptation implique de s'affranchir des modes de décision strictement unilatéraux). Or, l'échelle communale s'est avérée, une fois encore, un laboratoire irremplaçable pour la mise en œuvre de tels procédés de démocratie participative, à l'image des consultations, des référendums locaux ou encore des multiples formes de concertation qui s'affranchissent parfois du cadre juridique censé en régler l'organisation et le poussent, de ce fait, à évoluer.

II- Pourquoi poser la question ?

Les organisateurs de ce colloque ont à l'évidence choisi un thème brûlant, pas seulement –on a pu le mesurer- en droit hexagonal. Diverses contributions ont souligné à quel point l'échelon communal fait l'objet, à l'heure actuelle, d'une remise en question, et ce, à plusieurs égards.

A – Il s'avère, en premier lieu, que la commune est <u>une institution en tension</u> (le mot « *étau* » a même été employé), peut-être parce que nous nous situons à une période charnière de son histoire.

La reconnaissance des communes, nous a-t-on dit, résulte tantôt d'un fort volontarisme de l'Etat (pensons à l'exemple brésilien où le nombre des communes en forêt amazonienne a été multiplié par trois en dix ans), tantôt de la prise en compte par celui-ci d'une réalité géographique et sociale préexistante qu'il vient consacrer comme échelon de gestion doté d'une plus ou moins grande latitude d'action, étant entendu que les deux phénomènes se conjuguent le plus souvent.

C'est ainsi qu'en 1789, la création des communes a été le fruit combiné d'un constat (procédant de la « logique existentialiste » telle qu'elle nous a été dépeinte) et d'un désir de l'Etat d'enraciner les nouvelles logiques démocratiques représentatives à partir des structures géographiquement les plus proches du peuple.

Or, un hiatus s'est formé et est allé s'amplifiant entre ces deux paramètres. D'un côté, la reconnaissance étatique s'est figée (au point d'aboutir, *in fine,* à la constitutionnalisation de la structure avec l'Acte II de la décentralisation) autour d'un régime séculaire, le tout s'accompagnant d'une imprégnation des consciences : le modèle arbitré à l'origine est désormais perçu comme incontournable, qu'il s'agisse des périmètres des découpages territoriaux ou de l'uniformité de l'organisation institutionnelle. D'un autre côté, la réalité du terrain ne correspond plus du tout à celle qui caractérisait la fin du 18e siècle, ni le 19e siècle, ni même la première moitié du 20e siècle, que l'on se place sur un registre géographique, démographique ou économique. Cette évolution, marquée notamment par des écarts gigantesques entre grandes métropoles et communes rurales, a mis à mal l'utopie égalitaire qui avait dicté le modèle « commun », tant il n'est guère expédient de traiter à l'identique ce qui n'a plus rien de semblable.

B – En second lieu, la commune apparaît comme une institution déjà malmenée. Il suffit, pour s'en convaincre, d'évoquer la concurrence des établissements publics de coopération intercommunale (EPCI), lesquels se détachent de plus en plus d'une forme de décentralisation technique pour se rapprocher des canons de la collectivité décentralisée.

Les évolutions ci-dessus retracées, conjuguées à des logiques de rationalité économique, ont imposé que soient mises en place à cette échelle élargie des politiques publiques et assurées des actions plus ambitieuses que celles que pourrait mener l'échelon communal. En parallèle, ces nouvelles compétences ont exigé une légitimation des représentants communautaires par une élection au suffrage universel, et nous sommes sans doute à la veille d'une désignation directe de ces élus par les citoyens, les plaçant en concurrence toujours plus forte avec les conseillers municipaux.

III- Quels premiers éléments de réponse se dégagent-ils de nos travaux ?

Les perspectives qui s'ouvrent pour l'avenir des communes au 21e me semblent pouvoir se scinder en deux grandes tendances.

A – Plusieurs pistes ont d'abord été esquissées - parfois en creux-, qui toutes supposent l'abandon de mythes pourtant extrêmement vivaces. Je pense principalement à deux d'entre eux :

- celui de l'uniformité des modèles institutionnels. Est-ce notre esprit cartésien qui nous pousse systématiquement à attacher à une catégorie juridique un régime pour l'essentiel indifférencié ? Toujours est-il qu'à l'heure actuelle, il paraît absolument illusoire de continuer à penser que le moindre village doit être administré selon le même schéma qu'une grande ville, voire être attributaire de compétences nominales équivalentes. L'exemple de certains établissements publics de coopération intercommunale devrait nous inspirer : on connaît des structures métropolitaines qui, compte tenu de leurs caractéristiques propres, se sont éloignées du droit commun pour englober l'institution départementale... Pensons également à l'émergence de règles spécifiques applicables à des établissements dits « XXL » (telle la communauté d'agglomération du Pays Basque regroupant plus de 150 communes - pour la plupart bien loin d'être « agglomérées »... - et couvrant la moitié de la superficie des Pyrénées-Atlantiques, échelle à laquelle il est apparu difficilement concevable d'élaborer un plan local d'urbanisme intercommunal dans les conditions ordinairement applicables aux EPCI du même type) ;

- celui d'une démocratie participative fantasmée, prétendue panacée contre le désamour des citoyens envers la chose publique. La plupart des outils mis en place à cet égard ont déçu, en partie parce qu'ils procédaient plus d'un affichage démagogique que d'une volonté d'efficience (pseudo initiative populaire en matière de consultation locale, par exemple), en partie parce que la mobilisation citoyenne est volatile, difficile à canaliser par des procédés trop rigides et, en tout état de cause, plus limitée qu'on se plaît à la rêver. Face à cette réalité, sans doute faudrait-il reconsidérer les supports de cette participation au profit d'instruments certes plus modestes en apparence, mais mieux adaptés aux capacités de contribution de la société civile à la gestion publique, quitte à faire le deuil du mythe du « gestionnaire » en puissance qui sommeillerait en chacun des citoyens. Des exemples étrangers paraissent riches d'enseignements à cet égard, tel celui du conseil du tourisme créé par la ville de Barcelone, composé de quelques dizaines de citoyens seulement (habitants de la ville, mais également touristes, considérés pour l'occasion comme des « habitants temporaires ») et travaillant de conserve avec un observatoire partagé entre la ville et l'Université avec l'objectif de restructurer la destination touristique et de mettre fin à la saturation notoire actuelle.

B – A côté de ces éléments, d'autres points évoqués au détour de quelques interventions mériteront à n'en pas douter de futures explorations, comme notamment les dynamiques sous-jacentes à l'institution des « communes nouvelles ».

L'enseignement majeur du succès - certes relatif, mais non négligeable- de la formule réside dans la viabilité de la conjugaison entre multiplicité de strates d'administration (communes déléguées/commune nouvelle) et limitation des structures chargées de cette administration (les maires délégués étant issus du conseil municipal de la commune nouvelle). On retrouve ici l'écho de la logique qu'avait un temps suivie le législateur au travers de la loi du 16 décembre 2010, avec l'instauration des conseillers territoriaux prévus pour se substituer aux élus régionaux et départementaux.

Cette plasticité inaccoutumée devrait, à mon sens, servir de source d'inspiration à l'administration future de l'échelon communal, en combinaison avec la sphère intercommunale. Plus précisément, il conviendrait de s'affranchir de l'équation classique « une commune = une instance de gouvernance dédiée » pour imaginer, lorsque du moins les réalités territoriales le justifient, que des représentants élus (par exemple à la tête d'un EPCI, ou de regroupements de communes internes à celui-ci) puissent être appelés à s'occuper des affaires de plusieurs niveaux d'administration imbriqués.

A cette fin, des concepts encore flous auxquels des intervenants ont pu faire référence - tels ceux de « collaboration loyale » ou de « niveau essentiel de service » - requerraient à l'évidence qu'on en explore toutes les promesses.

Questions juridiques aux éditions L'Harmattan

Dernières parutions

EXISTE-T-IL ENCORE UN SEUL « NON BIS IN IDEM » AUJOURD'HUI ?
Sous la direction de Delphine Brach-Thiel
«Nul ne doit pouvoir être jugé et condamné deux fois à raison des mêmes faits.» Si le principe est simple, c'est précisément son interprétation par de très nombreuses juridictions - pas toujours à l'unisson - qui pose question et explique le retour de ces interrogations sur le devant de la scène aujourd'hui. L'analyse ici présentée se veut riche et féconde de la rencontre entre universitaires belges et français, entre praticiens et chercheurs, entre européanistes, internationalistes ou pénalistes.
(Coll. Comité international des pénalistes francophones, 23.50 euros, 230 p.)
ISBN : 978-2-343-11828-4, ISBN EBOOK : 978-2-14-004143-3

ESSAI SUR LA NOTION D'EXÉCUTION CONTRACTUELLE
Alvarez Isabelle
L'exécution contractuelle constitue la cause impulsive de l'établissement du contrat qui, paradoxalement, est un mécanisme trop familier pour être bien connu. Adopter une méthode d'analyse alternative permet d'esquisser une définition de cette notion juridique. Est ici proposée une approche dynamique des échanges contractualisés, orientés vers la réalisation satisfactoire de l'opération économique, démontrant que cette phase exécutoire recèle un panel étendu de perspectives. (Étude à jour de l'ordonnance n° 2016-131 du 10 février 2016 portant réforme du droit des contrats, du régime général et de la preuve des obligations).
(Coll. Logiques Juridiques, 45.00 euros, 486 p.)
ISBN : 978-2-343-12604-3, ISBN EBOOK : 978-2-14-004271-3

LES ACCORDS COLLECTIFS DE GROUPE
Théodoropoulos Alexandra - Préface de Gérard Vachet
De simple expérimentation issue de la pratique, la négociation collective de groupe est devenue un véritable niveau de négociation collective reconnue par le législateur. L'accord de groupe est désormais consacré comme une norme créatrice de droits et d'obligations entre employeurs et salariés du groupe, mais sa place dans la hiérarchie des normes n'a pas été précisée. Cette situation génère de nombreuses interrogations quant à sa portée et à ses limites.
(Coll. Logiques Juridiques, 44.00 euros, 440 p.)
ISBN : 978-2-343-12269-4, ISBN EBOOK : 978-2-14-004330-7

LA SIMPLIFICATION DU DROIT DES SOCIÉTÉS À L'AUNE DU CAS HONGKONGAIS
L'exemple des SARL et SAS
Tortellier Nathalie - Préface de Mme le professeur Catherine Barreau
Cette étude comparative puise dans les règles et mécanismes de la société fermée à risque limité hongkongaise des techniques pouvant fortement contribuer à l'assouplissement et à

la simplification du droit des sociétés. L'analyse décortique la vie des SARL et SAS et propose l'application de la méthodologie pragmatique du droit hongkongais par thèmes dans un souci d'adaptabilité du droit français. Il ressort de cette analyse comparative 80 recommandations inspirées de la société hongkongaise pour développer une société outil au service de l'entreprise, une société adaptée et adaptable aux acteurs économiques contemporains.
(Coll. Logiques Juridiques, 49.00 euros, 638 p.)
ISBN : 978-2-343-11885-7, ISBN EBOOK : 978-2-14-004220-1

LE DROIT DE L'INFORMATIQUE
4e édition (2017)
Bismuth Yves
À travers l'étude des grands thèmes du droit de l'informatique (protection des logiciels et des données, contrats informatiques, protection des libertés, gestion du risque informatique), cet ouvrage permet au lecteur d'établir lui-même un diagnostic juridique des problèmes rencontrés à l'occasion de la mise en place d'un système informatique. Il est complété par des extraits de code, une bibliographie, un index et un lexique, et est à jour des dernières lois et décrets intervenus en la matière.
(38.00 euros, 436 p.)
ISBN : 978-2-343-11527-6, ISBN EBOOK : 978-2-14-004177-8

MÉTHODE ET ASPECTS FORMELS DE LA RECHERCHE
Petit manuel à l'usage des juristes (2e édition)
Marain Gaëtan
L'ouvrage propose un apprentissage de la recherche et de son formalisme qui doit permettre aux étudiants confrontés à la rédaction d'une thèse ou d'un mémoire en droit d'aborder ce travail avec sérénité. L'auteur donne ainsi une méthode pour définir le sujet, échafauder un plan et trouver la documentation utile. Est également abordée, entre autres, la question du référencement des sources et de la citation d'auteur. Des recommandations propres à l'organisation de la soutenance et à son bon déroulement sont prodiguées. Voici un guide à même d'éclairer les premiers pas du jeune chercheur en droit.
(15.50 euros, 138 p.)
ISBN : 978-2-343-12682-1, ISBN EBOOK : 978-2-14-004300-0

LA PROCÉDURE DE LIBÉRATION CONDITIONNELLE COMME OUTIL DE GESTION DU RISQUE
Ben Gadi Amélie - Préface de Joana Falxa
La procédure d'octroi de la libération conditionnelle des longues peines témoigne d'une sévérité accrue à leur égard. En imposant une évaluation de dangerosité, le législateur a souhaité «verrouiller» la procédure. Cependant, la notion de dangerosité est très complexe à définir et ne fait l'objet d'aucune définition légale. Elle introduit la notion de gestion du risque, ouvrant le chemin vers une justice de précaution. La présente étude éclaire la problématique de la réinsertion des longues peines.
(Coll. Bibliothèques de droit, 15.00 euros, 132 p.)
ISBN : 978-2-343-11550-4, ISBN EBOOK : 978-2-14-004296-6

LETTRE À TOUS CEUX QUI PERSISTENT À VOULOIR FAIRE LEUR DROIT
Charles Thierry
Le droit court derrière la «révolution numérique». Les algorithmes nous espionnent et restreignent les libertés publiques, ils calculent les indemnités au service des compagnies d'assurances. La diminution lente et continue des services chargés de veiller à l'application du droit affaiblit et parfois anéantit l'efficacité de ces lois. L'échec de la loi Hadopi est significatif à cet égard. Le mal est en fait bien plus profond et ne date pas d'hier. Nous vivons une époque de démolition des codes établis. Si le droit est partout, en définitive il n'est nulle part...
(20.50 euros, 204 p.)
ISBN : 978-2-343-12343-1, ISBN EBOOK : 978-2-14-004306-2

FÊTE ET DROIT PUBLIC
Sous la direction d'Adrien Azarete, Elie Guerrero et Thomas Moretto
S'inscrivant dans une approche globale et élargi à tout le droit public, le présent ouvrage, issu du colloque « Fête du Droit Public », a pour objet l'étude de l'application du droit public dans la fête par les différents acteurs de cette branche du droit. De l'autorisation de la fête à sa responsabilité, en passant par son organisation, son coût et sa sécurité, le droit public est présent partout, de par l'évidente présence et implication de la puissance publique et des collectivités territoriales.
(Coll. Bibliothèques de droit, 20.00 euros, 192 p.)
ISBN : 978-2-343-11018-9, ISBN EBOOK : 978-2-14-003946-1

LA DÉMOCRATIE EN DROIT INTERNATIONAL
Étude critique sur le statut juridique de la démocratie en droit international et la légitimité de l'imposer par la force
Alshiabani Abuhamoud
En droit international, la démocratie était jusqu'à très récemment absente. Malgré les appels lancés au début du 20e siècle, celui-ci a toujours considéré la démocratie comme une idéologie dans laquelle il ne doit pas s'impliquer. Après la fin de la Guerre froide et la victoire de la démocratie libérale, la démocratie s'est renforcée au plan international. Elle a exercé une pression considérable sur le droit international pour qu'il s'adapte aux nouvelles exigences des réalités politiques. Cet ouvrage traite de ce sujet et montre le contexte dans lequel se sont développés la démocratie et le concept d'ingérence démocratique.
(Coll. Logiques Juridiques, 39.00 euros, 408 p.)
ISBN : 978-2-343-10818-6, ISBN EBOOK : 978-2-14-003833-4

LES PRINCIPES GÉNÉRAUX DANS LA JURISPRUDENCE DE L'ORGANE DE RÈGLEMENT DES DIFFÉRENDS DE L'OMC
Aydi Ghozzi Mariem - Préface de Slim Laghmani
Représentant la justice marchande, le Système de règlement des différends de l'organisation Mondiale du Commerce (OMC) est censé rendre une meilleure justice. Bien qu'il ne constitue pas une véritable juridiction, il chemine sur les traces du juge international dans la détermination et la régulation du sens du droit de cette organisation, les principes généraux devraient en constituer des instruments de moralisation et de développement. Cependant, la méthode par laquelle l'organe de règlement des différends appréhende lesdits principes mérite une attention particulière.
(Coll. Droit aujourd'hui, 37.50 euros, 368 p.)
ISBN : 978-2-343-12079-9, ISBN EBOOK : 978-2-14-004047-4

LA RESPONSABILITÉ DES ENTREPRISES MULTINATIONALES POUR LES VIOLATIONS DES DROITS DE L'HOMME EN AFRIQUE
Opportunités et défis
Belporo Christelle
La question de la responsabilité des entreprises multinationales pour les violations des droits de l'homme est d'une actualité brûlante. Alors qu'à travers le monde les scandales se multiplient, sur le continent africain, des voix s'élèvent pour dénoncer les nombreuses violations des droits internationalement protégés. Cet ouvrage évalue les réponses offertes par le droit pour l'encadrement de la responsabilité juridique des entreprises multinationales à l'aune des instruments internationaux et africains.
(Coll. Études africaines, 20.50 euros, 200 p.)
ISBN : 978-2-343-11365-4, ISBN EBOOK : 978-2-14-004005-4

CONCEPTS ET PRATIQUES PROFESSIONNELLES EN DOUANES
Origines, procédures, régimes et valeur
Bouga Boukari Dan
Ce livre explique d'abord les concepts, c'est-à-dire le vocabulaire douanier de façon à ne saisir que l'essentiel. Il expose ensuite les exigences des pratiques douanières pour tous les scénarios du

commerce international. Il procède enfin à des illustrations pour une meilleure compréhension des droits et obligations des opérateurs en douane.
(Harmattan Côte-d'Ivoire, 20.00 euros, 184 p.)
ISBN : 978-2-343-11805-5, ISBN EBOOK : 978-2-14-004075-7

LE DROIT POSTMODERNE
Une introduction
Barraud Boris
Au XIXe siècle le droit a changé d'ère passant du droit moderne au droit postmoderne. Sa principale caractéristique résiderait dans le développement d'une forme de concurrence juridique entre puissances publiques et puissances privées. La révolution copernicienne de la pensée juridique serait ainsi la rupture du lien consubstantiel entre droit et État que la modernité avait noué. La société civile serait désormais au cœur du jeu juridique. Ce livre propose quelques pistes et une grille de lecture afin de comprendre le nouveau droit que la globalisation modèle.
(Coll. Droit aujourd'hui, 32.00 euros, 320 p.)
ISBN : 978-2-343-12077-5, ISBN EBOOK : 978-2-14-003633-0

LE CONSEIL DE L'EUROPE ET LES COLLECTIVITÉS TERRITORIALES
Contribution à l'étude de l'autonomie locale
Kalimeri Vasiliki
Le Conseil de l'Europe est la première organisation internationale à avoir intégré l'acteur infra-étatique dans son action. La Charte européenne de l'autonomie locale et le Cadre de référence pour la démocratie régionale ont cristallisé la conception de la notion d'autonomie locale en Europe, élargie désormais à deux niveaux : le local et le régional. Au niveau extérieur, le traité de Maastricht intègre également les collectivités locales dans la reformulation du fonctionnement de l'Europe.
(Coll. Logiques Juridiques, 49.00 euros, 664 p.)
ISBN : 978-2-343-12019-5, ISBN EBOOK : 978-2-14-003697-2

GUIDE PRATIQUE DU CAPITAL INVESTISSEMENT ET DES AIDES PUBLIQUES
Créer, développer, transmettre son entreprise
Battini Pierre - Préface d'Olivier Millet
Cet ouvrage entend démystifier le capital investissement et répondre concrètement aux questions que se posent les entrepreneurs, leur donner les clés pour être efficaces, gagner du temps et avoir plus de chances de réussir leur projet. Beaucoup d'exemples et de cas concrets sont exposés. Ce livre traite la question des fonds d'investissements et des aides publiques sous différents angles : finance et outils financiers, juridique et montage des opérations, valorisations et accompagnement.
(30.00 euros, 292 p.)
ISBN : 978-2-343-12074-4, ISBN EBOOK : 978-2-14-003636-1

ET COMMENT VONT LES ENFANTS ?
Réflexions d'un notaire sur l'évolution de la parentalité des années 60 à nos jours
Dauptain Pierre
PMA, GPA, adoption, statut du beau-parent, familles homoparentales, ces sujets sont au cœur des débats contemporains et témoignent de l'évolution de la parentalité sur les cinquante dernières années. Avec un regard impartial, l'auteur inscrit sa réflexion dans les mouvements de la société tout entière. Fidèle à la méthode qui a fait le succès de son premier essai, il nous parle de droit en termes simples pour exposer les changements que la famille a connus en cinq décennies.
(Éditions Pepper/Harmattan, 22.50 euros, 218 p.)
ISBN : 978-2-343-12076-8, ISBN EBOOK : 978-2-14-003757-3

Structures éditoriales du groupe L'Harmattan

L'Harmattan Italie
Via degli Artisti, 15
10124 Torino
harmattan.italia@gmail.com

L'Harmattan Hongrie
Kossuth l. u. 14-16.
1053 Budapest
harmattan@harmattan.hu

L'Harmattan Sénégal
10 VDN en face Mermoz
BP 45034 Dakar-Fann
senharmattan@gmail.com

L'Harmattan Cameroun
TSINGA/FECAFOOT
BP 11486 Yaoundé
inkoukam@gmail.com

L'Harmattan Burkina Faso
Achille Somé – tengnule@hotmail.fr

L'Harmattan Guinée
Almamya, rue KA 028 OKB Agency
BP 3470 Conakry
harmattanguinee@yahoo.fr

L'Harmattan RDC
185, avenue Nyangwe
Commune de Lingwala – Kinshasa
matangilamusadila@yahoo.fr

L'Harmattan Congo
67, boulevard Denis-Sassou-N'Guesso
BP 2874 Brazzaville
harmattan.congo@yahoo.fr

L'Harmattan Mali
Sirakoro-Meguetana V31
Bamako
syllaka@yahoo.fr

L'Harmattan Togo
Djidjole – Lomé
Maison Amela
face EPP BATOME
ddamela@aol.com

L'Harmattan Côte d'Ivoire
Résidence Karl – Cité des Arts
Abidjan-Cocody
03 BP 1588 Abidjan
espace_harmattan.ci@hotmail.fr

L'Harmattan Algérie
22, rue Moulay-Mohamed
31000 Oran
info2@harmattan-algerie.com

L'Harmattan Maroc
5, rue Ferrane-Kouicha, Talaâ-Elkbira
Chrableyine, Fès-Médine
30000 Fès
harmattan.maroc@gmail.com

Nos librairies en France

Librairie internationale
16, rue des Écoles – 75005 Paris
librairie.internationale@harmattan.fr
01 40 46 79 11
www.librairieharmattan.com

Librairie l'Espace Harmattan
21 bis, rue des Écoles – 75005 Paris
librairie.espace@harmattan.fr
01 43 29 49 42

Lib. sciences humaines & histoire
21, rue des Écoles – 75005 Paris
librairie.sh@harmattan.fr
01 46 34 13 71
www.librairieharmattansh.com

Lib. Méditerranée & Moyen-Orient
7, rue des Carmes – 75005 Paris
librairie.mediterranee@harmattan.fr
01 43 29 71 15

Librairie Le Lucernaire
53, rue Notre-Dame-des-Champs – 75006 Paris
librairie@lucernaire.fr
01 42 22 67 13

www.ingramcontent.com/pod-product-compliance
Lightning Source LLC
LaVergne TN
LVHW011149061026
849535LV00003B/668